刑法总论
前沿问题研究

王　平

1998 年毕业于北京大学法学院，获法学博士学位。现任中国政法大学刑事司法学院教授、博士生导师。

王志远

2005 年毕业于吉林大学法学院，获法学博士学位。现任中国政法大学刑事司法学院副院长、教授、博士生导师。

罗　翔

2005 年毕业于北京大学法学院，获法学博士学位。现任中国政法大学刑事司法学院刑法学研究所所长、教授、博士生导师。

方　鹏

2006 年毕业于北京大学法学院，获法学博士学位。现任中国政法大学刑事司法学院副教授、硕士生导师。

于　冲

2014 年毕业于中国政法大学刑事司法学院，获法学博士学位。现任中国政法大学刑事司法学院副教授、硕士生导师。

刑法总论
前沿问题研究

王 平

| 主编 |

中国政法大学出版社

2021 · 北京

总　序

2017 年 5 月 3 日，习近平总书记考察中国政法大学并发表重要讲话。他指出，全面推进依法治国是一项长期而重大的历史任务，也必然是一场深刻的社会变迁和历史变迁。全面推进依法治国，法治理论是重要引领。办好法学教育，必须坚持中国特色社会主义法治道路，坚持以马克思主义法学思想和中国特色社会主义法治理论为指导。我们要坚持从我国国情出发，正确解读中国现实、回答中国问题，提炼标识学术概念，打造具有中国特色和国际视野的学术话语体系，尽快把我国法学学科体系和教材体系建立起来。加强法学学科建设，要以我为主、兼收并蓄、突出特色。要努力以中国智慧、中国实践为世界法治文明建设做出贡献。希望法学专业广大学生德法兼修、明法笃行，打牢法学知识功底，加强道德养成，培养法治精神。

习近平总书记的重要论述深刻阐释了法治人才培养的重要意义以及法学学科体系建设的突出地位和特殊使命。法治人才培养是法学教育的核心使命，法学教材体系是法学学科体系建设的重要内容。没有科学合理的法治人才培养机制，没有适合我国国情的法学教材体系，没有符合法治规律的法学教育模式，就不可能完成全面推进依法治国的历史重任。大力加强法学教材体系建设是培养高素质法治人才的基础性工作，对于加强法学学科建设，培育社会主义法治文化，坚持和发展中国特色社会主义法治理论，推进国家治理体系和治理能力现代化都具有重要意义。

为了深入贯彻习近平总书记考察中国政法大学时重要讲话精神，创新法学人才培养机制，加强法学教材体系建设，发展中国特色社会主义法治理论，充分利用中国政法大学作为国家法学教育和法治人才培养主力军的地位，发挥中国政法大学法学学科专业齐全、法学师资力量雄厚、法学理论研究创新方面的优势，我们组织专家学者编写了这套中国特色社会主义法治理论系列研究生教材，期待着为建立健全法学学科体系和教材体系尽绵薄之力。

整体而言，这套教材有以下几个鲜明特色：

第一，坚持以中国特色社会主义法治理论为指导。中国特色社会主义法治理论是新时代法治建设的指导思想，也是该套教材编写的理论指导。在教材编写中，我们坚持以中国特色社会主义法治理论为指导，把立德树人、德法兼修作为法学人才培养的目标，努力探索构建立足中国、借鉴国外、挖掘历史、把握当代、关怀人类、面向未来的中国特色社会主义法学学术和话语体系。教材既立足中国，坚持从我国国情实际出发，又注意吸收世界法治文明成果，体现继承性、民族性、原创性、时代性、系统性和专业性，努力打造具有中国特色和国际视野的学术话语体系。努力为培养高素质法治人才提供基本依据，为完善中国特色社会主义法治体系、建设社会主义法治国家提供理论支撑。

第二，坚持反映我国法治实践和法学研究的最新成果。与传统的法学教材相比，这套教材作为"中国特色社会主义法治理论系列研究生教材"，其特色在于"研究生教材"的地位。不同于传统的以本科生为阅读对象、以基本概念和基础法律制度为主要内容的法学教材，这套教材意在提升法学研究生的问题意识和学术创新能力，培养法学研究生的自我学习意识和自我学习能力，反映我国法治实践和法学研究的最新研究成果。可以说，党的十八大以来在科学立法、严格执法、公正司法、全民守法等各方面的理论和实践创新都在这套教材中有所体现。

第三，坚持理论与实践相结合。习近平总书记强调"法学学科是一门实践性很强的学科，法学教育要处理好知识教学和实践教学的关系。"法治是治国理政的基本方式，法律是社会运行的基本依据，法学是社会科学的基本内容。这三个层面都决定了法学是面向社会、面向生活、面向实践的学科。长期以来，法学教育内容与法治实践需求相脱节始终是我国法学教育面临的突出问题。这套教材坚持理论与实践相结合，着力凸显法学学科的实践性，坚持法学教育内容与法治实践需求相结合，在教材中大量反映中国特色社会主义法治实践、社会实践、制度实践的内容，注重引导学生更加关注鲜活的法治实践、社会现实和制度变革。

由于能力有限，时间较紧，这套教材肯定还存在不少问题，期待各位专家和读者批评指正。

是为序。

马怀德
中国政法大学校长
2020 年 6 月

努力实现中国传统犯罪论体系的创造性转化

《刑法总论前沿问题研究》属于"中国特色社会主义法治理论系列研究生教材"。能够参与中国政法大学研究生教材的编写，我感到很荣幸，同时也有压力。所幸得到本系列教材编审委员会的大力支持，以及其他四位作者的鼎力相助，本书写作最终得以顺利完成。

在建设社会主义法治国家的宏观背景下，打造具有中国特色、中国风格、中国气派兼具国际视野的学术话语体系，建立和完善具有中国特色的法学学科体系和教材体系，是新时代赋予中国法律学人的历史使命。作为"中国特色社会主义法治理论系列研究生教材"的一部分，本书认真贯彻落实习近平总书记 2017 年 5 月 3 日在考察中国政法大学时提出的要求，要坚持以我为主、兼收并蓄、突出特色，努力以中国智慧、中国实践为世界法治文明做出贡献。对世界上的优秀法治文明成果，要积极吸收借鉴，但也要加以甄别，有条件地进行吸收转化，不能囫囵吞枣、照搬照抄。这是本书创作的指导思想和根本遵循。

由于历史原因，我国刑法学深受大陆法系国家刑法学理论的影响，特别是大量借鉴、吸收了苏联、德国、日本等国优秀的刑法学理论成果，受益良多，但中华文明自身的刑法文化底蕴从未消失。几千年的中国法制史和法律思想史，特别是改革开放以来紧锣密鼓的刑事法治实践，产生了诸多的"中国问题"以及独具中国智慧的解决方案。我们要紧扣时代脉搏，对中国当下丰富多彩的刑事法治实践及时做出理论上的回应。本书注重将国内外刑法学理论研究最新成果与中国当前刑事立法和司法实践相结合，深入系统地研究新时代中国刑法所面临的理论与实践问题，展现中国刑法学者的新视野、新思维、新成果，为总结和提炼刑事法治的中国智慧和中国方案，为建设和完善具有中国特色的刑法学学科体系、学术话语体系和教材体系，贡献自己的绵薄之力。

犯罪论体系之争，是21世纪以来中国刑法学界争论持续时间最长、参与人数最多、争论程度也最为激烈的学术之争，时至今日，争论仍在进行中。它对于提升中国刑法学理论研究水平，对于建设和完善具有中国特色的刑法学学科体系、学术话语体系和教材体系，都起到了极大的推动作用，其意义之重大，影响之深远，必将载入中国刑法学术史册。

犯罪论体系之争，主要表现为（但不限于）所谓的德日"三阶层"与中国传统"四要件"之争。通过争论，双方各自的优缺点都得到了较为充分地展示。本人以为，中国传统"四要件"犯罪论体系虽有诸多优势，但"一少一多"是其主要不足。"一少"是指中国传统犯罪论体系没有"有责性"或"责任阻却事由"的专门位置；"一多"是指中国传统犯罪论体系给所谓的"刑事责任"安排了一个专门的章节。

先说"一少"。

中国传统犯罪论体系与德日"三阶层"犯罪论体系相比，第一阶层的"构成要件符合性"和第二阶层的"违法性"或"违法阻却事由"可以说本质上都有。我国的"犯罪构成四要件"大体上等同于德日的"构成要件符合性"，"犯罪构成四要件"之后的"正当化事由"大体上等同于德日的"违法性"或"违法阻却事由"。两者比较，不仅内容大致相同，而且先后次序也一样。由于"正当化事由"不仅在"犯罪构成四要件"之后，而且在"犯罪构成四要件"之外，并且两者紧密相连，因而从价值、结构与功能上看，中国的"犯罪构成四要件"和"正当化事由"之间的关系，与德日的"构成要件符合性"和"违法阻却事由"之间的关系，没有什么实质区别。两者都是通过"先肯定—后否定"两个判断步骤的逻辑建构，构成刑事不法判断的整体。在这一点上，中国传统的犯罪论体系也可以说是立体的，或者说是"阶层式的"，至少在不法论阶段是如此。不能仅仅由于"犯罪构成是刑事责任的唯一根据"这一文字表述，就说中国传统的犯罪论体系是平面而非立体的。这种看法没有看清"犯罪构成四要件"与"正当化事由"两者之间真正的逻辑关系，因而对两者之间关系的价值、结构与功能产生误解。况且，与以"客观违法，主观责任"为特征的德国古典犯罪论体系不同，中国传统的"犯罪构成四要件"包含了客观要件和主观要件两个方面，构成犯罪所有的积极要件和要素都在这四要件里面，除此之外，不能在随后的任何位置再添加其他积极的犯罪构成要件和要素。在这个意义上，说"犯罪构成是刑事责任的唯一根据"，也未尝不可。

中国传统"四要件"犯罪论体系与德日"三阶层"犯罪论体系相比，真正缺少的是第三阶层的"有责性"或"责任阻却事由"，这是中国传统犯罪论体系的主要不足。要使严厉的刑罚仍然有温度，并使刑罚的预防犯罪功能得以实现，就应当对有限的人的认识能力和行为能力予以认可，对脆弱的人性予以同情，比如刑事责任能力，违法性认识可能性，行为期待可能性，等等。这是现代刑事法治的基本要求。要做到这一点，就应当在犯罪认定的体系性设计上安排一个独立且重要的位置，以专门处理此类问题。没有对此类问题的妥善处理，不仅刑罚预防犯罪的效果要大打折扣，刑罚本身更会是冰冷的，而冰冷的刑罚是缺乏正当性的。对此类情形在体系设计上做分散处理，比如将其中一部分内容前置到犯罪构成（构成要件）中去，再将一部分内容后移到刑罚论中去，分别处理，或者在司法实践中仅作为经验做个别化处理，虽然会有些效果，甚至在某些个案中会很有成效，但这远远是不够的。人们通常说"有为才有位"，但在体系建构上应当反过来说，是"有位才有为"。只有在体系上给予有责性判断以独立的位置，才能使得对此类问题的处理更加明确、更加稳定、更加科学，而不再是取决于体系之外的偶然性政策考虑。这是"有为与有位之间"的辩证关系。在体系上给予有责性判断以独立的位置，也有助于在理论上对此类问题进行更加系统深入地研究，从而有效地发挥理论对实践的指导作用。中国传统犯罪论体系缺少的正是这个刑事不法判断之后的有责性判断。就是说，中国传统的犯罪论体系只有第一、第二阶层，没有第三阶层；或者说中国传统的犯罪论体系只有针对刑事不法的阶层式判断，没有针对有责性、特别是责任阻却事由的独立判断，因而是不完整的、"半截子式的"阶层式结构。因此应该加以改进，将"有责性"或"责任阻却事由"这一部分内容加进去，将阶层式思维进行到底。"第三阶层"这一表述意味着，"有责性"或"责任阻却事由"应当放在犯罪论体系的最后一部分，先后次序不能乱，这是由刑法的任务、犯罪认定的规律、刑罚一般预防和特殊预防的规律及其相互之间的关系所决定的。

一旦将阶层式思维进行到底，不法与责任的区分及其相互之间的关系就出现了，并由此倒逼对传统"犯罪构成四要件"及其所属要素进行重新筛选、排列和组合，新的改革任务随之而来。

再说"一多"。

中国传统犯罪论体系另一个主要不足，在于给所谓的"刑事责任"安排了一个专门的位置，很多时候是设置了一个"刑事责任"专章，但这个"刑事责任"专章不是放在"正当化事由"之后，而是放在整个犯罪论（包括犯罪的所有特殊形态即未完成形态、共犯形态和罪数形态）的最后部分。这个"刑事责任"专章，距离德日阶层式体系中"有责性"或"责任阻却事由"位置，心理感觉并非特别遥远，名称上也有相似之处（都有"责任"二字），内容偶尔也有一些重合，比如责任的概念、特征、本质、根据等，但实际上两者差别巨大。这个"刑事责任"专章的内容，基本上是没有多少实质关联的各类刑法学知识的组合。将缺乏实质关联的内容放在一起，以"刑事责任"统领之，其所起到的作用必然十分有限，并且造成了许多混乱。

比如，关于刑事责任的根据，有"犯罪构成唯一根据说""罪过说""犯罪行为说""社会危害性说""哲学根据说""法学根据说"等不同学说。这些所谓的"刑事责任根据"学说，大都是将刑法学知识体系中其他部分的内容挪植到此处作为刑事责任的根据使用。"犯罪构成唯一根据说"把犯罪构成从刑事责任根据的角度论述一番，"罪过说"把犯罪构成中的主观罪过从刑事责任根据的角度再论述一遍，"犯罪行为说""社会危害性说""哲学根据说""法学根据说"，都是如此。这些刑事责任根据的内容叙述基本上是点到为止，没法展开论述，也不能展开论述，更没法展开争论。"没法展开论述"是指，"刑事责任根据"自身缺乏一个在逻辑上独立完整的本体性理论，因而很难找到论述的支点和逻辑脉络，当然就"没法展开论述"。"不能展开论述"是指，由于没有"刑事责任根据"自身本体性的理论，论述很难在此久留，只能很快过渡到本体性理论下位的"刑事责任的具体根据"，但这些所谓的"刑事责任的具体根据"又都是刑法学理论其他部分的内容，在此不能展开，展开论述必然与刑法学其他部分的内容重复，因此也只能是点到为止。关于刑事责任根据的论述也有内容上不重复的。比如有论著认为，大陆法系国家关于刑事责任的根据主要有行为责任论、性格责任论、人格责任论等学说，并予以评论。但这些不重复的部分恰恰是德日"阶层式"犯罪论体系中"有责性"或"责任阻却事由"部分的内容，但由于位置不当，也没有起到应有的作用。不同观点的争论需要有一些基本的共识作为基础和前提，否则争论就无法真正理性和有效地开展。"没法展开争论"是指，由于所谓的"刑事责任根据"没有自身的本体性理论，这些不同的观点大多是自说自话，根本没法真正开展高质量的不同学术观点的交锋，因而所谓的学术进步也就十分有限，更多的时候是原地踏步。

这说明，我国传统犯罪论体系中的"刑事责任"专章，由于缺乏自身独立的本体性内容，要么是刑法学理论体系中其他部分内容的简单罗列，没法也不能展开论述，要么是德日"阶层式"犯罪论体系中"有责性"或"责任阻却事由"部分的内容，但由于放在此处位置不当，其理论价值和应用价值均大打折扣，也很难对此进行系统深入地研究。在我国传统犯罪论体系缺乏前文所说的"有责性"或"责任阻却事由"专门地位的情况下，这个"刑事责任"专章具有某种功能替代作用，这一点应当得到肯定。但在前面所说的"有责性"或"责任阻却事由"有了专门地位以后，这个"刑事责任"专章应当解散，相关内容各归本位才是妥当的处理方式。

我认为，中国传统犯罪论体系有自己的特点和优势，但对于其中的缺陷和不足，也应当进行改革与完善，其中最为关键和紧要的就是要妥善处理好这宏观结构上"一少一多"的问题，这是当前的主要矛盾。本书犯罪论体系的设计做到了这一点，即增加这"一少"，去掉这"一多"。至于在具体细节上如何安排，可以有多种选项，可以安排成三阶层，也可以安排成两阶层、四阶层，甚至是更多阶层。本书在犯罪论体系上采用两大阶层四个步骤的结构。两大阶层指犯罪构成要件阶层、犯罪阻却事由阶层。犯罪构成要件阶层包括客观构成要件和主观构成要件，犯罪阻却事由阶层包括违法阻却事由和责任阻却事由，从而在整体上形成认定犯罪的四个步骤。两大阶层四个步骤的犯罪论体系既考虑到中国传统犯罪构成包括客观要件和主观要件的现实，又吸纳了德日阶层体系的精髓，在犯罪阻却事由部分加入了责任阻却事由，从而使传统与现代有机融合，以期能够顺利实现中国传统犯罪论体系的创造性转化。

以我国刑事立法和刑事司法实务见解为基调，强调中国智慧和中国方案，这是本书基本的学术立场和学术风格。如此设计，还基于以下两点考虑：其一，在形而下意义上，降低了多人写作学术立场上协调统一的难度。由于是五人共同写作，很难保持学术立场和理论逻辑上的前后绝对一致。强调以实务见解为基调，就是让逻辑和经验共同发挥作用，多人写作协调统一的难度就会降低，当然，这不代表对实务没有批评。其二，在形而上意义上，我认为包括刑法学在内的绝对的法学科学化是不可能做到的。法学应当努力科学化，但也只能是"在路上"，不可能真正地完全实现，"虽心向往之，但终不能至"。逻辑和经验的有机结合，是法学的最终归宿，刑法学当然也不例外。

全书分为六个部分："刑法基础论""犯罪论体系争鸣""犯罪构成要件""犯罪阻却事由""犯罪特殊形态"与"刑罚论"。"刑法基础论"部分三章，分别是"刑法概说""罪刑法定原则""刑法适用范围"等刑法基础性理论问题。"犯罪论体系争鸣"部分包括"犯罪论体系的含义和功能""犯罪论体系的源流和发展""中国刑法犯罪论体系的变迁"三章内容。"犯罪构成要件"部分两章，分别探讨犯罪构成的客观要件和主观要件。"犯罪阻却事由"部分两章，阐述违法阻却事由和责任阻却事由的基础理论与具体制度。"犯罪特殊形态"部分包括"未完成罪""共同犯罪"和"罪数与竞合"三章内容。最后是"刑罚论"部分三章，分别论述

"刑罚裁量""刑罚执行"和"恢复性司法"。

全书由我和王志远教授、罗翔教授、方鹏副教授、于冲副教授组成研究团队，共同编写完成。由我担任主编，负责大纲的拟定和全书的协调统稿。具体分工如下（以撰写内容先后为序）：

王志远：第一部分——刑法基础论

方　鹏：第二部分——犯罪论体系争鸣

　　　　第三部分——犯罪构成要件

罗　翔：第四部分——犯罪阻却事由

于　冲：第五部分——犯罪特殊形态

王　平：第六部分——刑罚论

本书虽冠以"刑法总论前沿问题研究"之名，但由于刑法学理论研究和刑事法治实践一直处于发展变化之中，所谓的"前沿问题"只能是相对的。由于作者水平有限，不论是对本书总体框架的设计，还是对每个具体问题本身的研究，均有诸多不足之处，诚恳欢迎法学界、法律界专家学者和法学专业的同学们批评指正。

是为序。

王　平

2021 年 9 月 12 日

于中国政法大学学院路校区科研楼

第二部分　犯罪论体系争鸣

第六部分　刑罚论

第十四章　刑罚裁量/ *429*

第一部分　刑法基础论

第一章 刑法概说

第一节 刑法的概念与性质

从规范外部视角作社会意义上的观察，刑法是社会决策者为维护社会秩序，保护社会政治、经济、文化有序发展，根据一定的政策理念，规定哪些行为是犯罪，给犯罪人以何种刑罚处罚或者非刑罚制裁的法律规范的总和。从规范内部视角进行观察，刑法是规定犯罪及其法律后果（包括刑罚、保安处分、教育矫正措施、非刑罚处罚措施）的法律规范。犯罪是刑罚适用的前提，刑罚、保安处分、教育矫正措施、非刑罚处遇措施等刑事制裁措施则为犯罪的法律后果，两者在刑法的概念中缺一不可。

刑法有广义和狭义之分。狭义刑法专指刑法典。在我国当下的刑法语境中，刑法典应当包含刑法修正案的内容，因为刑法修正案是对刑法本身的补充或修正，其内容增补或者替代了刑法典的原有内容。[1] 广义刑法是指一切关于犯罪、刑事责任和刑罚的法律规

---

[1] 在工具理性意义上，刑法修正案是当前我国立法者根据社会发展和遏制犯罪的需要，对刑法典予以修正、补充的主要方式。从 1997 年现行刑法颁布至今，全国人大常委会已经颁布了 11 部刑法修正案。

范总和，包括刑法典、单行刑法、附属刑法和国际刑法。单行刑法，是指国家立法机关对刑法规定进行部分补充、修改或废除部分刑法规定的单行规范性法律文件。[1] 附属刑法，是指在刑法典之外的其他法律法规中直接规定刑事罚则的刑法规范。[2] 国际刑法，是国际社会惩治国际犯罪的实体规范和程序规范的总和，主要体现在国际条约当中，可以成为我国刑法的直接或者间接渊源。[3]

以刑法的规范效力为标准，刑法又有普通刑法和特别刑法之分。普通刑法是指具有普遍适用效力的刑法，不局限于某一类主体，也没有特殊的时间、地点和事项的适用限制。特别刑法是指仅适用于特别主体、特别时间、特别地域和特别事项的刑法。在特别刑法与普通刑法的关系上，适用"特别刑法优于普通刑法"的原则。即当普通刑法与特别刑法相抵触时，应当优先适用特别刑法。

从功能意义上讲，刑法是法律这种社会治理方式当中的一个重要组成部分。因此，所谓刑法的性质，指的是刑法区别于法律体系当中其他部门法的特有属性。就此而言，刑法的特有属性主要包括：

第一，调整、保护范围的广泛性。刑法以外的其他部门法所调整的社会关系，所保护的社会利益，只是全部社会关系或者社会利益的某一特定方面，如民法所调整的是平等主体间的财产关系和人身关系，行政法则调整行政机关和行政相对人之间的行政关系。相

---

〔1〕 我国现行有效的单行刑法只有一个，即 1998 年 12 月 29 日第九届全国人大常委会第六次会议公布的《关于惩治骗购外汇、逃汇和非法买卖外汇犯罪的决定》。

〔2〕 一些域外法律中的附属刑法，会在刑法以外的法律中规定有关犯罪的构成并且对应处刑罚作出明确规定，如 1972 年德国《垃圾处置法》第 64 条。我国现在还没有典型意义上的附属刑法，仅存在一些司法指示性的规定，如《中华人民共和国海上交通安全法》第 116 条中规定"构成犯罪的，依法追究刑事责任"。

〔3〕 其中，规定保障被告人合法权益的国际刑法规范，一旦我国缔结或者加入条约，属于我国刑法的直接渊源；规定国际犯罪而应具有刑事责任的国际条约，需要通过我国刑事立法转化为内国刑法，才能成为我国法院定罪量刑的法律根据。参见曲新久主编：《刑法学》（第 4 版），中国政法大学出版社 2017 年版，第 7 页。

比之下，刑法所保护的社会关系或社会利益并不具有这种局限性：凡是被适格主体行为侵害的社会关系或社会利益，不论其属性，如政治的、经济的、财产的、人身的、社会公共秩序的，都可以成为刑法调整和保护的对象。此即刑法调整、保护范围的广泛性属性。

第二，调整、制裁方式的严厉性。"无责任则无规范"，任何法律规范都具有强制性，行为人违反法律规范应承担相应的法律后果，这是法律赖以调整社会关系、保护社会利益所必须的手段。作为刑法调整、制裁方式的刑罚，不仅可以剥夺犯罪分子的部分或全部财产，而且可以限制或剥夺其人身自由，甚至剥夺犯罪分子的生命。相较于民事和行政等其他部门法律后果，刑罚显然是最为严厉的强制方法。[1]

第三，刑法适用的补充性。刑法补充性的基本含义是，只有当一般部门法不能充分保护某种合法权益时，才启动刑法保护；只有当一般部门法尚不足以抑止某种危害行为时，才能适用刑法。刑法的补充性，也被称为刑法的谦抑性。根据这一属性，在法律体系意义上讲，刑法虽然也是与民法、行政法等并列的部门法，但在实际意义上它与其他部门法却不是平等并列的关系，而是处在保障法的地位，是保障其他法律实施的最后强制机制。

第二节　刑法的目的与机能

一、刑法的目的

现代刑法有两个相互对立的目的：保护法益和保障人权。现代

---

〔1〕　需要注意的是，伴随着刑罚轻缓化和刑事制裁手段的多元化进程，许多非刑罚处罚方法（如训诫、责令具结悔过和责令赔礼道歉等）以及保护处分措施（如强制收容教养、职业禁止、禁止令等）进入了刑事法律后果的范畴当中，这在一定程度上降低了刑事法律的严厉性特征。但是就目前而言，非刑罚处罚方法、保护处分措施的存在，并没有造成质的改变。

刑法正是在这两个目的的相互平衡、博弈过程中得以发展的。

（一）保护法益

人的活动都具有目的性，刑事立法和司法也不例外。[1]《中华人民共和国刑法》（以下简称《刑法》）第 1 条明确规定了刑法的目的是"惩罚犯罪，保护人民"，其中保护人民即保护合法权益是我国刑法的目的所在，而惩罚犯罪是实现刑法目的的手段和途径。刑法的合法权益保护目的，指引着立法活动和立法内容，进而指导司法活动。在立法过程中，无论是总则的基本原则和制度，还是分则各罪条文的规定，都必须以实现人民合法权益的有效保护为指导；在司法过程中，这一目的还为司法者解释法律提供价值指引，保证通过合目的的法律适用解释实现立法意图。

我国《刑法》第 2 条规定了刑法的任务："中华人民共和国刑法的任务，是用刑罚同一切犯罪行为作斗争，以保卫国家安全，保卫人民民主专政的政权和社会主义制度，保护国有财产和劳动群众集体所有的财产，保护公民私人所有的财产，保护公民的人身权利、民主权利和其他权利，维护社会秩序、经济秩序，保障社会主义建设事业的顺利进行。"该条款明确了作为刑法目的的保护法益的四个主要方面：

第一，保卫国家安全、人民民主专政政权和社会主义制度。法律是本土化的知识，离开了一定的社会群体，法律恐怕难以有效发挥作用，刑法也是如此。至少截至当下，这样的道理并没有实质性地面临挑战。正因为如此，特定个体的利益，乃至由个体组成的社会大众的利益，都需要以国家的安全稳定作为前提和根本保障。而

---

〔1〕 现在人们对法的目的性有种敬而远之的感觉，这主要是因为我们对法的"工具论"的批判。但正如德国法学家耶林所言："目的是法的创造者"，一切人为的设计都是人的目的的产物，因此从目的的角度研究法律无可厚非。退一步讲，目的论的思考方法与工具论并非一回事。屡遭批判的工具论强调的是法是国家统治的工具，是阶级论的立场。有关目的论，请参见杨仁寿：《法学方法论》，中国政法大学出版社 1999 年版，第 62 页以下。

不同的国家有着不同的政治制度，因此国家安全的表现形式也不一样。就中华人民共和国而言，人民民主专政政权和社会主义制度是国家安全重要组成部分，如果国家主权、领土安全，人民民主专政政权和社会主义制度遭到破坏和颠覆，人民将失去一切。因此，我国刑法将危害国家安全罪放在各类犯罪之首，并为此类犯罪配置了相对严厉的法定刑，以体现对该类犯罪从严惩处的立法意图。

第二，保护社会主义的经济基础。社会主义经济基础是进行市场经济建设、提高人民物质文化生活质量的保证。为此，我国刑法专章设立了"破坏社会主义市场经济秩序罪"和"侵犯财产罪"，用刑罚同经济犯罪和财产犯罪作斗争，以保障国家、公民个人的财产利益不受侵犯，维护市场经济的正常运转。

第三，保护公民的人身权利、民主权利和其他权利。保护公民的各项权利是刑法的任务之一，刑法典专章规定了"侵犯公民人身权利、民主权利罪"，对严重侵犯公民人身权利的犯罪如杀人、伤害、强奸、绑架、拐卖妇女儿童等犯罪行为，规定了严厉的刑罚，直至死刑；对严重侵犯公民民主权利的犯罪，如破坏选举、报复陷害、侵犯通信自由等犯罪行为，规定了相应的刑事责任；对严重侵犯公民人身权利和民主权利以外的其他权利的犯罪，如暴力干涉婚姻自由、虐待、遗弃年老、年幼和患病的家庭成员的，刑法也要追究刑事责任。

第四，维护良好的社会秩序。良好的社会秩序是国民享有政治权利、人身权利、财产权利以及其他权利的重要保障，没有良好的社会秩序，公民其他权利的享有就会受到限制。刑法作为保障法和"第二道防线"，维护社会秩序的稳定是其任务之一，刑法规定了"危害公共安全罪""妨害社会管理秩序罪"和"渎职罪"等各类破坏社会稳定的犯罪，就是用刑事制裁同这些犯罪作斗争，保证社会的有序运转，为国民享有权利提供必要的条件。

在理论上，法益是指法律所保护的社会利益。根据其涉及面的大小，一般可以区分为国家法益、社会法益和个体法益。个体法益最为具体化，如人身权、财产权、自由权、名誉权等，但是却是最为重要的。国家法益和社会法益必须以个体法益为基础，才有存在的价值，换句话说，它们是以保护个体法益为功能导向发展而来的概念。最高人民法院《关于审理为境外窃取、刺探、收买、非法提供国家秘密、情报案件具体应用法律若干问题的解释》（法释〔2001〕4号）第1条第2款规定，"《刑法》第111条规定的'情报'，是指关系国家安全和利益、尚未公开或者依照有关规定不应公开的事项。"其中，要求情报必须关系国家安全利益，正是体现了个人法益的前提性价值，正如前文所述，国家主权、领土安全，人民民主专政政权和社会主义制度遭到破坏和颠覆，人民将失去一切。需要注意的是，虽然说任何一个罪名的设置最终都是为了保护源自个体的利益，但并不意味着作为个罪成立条件的法益或者保护客体都应当是个体法益。例如，刑法设置受贿罪，最终的目的是保护社会一般主体的公平利益，不至于因为某些社会主体与公务人员的权钱交易、权权交易、权色交易等，而受到损害，但是该罪的保护客体却应当被界定为"职务行为的不可收买性"。正如保护法益的最有效方法是维护社会行为规范的有效性，只要我们能够有效维护职权行为不被收买，就能够有效保护社会一般主体的平等利益。

（二）保障人权

保护法益是刑法作为一种社会事物存在的原初目的，这一点毫无疑问。如果不以保护各种社会利益为目的，刑法作为一种制度性存在物就失去了其价值。但是必须注意的是，随着启蒙运动以来人权观念深入人心、法治观念在法学领域内的回归，刑法就具有了一种新的功能——保障人权。据此，以保护社会利益为目的的刑法运行活动，必须在充分保护犯罪嫌疑人、被告人人权的前提下才能开展。刑法的人权保障目的，因此得以与法益保护目的并重。

刑事法的人权保障目的，在刑事实体法当中借助罪刑法定原则的贯彻，在刑事程序法当中借助无罪推定、非法证据排除规则的贯彻等得以实现。对刑法人权保障目的的强调，是避免冤假错案[1]的重要观念前提。

其实，对刑法维护社会秩序、保护特定利益的目的而言，最为有效的状态是没有刑法。没有现代意义上的刑法，社会治理者可以毫无限制地运用强制力，其所希望的利益保护和秩序可能更为便捷地得以实现。但是正如历史一再告诉我们的，单纯的强制只能取得一时之效，根本无法实现长治久安。真正的长治久安之道在于合理运用刑事制裁手段，让民众感受法律的公正性，进而将法律所倡导的规范内化为其自身的行为规范，从而有效减少侵害法益的行为，与犯罪作斗争的社会工程才能取得长久的效果。这就是所谓的"规范性犯罪控制模式"，它告诉我们：刑事制裁手段的运用，首要在于"合理"。而"合理运用刑法"的第一要务就是保障人权。人权保障方面的缺陷，足以使实质上合理的刑事制裁变得不具有可接受性；而人权的充分保障，却可以实质性地减少不具有实质合理性的刑事判决所带来的负面影响。

二、刑法的机能

一般而言，刑法的机能也就是刑法可能发挥的积极作用，对刑法任务完成和刑法目的实现而言，充分发挥刑法的机能具有工具性价值。本书所述的刑法机能，是刑法本体论意义上的机能，即刑法本身所具有的机能。本体意义上的刑法机能，可以分为促进机能和限制机能两个方面。

促进机能，有时又被称为规律机能、规制机能，它包括评价机能和意思决定机能。所谓评价机能，根据日本学者福田平、大塚仁

---

[1] 近年来，呼格吉勒图案、聂树斌案、佘祥林案、赵作海案等冤假错案的曝光，挑战着刑事司法权威，冲击着社会公众对法律的信赖感，也是当代刑法目的理念更新的必要性所在。

的解释，"刑法规定对一定行为科以特定刑罚，但它也能评价一定的行为是无价值的"，这就是"以评价规范作为依据的评价机能"[1]。具体地讲就是依据刑法明确规定的犯罪成立条件，对特定的行为进行价值判断和法律判断。所谓意思决定机能就是"作为评价的结果它（刑法）制定出意思决定的标准，指出不得做出那种无价值的行为"[2]，具体而言，通过刑法预先规定的犯罪成立条件，向公民发出保护法益的命令，从而要求公民自我抑制犯罪意思，不去犯罪。这两种机能都是国家以公民为对象而体现的机能，以保护国家整体利益为坐标原点，它们是促进意义上的机能。

但刑法并不以规制公民为唯一目的，在法治主义的今天，它甚至不是主要目的。早在三百年前，启蒙思想家们就指出"刑事法律要遏制的不是犯罪人，而是国家"[3]。因此刑法对国家的限制机能，就是今天我们尤其需要注意的。具言之，刑法不仅是评价规范，同时也是裁判规范，如果司法人员不依法定罪量刑，将受到刑法的制裁。从这种意义上，刑法规范就具有了限制国家刑罚权意义上的机能。

这些机能说到底还是为刑法的目的服务的，它们因为刑法的目的而存在。正如前文所述，从目的论的角度，刑法具有保护法益和保障人权两种作用。刑法的促进机能，是为了实现刑法对社会利益的保护；而限制机能，就是保障人权所必须的。有的观点将保护社会和保障人权作为刑法的机能，与促进机能和限制机能，评价机能与意思决定机能等相并列，但是本书认为，保护社会和保障人权在我国刑法理论体系当中应当是刑法的目的或者任务的内容。

---

〔1〕 [日] 福田平、大塚仁编：《日本刑法总论讲义》，李乔等译，辽宁人民出版社1986年版，第4页。

〔2〕 [日] 福田平、大塚仁编：《日本刑法总论讲义》，李乔等译，辽宁人民出版社1986年版，第4页。

〔3〕 李海东：《刑法原理入门（犯罪论基础）》，法律出版社1998年版，"代自序"第4页。

现代社会中的刑法更是注重人权保障，注重对司法人员权力的限制，可谓处处提防。既要防止立法机关的不当刑事立法设定，又要防止司法人员肆意出入人罪。人的本质真的就是恶的吗？这个问题千百年来成为悬案。但是强调人权的现代社会却宁肯相信这一假设是真的，通过各种设计，使得立法和司法备受节制。难怪有人说，法律是戴着脚镣跳舞的。如果出于一个善良的、理性的、自觉遵守规范的人的角度，这样的一种制度设计心理无疑是"以小人之心度君子之腹"。现代刑法无疑进入了一个"小人刑法"的时代。

应该说，为保障人权，现代社会形成了限制刑罚权不当运用的一个综合体系：从自然法天赋人权的思想，到法治国的形式理性，到法支配思想下的程序性限制，再到刑法的成文法主义。但无论哪一种方法都无法打消人们对于人性和权力的深深的忧虑。作为这一体系当中的一个重要组成部分，刑法的限制机能主要是对司法人员权力的限制，与刑法的成文法主义一脉相承。

刑法的促进机能和限制机能之间，具有一定程度的相互矛盾，这主要体现在两个方面：其一，从限制机能的角度，为了构建明确的裁判规范，立法者往往追求更为具体地把握需要处罚的行为类型，并根据具体行为类型设定为单独罪名。而由于这种立法模式可能忽视了不同事实行为类型之间在宏观整体意义上的共同性，往往导致行为规范表达不够清晰明确。例如，《刑法》第 266 条规定了诈骗罪，第 224 条又将其中以"签订、履行合同"为诈骗手段的特殊诈骗类型单独设定为合同诈骗罪；同样是与普通的诈骗罪相对应，《刑法》第 194 条规定了票据诈骗罪和金融凭证诈骗罪、第 196 条规定了信用卡诈骗罪、第 197 条规定了有价证券诈骗罪，这四个罪名分立的直接原因是"票据""金融票证""信用卡"和"有价证券"等诈骗手段的使用。面对这样的立法，社会一般民众可能会得出"合同诈骗罪"特殊诈骗行为不是诈骗行为的结论，从而不当影响了其对自身行为性质的认识。其二，同样是为了追求明确的裁判规范,我国刑法规则设定者在犯罪成立与否这一问题上,采取了"定性+定量"的立法模式。这对于民众的行为规范引导也起到了负面的作用。比如一般盗窃罪要求盗窃"数额较大"才成立犯罪,这在很多民众的心目当中树立了"盗窃没什么大不了,只要达不到数额就行"的行为观念,这显然影响了刑法禁止规范的充分贯彻。

因此,如何妥当处理刑法促进机能和限制机能两方面要求之间的关系,应当成为一个值得探究的理论问题。对于罪名设定过度具体的问题,应当摆脱片面客观经验化的"事实中心主义"立法倾向,提高行为整体意义的把握能力,[1] 树立良性平衡事实与规范的理念。具言之,立法者要重视作为行为类型化的基准社会生活意义的维持和表达,而不被纷繁而琐碎的犯罪现实表现蒙住了双眼。针对作为犯罪成立条件的"定量因素"问题,理论上主要有两种方案:其一是放弃"定性+定量"的立法模式,转采"立法定性,司法定量"的模式;其二则是将统一的刑法一分为二,其中"行为规范法"旨在明确刑法的禁止和命令,"裁判规范法"则旨在为司法者设定裁判规范。

第三节 刑法的创制、完善与立法论研究

一、刑法的创制与完善

我国现行刑法的创制,过程漫长而曲折。1949 年中华人民共和国成立之后,废除了国民党政府的"六法全书",但新的刑法典并没有很快出现。在相当长的时间里,刑法以单行刑法的形式出现:1951 年的《中华人民共和国惩治反革命条例》《妨害国家货币

---

〔1〕 〔匈〕卢卡奇:《历史与阶级意识——关于马克思主义辩证法的研究》,杜章智等译,商务印书馆 1992 年版,第 76 页。

治罪暂行条例》，1952 年的《中华人民共和国惩治贪污条例》。这些单行刑法为巩固国家政权、维护社会秩序发挥了重要作用。

与此同时，国家着手刑法典的起草准备工作。1950—1954 年，中央人民政府法制委员会先后草拟了两个刑法典草案，分别为 1950 年 7 月 25 日的《中华人民共和国刑法大纲草案》（初稿，共 157 条），1954 年 9 月 30 日的《中华人民共和国刑法指导原则草案》（初稿，共 76 条）。1954 年《中华人民共和国宪法》颁布，对刑法典的起草工作起到了极大的推动作用，之后，全国人大常委会办公厅法律室开始直接负责刑法典的草拟工作。从 1954 年 10 月至 1957 年 6 月，共草拟 22 稿。经全国人大法律委员会审议修正，刑法草案第 22 次稿被发给代表们征求意见。但因"反右斗争"的开展和法律虚无主义思潮的兴起，草案搁浅。1963 年 10 月，全国人大常委会办公厅法律室在第 22 次稿的基础上，拟定了第 33 次稿，但因受随之而来的"四清"运动和"文革"的冲击，刑法草案第 33 次稿也未能公布。1978 年 10 月，国家重新组建刑法草案修订班子对第 33 次稿进行修订，并于 1979 年 7 月 1 日获第五届全国人民代表大会第二次会议一致通过，1979 年 7 月 6 日正式公布，1980 年 1 月 1 日起实施。至此，中华人民共和国有了第一部刑法典。

1979 年刑法典的颁布实施，是我国刑事法治建设事业的重要里程碑。但因立法经验不足、社会急剧变迁等，其不合理之处日益凸显。如 1979 年《刑法》保留了类推制度，允许在法律没有明确规定的情况下，对于具有社会危害性的行为，根据最相类似的罪名予以定罪处罚。这样的制度，固然保证了刑法的灵活性，有利于社会秩序的维护；但却使法的安定性大为受损，公民的个人权利得不到充分保障，不利于公民社会的充分养成，更不利于社会主义经济、文化等各项事业的顺利发展。再如因秉持"宜粗不宜细"的立法指导思想，使犯罪行为类型的划分不够精细，罪名体系不够科学，于是出现了著名的三大口袋罪，即投机倒把罪、流氓罪、玩忽职守罪。口袋罪的存在，严重阻碍了社会主义法治事业的发展。

同时，为了适应改革开放后危害社会秩序犯罪、经济犯罪快速增长和新型犯罪层出不穷的态势，作为权宜之计，自 1981 年至 1995 年，我国最高立法机关先后通过了 24 部单行刑法，以弥补刑法典的不足。但由于在刑法典之外存在如此大量的单行刑法，刑法典的统一性和系统性被破坏，单行刑法之间存在的不周延、不协调等问题随之而来，削弱了刑法的权威性。

至此，制定一部新的刑法典已势在必行。自最高立法机关 1982 年提出修改刑法典，相关的研究和探讨持续了 15 年之久。至 1997 年 3 月，经最高立法机关广泛征求各界意见，逐条对草案进行讨论和修正后，第八届全国人民代表大会第五次会议通过了《中华人民共和国刑法》，通常称为 "1997 年《刑法》"，于 1997 年 10 月 1 日起施行。

较之 1979 年《刑法》，1997 年《刑法》取得了有目共睹的进步。首先，《刑法》第 3 条确定了罪刑法定原则，即法律没有明文规定为犯罪行为的，不得定罪处罚，同时废除了 1979 年《刑法》中的类推制度；其次，新刑法在罪名体系设置方面更为科学化，犯罪成立条件和刑罚适用条件的规定更为明确化。如果说刑法是在保护社会利益和保障人权目的的博弈与平衡中得以发展的，那么 1997 年《刑法》的天平显然向着保障人权的方向有了显著倾斜。

然而众所周知，我国社会正处于剧烈的变动调整期，1997 年《刑法》在适用中的滞后性也很快显现出来。为了适应社会的发展，立法机关采取 "刑法修正案" 这种修订补充方式，对刑法典进行调整和完善。刑法修正案这种形式的优长在于，"不论修改、补充多少内容，均可一次、多次修正原有规定。今后修改、补充刑法，如果增加条文，就列在内容相近的条文之后，作为某条之一、之二。如果修改某条，就直接修改条文。这样，不改变刑法的总条文数，有利于维护刑法典的完整性和稳定性，法律文书也可以直接援引修订原条文款项内容。"〔1〕从其属性上说，刑法修正案属于普通刑法，具有普遍适用效力。自 1979 年《刑法》施行至今，共产生了 11 部刑法修正案。另外，还有一个单行刑法，即 1998 年 12 月 29 日颁布的《关于惩治骗购外汇、逃汇和非法买卖外汇犯罪的决定》。〔2〕

关于 1997 年之后刑法修改完善的总体状况，有这样几个特点需要注意：其一，就刑罚设定而言，死刑罪名显著减少；财产刑，尤其是罚金刑使用明显增加；教育矫正措施，如社区矫正制度建立并被大力适用；保安处分措施的作用日益明显，如禁止令和从业禁止。我国刑法中的制裁措施体系，已经不是单纯的刑罚问题，而是包括刑罚、保安处分、教育矫正措施、非刑处遇措施在内的一个综合性体系。其二，就犯罪设定而言，新的罪名大量出现，尤其是在信息网络犯罪方面；同时处罚始点设定明显提前，如在食药品安全犯罪方面，危险犯和抽象危险犯设定明显增加。可见，我国现代刑法的社会控制作用明显加强。

二、刑法立法论研究

刑法立法论研究，指的是根据社会治理和保护法益的需要，探讨哪些行为应当被纳入刑事处罚范围，应给予何种刑事制裁的理论研究领域。就目前我国刑法学研究的整体状况而言，秉持"法律不是被嘲笑的对象"这一理念，教义学研究明显处于主流地位，而对刑法立法论研究则明显缺乏重视。

以型构完善的裁判规范为视角，刑法立法的核心任务无非是罪

---

〔1〕　黄太云：《〈中华人民共和国刑法修正案〉的理解与适用》，载最高人民法院刑事审判第一庭编：《现行刑事法律司法解释及其理解与适用》，中国法制出版社 2001 年版，第 765 页。

〔2〕　需要注意的是，除了《关于惩治骗购外汇、逃汇和非法买卖外汇犯罪的决定》之外，1997 年之后，全国人大常委会还在 1999 年 10 月 30 日颁布了《关于取缔邪教组织、防范和惩治邪教活动的决定》，2000 年 12 月 28 日颁布了《关于维护互联网安全的决定》。但后两者并没有对刑法进行修改或者补充，不属于单行刑法。

的设定和刑罚的设定两个方面。前者是指对于犯罪成立条件的明确化设定，后者则是指对于特定犯罪行为适用的刑罚种类和严厉程度的设定。我国刑法立法者在这两个方面体现出明显的"事实中心主义"思维方式。所谓"事实中心主义"立法方法论，指通过对客观事实核心特征的描述，型构所需处罚之行为的犯罪成立条件，设定刑罚调整条件。[1]

"事实中心主义"立法方法论显然有助于保证立法的明确性，限制司法者的恣意。但是显然却忽视了一个基本的原理：类型化不是对对象的被动直观白描，而是对对象的意义评价性阐释过程。因此，可能带来不良的司法实践后果。仅以罪的设定方面举例说明，立法决策者基于特定规整目的，将原本性质相同的行为分立设定为不同罪名。此种现象可以被称为"同质分立"立法现象。粗略统计，我国现行刑法分则中的"同质分立"共涉及包括"生产、销售伪劣产品""走私""骗取""窃取""叛逃""滥用职权""侵占""失职""过失致人重伤""过失致人死亡""虐待""夺取""行贿"等在内的16种行为；共关涉罪名近90个。"同质分立"在"事实中心主义"立法逻辑意义上至少可以有以下两个良性效果：①"同质行为分立设罪"立法选择可以最大程度地实现立法在形式上的明确性和可操作；②立法者选择"同质行为分立设罪"有利于严密法网。但是，过于表象地观察和区分犯罪行为类型，导致分立罪名之间的关系异常复杂，甚至出现了罪质消融的现象，使得原本意义上有罪的行为，由于罪间关系的不当处理，却被当成无罪。如对利用职务便利窃取公共财物的国家工作人员，如果不符合贪污罪成立之定量要求，不再考虑其是否成立盗窃罪的问题；利用非公职务便利，窃取本单位财产，如果不符合职务侵占罪成立的定量要求，也不再考虑盗窃罪的成立。"事实中心主义"立法方法论

---

〔1〕 王志远：《从"印证"到"论证"：我国传统定罪思维批判》，法律出版社2016年版，第115页。

指导下的"同质分立"立法现象，严重削弱了社会一般人应当普遍遵循的规范效力。

毋庸置疑，如果违反了法的现实性原则，过分偏离了事物的自然属性，刑事立法的理想实践效果显然也不可能获致。然而，事物自然属性仅仅能为我们提供认识秩序所必需的一些要素，并非完整的秩序本身；而我们通过对"事物的本质"的观察本身所不能获得的东西，正是对完整的秩序的一种透彻观察……[1] 如此一来，我们不能因为存在于事物客观属性当中的结构就免除立法者进行整理、评价和干预的任务。换句话说，即使指出了事物的结构，立法中的规范行为也仍然是必要的。[2] 以法律中的"人"为例，法固然应当首先接受自然意义上人的真实样子，但也不能就此止步不前……法必须遏制人的某些自然特征——如不能放任人的一切激情和本能直觉，相反它应当促进人的另一些特征并使其发挥积极的社会作用。为实现这样的法律目标，法必须进行规范评价行为，对"人"赋予某些（规范性）要求。[3]

刑法中的犯罪设定，其根本目标不在于还原生活事实，而在于规范生活事实，引导生活秩序之形成。[4] 具言之，立法者需要以现实存在的危害行为为基础，基于日常生活经验选取其欲规整的生活事实原型，而后在其规整目的支配下，对相关生活事实原型的特征加以抽象或者加入新的特征，形成犯罪类型。因此，相对于对事实属性的抽象与描述，刑事立法者应当更为关注的是，基于所要实现之法规范目的的评价与选择。

至此，对于刑事立法而言，三个重要的范畴得以呈现，此即事

---

〔1〕 ［德］H. 科殷：《法哲学》，林荣远译，华夏出版社 2002 年版，第 152 页。

〔2〕 ［德］H. 科殷：《法哲学》，林荣远译，华夏出版社 2002 年版，第 152 页。

〔3〕 ［德］H. 科殷：《法哲学》，林荣远译，华夏出版社 2002 年版，第 152 页。

〔4〕 杜宇：《刑法规范的形成机理——以"类型"建构为视角》，载《法商研究》2010 年第 1 期。

实、规范目的与选择。法的规范目的往往并非单一，相反会有相互冲突的多元选择可能，立法者应当注意有说服力的选择。如在最宏观的意义上，立法机关进行立法决策时应追求的目标可能包括民主、法治、科学、秩序等价值取向，而这些价值取向之间可能相互存在冲突，同时也存在相互协调的可能。[1] 在现实而非理想意义上，把诸价值取向之间的冲突与协调带入实践领域的是立法决策的技术问题。哈耶克（Friedrich August von Hayek）在这一问题上的立场值得我们注意，他认为，立法究竟应当满足哪些需求的问题，只有根据决策者赋予这些彼此竞争的目的的相对重要性才能够得到解决。如果用民主的方式解决问题，那么这些决策就会变成谁的利益应当压倒谁的利益的平衡决策。[2] 具体到刑法新罪名的设定问题，如是否有必要设立"见危不救罪"，在身处危险中的人的生命和健康利益与社会大众的自由利益之间的利益平衡，直接决定着立法者决策的作出。再有，有时某种利益平衡模态的确定，直接决定着立法决策的作出。例如刑法中违法性认识欠缺问题的解决方案的立法设定，在我们看来就得要首先确定"向群体性的安全利益倾斜"利益平衡模态，然后将违法性认识欠缺是否阻却责任的关键利益平衡点置于"违法性认识欠缺是否可以避免"之上。

改革开放四十多年来，我们成功实现了"有法可依"的法制建设目标，但是立法本身的合理化建构以及如何合理建构的问题，却一直未得到关注。而正如我们前面已经展示的，很多实践问题其实都与立法设定有关。以"评价"与"选择"为核心的刑事立法论研究，理应得到重视和发展。就目前而言，首先需要重视的立法论问题就是刑法的泛化问题。

所谓刑法的泛化问题，就是指社会治理者过度依赖刑法，或者

---

〔1〕 于兆波：《立法决策论》，北京大学出版社 2005 年版，第 71 页。

〔2〕 ［英］弗里德利希·冯·哈耶克：《法律、立法与自由》（第 2、3 卷），邓正来等译，中国大百科全书出版社 2000 年版，第 304 页。

违反刑法谦抑原则将不应当给予刑事处罚的行为纳入刑事规制范围（刑法的边界），或者给予过分严厉的制裁。英国学者边沁（Jeremy Bentham）曾强调，为保证刑罚限制在实现最大多数人最大幸福的限度内，刑罚适用应讲究罪刑相称，当刑罚是滥用、无效、过分、太昂贵时，则不应适用刑罚。[1] 刑法泛化的结果，并非单纯刑事制裁的不当运用问题，更可能导致刑法运用的不合理社会观感，因而不能获得人们的信赖和遵从。就目前的情况来看，无论是在刑法的适用边界问题上，还是在刑事制裁强度方面，我国刑法都存在泛化的表现。这可能跟三个方面的因素有关：其一，当代中国正处于社会的急剧转型时期，社会的快速变革在推动经济、政治、文化、社会迅猛发展的同时，也造成了一些不良的社会问题，引发了一系列的社会变革"并发症"。社会失范，是刑事制裁手段被过度运用的可能原因之一，我国 1997 年以来 11 个刑法修正案所体现的犯罪化浪潮就是适证。其二，社会风险意识的不断提高。当代社会、经济和科技的突飞猛进式发展，使得社会行为后果可控制性普遍降低，国民的安全感日益受到无处不在的社会风险的威胁。在这种社会意识的影响之下，刑法处罚的提前化成为一种明显的趋势，立法中的抽象危险犯设定明显增多就是适证。其三，社会治理水平相对不高。面对社会转型、社会失范、社会风险，略显不足的社会治理水平使社会决策者不得不将刑法推向前台，成为化解矛盾和压力的工具。

第四节 刑法体系、解释与解释论研究

一、刑法体系

本书所谓刑法体系，是指刑法典的组成和结构。1997 年的刑

---

〔1〕 向泽选、李伟：《从〈立法理论——刑法典原理〉看边沁的法律思想》，载《法律科学》1997 年第 1 期，第 30 页。

法典分为"总则""分则"两编，在此之外还规定了一条"附则"。在各编项下，根据刑法规范的内容和性质，依次划分为章、节、条、款、项等层次。

刑法总则是关于犯罪和刑事制裁措施的规范体系，是认定犯罪、适用以刑罚为中心的刑事制裁必须遵守的共同准则；刑法分则是关于具体犯罪和法定刑的规范体系，是对个案进行定罪裁处应遵循的具体标准。

刑法第一编"总则"下设五章，包括"刑法的任务、基本原则和适用范围""犯罪""刑罚""刑罚的具体运用""其他规定"。内容是一般性规定，规定刑法适用所必须遵循的基本原则、适用范围以及有关犯罪与刑事制裁的一般原则和规则。第二编"分则"下设十章，包括"危害国家安全罪""危害公共安全罪""破坏社会主义市场经济秩序罪""侵害公民人身权利、民主权利罪""侵犯财产罪""妨害社会管理秩序罪""危害国防利益罪""贪污贿赂罪""渎职罪""军人违反职责罪"。各类犯罪在排列次序上反映了立法者对于所要保护之社会利益的重视程度的高低之别。刑法分则的具体内容基本可以概括为具体犯罪和法定刑。附则由《刑法》第452条和两个附件组成，为1997年《刑法》新增的条文设置。

刑法总则和分则之间是一般与特殊、抽象与具体的关系，且二者之间一般具有指导与被指导的关系。具言之，除非分则有特别规定，刑法总则的规定适用于刑法分则。一般情况下，分则对具体的犯罪成立条件和法定刑都有明确的规定，但是在实践当中，遇到犯罪形态、加重减轻处罚、故意过失的把握等共同性问题，还必须求助于刑法总则的相关规定。

刑法规范以法律条文的形式表现出来，为达系统化和查阅方便、引用准确的目的，刑法典的三个部分全部采用统一的顺序编号，不受章节的影响。需要注意的是，刑法修正案新设置的条文，并没有改变1997年《刑法》条文的编号，而是表述为第××条之

一、二……[1]1997年《刑法》条文下设款,款是条文的结构单位,无编号,其标识是在条下另起一行。有的条文只有一款,有的条文包括数款。有些条文款下设项,项是款的组成单位,在款下用"（一）""（二）""（三）"等基数号码标识。

从条文内容上看,有的条文同一款中包含两个或两个以上的意思,学理上称为前段、中段和后段,多数情况下用"但是"一词表示,学理上将从"但是"开始的这一段文字称为"但书"。我国现行刑法中的但书大致有以下几种情况:①与前段是相反关系,如《刑法》第13条"但是情节显著轻微危害不大的,不认为是犯罪"。②对前段的补充,如《刑法》第37条"但是可以根据案件的不同情况,予以训诫或者……"。③对前段的限制,如《刑法》第21条第2款"紧急避险超过必要限度造成不应有的损害的,应当负刑事责任,但是应当减轻或者免除处罚"。④是前段的例外,如《刑法》第8条"但是按照犯罪地的法律不受处罚的除外"。准确把握但书的含义,对解释和适用法律具有重要意义。

二、刑法解释

刑法解释是指对刑法规范含义的说明。现代法律人对于刑法规范含义需要解释习以为常,然而在近代古典刑法时代,情况却并不

---

〔1〕 如《刑法》第162条"妨害清算罪":公司、企业进行清算时,隐匿财产,对资产负债表或者财产清单作虚伪记载或者在未清偿债务前分配公司、企业财产,严重损害债权人或者其他人利益的,对其直接负责的主管人员和其他直接责任人员,处5年以下有期徒刑或者拘役,并处或者单处2万元以上20万元以下罚金。1999年《刑法修正案》增加第162条之一:隐匿或者故意销毁依法应当保存的会计凭证、会计账簿、财务会计报告,情节严重的,处5年以下有期徒刑或者拘役,并处或者单处2万元以上20万元以下罚金。单位犯前款罪的,对单位判处罚金,并对其直接负责的主管人员和其他直接责任人员,依照前款的规定处罚。2006年《刑法修正案（六）》增加第162条之二:公司、企业通过隐匿财产、承担虚构的债务或者以其他方法转移、处分财产,实施虚假破产,严重损害债权人或者其他人利益的,对其直接负责的主管人员和其他直接责任人员,处5年以下有期徒刑或者拘役,并处或者单处2万元以上20万元以下罚金。

是这样。在近代理性主义观念影响之下，当时的人们试图通过制定完美的法律来确定犯罪成立条件和刑罚的适用规则。如果存在这样的完美的法律设定，那么刑罚适用过程将不需要解释，法官将像机械一样工作。

正是基于这样的法律图景，贝卡里亚（Cesare Beccaria）曾经明确地反对法官的法律解释权。他鲜明地指出，"法律的精神需要探寻"，再没有比这更危险的公理了。采纳这一公理，等于放弃了堤坝，让位给汹涌的歧见。在他看来，这个道理已被证实。而在凡人看来却似乎是奇谈怪论，他们往往只感触到眼前的一些小麻烦，却觉察不出在一个国家已根深蒂固的荒谬原则所产生的致命而深远的结果……我们的知识和我们的观念是相互联系的，知识和观念愈是复杂，人们获得它们的途径以及考虑问题的出发点就愈多。每个人都有自己的观点，在不同的时间里，会从不同的角度看待事物，因而，法律的精神可能会取决于一个法官的逻辑推理是否良好，对法律的领会如何；取决于他感情的冲动；取决于被告人的软弱程度；取决于法官与被侵害者之间的关系；取决于一切足以使事物的面目在人们波动的心中改变的、细微的因素。所以，我们可以看到，公民的命运经常因法庭的变换而变化。不幸者的生活与自由成了荒谬推理的牺牲品，或者成了某个法官情绪一时冲动的牺牲品，这样的法官把从自己头脑中一系列混杂概念中得出的谬误结论奉为合法的解释。我们还可以看到，相同的罪行在同一法庭上，由于时间不同而受到不同的惩罚，原因是人们得到的不是持久稳定的而是飘忽不定的法律解释。[1] 贝卡里亚进一步补充道，严格遵守刑法文字所遇到的麻烦，不能与解释法律所造成的混乱相提并论。这种暂时的麻烦（应当）促使立法者对引起疑惑的词句作必要的修改，力求准确，并且阻止人们进行致命的自由解释，而这正是擅断与徇

---

〔1〕〔意〕切萨雷·贝卡里亚：《论犯罪与刑罚》，黄风译，中国方正出版社 2004 年版，第 12~13 页。

私的源泉。[1]

然而，实践是检验真理的唯一标准，刑事司法实践很快证明，刑法解释是不可避免的。刑法解释的不可避免性主要体现在以下几个方面的原因：刑法条文是由语言文字表述的，而文字符号具有多义性和外延模糊性；刑法条文应保持稳定性，不能频繁变动，而社会生活则变动不居。实际上，刑法解释也并非只有在法律表述存在模糊、歧义和漏洞的时候才需要解释，毋宁说刑法的司法适用过程，就是解释确定法条含义的过程。

刑法的适用需要解释，但刑法解释不能违背刑法的基本宗旨。简言之，刑法解释并非无限制。刑法解释的对象是刑法条文，因此必须受制于刑法条文的表述用语；根据罪刑法定原则，刑法解释不能超出刑法规范用语的最大射程；同时刑法解释也需受制于刑法的目的，即合法权益保护目的的制约。需要说明的是，刑法解释受字义限制，主要是对入罪而言的，在相反的出罪方向上，刑法解释相对有更大的自由空间，但也并非没有边界。[2]

根据其作出形式的不同，刑法学理论中把刑法解释分为立法解释、司法解释和学理解释。其中，立法解释和司法解释又被称为正式解释、有权解释；与此相对应，学理解释则被称为非正式解释或无权解释。立法解释，是指由最高立法机关即全国人民代表大会及其常务委员会对刑法条文所作的解释。通常认为存在三种形式的立法解释：一是在刑法典或相关法律中对刑法条文使用的术语所作的解释，如《全国人民代表大会常务委员会关于〈中华人民共和国刑法〉第九十三条第二款的解释》。二是立法机关在"法律起草说明"中所作的解释。三是对刑法适用过程中发生歧义的规定所作的

---

〔1〕〔意〕切萨雷·贝卡里亚：《论犯罪与刑罚》，黄风译，中国方正出版社2004年版，第13页。

〔2〕出罪事由可以是超法规的，这一点已成共识；但是超法规出罪事由需要在取得基本司法实践共识的前提下才能够被运用。

解释，如《全国人民代表大会常务委员会关于〈中华人民共和国刑法〉第三百一十三条的解释》《全国人民代表大会常务委员会关于〈中华人民共和国刑法〉第二百二十八条、第三百四十二条、第四百一十条的解释》《全国人民代表大会常务委员会关于〈中华人民共和国刑法〉第三十条的解释》，等等。

司法解释，是指由司法机关对刑法条文含义所作的解释。有权进行司法解释的机关是最高人民法院和最高人民检察院。司法解释通常以解释、通知、批复、规定、意见等形式，由最高人民法院或最高人民检察院作出、由两者联合或者联合其他部门作出。1981年6月10日，第五届全国人民代表大会常务委员会第十九次会议通过的《全国人民代表大会常务委员会关于加强法律解释工作的决议》第2条规定，凡属于法院审判工作中具体应用法律、法令的问题，由最高人民法院进行解释。凡属于检察院检察工作中具体应用法律、法令的问题，由最高人民检察院进行解释。最高人民法院和最高人民检察院的解释如果有原则性的分歧，报请全国人民代表大会常务委员会解释或决定。

学理解释，是指未经国家授权的机关、团体、社会组织或个人从理论或学术上对刑法条文含义所作的解释。这种解释不具有法律效力，但其解释可能被立法机关或者司法机关采纳，或者认同，从而对刑事司法乃至刑事立法发挥重要参考价值。

刑法解释获得刑法条文的规范含义，可以借助许多不同的方法。刑法解释方法可以分为文理解释和论理解释两种基本的类型。其中，文理解释是指从刑法条文所使用文字的文义或者适用方式上对刑法规定的含义予以释明的方法。文理解释是实现罪刑法定原则"法无明文规定不为罪、法无明文规定不处罚"要求的最基本方式，是所有解释的最边界限制。论理解释是指根据立法精神、立法目的、现实需要、立法沿革等对刑法条文含义加以释明的方法。论理解释主要包括以下几种具体方法：

第一，当然解释，是指刑法规定虽未明示某种事项，但依照形式逻辑、事物属性或者规范目的的当然道理，将该事项解释为包括在该规定的适用范围之内。如，《刑法》第 293 条规定随意殴打他人，情节恶劣的才成立寻衅滋事罪。对于这里的"情节恶劣"，2013 年最高人民法院、最高人民检察院《关于办理寻衅滋事刑事案件适用法律若干问题的解释》第 2 条规定了致人轻伤，引起他人精神失常、自杀，多次殴打他人，持凶器随意殴打他人等六种明确成立情节恶劣的情形，还设置了"其他情节恶劣的情形"这一兜底性的规定。对于虽然没有造成器质性轻伤，但是殴打他人使他人成为植物人的情况，根据当然解释的原则，肯定属于情节恶劣。

第二，反对解释，又被称为反面解释，是指根据刑法规定正面表述的意思，推导出其反面含义的解释方法。如《刑法》第 50 条第 1 款规定，被判处死缓的犯罪分子，在死刑缓期执行期间，如果没有故意犯罪，2 年期满以后，减为无期徒刑。据此反推，即使没有故意犯罪，死缓执行期间未满 2 年的，不能减为无期徒刑。再如《刑法》第 6 条第 3 款规定，犯罪的行为和结果有一项发生在中华人民共和国领域内的，属于在中华人民共和国领域内犯罪，根据这一规定，犯罪的行为和结果都没有发生在中华人民共和国领域内的，则不属于在中华人民共和国领域内犯罪。

第三，体系解释，是指依据刑法条文在整个刑法中的地位（甚至根据整个法律规范体系的逻辑自洽要求），联系相关法条的含义，阐明其含义的解释方法。如《刑法》第 280 条第 1 款、第 3 款均并列规定了"伪造""变造"两种行为类型，而第 2 款仅规定了"伪造"这一种行为类型，根据这种体系逻辑，我们可以得出"伪造"不包括"变造"的结论。再如《刑法》第 388 条规定斡旋受贿的，以受贿论处；而这种情况并没有在《刑法》第 163 条非国家工作人员受贿罪及相关规定当中作专门的设定，所以通过体系性分析可以得出结论：非国家工作人员受贿罪并不处罚斡旋获取报酬这种行为类型。

第四，沿革解释，又被称为历史解释，是指根据刑法条文制定的历史背景、发展源流、相关资料、新旧法差异和变化等，阐明条文真实含义和应有含义的刑法解释方法。例如，关于共同犯罪中的主犯处罚原则，1979年《刑法》规定对于主犯，除本法分则已有规定的以外，应当从重处罚；而1997年《刑法》则删除了"应当从重处罚"的规定。通过这种变化我们可以得出结论：刑法废除了对共同犯罪人从重量刑的原则。

第五，比较解释，即将刑法的特定规定或外国相关立法与判例进行对照、比较，借以阐明其合理含义的解释方法。例如，我国《刑法》第23条第1款规定："已经着手实行犯罪，由于犯罪分子意志以外的原因而未得逞的，是犯罪未遂。"这里的"未得逞"，其在日常生活中的语义是未达成犯罪目的，但这样的日常生活性理解显然不能合理解决行为人主观目的尚未完全实现，但法益侵害已经现实造成情况下的犯罪既未遂判断问题。不同于我国刑法的规定，《德国刑法典》第22条规定，已直接着手实行，而未发生其所预期结果的，是犯罪未遂。[1] 参照德国刑法关于犯罪未遂的上述规定，我们可以将我国刑法中的"未得逞"的法律含义界定为"未完成犯罪"。

第六，目的解释，是指根据刑法的规范目的，阐明刑法条文应有含义的刑法解释方法。任何法律制度都追求实现的特定目标，此即我们所说的"法的规范目的"。在宏观意义上，维护人类生存和发展所必需的社会秩序是法律规范体系的整体规范目的。在较为具体的层面上，于所调整的社会关系和各自制裁手段的不同，特定部门法的规范目的总是总体性法规范目的的其中一个具体方面，如刑法的规范目的就是借助刑罚惩罚犯罪，确证规范，保护人民；民法

---

〔1〕《德国刑法典》，徐久生译，北京大学出版社2019年版，第12页。

的规范目的则是调整平等主体之间的平等社会关系，其制裁手段以恢复原状、赔偿损失为特征。而具体到部门法中的特定制度，不同制度设定的规范目的也各不相同。如刑法中的累犯制度的设定是为了从重处罚屡教不改者，以期敦促公民更为慎重地采取自己的行为；刑法分则各罪名的规范目的则在于禁止人们采取某种类型的侵害法益的行为或者命令人们在特定的情况下防止法益侵害结果的发生。

"法的规范目的"这一范畴的重要性首先是在刑法司法适用过程中得以体现的，这就是：特定刑法制度的规范目的明显地限定着其起作用的效能范围。有学者对此曾明确指出，司法涵摄的过程完全依赖于对规范目标的把握，没有理解其作为公正权衡之标准的角色，就没有任何行为构成要件是可用的或者可以理解的。[1] 当不同的解释方法所得出的结论各不相同或者不能得出妥当结论时，目的解释往往成为获得最终结论的方式。例如，我们可以这样来理解交通肇事罪的法规范目的：该罪名旨在谕令人们在驾驶机动车过程当中对于可能发生的危害社会结果尽到必要的预见或者避免义务。根据这一理解，如果车主强令其雇佣的驾驶员不得系安全带，而后者的违规驾驶行为导致交通肇事结果，这时是不能够径直对车主适用交通肇事罪的相关规定加以处罚的。因为强令他人不系安全带的行为并不具有导致交通肇事的危险，因而行为人在实施这种行为时并没有违反法律所谕令的注意义务要求。再如，对于盗窃赃物的行为是否构成盗窃罪，根据对不同目的的理解可以得出不同的结论，如果认为本罪的保护目的是公私财物所有权，那么就不能认为此种情况构成盗窃罪；但如果认为本罪的目的是保护财物的占有关系，那么则可以将其纳入盗窃罪的惩罚范围。

当然，目的解释方式正确运用的基础在于正确理解刑法规范的

---

〔1〕 参见张青波：《理性实践法律：当代德国的法之适用理论》，法律出版社 2012 年版，第 68 页。

目的本身。在这一问题上，需要注意考量以下几个因素：①宪法原则。宪法是包括刑法在内的一切法律的渊源，是国家的根本大法，任何与之相冲突的法律规范理解均系无效，在刑法的理解出现多元化或者不妥当之场合，宪法原则可以成为正确把握的指针。②刑法理念。刑法理念是几百年来刑法理论和实践的结晶，在必要的时候可以作为正确理解刑法规范的支撑。如刑法谦抑理念：只有在其他法律规范不能解决问题的时候，刑法才会现身，因此刑法解释应当是自我克制的，不能够过分扩张。③国民的意志。在根本意义上，法律是全体国民意志的反映，法律解释不能够与之背离。④现实的需要。法律的规范目的绝非立法者制定法律当时的目的或追求。随着时代的发展，一个法律条文所要解决的问题范围可能随之转变，立法者在立法之初是无法预料到所有这些变化的。因此，对刑法的规范目的的把握，应当紧跟时代特征，及时反映客观现实的需要。

综上所述，文理解释是最为基本的刑法解释方法。只有在文理解释结论不妥当或者结论多元的情况下，论理解释才能作为获得妥当刑法规范含义的重要手段发挥作用。作为论理解释方法运用的结果，获得的解释结论可以是大于法条字面含义的涵摄范围的，理论上将其称为"扩大解释"，也可以小于法条字面含义的涵摄范围，理论上将其称为"限制解释"或者"缩小解释"。但无论采用什么解释方法，无论对刑法规范进行扩大解释还是缩小解释，都要严格遵守罪刑法定原则，不能任意解释。

另外，关于上述解释方法之间的相互地位和顺序，理论上有不同的看法。但在我们看来，这样的优越地位比较，更多地应体现在文理解释和论理解释之间：为了保证罪刑法定原则，文理解释是论理解释的最终界限。而在论理解释的诸具体方法之间，没有必要确定优位顺序，它们之间的关系毋宁说是不同论据的运用、论辩与选择问题。

三、刑法解释论研究

刑法解释论研究，目的在于型构以刑法典为依据的一个逻辑自洽的教义学体系。德国学者汉斯-海因里希·耶赛克（Hans-Heinrich Jescheck）和托马斯·魏根特（Thomas Weigend）认为，刑法教义学旨在于研究法规范的内容和概念结构，并寻找概念构成和系统学的新方法，试图将法律素材编排成一个逻辑自洽的体系。作为法律规则与司法实践之间的沟通桥梁，刑法教义学以对司法实践活动进行批判性比较、总结和检验为基础，解释现行法律的含义，以服务于司法机关逐渐翻新地、适当地适用刑法，最终实现最大程度地促进法安全和法公正的目标。[1] 从中可以看出，刑法教义学是基于刑法规范的概念内容和结构，通过解释论路径构建起来的系统化知识体系，目的在于指导刑法适用，确保法安全和法公正的实现。

目前我国刑法解释学的内容，主要包括三个方面：一是解释理论体系的设定；二是解释立场的选择；三是依据解释理论对刑法条文进行解释。解释理论的设定是为解释提供方法论和解释工具，没有解释理论的设定，就不能形成解释的对话环境，解释就难于被他人理解。可以说，刑法学总论研究的问题，基本都与解释理论的设定相关。如在犯罪论中，犯罪构成理论就是刑法分则条文的解释工具。解释立场的选择，主要涉及"实质解释论"与"形式解释论"的争议。在我们看来，两者实际上都不能否定"实质判断"在刑法解释过程中的作用，关键是在允许实质因素的作用发挥到何种程度这个问题上有争议。对此，本书赞成"实质解释论"的立场，即只要不破坏社会一般人的稳定规范预期，在形式逻辑允许的范围之内，实质的判断因素应当发挥更大的作用。

---

〔1〕 ［德］汉斯·海因里希·耶赛克、托马斯·魏根特：《德国刑法教科书》，徐久生译，中国法制出版社 2001 年版，第 53 页。

就我国刑法解释学研究现状而言,比较成问题的是依据解释理论对刑法条文进行解释。其中主要的问题在于,我们长期以静态的刑法条文为对象,把解释刑法的过程视为单纯的刑法条文含义的确定过程。然而大量的实践证明,刑法条文含义的确定过程,实际上是包含客观事实评价在内的一个动态过程。德国学者卡尔·拉伦茨(Karl Larenz)指出,被法律规则所涵摄的并不是事实本身,这也没有什么可能性,实际上被涵摄的毋宁说是司法者对于案件事实的陈述。[1]而此种案件事实陈述的获得,是一种"诠释学意义上的循环"[2]结构的结果,此即"在大前提和生活事实间之眼光的往返流转"的过程。具体而言,就是"以被描述的案件事实为起点,判断者进一步审查,可以适用在案件事实的法条有哪些,根据这些法条的构成要件再进一步补充案件事实,假使法条本身不适宜作立即的涵摄,便须针对案件情境作进一步的具体化。只有在考虑可能是判断依据的法条之下,成为陈述的案件事实才能获得最终的形式;而法条的选择乃至必要的具体化,又必须考量被判断的案件事实"[3]。卡尔·拉伦茨的上述论述告诉我们,对作为司法三段论定罪思维小前提的案件事实的判断和确定,并非简单的"是与不是"意义上的纯客观的、价值无涉的事实判断,而是一个需要对法的规范目的予以同时考量的过程;与此同时,定罪的过程并非像通常所认为的那样先对案件事实有了明确的识别之后,再进行案件事实和法律之间的符合性的判断,也是事实与规范同时进行和生成的一个过程。

这种状态下的刑法含义确定过程,更多的是在诸多案件处理方

---

〔1〕〔德〕卡尔·拉伦茨:《法学方法论》,陈爱娥译,商务印书馆 2003 年版,第 152 页。

〔2〕〔德〕卡尔·拉伦茨:《法学方法论》,陈爱娥译,商务印书馆 2003 年版,第 162 页。

〔3〕〔德〕卡尔·拉伦茨:《法学方法论》,陈爱娥译,商务印书馆 2003 年版,第 162 页。

案之间进行选择的过程。例如，女友告诉男友，自己被他堂弟强奸。男友就此事质问堂弟并列出跳河、喝农药、单挑三种方式，让堂弟选一种赔罪。堂弟选了喝农药，并在喝下农药后经抢救无效死亡。对堂弟的死，堂哥负有什么责任？对于这个案件，其难点在于如何理解和把握刑法当中的过失刑事责任的赋予条件。对此，我国《刑法》第15条的规定显然并不明确，因此就有可能产生不同的解读，而不同的解读进而会导致不同的问题解决方案。

目前，国内关于过失犯罪的通论观点认为，过失犯罪的成立必须满足以下三个条件：一是客观上必须存在危害社会的结果发生；二是行为人的过失行为与危害社会的结果之间存在刑法意义上的因果关系；三是行为人对于危害社会的结果的发生在主观方面必须存在过失的犯罪心态。其中，危害社会的结果的发生是追究行为人的过失责任的前提条件，也就是说，如果没有危害社会结果的发生，即使存在行为人的过失行为，也不能将其行为进行入罪处理，加以归责。[1] 在此意义上，过失犯就是一种典型的结果犯，那么行为人的过失行为与危害社会的结果之间是否具有刑法意义上的因果关系，在判断过失犯是否成立意义上就成为一个必要的构成要件要素。

除了上述两个构成要件要素之外，行为人对于危害社会结果的发生是否具有过失的犯罪心态，在判断过失犯罪是否成立过程中起着至关重要的作用。对于如何认定行为人的主观心态，通论观点一般是从行为人的"认识因素"和"意志因素"两个方面进行考察的。由于刑法意义上的主观心态包括故意和过失，因此在与故意犯罪的主观心态加以比较的意义上，过失犯罪的行为人的主观心态在认识因素方面可以被概括为"应当预见而没有预见"或者是"已

---

〔1〕 当然，目前理论界有关于过失危险犯的讨论，但过失危险犯在我国现行的过失犯罪立法（《刑法》第15条）之下显然是不能够存在的。因此这里所讨论的问题并不涉及过失危险犯。

经预见到了危害社会的结果发生的可能性"两种情况；在意志因素方面则表现为不追求危害结果的发生，也不是像间接故意一样对于危害结果的发生持有一种中立、无所谓的态度，而是对于危害结果的发生持有排斥、反对的态度，包括所谓的"疏忽大意"和"轻信结果能够避免"两种情况。因此，根据这一分析模态，过失包括两种类型：一是疏忽大意的过失，即应当预见到危害结果且能够预见到危害结果，而由于疏忽大意没有认识到的情况；二是过于自信的过失，即预见到危害社会的结果发生的可能性，但是在意志因素上却轻信能够避免危害结果的发生，以至于结果确实发生。可以说，这种认定行为人主观心态的方法在我国现有刑事立法之下是最为妥当、贴切的分析方法，因此也就成为司法实务部门在办案过程中普遍采用的分析方法。

如果按照这一通论解读，上述案例当中的犯罪嫌疑人可能会被认定为过失致人死亡罪。首先，犯罪嫌疑人对其堂弟列出赔罪选项的行为导致了后者喝农药死亡的结果；其次，犯罪嫌疑人应当认识到其行为可能导致其堂弟的死亡，但是因疏忽大意没有预见到，因此可以认为犯罪嫌疑人对其堂弟的死亡具有疏忽大意的过失。但是这样的结论，在更为精细的过失心态认定理论面前显然是有待商榷的，而后者实际上是过失犯罪成立条件的新解释理论。

综观上述通说观点，我国传统过失犯罪理论在认定行为人的主观心态方面采用了与故意犯罪完全相同的认定标准，即从"认识因素"和"意志因素"两方面进行判断，并且主要是通过这两个要素在故意犯罪中的特点的比较而对其在过失犯罪中的特点进行解读的。但是，行为不是故意，不能即刻理解为必有过失，[1] 过失犯罪的主观心态的认定标准应当根据过失犯罪自身的特点而得以确立，不能当然地从与同样是主观心态的故意之特点的对比当中得

---

[1] 林东茂：《刑法综览》，一品文化出版社 2006 年版，第 188 页。

出。在此意义上，通论观点关于过失犯罪主观心态的认定标准的设定就难言正当，反而是一种缺乏明确性的判断标准，而按照该种认定标准所作出的判断结论显然是不具有可靠的说服力的，并且在司法实践中极有可能导致结果归责现象的出现。

为了弥补通论观点存在的上述缺陷，刑法学界的诸多学者在传统的分析框架下做出了巨大的努力，然而在完善原有逻辑仍无法圆满解决问题的情况下，他们开始将解决问题努力的方向转向了域外，尝试通过引进德日刑法关于过失犯的理论，具体而言即"注意义务"和"注意能力"这两个范畴，来满足过失犯罪处罚根据的明确化需要。其基本思路是：必须也只能关注并通过过失犯对自己行为造成的危害的不注意，才能充分说明其应受处罚的根据……一般情况下，如果行为人没有充分发挥自己的预见能力或避免能力（统称注意能力），从而导致了危害结果的发生，那么此时他就是应该被责难的。但是，行为人未充分发挥自己的注意能力，只能说明我们从事实、道义或伦理上找到了对其进行责难的根据，还不能肯定就必须对行为人进行责难。要使其受到刑法上的责难，还必须肯定行为人本来就承担着法律所要求的注意义务。[1]

按照这种理论，行为人构成过失犯罪首先需要有危害结果，以及行为与结果之间的因果关系，还需要行为人对于结果的出现未尽到注意义务并且具有注意能力。据此思考，案例当中的犯罪嫌疑人可能不会被认定为构成过失致人死亡罪，这是因为犯罪嫌疑人对于其堂弟死亡结果的出现虽然有预见义务和预见能力，但是却未必应当要求犯罪行为人对于这一结果的出现负担避免义务，否则就是在保护他人生命这一问题上对社会一般人作出了过分的避免义务要求。正是这样的一种考虑使得我们不能把小学生跳楼死亡的结果责任赋予责备了她/他的老师。

---

〔1〕　高铭暄、赵秉志主编：《过失犯罪的基础理论》，法律出版社2002年版，第20页。

　　然而，上述两种过失犯罪构成理论都没有注意过失刑事责任的客观方面要求，即对于过失犯罪的实行行为问题没有给予关注，而我们这里要说的第三种理论实际上就是在强调结果、结果与行为之间的因果关系，行为人对于结果的注意义务和注意能力的同时，更进一步地强调过失犯罪成立所必需具备的客观行为上的要求：造成危害结果发生的行为应当被理解为一种为人们的日常生活观念所不能容忍的危险行为。[1] 按照这种理论，上述案例当中的犯罪嫌疑人就不会被认为应当构成过失致人死亡罪，因为犯罪嫌疑人对其堂弟列出赔罪选项的行为的确在一定程度上具有引起后者喝农药死亡的危险，而且事实上也的确引起了后者的死亡，但是结合案件的具体发生过程来看，这一行为很难被认为是法所不容许的危险行为，因为毕竟死者是一个精神完全正常的人，其对结果的选择作用其实才是真正具有决定性意义的。

　　上述讨论过程中所涉及的三种过失犯罪成立理论，在我国现行过失犯罪规定之下均无明显不妥，但是作为司法者却显然不能因此而作出任意的选择，而是应当选择最为合理的一种解释途径。如果说刑事司法的核心机能在于确证规范，正确引导社会主体的行为，那么这里的关键性考量就是法律应当在保障生命这个问题上，赋予社会主体何种程度的义务。根据这一思路，过分的义务负担显然是不妥当的，尤其是在被害人有充分的选择自由的情况下。有趣的是，一旦考虑义务赋予问题，我们的问题思考就完全地走到了刑法教义学逻辑之外，进入了法社会学，甚至社会学的领域。

　　综上所述，刑法解释的过程，也就是教义学形成的过程，实际上应当是针对现实发生的案件事实，以事实和法律的最佳契合状态为标准，对问题解决方案的评价选择过程。由此形成的刑法教义学，实际上是包括刑法法律逻辑和"在法律意义上人们应当如何行

---

　　〔1〕 ［日］西田典之：《日本刑法总论》，刘明祥、王昭武译，中国人民大学出版社2007年版，第209页。

为"在内的，来自于法内部和外部诸多论据，及其评价选择原则的系统化知识体系。而这其中，最为重要的内容，并非对犯罪构成理论体系的优劣比较，也并非对解释方法的简单罗列，而是特定问题解决方案之论证理由的评价与选择。

罪刑法定原则

第一节　罪刑法定原则的思想意涵

罪刑法定原则，是现代刑法的根本准则。它贯穿于刑法始终，对于刑法运行的整个过程具有全局性、根本性的指导和制约作用。刑法的原则是多样的，如对累犯从重的原则、刑法溯及力问题上的从旧兼从轻原则、责任理论中的行为与责任同时存在原则、共犯理论中的部分行为全部责任原则等都是刑法原则，但这些却不能被视为刑法的基本原则，因为这样的原则对于刑法来说不具有根本性和全局性。相对而言，罪刑法定原则对它们则具有观念统领的意义。

罪刑法定是现代刑法的黄金法则，其基本含义是"法无明文规定不为罪""法无明文规定不处罚"。也就是说，什么样的行为是犯罪，应当受到什么样的刑事制裁，由法律予以明确规定。如果将罪刑法定理解为法治理念在刑事法中的体现，或者说就是刑事法治本身，那么，罪刑法定就是在刑法中实现民主与人权、保障国民的自由、限制国家刑罚权的原则，旨在于实现刑事领域内的法治。因而，罪刑法定当然不仅是刑法典用条文化形式所表述的刑法格言，而是要在全部的刑法立法当中贯彻法治理念的要求，在整个刑事司法过程当中实现法治的理想。作为罪刑法定的基本思想，至少应当具备以下内容。

一、自由和民主精神

排斥罪刑擅断和法律不确定性，实现自由和民主，是罪刑法定原则的根本追求所在。在历史意义上，罪刑法定原则可以视为对罪刑擅断主义的彻底否定。在近代人权思潮之前，法律，尤其是刑法，大多属于统治者维护自身统治需要的工具，而且其适用往往不受法律规定本身的限制，任意出入人罪的现象非常普遍。在这样的社会环境之下，人们没有自由可言，因为罪刑擅断，人们根本就无法预测到自己行为的后果。作为对此种状态的反对，自亚里士多德以来，限制法官自由裁量权，防止罪刑擅断，一直是人们追求的目标。

贝卡里亚曾经指出，纵观历史上那些由冷酷无情且自命不凡的所谓智者们设计和实施的野蛮、不人道、无益的酷刑，谁能不觉得触目惊心呢？目睹那些欺压多数人、帮助少数人的法律，有意识地或容忍成千上万的人被陷于不幸之境，甚至使他们返回了令人绝望的原始的自然状态，谁又能不毛骨悚然呢？同样，当我们目睹某些与其他人具有相同感官、也具有同样欲望的人在挑拨、戏弄狂热的群众，采用可以任意设置的程序和残酷而漫长的刑讯，指控无辜的人们犯有可怕的愚昧所罗织的或不可能的犯罪，甚至仅仅因为有人忠实于自己的生活原则，就认为他们是罪犯，有谁能不浑身发抖呢？[1] 而同样对于中世纪旨在镇压宗教异见的异端邪说罪，贝卡里亚进行了这样的述评：它使欧洲的土地上沾满了人的鲜血；它把活生生的人体投入火中，用它们架起悲剧的柴堆，在那里，烧焦的骨骼劈啪作响，还在颤动的内脏受到煎熬，从人类躯体冒出的黑烟

---

〔1〕 ［意］切萨雷·贝卡里亚：《论犯罪与刑罚》，黄风译，中国方正出版社2004年版，第58页。

中传出嘶哑的、不成声的哭泣。[1] 言下之意，无不包含着对于具有确定性的刑法知识结构的向往。无独有偶，孟德斯鸠也曾指出，如果刑法上的每一种刑罚施加都依据犯罪的独特性质为确定原则的话，自由就取得了胜利。刑罚不再依据于立法者、执法者的一时意念，而是以事物的性质为依据得以产生出来，一切专断就都停止了；只有这样，刑法才不再会是人对人的暴行了。[2]

从上述经典论述当中我们不难发现，罪刑法定原则强调法律明确规定作为定罪量刑的前提，并非单纯的科学追求，更为重要的是要体现对自由的保障。而在这其中所隐含的，则是对民主的坚持。因为没有民主，也就没有现代法治，没有现代法治，也就没有自由。

罪刑法定体现了一种理念确信。无论采用何种刑法制度形式，采取何种语言表述，都难以将罪刑法定排除在刑法之外，无论这种排除是形式的还是实质的。当然，罪刑法定的实现，可以有多种不同的形式，但民主和自由的精神却是具有普遍共同性的。

二、国民权利意识与国家守法意识

罪刑法定之思想基础的首要内容是民主和自由精神，而限制国家刑罚权是罪刑法定的基本功能指向。民主和自由精神通过以下两方面的意识，现实化为对国家刑罚权的限制作用：

第一，国民权利意识。民主和自由精神倡扬个人权利，将人作为独立的社会主体，充分保障其自由。而个人自由这种事实的存在，使得国家与公民之间关系不再是国家对公民的单向权力强制，也表现为个人权利对国家权力的制约。国家和国民之间这种双向关

---

〔1〕 [意] 切萨雷·贝卡里亚：《论犯罪与刑罚》，黄风译，中国方正出版社 2004 年版，第 87 页。

〔2〕 [法] 孟德斯鸠：《论法的精神》（上册），张雁深译，商务印书馆 1961 年版，第 189 页。

系，以国民权利意识的形成和存在为前提。如果国民没有这种权利意识，国民规范意识将难以形成：在没有权利意识的情况下，国民将法律视为它物，而不是自己所要遵循的行为规则，只是由于惧怕法律制裁而不违反法律，这并非是法治社会所追求的自觉守法。人们不是在按照自己的意志行事，也就无自由可言。相应地，就国家来说，如果国民没有权利意识，也就不可能对国家权力进行自觉的监督和制约。

第二，国家守法意识。在现代社会，可以使民主与自由得以实现的制度设计并非唯一，且可能有显著差异，但重要的相同点在于，国家成为守法的主体，而且国家守法是法治社会得以存续的主导方面。在民主国家理念中，国家与国民的利益具有一致性，国家是为了国民而存在。但国家并不是没有实际内容的观念性的东西，而是一个具有物质内容支撑的实体，这个实体由人来掌管。因此就必然出现国家整体利益、掌管国家的人之利益与国民个体利益之间不一致的可能性。为了避免国家变成国民的对立面，就必须使其遵循体现国民意志、旨在保护国民利益的法律。现代国家往往通过制定法律规定国家的权力范围，要求国家依法行事。自觉而严格地遵守法律，也就是国家的基本的政治义务与政治责任。国家守法状况直接影响着公民的守法状况，进而影响整个社会的守法意识的养成和保持。所以，国家必须以高度理性的方式来对待并行使包括刑罚权在内的国家权力，自觉遵守法律为公权力划定的界限。

倡扬个体权利意识，使得国家与国民的关系从前现代的单向强制，转变为现代的双向制约，也就是权力和权利的相互制约，这为国家权力受限创造了外部基础，因为权力具有自我扩张的性质，要求权力自我约束是不现实的；而国家守法意识的形成，则为国家权力受限提供了内在条件。相对于国民守法，国家守法处于前提的、更重要的位置，没有国家守法，就没有法治，没有罪刑法定。

进一步讲，有效合理的国家权力限制离不开国民和国家的良知。一方面，个人要充分尊重并服从国家的权威，充分尊重其他个人的平等权利和自由并为此而保持自我克制，而且要尊重并充分履行对社会、对国家的法律义务与道德义务，同时也要以既定的法律规则和一般的法律规则自觉抵制国家的非法专横。另一方面，国家应当确立个人优位观念，尊重并依法保障个人的独立平等的主体资格与人格尊严和价值，确认、尊重并充分保障个人的私人生活与社会生活的广泛自治与自由；充分认识并切实做到自我克制，有效地限制自己的权力，尤其是要放弃专横与非法的权力，做到以规范和制度为有效约束的规范化权力运作。

另外，无论是个人还是国家，都必须具备高度的责任感，充分认识和理解并随时准备承担法治所可能带来并落实到其头上的道德责任、社会责任、政治责任与法律责任，随时准备着承受法治所可能引起的各种政治的、经济的、文化的、社会的、道德的与情感的代价，忍受并以积极的心态来看待对各社会活动主体而言个案的事实上与法律上的不公平的结果。良知，表明的是国家与国民的自我约束，如果没有任何自我约束的基础，仅仅依靠权力与权利的相互对立，是难于形成法治的状态的。

三、人权保障观念

现代刑法的目的在于打击犯罪与保障人权，而罪刑法定原则，显然是将保障人权置于优位。即使没有罪刑法定，打击犯罪的目标也可以实现，甚至更为便利。因而现代社会规定罪刑法定，强调打击犯罪的刑法目的必须要受保障人权的目的制约。实现罪刑法定原则所追求的保障人权的目的，必须具备以下观念前提：

第一，个体权利是人权保障的基础。无论被承认与否，人类社会的任何时间阶段，都存在某些属于所有人类个体的权利。尽管个体权利不能各行其是没有限制，需要国家以法律的方式，为人的权利行使设定行为规则，但国家的存在并不意味着以限制人的自由作为目标，而是以使人的自由最大化为目标。

第二，权力—权利、权利—权利制衡是保障人权的必要前提。在现实生活中，个人始终是弱者，而国家却始终是个人的潜在的与现实的威胁。因此，要使国民的个体权利得到保护，就要通过法律设置来使国家的权力受到制约，使权力为善而不是为恶；同时个人的权利也必须根据"已所不欲，勿施于人"的原则，保持在不相互为害的限度内行使。

第三，依宪治国是人权保障的制度化表达。如果说权力制衡是保障人权的必要前提，那么依据什么来将权力制衡的理念化为制度，如何使制度化的权力制衡的原则变成现实，就是一个非常重要的问题。依宪治国以宪法的存在为前提，要求其他法以宪法为法源，在立法上对国家权力进行限制。宪法"是一系列对国家权力行使的限制，因此在这些限度内行使权力是合法的，而超出这些限度来行使权力则是非法的"[1]。宪法对立法权的宪法限制，是其对公权力限制和约束的关键。

依宪治国实际上是罪刑法定的基本制度前提。依宪治国并非以存在一部宪法为表征，有宪法只是依宪治国的必要条件，只有宪法在内容和实施上确实将保障人权作为基本目标，将限制国家的权力作为其基本的制度设计和基本理念，才可以认为真正做到了依宪治国。只有在这样的制度设计之下，国民的个人自由才可以得到充分的保障。这是法治的必要内容，同时也是保障人权这种法治基本价值的制度性存在形式，是法治的制度性实现。

罪刑法定原则，从根本上说是一种价值理念和思想观念，它的内涵远较其字面含义要深远得多。在这个意义上，罪刑法定的立法规定也就不仅仅是刑法中的一个条文，它需要通过整体的刑事法制度设计和实践运行来实现，通过制度和实践所体现的理念来真正

---

〔1〕　［美］埃尔斯特、［挪］斯莱格斯塔德编：《宪政与民主：理性与社会变迁研究》，潘勤、谢鹏程译，生活·读书·新知三联书店 1997 年版，第 152 页。

体现。

第二节　罪刑法定之形式侧面

对罪刑法定原则的经典谚语式表达，当推费尔巴哈（Feuerbach）的"法无明文规定不为罪、法无明文规定不处罚"。依据这样的表述来理解罪刑法定，其基本内容就是指犯罪与刑罚由刑法予以规定，无法无罪，无法无刑。如果说罪刑法定原则创立之初是为了防止罪刑擅断主义，保障人权、维护人的尊严，那么人权保障机能优先的观念就是罪刑法定原则的核心内容，也是当今刑事立法和司法的基本刑事政策观。

一、罪刑法定形式侧面的要求

罪刑法定的基本内容可以从形式和实质两个侧面予以把握。张明楷教授最早将这种表述形式引入国内学界。[1] 在我们看来，罪刑法定原则的形式侧面内容，是贯彻形式法治的理念，为实现对司法权的有效限制，而对刑法立法和司法提出的要求。罪刑法定原则的实质侧面则与实质法治的宗旨相一致，旨在反对不合理的罪刑设定和不合理的刑法适用，而对刑法立法和司法提出的要求。罪刑法定原则的形式侧面内容，主要包含以下几个方面：

（一）成文法主义

一般认为，成文法主义是罪刑法定的基本内容之一。成文法主义，又称为法律主义，要求犯罪与刑罚均应依据成文法律规定，"法无明文规定不为罪、法无明文规定不处罚"就正是对成文法的表述。

第一，法律必须是成文的。成文法意味着，关于犯罪与刑罚的

---

〔1〕　张明楷：《罪刑法定与刑法解释》，北京大学出版社 2009 年版，第 27、46 页。

规定，必须以形式化法律规范的形式，被明确规定在法律文件中，人们对法律的把握和理解，也是通过成文法的规定进行的。成文法的形式性质，使其具有以下两个基本特征：其一，普遍性。要求同等事物受到同等待遇或者说对相同的案件适用相同的法，借此体现法律的公正价值。其二，解释的必要性。正是法律的普遍性以及普遍性导致的抽象性，使刑法的解释成为必要，而在解释的过程中，如何使解释成为符合法律本身规范目的的恰当内容，就成为刑法解释的核心任务。

第二，成文法必须以公正作为实质的价值追求。成文法主义是罪刑法定的基本要求，但这种要求并非是单纯的形式化追求，而是通过这种成文法的形式达到实质公正的要求。换句话说，罪刑法定要求的成文法，绝不是简单的罪与刑法典化，其中所蕴含的对公权力的限制、对人权的保障及其实现才是罪刑法定最本质的诉求。从形式化走向实质化，使实体正当的实质理念得以衍生，意味着刑法中的罪刑法定要求实现形式合理性和实质合理性的结合。成文法只有使罪与刑的规定符合实质正义的要求，才能够实质性地支撑罪刑法定原则之意义。

定罪和量刑均首要取决于刑法典的成文化规定，使得禁止类推定罪成为罪刑法定的派生原则。类推定罪，是指将法律没有明文规定为犯罪并处以刑罚的行为比照刑法所规定的最相类似的条文定罪量刑。此种刑法适用方式被我国 1979 年《刑法》所采纳。1979 年《刑法》第 79 条规定，刑法分则没有明文规定的犯罪，可以比照刑法分则最相类似的条文定罪处罚。类推定罪严重削弱了社会一般人的生活预期，违反了罪刑法定的要求，所以 1997 年《刑法》取消了这一制度。当然，需要注意的是，类推定罪和类推解释并不相同。后者是指刑法解释过程中可以采取的类比、类推方法，并不必然带来突破成文法规定的界限，剥夺社会一般人生活预期的结果。所以，罪刑法定原则和成文法主义所禁止的并非类推解释。

另外，成文法主义和成文法一直以来是大陆法系的法传统，英美法系国家往往被区别以判例法传统。然而我们必须注意到，这一区别正在快速消失。以美国为例，目前美国联邦虽然没有成文的刑法典，但是其各州基本都有成文刑法典，而且有的州明确禁止在法典之外单纯按照判例法定罪处罚。无论如何，在英美法系国家，成文法正逐渐成为主要的刑法渊源。另外，成文法国家也把判例法作为了成文刑法适用的重要参考。我国最高人民法院和最高人民检察院分批颁布指导案例和典型案例，可以视为将判例法引入刑事司法适用的适例。

（二）禁止任意解释

现实社会生活的复杂和琐碎，使成文法律所描述的犯罪行为特征、所规定的刑罚适用条件不可能与具体的案件事实样态完美契合。同时，规范性的语言所表述的刑法规范必然是抽象的，很多时候抽象的法律条文也不可能直接运用于具体案件的处理。因此，刑法解释不可避免。而允许法官通过刑法解释确定法律文本的内涵，确定模糊的刑法适用边界，可能出现恣意适用刑法的空间，使罪刑法定的价值大大降低。因而，禁止任意解释就成为罪刑法定价值得到实现的重要保障。

就其内容来说，禁止任意解释至少可以包括如下几个方面的要求：

第一，解释的边界。以立法文字可能有的日常生活理解含义为基础解释刑法，这是罪刑法定原则要求之下刑法解释的最大边界。法律是通过文字来表述的，法律内容的阐释在形式上也就应当由文字含义的解释来体现；法律的文字是当代社会一般人获得行为预期的基本途径，所以以理性社会一般人所运用的对文字含义的日常生活理解应当成为法律文字含义解释的基础，否则就有可能损害作为自由保障的生活预期。所以，刑法的解释应以刑法条文文字在日常生活语言意义上所可能具有的范围作为最大范围。在此意义上立法语言中不具有的内容，就当然被排除在解释可能的范围之外。

第二，解释的价值。确定刑法规范的文字含义，应当在维护刑法整体价值的前提下进行。文字的意义往往是多义的，其应有含义的选择，只有在贯彻刑法基本价值的前提之下进行，才具有合理性。

第三，解释的认同。一切不合理的任意解释，实际上有一个共同的特点，这就是不能保证解释的社会认同。以体现公平价值的相似案件相似处理为例。禁止任意解释可以说是相似案件相似处理的保证条件。具言之，对法律的解释只有被限制在法律语言表述之社会一般观念的理解范围内，相似案件相似处理所反映的公平价值才可能得到实现，而任意解释恰恰就是使相同的案件得到不同的处理，因而任意解释必然意味着超出国民预测的可能，也就不可能得到认同。

我国《刑法》第 3 条前段规定：法律明文规定为犯罪行为的，依照法律定罪处罚。对此规定，学界有的将其称为"积极的罪刑法定原则"并予以肯定，但也有学者认为该规定并非罪刑法定原则的应有含义，主张罪刑法定原则仅具有消极意义，即"法无明文规定不为罪、法无明文规定不处罚"。所以认为该规定是错误的。但是我们认为，罪刑法定原则对于法明文规定之外动用刑罚权的否定，前提是法官严格按照法律规定办事，不任意解释适用法律，无论是入罪还是出罪，都应当如此。照此理解，"法律明文规定为犯罪行为的，依照法律定罪处罚"这一表述，实际上正是在重申不得任意解释适用这一要求，不必冠以所谓"积极的罪刑法定原则"之名。

（三）禁止事后法

正如前文所述，作为罪刑法定原则的重要思想内涵，就是维护理性社会一般人的基本生活预期，来实现对自由的普遍性保障。如果允许用事后制定的法律来处理案件，国民就无法预测自己行为的可能性，罪刑法定的人权保障功能就会化为乌有。如果罪刑法定将保障个体权利，限制国家权力作为其最高价值的话，禁止事后法就是罪刑法定的必然要求。

某种意义上说，坚持禁止事后法，意味着对法律漏洞的放任，而这种放任就个案处理而言未必公正，但由于其可以使刑事司法权受到普遍的限制，保证国民具有预测自己行为后果的可能性，所以根据"两害相权取其轻"的平衡法则，仍具有公正性。禁止事后法的实质意义在于，可以使国民的一般权力在特殊情况下也不被忽视，国家的公权力受到普遍性的限制。

在我们国家，最高人民法院、最高人民检察院所颁布的司法解释，具有"准立法"的性质，得到了司法机关的普遍性遵从，因此可能出现司法解释变化导致新的行为类型被定罪、[1] 原有刑罚被加重的情况。而在此情况下，损害行为预期和国民自由也是有可能的。因此，对于我国的有权司法解释，应当适用禁止事后法的原则。正因为如此，最高人民法院、最高人民检察院《关于适用刑事司法解释时间效力问题的规定》为正确适用司法解释办理案件，对适用刑事司法解释时间效力问题提出如下意见：其一，司法解释是最高人民法院对审判工作中具体应用法律问题和最高人民检察院对检察工作中具体应用法律问题所作的具有法律效力的解释，自发布或者规定之日起施行，效力适用于法律的施行期间。其二，对于司法解释实施前发生的行为，行为时没有相关司法解释，司法解释施行后尚未处理或者正在处理的案件，依照司法解释的规定办理。其三，对于新的司法解释实施前发生的行为，行为时已有相关司法解释，依照行为时的司法解释办理，但适用新的司法解释对犯罪嫌疑人、被告人有利的，适用新的司法解释。其四，对于在司法解释施行前已办结的案件，按照当时的法律和司法解释，认定事实和适用

---

〔1〕 如 2003 年最高人民法院、最高人民检察院《关于办理妨害预防、控制突发传染病疫情等灾害的刑事案件具体应用法律若干问题的解释》第 6 条，将在疫情灾害期间非法哄抬物价、牟取暴利的行为规定为非法经营行为，而这一行为是否可以构成非法经营罪，从《刑法》第 225 条法条逻辑当中很难推出。

法律没有错误的，不再变动。

（四）禁止绝对不定刑

绝对不定刑，包括两种情况：一是刑罚绝对不定，是指法律中不规定犯罪行为应当适用什么样的刑罚，刑罚种类和刑罚严厉程度完全由司法者自由裁量决定；二是刑度绝对不定，即法律中虽然对犯罪行为应当适用何种刑罚有规定，但对于刑罚期限或者程度不作任何限制。刑罚绝对不定的情况在我国，乃至世界范围内都非常罕见，在此不予重点讨论。

刑度绝对不定，理论上经常称之为"绝对不定期刑"，在刑事实证学派重视消除人身危险性的思想指导下，曾经有一定的市场。在这种制度之下，刑期的长短应当就犯罪人对未来社会的危险性来衡量，取决于犯罪分子的改造效果。从一定意义上讲，不定期刑有利于贯彻目的刑、预防刑；可以因人而异实行刑罚个别化；可以避免将有人身危险性的犯罪人放入社会，给社会再造成危害。然而在罪刑法定的视野下，绝对不定期刑意味着，只要依据刑法对罪的规定认定犯罪成立，刑罚就完全由司法者自由进行裁量，没有立法上的限制，而没有量度限制的刑罚，对于国民的自由来说是一个重大的威胁。而在刑法意义上的国民的自由与权利，不仅是赋予守法者的，更重要的是赋予违法者的，是对违法者的合法权利的保护，是禁止对违法者权利的过分剥夺。而这种保护在绝对不定期刑之下必然不复存在。一般说来，对没有任何违法行为的国民来说，国家依据刑事法律对其利益进行侵害，是很难想象的，尤其是在现代社会，这种可能性非常小。而对违法者则不同。尤其在我国，法治传统还没有被充分确立，仍然没有借助限制国家公权力来实现国民利益周全保护的传统。在这种社会背景之下，提倡对国民个体利益的保护应该比在西方法治发达的国家具有更重要的意义。也正是在这个意义上，禁止绝对的不定期刑，应该给予强调。

简而言之，绝对不定期刑对于刑期长短没有具体的标准，容易造成罪刑不适应；容易诱发专断，导致侵犯人权；同时，没有刑期也可能使犯罪人丧失改造信心。所以它与罪刑法定原则相悖。

与之相对，绝对确定刑也是不可取的。从法理上讲，不仅立法者将所有影响犯罪应受谴责程度的因素列举无遗是绝对不可能的，认为某种或者某些因素绝对对应于某种应受谴责程度和刑罚严厉程度也是不可能的。[1]

应当说，相对不定期刑或者称为相对定期刑的刑罚设定模式，才是具有立法合理性的。在这种刑罚设定模式之下，立法者事先根据经验基础上的类型化预判，确定特定犯罪行为在全部应受处罚之行为类型之内的客观应受谴责程度序列，然后设置一个可以体现其客观应受谴责程度序列的刑罚幅度，对于最低刑和最高刑都予以明确限定。法官可以在立法者确定的法定刑幅度之内，根据犯罪情节的轻重和行为人人身危险性程度的高低，自由裁量确定对犯罪人应予执行的刑罚。

根据这种相对确定的法定刑设定理念，我们可以延伸得到两点启示：其一，刑罚裁量过程中，消除犯罪人人身危险性、威慑潜在的犯罪人等功利性的刑罚裁处考量，应当在满足了基于犯罪严重程度而确定的报应性应受谴责程度序列要求的前提下，才能够予以开展。不能为了消除犯罪人人身危险性、威慑潜在犯罪人而突破立法预先确定的报应性惩罚幅度限制。此即刑罚裁量的所谓"公正限制功利"原则。其二，对于立法论研究而言，上述理念告诉我们：当某种意义上界定的特定行为类型可能涉及的刑罚幅度过于宽泛时，不能作为独立的罪名予以设置。因为这实际上会使刑罚裁量权过大。比如理论界有观点认为应当针对教唆行为设定单独的教唆罪，也许从化解我国《刑法》第 25 条第 1 款规定之处罚共犯的一般条

---

〔1〕 在我国现行刑法当中，仍存在一个绝对确定的死刑规定，此即《刑法》第121 条"劫持航空器罪"：以暴力、胁迫或者其他方法劫持航空器……致人重伤、死亡或者使航空器遭受严重破坏的，处死刑。

件——主体间的共犯关系，与第 29 条第 2 款规定的可以在不具备共犯关系的前提下处罚单纯的教唆行为之间的矛盾意义上来看，这种建议具有积极意义，但是鉴于教唆的目标行为几乎涵盖了从重到轻微的全部犯罪行为，其刑罚幅度范围难以确定，所以不应设定独立的教唆罪。这是从刑罚角度考虑罪名设置，非常有趣。

二、罪刑法定形式侧面要求的实现

罪刑法定原则的立法规定，说明我国刑事立法者要遵从罪刑法定原则制定刑法和运用刑事制裁权。但是罪刑法定原则的立法规定，并不意味着罪刑法定原则的真正实现，我们还需要在立法与司法两个方面，依据罪刑法定的要求，合理设计制度与运用法律。

罪刑法定的立法实现，就是要求刑事立法者制定一部良法，没有良法，也就失去了罪刑法定原则实现的前提。要塑造刑事良法，要求在程序上使立法成为民意的真正表达，刑法制定机关应当充分考虑民意，设立制定、修改刑法的提议与确定程序，提出立法案的程序，完善民众参与程序和立法机关的通过程序等。只有依照合理的立法程序，国民表达意见的机会才能得到充分尊重，所制定的法律也才能真正代表民意。

实现罪刑法定，至少还涉及以下几个方面的司法支撑：其一，合理的司法程序支撑。刑法的有效适用需要合理的刑事诉讼程序保障，使法律的价值在运行中得到充分的实现，没有公正的程序，实体公正的实现就如中奖，使法律公正完全依赖于运气。因此，罪刑法定的司法实现首先是对程序的要求。但我们不能说没有正当的程序就一定不可能有公正价值的实现，但程序公正对于实体公正所具有的重大保障意义不容置疑，至少，公正的诉讼程序可以保证裁判结果的可接受性。其二，合理的司法解释支撑。现实发生之案件复杂、琐碎，任何法律不通过解释都不可能直接适用，因此刑法中的应用解释具有不可避免性。而为了保障刑法解释的合理性，如何选择解释模式与如何论证解释理由，都是至关重要的问题。合理的法律解释，是实现罪刑法定的基本司法途径。其三，合理的司法环境支撑。这里所说的司法环境，是从广义来理解的，即在刑法制定之后，其运行过程所需要的所有外在条件都属于司法环境问题，包括司法体制、司法人员素质、国家与国民守法等。择要而言，如果司法独立不能得到保证，罪刑法定的要求就可能基于刑法价值和逻辑之外的其他诉求而被弃之不顾；如果司法人员的法治观念与法律素养普遍达不到要求，再精妙的刑事实体立法和程序设计，都不可能有效发挥其应有的作用；还有，如果国民的生活普遍处于有法不依的失范状态，严格的罪刑法定要求就可能转变成社会秩序维护的障碍。

第三节　罪刑法定之实质侧面

罪刑法定原则的实质侧面，较为明确地分为两类要求：一是旨在限制立法权不当运用的罪刑法定要求，二是侧重于限制司法权的罪刑法定要求。主要包括以下几个方面：

一、明确性原则

在启蒙思想家孟德斯鸠看来，"当一个人握有绝对权力的时候，他首先便是想简化法律。在这种国家里，他首先注意的是个别的不便，而不是公民的自由。公民的自由是不受到关怀的。"[1] 可见，对于刑罚权行使而言，粗疏的法律甚至是没有法律是更为有利的。相反，细密立法的目的是限制国家权力，保障公民权利，而这正是罪刑法定的核心要义所在。

隐含在刑法立法疏密问题背后的，实际上正是国家权力与公民

---

〔1〕 〔法〕孟德斯鸠：《论法的精神》（上册），张雁深译，商务印书馆1961年版，第76页。

自由之间的博弈。由于权力所具有的强烈的扩张本性，立法上的粗疏，可能使司法权能够将其触须合法地伸展到公民权利的每个角落。所以从某种意义上说，立法粗疏往往是强权统治合乎逻辑的选择。与此相对应，在强调民主的国家，法治精神要求法律的规定不能过分含混、粗疏，而应当尽可能地做到明确与细密，为禁止刑法的任意解释、刑罚权的不当运用创造必要的前提。

　　然而同时我们也不能否认，试图制定一部完全确定的刑法是不可能的，也必将是不合理的。社会现实千差万别，即使是同类行为事实也不可能完全一致，因此规则的存在必须保证一定的抽象性和概括性，而这种概括必然是舍弃了事项的特别因素而保留了基本的相类似事项的一致性而进行的规则设定。因此，刑法规则不能是对具体事项的确定列举。

　　规则的抽象性和概括性，使得刑罚适用过程中解释成为必然需要完成的任务。但刑法解释的存在，并不意味着刑法规则不具有明确性。刑法的明确性意涵，并非具体性、确定性，[1] 而在于：①刑法规则意义的确定性，即理性的社会一般人能够理解规则的意义，进而依据规则的要求选择自己的行为。②刑事责任边界的明确性，即立法对于某种行为是否犯罪的界定明确，司法者可以具以合理发动刑罚权，一般公民也可以具以保证对自己行为法律后果的预测而不至于招致预想之外的后果。据此判断，刑法当中的简明罪状，如《刑法》第 232 条规定之"故意杀人的"，《刑法》第 114 条规定之"放火"等，均不违反罪刑法定的明确性要求。

　　过于具体的立法规定，有可能导致司法适用难以适应复杂的社

----

　　〔1〕　罪刑法定所要求的"明确性"与"具体性"之间的关系是不得不予以重点说明的问题。具体的东西显然是明确的，但明确并非要求非常具体。刑法并非为个别的事件而设立，而是为一类事件的处罚条件和处罚原则而设立，而同类事件当中的不同事例往往又有相当的不同，作为法律规则，必定会舍弃具体事件的个别化内容。这种对具体事项的抽象过程是立法过程的一个重要特征，将类型化的立法规定运用到具体事项的司法处理，则是将抽象立法具体化的过程。

会生活，以至于出现不合理的司法适用结果。择其要者而言，明确性是刑事立法的必然要求，但具体确定则恰恰是刑事立法需要避免的，抽象且明确的刑事立法才是立法者应积极追求并努力实现的目标。抽象是为了保持刑法作为行为规范的有效性。如果立法过于具体，这种行为规范宣谕的有效性就会受到削弱。例如普通盗窃罪规定了以盗窃数额较大作为犯罪成立的基本条件，就会让社会一般人产生这样的想法——盗窃没问题，只要别盗窃数额太大就行。

最后，这里有一个具体问题需要予以讨论，即刑法中的兜底条款是否有违明确性原则的要求。简而言之，兜底条款，即出现在刑法特定条文当中，作为犯罪成立条件或者刑罚调整条件的，对其他条款没有包括的，或者难以包括的，或者目前预测不到的内容作概括规定的刑法条款。兜底条款不仅出现在我国现行刑法当中，在司法解释当中也比较常见，其典型的例子就是《刑法》225条"非法经营罪"第4项规定的"其他严重扰乱市场秩序的非法经营行为"。此种立法模式的优点在于保持刑法的弹性和社会适应性，但是兜底性条款较为笼统，易于导致在司法实践中不当适用，一定程度上还会导致法官滥用自由裁量权、司法腐败等现象的出现，从而可能降低民众对法律的信仰度。

但考虑到刑法解释必须遵循的诸多原则、方法已经在当前司法实践中已经得到了广泛贯彻，兜底条款并不必然导致"口袋罪"的出现，且绝大多数情况下不会造成人们行为预期的被削弱，所以兜底条款并不违反明确性原则的要求。对于兜底条款的适用，我们认为应当坚持以下三个基本的分析步骤：

第一，类比分析。以非法经营罪为例，我国《刑法》第225条规定：违反国家规定，有下列非法经营行为之一，扰乱市场秩序，情节严重的，处5年以下有期徒刑或者拘役，并处或者单处违法所得1倍以上5倍以下罚金；情节特别严重的，处5年以上有期徒刑，并处违法所得1倍以上5倍以下罚金或者没收财产：①未经许可经营法律、行政法规规定的专营、专卖物品或者其他限制买卖的物品的；②买卖进出口许可证、进出口原产地证明以及其他法律、行政法规规定的经营许可证或者批准文件的；③未经国家有关主管部门批准非法经营证券、期货、保险业务的，或者非法从事资金支付结算业务的；④其他严重扰乱市场秩序的非法经营行为。

对于这里的"其他严重扰乱市场秩序的非法经营行为"，适用过程中应当首先保证其与法律明列的三种非法经营行为之间的同质性。所谓"同质性"即要求适用"兜底条款"认定的行为必须与同一条文明确规定的行为类型在法律性质和法定刑升格条件的社会危害性程度等方面具有相同或类似的价值。这是由刑法个罪实行行为的定型化要求所决定的。按照这种类比分析方式，我们可以将"其他严重扰乱市场秩序的非法经营行为"限定在"违反特许经营"这一范围之内，从而避免该罪称为口袋罪。

第二，功能性分析。有时，单纯的类比分析显然不能提供有说服力的结论，这时我们应当结合兜底条款设定的规范功能予以分析。按照功能性分析的思路，刑法中的兜底条款在功能上大致分为三类：第一类是特定犯罪行为方式的兜底性规定，如上述非法经营罪当中的"其他严重扰乱市场秩序的非法经营行为"就属于这种情况。第二类是作为定罪量定因素的兜底性规定，如《刑法》第161条"违规披露、不披露重要信息罪"规定，依法负有信息披露义务的公司、企业向股东和社会公众提供虚假的或者隐瞒重要事实的财务会计报告，或者对依法应当披露的其他重要信息不按照规定披露，严重损害股东或者其他人利益，或者有其他严重情节的，对其直接负责的主管人员和其他直接责任人员，处5年以下有期徒刑或者拘役，并处或者单处罚金。这里的"有其他严重情节的"，就属于这种情况。第三类是作为刑罚调整条件的兜底性规定，如《刑法》第236条"强奸罪"规定，以暴力、胁迫或者其他手段强奸妇女的，处3年以上10年以下有期徒刑。奸淫不满14周岁的幼女的，以强奸论，从重处罚。强奸妇女、奸淫幼女，有下列情形之一的，处 10 年以上有期徒刑、无期徒刑或者死刑：①强奸妇女、奸淫幼女情节恶劣的；②强奸妇女、奸淫幼女多人的；③在公共场所当众强奸妇女、奸淫幼女的；④二人以上轮奸的；⑤奸淫不满 10 周岁的幼女或者造成幼女伤害的；⑥致使被害人重伤、死亡或者造成其他严重后果的。这里的"造成其他严重后果的"，属于这种情况。

以上述违规披露、不披露重要信息罪为例，类比分析显然无法提供有说服力的适用理解，因为这里的"其他"显然不能被限定在损害财产性利益的范围之内，但是在相反的方向上，这里的"其他"又不能任意扩大，包含如造成他人自杀、造成恶劣社会影响之类的情况。面对这一情况，我们需要考虑的是，作为定罪量定因素，不能超出罪质的范围理解这里的"其他严重情节"。如果说违规披露、不披露重要信息罪的罪质在于惩罚威胁公司企业管理秩序和股东或者其他人的合法财产权益的违规披露、不披露重要信息的行为，那么这里的"其他"就应当是反映行为对公司企业管理秩序的威胁程度的情节。相对于定罪量定因素的兜底性规定所受的罪质限制，作为刑罚调整条件的兜底性规定理解则可以扩大一些，可以包括单纯的程度性因素。以强奸罪当中的"其他严重后果"为例，并非说明对法益威胁程度的情况，如导致被害人精神失常，也可以被纳入其中。

第三，考察分析结论是否违背刑法的原则要求。这一分析的作用在于，形式上的类比分析和实质上的功能性分析所作出的结论，还必须得与刑法的其他原则要求相契合。还是以强奸罪中的"其他严重后果"为例，虽然这里的其他后果可以不受罪质的限制，但是显然也不能将其无限扩张。例如，甲男对搭乘同一汽车的乙女施加威胁，意图强奸，性情刚烈的乙女从时速为 100 公里的车上开门跳出致死。这里的致死显然不能适用升格的刑罚，因为这样的结果出现"过于异常"，让行为人对此结果负刑事责任，显属过于苛刻。

二、禁止处罚不当罚的行为

禁止处罚不当罚的行为，是刑法对社会生活的介入范围问题，也就是刑法理论上通常关注的刑法边界问题，亦或者说关涉刑法的谦抑性问题。由于刑法是保障法，是保障其他法律实施的最后力量，因而刑法在所适用的领域的广泛是其他部门法所不可比拟的，但由于刑罚的严厉性和刑法资源的有限性，其适用的领域也必然应该受到限制。概括地讲，这里涉及的问题大致分为以下两类：

第一，不应当由刑法介入的领域，不能将该领域的行为规定为犯罪。正如前文所述，刑法是在自由与安全的博弈当中艰难前行的。在不当克减公民自由的情况下，刑法的适用就是不合理的。比如我国当下就存在刑事制裁过分介入经济纠纷的情况，这甚至成为民间经济活动中寻求救济的一条惯常渠道。其实这里就存在刑法介入了其不应当介入之领域的问题。虽然这里的问题并非立法问题，但同样可以折射出刑法不应当不当克减公民自由的基本要求。

在刑法教义学当中，何种领域的行为不应当规定为犯罪，这是一个取决于"违法本质观"的"应罚性"问题。关于违法本质观，学界存在社会危害性说、法益侵害说、规范违反说，行为无价值、结果无价值和二元论等学说的争论。就目前来看，法益侵害说取得了通说的地位。根据这一学说，只有威胁或者实质上侵害法益的行为才能被规定为犯罪。

第二，不必要动用刑罚的领域，不能将该领域的行为规定为犯罪。对于刑法应当介入的领域，也涉及轻微的法益侵害行为是否应当用刑法予以制裁的问题。刑法教义学将这里的问题界定为"需罚性"。这里仍然存在两种不同的向度：

一是犯罪的量定限制问题。法谚有云，刑法不理会琐碎之事。运用社会成本如此之高的刑事制裁手段于轻微的不法，如盗窃一分钱，实在没有必要。在我国，刑法中明确规定情节显著轻微的不构成犯罪，在刑法分则的规定方式上，也有诸多的刑法条文涉及情节问题的规定，这说明在轻微行为不罚方面，我国刑法给予了充分的重视。但是需要探讨的问题仍然很多，比如对于教唆犯和帮助犯，是否有必要采取实行从属的理念，要求只有实行犯着手实行分则个罪构成要件行为的前提下才予以处罚？是否应要求只有在重罪类型当中才处罚教唆犯、帮助犯？再如过失犯罪，是否有必要规定在法律明确规定的情况下才予以处罚？

二是刑法的介入始点问题。这一范畴所指向的问题在于，对于某种应受处罚的行为类型，刑法的惩罚范围是从行为人实行分则各罪构成要件行为开始，还是从行为人预备实施犯罪时开始？行为人所实施的构成要件行为造成特定的危险即可构成犯罪，还是必须造成现实的法益侵害结果才能构成犯罪？对于间接故意，是否有必要处罚造成危险但并没有造成现实侵害的情况？是否有必要规定不作为犯罪只有在刑法明确规定的情况下才予以处罚？等等。对于刑法介入始点问题，我国刑法学界相对讨论不多，但是确实可以作为未来刑法学研究和刑事立法思考的一个重点领域。

三、罪刑平等原则

罪刑平等原则，也称适用刑法面前人人平等原则。我国《刑法》第4条规定："对任何人犯罪，在适用法律上一律平等。不允许任何人有超越法律的特权。"虽然与罪刑法定原则的条文表述分列在不同的条款当中，但是这并不妨碍我们在理论理解上将罪刑平等原则作为罪刑法定原则的实质侧面进行把握。根据罪刑平等原则，刑法规则在根据其内容和逻辑要求应当得到适用的所有场合，都应当予以严格适用，不能存在因人而异的状况。在理论上，罪刑平等原则的含义是：对任何人犯罪，不论犯罪人的家庭出身、社会地位、职业性质、财产状况、政治面貌、才能业绩等如何，都应追究刑事责任，而且一律平等地适用刑法，依法定罪、量刑和行刑，不允许任何人有超越法律的特权。

平等适用刑法的社会基础在于：首先，平等适用刑法是维护社会秩序的需要。如果因为行为人的身份等因素的不同，对相同的行为作不同的处理，对受害人的心理将造成重大的不良影响，受到犯罪影响的社会关系也将因此得不到良性的修复。其次，平等适用刑法是预防犯罪的需要。如果因为身份等因素而对实施相同危害行为的人进行不同的处理，对于受到较轻处理的人来说，无异于一种变相鼓励，不利于其自我约束而不再次危害社会；而对于处刑较重的人来说，有可能会造成其对国家与社会的不满，进而诱发其实施新的违法犯罪行为。再次，适用刑法人人平等是市场经济社会平等竞争的必然要求，市场经济要求的是平等，平等精神要求刑法适用的公正，相同情况相同处理是公正的基本表现形式。最后，平等适用刑法是经我国宪法确立的社会主义法治一般原则的体现，后者的基本要求就是反对特权。刑法适用平等是社会主义法治精神得以完全贯彻的保障，也是公民权利得到最后保障的关键所在。

为实现罪刑平等，至少应当做到以下三个方面：首先，定罪平等，即犯罪行为人地位的高低、权力的大小、金钱的多少都不能影响犯罪成立的判断，也不能造成轻重程度评价上的不合理差别。定罪平等不允许将有罪认定为无罪，也不允许将重罪认定为轻罪；同时，对于没有犯罪的任何人，都不得定罪。我国刑法规定的罪刑平等原则，主要强调的是前一内容，这是从实际情况出发设定的原则，但是适用罪刑平等在实质上意味着，对没有犯罪的任何人也必须平等对待，不论任何人都不能随意定罪，或者动用刑罚侵犯其合法权益。其次，量刑平等，即犯相似的罪行，应做到相似的处罚。量刑平等反对的是针对相似犯罪，因考虑某人权势大、地位高或财大气粗而导致相似罪行异其处罚的情况，违背实质的罪刑法定要求，属于不合理的刑罚权运用。最后，行刑平等。作为定罪平等与量刑平等要求得以实现的保障，罪刑平等原则还要求行刑平等。如果没有行刑平等，定罪平等与量刑平等的效果将不能实现，或者至少难于完全实现。行刑平等，就是在执行刑罚时，对于所有的受刑人平等对待，凡罪行相同、恶性相同的，刑罚处遇也应相同，不能考虑权势地位、富裕程度而对同样的人施用不同处遇，不允许因为被执行者自身在行刑过程中之表现之外的原因而对之改变刑罚的执行。尤其是在适用减刑、假释时，行刑平等要求只能以被执行人的服刑表现作为判断依据，而不应考虑将被执行人的身份等不能表明行为人悔罪程度、再社会化程度的因素，作为减刑与假释的依据。

当然，罪刑平等原则所要求的平等，并非绝对的相同，不是不考虑犯罪人个人的具体状况，而是不应依据人的身份关系和社会地位等不应影响刑事责任的因素来考虑刑事责任有无、程度及其刑罚执行。在实践中，虽然犯罪的基本情况相同，但有的具有法定从重处罚情节，或者法定从轻、减轻或者免除处罚的情节，就会形成同罪而刑罚不同的情况，这是合理的、正常的，并不违背量刑平等原则，因为对任何人犯罪来说，都有具体情况具体分析、针对不同情况实行区别对待的问题。只要这种个别化考虑是在刑法条文规定的法定刑幅度允许的范围之内，都是合理的。就刑罚的适用而言，也存在需要考虑犯罪人的个别化情况的问题，比如对于经济情况不佳的犯罪人适用罚金刑时，就应当适当降低其罚金数额。2000 年最高人民法院《关于适用财产刑若干问题的规定》第 2 条中就规定，人民法院应当根据犯罪情节，如违法所得数额、造成损失的大小等，并综合考虑犯罪分子缴纳罚金的能力，依法判处罚金。从这个意义上讲，量刑平等原则的要求仅是相对的，而不是绝对的。

但是，犯罪人自身的个别情况对定罪、量刑和行刑的影响，也必须被限制在合理的限度之内。反向而言，这一限度应当是：犯罪人的自身情况绝不能影响犯罪行为性质的评价和应受谴责程度的高低，其所能影响的只能是刑事制裁措施的个别化调整。

就现有的法律规定而言，我国的罪刑平等原则所强调的，仅为惩罚犯罪的向度，其在法益保护方面的向度，并没有得到阐述。但是从罪刑法定原则的实质合理性要求层面考虑，平等保护也应当成为罪刑平等的应有之义。就此向度而言，我国现行刑法的突出问题，表现在对国有经济体的重点保护，而忽视了对民营经济体的刑法保护。例如，根据《刑法》第168条的规定，"国有公司、企业、事业单位人员滥用职权罪"是指国有公司、企业的工作人员，由于严重不负责任或者滥用职权，造成国有公司、企业破产或者严重亏损，致使国家利益遭受重大损失，以及国有事业单位的工作人员由于严重不负责任或者滥用职权，致使国家利益遭受重大损失的行为。但是非国营经济体人员的滥用职权行为，造成非国营经济体及其相关利益方损失的情形，并未纳入刑法的打击范围。再如，根据《刑法》第165条的规定，"非法经营同类营业罪"是指国有公司、企业的董事、经理利用职务便利，自己经营或者为他人经营与其所任职公司、企业同类的营业，谋取非法利益、数额巨大的行为。但是对非国营经济体员工的同类营业行为，也没有纳入刑法的打击范围。究其本质而言，两种均属于"背信"的范围。在民营经济占据国民经济重要地位的当今中国，刑法对上述危害行为的惩罚仅限于涉及国营经济的情况，显然是不合理的。

四、禁止残酷的、不均衡的刑罚

罪刑法定的意义不仅限于形式上的明确，更是一种法治理念，即限制公权力，以保障国民人权与自由的理念。就此而言，残酷的刑罚与不均衡的刑罚必然是违反罪刑法定的基本理念的。

针对残酷的刑罚，现代刑事法思想家们提出了刑罚人道主义的思想。根据这种思想，如果刑罚是出于理性的惩罚，刑罚就不应该具有残酷性；如果将犯罪人作为"人"来对待，就不应当有残酷的刑罚设定。然而人类的刑罚史，在某种意义上就是酷刑史。在中国古代，剥皮、腰斩、车裂、俱五刑、凌迟、缢首、烹煮等都是有名的酷刑。而在当代有些国家，对通奸的已婚者会采用名为"石刑"的酷刑，就是将通奸者埋入沙土中用乱石砸死，而且自己的亲人也会向其扔石头，直至其死亡。这些刑罚方式令人发指，不仅没有将受刑者作为"人"来看待，也使施刑者失去了人所应该有的特性。如果将刑罚视为对"人"的惩罚，由"人"实施的惩罚，就必须用理智避免这种情况的存在。

残酷的刑罚方式显然不应该成为现代社会的刑罚选择。但是在当代刑罚残酷性已大幅降低的背景下，如何判断刑罚的残酷与否，越来越成为一个难以取得一致的问题。比如对于死刑，我国刑法学界持死刑废除论观点者往往认为，死刑无论是枪决还是注射执行，都是残酷的；但是反对的观点认为，如果这都是残酷的，被广泛允许的当场击毙，连审判的过程都没有，岂不是更加不能接受？还有，我国《刑法》第 383 条第 4 款规定，犯第 1 款罪，有第 3 项规定情形被判处死刑缓期执行的，人民法院根据犯罪情节等情况可以同时决定在其死刑缓期执行 2 年期满依法减为无期徒刑后，终身监禁，不得减刑、假释。这里的终身监禁设定，也有人认为是残酷不人道的。

罪刑法定不仅反对残酷的刑罚设定，也反对不均衡的刑罚。有所不同的是，反对残酷的刑罚，主要是针对立法而言，因为当代我国的刑罚种类，只能由立法明确规定；而反对不均衡的刑罚，则不仅指向立法，而且包含有对司法的要求。反对不均衡的刑罚与反对不平等的刑罚之间，具有某种共同性，主要体现在两者都不允许相似的行为在性质评价和严重程度判断上出现因人而异的不合理现象；有所不同的是，不平等的刑罚往往是受处罚主体的身份原因造成的，而不均衡的刑罚则往往是评价主体在相同事项上采取相同的评价标准造成的。不均衡的刑罚可能会使刑罚失去其作为法的性质，而成为一种任性，无论这种任性是以何种名义实施的，都不能称其为公正。因此罪刑法定作为刑法的基本理念当然必须对之予以否定，罪刑均衡原则应运而生。

我国《刑法》第 5 条规定："刑罚的轻重，应当与犯罪分子所犯罪行和承担的刑事责任相适应。"据此，罪刑均衡原则的含义是：重罪重罚，轻罪轻罚，无罪不罚；刑罚的轻重应当与客观的犯罪行为及其危害、主观的人身危险性相适应。具体说来，刑罚的轻重应当根据以下几个方面确定：

第一，犯罪性质。一般而言，不同的犯罪具有不同的罪质，例如杀人行为和盗窃行为，前者属于对人身权的侵害，后者属于对财产权的侵害；杀人行为和伤害行为，其性质虽然均为侵害人身，但是前者侵害的是生命权，后者侵害的则是健康权。犯罪性质，需要司法人员在定罪量刑过程中根据主客观方面的事实加以明确区分。把握了犯罪性质，就在总体上为正确量刑提供了根本保证。

第二，犯罪情节。犯罪情节，是指与犯罪是否成立、犯罪轻重、应受谴责程度的高低相关的各种主客观事实因素。从功能来看，刑法中的犯罪情节包括定罪情节和量刑情节两类，其中定罪情节是决定犯罪是否成立的要素，而量刑情节则是不影响犯罪性质或者说犯罪成立与否，但对于犯罪应受谴责程度的高低具有影响作用的事实因素。保证量刑均衡，就需要对于相同的量刑情节作出相同的评价，只有如此，才能使同质行为的严重程度得以明确。这可以说是罪刑均衡实现的关键所在。

第三，犯罪人的人身危险性。人身危险性，是指犯罪人具有的，不直接反映犯罪行为的客观社会危害性，却可以表明其主观恶性程度和对社会潜在威胁程度的情况，包括罪前、罪中和罪后的情况三种类型。人身危险程度不同，改造行为人所需要的刑罚量、刑罚执行过程中的处遇也就不同，把这种人身危险情况作为决定刑罚轻重的根据之一，符合刑罚之特殊预防目的实现的需要。犯罪性质和犯罪情节的考量，是从已然报应角度上对罪刑均衡的要求，而人身危险性的考量，则是面向未然的再犯可能性。

较之立法表述本身，罪刑均衡原则能够在立法与司法中得到实现，则是更为重要的问题。没有在立法与司法中的实现，罪刑均衡原则之意义也就丧失了，立法表述本身也就成了摆设。罪刑均衡的实现体现在立法实现与司法实现两个方面。

在立法过程中充分实现罪刑均衡原则的要求，需要立法者在立法内容中始终并且有效贯彻罪刑相适应的思想，其中的主要问题是设置合理的法定刑、罪刑阶梯和刑罚调整条件。法定刑的合理设置，是指刑种的选择和刑罚严厉程度的设定，要与罪的性质、犯罪情节、犯罪的严重程度相适应，重罪重罚，轻罪轻罚，避免出现畸轻畸重的情况。这一要求主要是因为应受谴责程度不同的犯罪行为之间，需要形成合理的惩罚严厉程度区别和位阶关系。罪刑阶梯的合理设置，是指针对相同罪质的行为，根据犯罪的严重程度和应受谴责程度的高低，具体设计刑罚幅度，以避免司法者在刑罚适用过程中恣意运用自由裁量权，从而造成实质的不公平。刑罚调整条件的合理设置，是指区隔同一犯罪行为不同罪刑阶段的因素选择，必须是科学合理的。不合理的刑罚调整条件设定，将随着司法适用而导致实质的不公正。

就目前的情况来看，我国刑法规定的法定刑幅度和罪刑阶梯连贯而明确，具体犯罪之法定刑的设计具有基本合理性，较为可取：①确立了轻重有序、并辅之以必要的教育矫正、非刑处遇措施的刑罚体系。我国刑法典确定的刑罚体系，由不同的刑罚方法构成。从性质上区分，包括生命刑、自由刑、财产刑、资格刑；从种类上区分，有主刑和附加刑。各种刑罚方法既相互区别，又相互衔接、相互补充，对于性质不同、应受谴责程度不同、犯罪情节不同、犯罪和人身危险性程度不同的犯罪人，能够根据惩治与预防的不同需要，在法定刑允许的范围内灵活运用。②设置了轻重不同的法定刑幅度。我国刑法分则为各种具体犯罪规定了能够伸缩、可以分割、幅度较宽又不失其相对确定性的法定刑。为司法机关根据犯罪的性质、罪行的轻重、犯罪人主观恶性的大小，依法具体判处适当的刑罚提供了余地。③我国刑法总则根据犯罪行为社会危害程度的大小和人身危险性的高低，规定了轻重有别的处罚原则。例如，针对预备犯，规定可以比照既遂犯从轻、减轻处罚或者免除处罚；对于未遂犯，规定可以比照既遂犯从轻或者减轻处罚；对于中止犯，规定没有造成损害，应当免除处罚，造成损害的，应当减轻处罚；对于防卫过当、避险过当而构成犯罪者，规定应当减轻或者免除处罚；在共同犯罪中，规定对组织、领导犯罪集团的首要分子，按照集团所犯的全部罪行处罚，对于其他主犯，应当按照其所参与的或者组织、指挥的全部犯罪处罚，对于从犯，应当从轻、减轻处罚或者免除处罚，对于胁从犯，应当按照他的犯罪情节减轻处罚或者免除处罚，对于教唆犯，应当按照他在共同犯罪中所起的作用进行处罚；凡此种种，都体现了罪刑相适应原则。此外，刑法总则充分体现刑罚个别化的要求，规定了一系列的刑罚制度，其中刑罚裁量制度包括累犯制度、自首制度、立功制度；刑罚执行制度包括缓刑制度、减刑制度、假释制度等。累犯因其再犯可能性大而应从重裁处刑罚；自首、立功因其人身危险性小而得以从宽处罚；针对短期自由刑的缓刑，其适用前提则是根据犯罪分子的犯罪情节和悔罪表现，认为适用缓刑确实不致再危害社会和社区的；减刑和假释的适用，则是考虑到犯罪人在刑罚执行期间确有悔改或立功表现。

　　较为成问题的，是我国刑法对刑罚调整条件的立法设定。以抢劫罪的刑罚升格条件设定为例，我国《刑法》第263条规定，以暴力、胁迫或者其他方法抢劫公私财物的，处3年以上10年以下有期徒刑，并处罚金；有下列情形之一的，处10年以上有期徒刑、无期徒刑或者死刑，并处罚金或者没收财产：①入户抢劫的；②在公共交通工具上抢劫的；③抢劫银行或者其他金融机构的；④多次抢劫或者抢劫数额巨大的；⑤抢劫致人重伤、死亡的；⑥冒充军警人员抢劫的；⑦持枪抢劫的；⑧抢劫军用物资或者抢险、救灾、救济物资的。可见，我国刑法对于抢劫罪的刑罚调整条件设定显然采取了具体明列的立法方式。由此带来了三个需要注意的倾向性特征：其一，抢劫罪刑罚调整的绝对性，即只要具备《刑法》第263条所描述的八种情况之一，刑罚绝对升格为10年有期徒刑以上。其二，抢劫罪刑罚调整的排他性，即只要具备上述八种情况之一，刑罚绝对升格，不再考虑其他因素的影响。其三，抢劫罪刑罚调整的同一性，即立法者将上述八种情节在社会危害程度上等价视之。

针对抢劫罪法定刑调整条件设定以上三个特点，笔者曾带领学生进行了一个实证调查。根据对社会一般人外行法直感的实验调查和分析，无论是抢劫罪法定刑调整条件的设定的绝对性、排他性还是同一性，均不具有合理性。其中一个有代表性的情境和实验结论表明：行为人为了给重病的母亲筹集手术费用，潜入陋室抢劫少量财物，依法应被判处最低10年有期徒刑，这样的裁判虽然符合法律规定，但是却违背了社会一般人的正义观。这一情景同时证明，将具备法定入户情节的抢劫行为法定刑绝对升格到10年有期徒刑以上是不妥当的；而不考虑法定情形以外的量刑情节，如行为动机，也是不妥当的。该调查所得数据的 SPSS 分析结论也表明，人们对于八种法定加重处罚情节的社会危害性程度和应给予的加重惩罚程度的评价存在显著差异，因此证明将它们等价视之并不妥当。

其实抢劫罪刑罚调整条件之具体明列设定的不合理性，也可以通过规范分析得到印证。众所周知，刑罚量应与行为的社会危害性程度相适应，而行为的社会危害性程度的评价应当根据不同犯罪的具体情形进行综合性的判断。就此而言，我国抢劫罪的法定刑罚调整模式显然违反了这一原则，明显缺乏合理性。而具体到抢劫罪刑罚调整的绝对性，入户抢劫中的"入户"，因为增加了对居住安宁权的侵害，且对人身法益侵害程度有所加深，所以适当提高法定刑无可厚非，但比较而言，非法侵入住宅罪的社会危害程度最高也不过 3 年有期徒刑，考虑入户对人身法益侵害程度的加深，也不能与 4 年有期徒刑相对应。所以一个入户因素导致法定刑跃升 7 年有期徒刑，显然不合理。

罪刑均衡在立法上的充分实现，为其司法实现确定了前提，提供了可能性。但值得我们进一步思考的问题是，我国的刑罚量相对偏重，死刑罪过多也是值得关注的事实。为了在现有立法前提下实现罪刑均衡原则，就需要在法条逻辑允许的范围之内，依据罪刑均衡的基本原则和精神要求，通过司法裁量权的正确行使，更为深入地贯彻罪刑均衡原则的要求。结合我国刑事司法实践情况，以下问题值得司法机关重点关注：其一，定罪与量刑并重，即把量刑与定罪置于同等重要的地位。不能认为只要定性正确即可，刑罚裁量是否合理对于刑罚的公正性和司法权威的建立来说同样具有重要意义；相反，也不能片面地认为量刑才是被告人所真正关注的，定性准确与否并不那么重要，这种观念忽视了司法结论的公众面向和司法判决的行为规范宣示意义，不利于引导公民守法。定性准确和量刑适当均是衡量刑事审判工作质量好坏的标准。其二，纠正重刑主义观念。刑事司法者不应当过分强调刑罚作为社会治理工具的功能，更不能迷信重刑的作用。但在我国刑制传统较重，"刑罚愈重愈能有效地遏制犯罪"的想法较为深彻，特别是在社会治安不好的时期，重刑主义观念更为突出。但这种重刑观念显然是不科学的，因为刑罚仅仅是应对社会纠纷的方式之一，而犯罪的原因却是多元的。因此，对于许多犯罪而言，适用刑罚未必对症。

第
三
章

刑法适用范围

刑法的适用范围是与刑法的效力相关并以后者为前提的一个概念。刑法的效力，是国家以刑事管辖权为根据，以刑罚为制裁手段保证刑法被规范遵守与执行的强制力，可分为空间效力和时间效力两个方面。刑法的适用范围，则是指刑法的效力可以发挥的空间和时间范围。前者被称为刑法的空间效力，后者则被称为刑法的时间效力。

刑法的时间效力，即刑法发生效力的时间界限，包括刑法何时生效、何时失效以及是否具有溯及既往的效力等方面的问题。由于刑法生效和失效时间相对简单，[1] 本书不再重点阐述。因此本章第一节阐述刑法的空间效力问题，第二节重点论述刑法的溯及力问题。

---

〔1〕 刑法的生效时间，即刑法开始实施的时间。根据已有的刑事立法，我国刑法生效的时间，基本有两种情况：一是自公布之日生效。这通常是一些单行刑事法律所采取的做法。二是在公布后经过一段时间生效。修订后的 1997 年《刑法》是 1997 年 3 月 14 日公布的，但其第 452 条规定："本法自 1997 年 10 月 1 日起施行。"刑法的失效时间即刑法效力的终止时间。我国的刑法失效有以下几种情况：其一，废止。国家立法机关明确宣布对某些法律予以废止，自废止之日该法失效。其二，替代。替代的法律生效之日，被替代的法律即行失效。其三，修改。1997 年《刑法》是对 1979 年《刑法》的修订，1997 年《刑法》生效之日即 1997 年 10 月 1 日，1979 年《刑法》失效。其四，自然失效。即由于一项法律存在的条件已经消失，该法自然失效。

第一节 刑法的空间效力

一、刑法空间效力的概念与确定原则

刑法的空间效力，是指刑法在什么地域内、适用于什么人，根据立法表述逻辑，可以将刑法的空间效力区分为域内效力和域外效力两个方面，前者主要是指一国刑法在本国领域内对本国公民和外国人的效力；后者则是指一国刑法在本国领域外对本国公民和外国人的效力。

从根本上讲，刑法的空间效力问题旨在解决国家的刑事管辖权，而国家刑事管辖权则是国家权力的一个重要组成部分。各个国家由于情况各异，解决刑事管辖权问题时所采取的原则也不尽相同，但概括起来主要有"属地原则""属人原则""保护原则"和"普遍管辖原则"等标准。

（1）属地原则。即根据国家的领土主权确定刑法的空间效力范围，具体而言，凡在本国领域内犯罪的，不论犯罪人和被害人的国籍是否为本国，也不论本国利益是否因犯罪受到侵犯，都适用本国刑法；反之，凡在本国领域外犯罪的，都不适用本国刑法。

（2）属人原则。即根据国籍原则确定刑法的空间效力，具体而言，凡本国人犯罪，不论犯罪行为是否发生在本国领域内，也不论被害人是否为本国人，都适用本国刑法。这种标准的确定根据，是国家的属人管辖权。

（3）保护原则。即以保护本国国家和公民的利益为基点主张刑法的空间效力范围。具体而言，凡侵害本国国家或公民利益的犯罪，不论犯罪人是否为本国人，也不论犯罪是否发生在本国领域内，都适用本国刑法。

（4）普遍管辖原则。即以保护国际社会共同利益为基点确定国

家的刑事管辖权，主张凡国际条约所规定的侵害国际社会共同利益的犯罪，不论犯罪人是本国人还是外国人，也不论犯罪地在本国领域内还是在本国领域外，更勿论被侵害人或者利益是否属于本国，都适用本国刑法。根据相关国家条约的规定，侵犯国际社会共同利益的犯罪，属于国际法上的犯罪，简称国际犯罪。对于国际犯罪，任何缔结或者加入国际条约的国家都有权力和义务予以惩处。

上述四个主要原则，虽各有道理和基点，但是无论单独采用哪一种标准，都不能保证有效地惩处犯罪，不能完全有效地维护我国国家和公民的利益，因此，现代世界大多数国家的刑法，都是以属地原则为基础，兼采其他原则来确定刑法的空间效力范围。我国现行刑法采用的也是"以属地原则为主，有条件地以属人原则、保护原则、普遍管辖原则作为补充"的刑事管辖权的综合确定模式。

二、我国刑法的域内效力

我国《刑法》第 6 条第 1 款规定："凡在中华人民共和国领域内犯罪的，除法律有特别规定的以外，都适用本法。"这是刑法对属地原则的规定，确立了我国刑法的域内效力。

（一）中华人民共和国领域

上述原则的合理适用，首先必须确定何谓"中华人民共和国领域"。一般而言，特定国家的管辖领域，实际上就是国际法意义上的"领土"，据此，"中华人民共和国领域"即处于我国主权管辖下的全部区域，根据公认的国际法原则，包括我国主权管辖下的领陆、领水、领空及地下层四个组成部分。

（1）领陆。一国的领陆，即狭义的"领土"，是完全受该国主权管辖的"露出水面的地球表面部分"，是一国领域最基本的组成部分，包括受该国主权管辖的全部陆地、岛屿、珊瑚礁等。

（2）领水。一国的领水，是处于该国主权管辖下的全部水域，由"内水"和"领海"两部分组成。内水与领陆具有完全相同的国际法法律地位，完全受一国主权和法律的支配，其范围包括该国境内的河流、湖泊、运河、河口、港口、内海湾、内海峡以及领海基线以内的海域。[1] 领海是指与沿海国海岸或内水相邻的一定宽度的海域，是国家领土的组成部分。根据《联合国海洋法公约》的相关规定，与内水不同，外国船只在一国领海享有"无害通过权"。我国的领海宽度为 12 海里。

（3）领空。领空，即位于一国领陆和领水之上的一定高度的空气空间。一般而言，一国对领空的管辖要受到相应的国际条约的限制：除危及国家利益及履行所承担的国际义务外，一国行使管辖权一般不得"干预飞行中的航空器"。

（4）地下层。地下层，又称底土，是处于领陆和领水之下的地壳部分，包括其中的地下水、水床和资源等。根据国际法，一国对该国的底土具有绝对的、排他性的主权和管辖权。

在以上四个领域内，除非有国际条约和惯例的限制，我国可以绝对行使包括刑事管辖权在内的国家主权。相关的国际条约和惯例，如我国 1996 年 5 月批准的《联合国海洋法公约》第 27 条规定，对无害通过一国领海的外国船舶上的犯罪，该国不应行使刑事管辖权；根据国际惯例，对停留在一国内水的外国船舶上发生的刑事案件，如果没有影响我国沿岸地区的安宁，我国一般不行使刑事管辖权。

国际条约和惯例不仅在上述意义上限制了国家刑事管辖权，还在相反的意义上扩大了国家的刑事管辖权，此即：①对于在国外航行或者飞行的船舶或者航空器内发生的犯罪，船舶或者航空器所属国可以被视为行使刑事管辖权。我国《刑法》第 6 条第 2 款对此作了规定："凡在中华人民共和国船舶或者航空器内犯罪的，也适用本法。"这里所说的"中华人民共和国船舶或者航空器"，是指具

---

〔1〕 领海基线为沿海国家测算领海宽度的起算线。基线内向陆地一侧的水域称为内水，向海的一侧依次是领海、毗邻区、专属经济区、大陆架等管辖海域。

有我国国籍的船舶或者航空器，包括在我国注册的民用船舶（包括商业性的政府船舶）、政府船舶、军用舰船等，我国的航空器则包括民用航空器和军用航空器两类。②对于驻外使领馆内发生的犯罪，派出国可以行使刑事管辖权。

但是对于一国船舶、航空器的法律地位，理论上仍存在争议。我国刑法学界的传统观点认为，我国的船舶、航空器属于我国的"浮动领土"，因此对在我国船舶和航空器内发生的犯罪适用我国刑法，是刑法空间效力属地原则的体现。但是这种将我国的船舶、航空器视为我国"领域"的看法，已经受到了有力的挑战。首先，根据《联合国海洋法公约》的有关规定，任何国家，至少是该公约缔约方在任何情况下都无权将在本国领域外的任何船舶视为"该国的领域"；根据我国参加的《国际民用航空公约》第 1 条规定，各缔约成员承认每一国家对其领土上空具有完全的和排他的主权，第 16 条规定，各缔约成员的有关当局有权对其他缔约成员的航空器在降停或飞离时进行搜查。可见，将船舶和航空器视为所属国领域并没有国际法依据。其次，将船舶和航空器视为所属国的领域，有可能导致我国对在我国领域内发生的、损害我国利益的犯罪行为没有管辖权，也可能因拒绝所在国的刑事管辖而导致我国所提倡的"相互尊重国家主权和领土完整的国际法基本准则"得不到维护。最近的有力观点认为，船舶、航空器并非所属国的浮动领土，而之所以所属国可以行使管辖权，其原理在于"专属管辖"。《联合国海洋法公约》第 92 条规定，一国的船舶除国际条约或本公约明文规定的例外情况外，在公海上应受该国的专属管辖。这里显然是用"专属管辖"这一崭新的概念，明确地否定了我国传统刑法理论关于船舶、航空器地位的观点。

关于驻外使领馆，传统观点认为，驻外使领馆是派出国领域的延伸。该论实际上承认派出国对驻外使领馆所属空间及其人员，享有超越接受国主权的"治外法权"。然而国际法学界普遍认为，使馆的建筑物和馆区属于接受国的领土主权管辖范围，即它不是从接受国领土分离出去的派遣国的领土，而是接受国的领土。[1] 因此根据治外法权这一基点来理解派出国对于其驻外使领馆的刑事管辖权并不妥当。在我们看来，国家对于其派出使领馆内所发生之犯罪的刑事管辖权，毋宁说来自派出国与接受国之间"基于对等原则的相互承认"这一国际法惯例。

（二）在中华人民共和国领域内犯罪

确定我国刑法域内效力的第二个关键问题在于如何理解所谓"在中华人民共和国领域内犯罪"。我国《刑法》第6条第3款规定："犯罪的行为或者结果有一项发生在中华人民共和国领域内的，就认为是在中华人民共和国领域内犯罪"。

这里的重心，是确定犯罪地的问题。确定犯罪地对于属地原则的运用具有重要意义。在理论上，关于如何确定犯罪地，主要有三种学说：一是行为地原则，即以犯罪行为实施地为犯罪地；二是结果地原则，主张以犯罪结果的发生地作为犯罪地；三是折中原则，主张将犯罪行为和结果的发生地均视为犯罪地。折中原则为我国当前立法和实践所采取。

根据折中原则，犯罪行为发生在我国领域内，即可适用我国刑法。这里所指的犯罪行为，不仅包括全部的犯罪行为，也包括部分犯罪行为，即部分犯罪行为在中国境内实施的也应视为"在中华人民共和国领域内犯罪"。既包括我国境内开始，在我国领域外实施终了的犯罪，也包括自我国领域外开始，在我国领域内实施终了的犯罪；既包括犯罪实行行为，也包括犯罪预备阶段的行为；既包括单独犯罪情况下的部分行为，也包括共同犯罪情况下的部分行为（如教唆行为，帮助行为，事前有共谋的事后隐匿赃物、消灭罪证等行为）；既包括连续犯的全部数行为，也包括连续犯数行为当中

---

[1] 王献枢主编：《国际法》，中国政法大学出版社1994年版，第319页。

的部分行为；既包括持续犯的全部，也包括其中的某一个阶段的行为。需要注意的是，部分犯罪行为发生在我国领域内，并不意味着我国仅对发生在我国领域内的部分犯罪行为有管辖权，而是根据全部犯罪行为追究刑事责任。

犯罪结果发生在我国领域内，同样可以适用我国刑法。对于这里的犯罪结果，可以有两种不同的理解：一是仅将犯罪行为已经造成实际损害结果或者具体威胁，作为适用我国刑法的前提；二是主张犯罪行为对我国刑法所保护法益造成损害时，就可以适用我国刑法。我们认为，这里的第一种观点更为可取，因为如果采取第二种理解，当犯罪人在我国领域外对我国公民或者国家犯罪时，就可以直接依据属地原则和《刑法》第6条第3款之规定予以管辖了，这会使我国《刑法》第8条保护管辖权的规定实际上失去存在价值。

（三）法律的特别规定

原则上讲，只要犯罪行为或者结果发生在我国领域内，就可以适用我国刑法予以管辖，但是我国《刑法》第6条第1款为我国刑法的域内效力设置了"除法律有特别规定的以外"这样一个限制。因此对于正确把握我国刑法的域内效力，还需要明确这里的"法律有特别规定"所指为何。通常认为，这里的特殊情况包括如下：

第一，享有外交特权和豁免权的外国人刑事责任。根据我国1975年加入的《维也纳外交关系公约》和1986年9月5日第六届全国人大常委会第十七次会议通过的《中华人民共和国外交特权与豁免条例》的规定，在我国享有外交特权和豁免权的外国人包括：外交代表及其配偶及未成年子女，非中国公民的；使馆行政技术人员和与其共同生活的配偶及未成年子女，非中国公民并且不是在中国永久居留的；来中国访问的外国国家元首、政府首脑、外交部部长及其他具有同等身份的官员；享有在中国过境或者逗留期内豁免的人员。[1] 按照我国《刑法》第11条的规定，对上述外国人员的刑事责任，通过外交途径解决。这是国际惯例和国家之间平等原则的体现。

第二，民族自治地方的特别规定。出于尊重少数民族地区风俗习惯、宗教信仰和历史传统的考虑，可以授权民族自治地方根据当地政治、经济、文化特点，对统一的全国性法典作变通或者补充规定。因此，我国《刑法》第90条的规定："民族自治地方不能全部适用本法规定的，可以由自治区或者省的人民代表大会根据当地民族的政治、经济、文化的特点和本法规定的基本原则，制定变通或者补充的规定，报请全国人民代表大会常务委员会批准施行。"后者将对全国人大制定的全国性刑法之适用效力形成一定限制作用，但这种补充或者变通规定及其司法适用，也必须遵循现行刑法的基本原则和程序。

第三，根据"一国两制"基本原则设置的特别规定。无论是《中华人民共和国香港特别行政区基本法》还是《中华人民共和国澳门特别行政区基本法》，都在第2条规定：全国人民代表大会授权特别行政区依照基本法的规定实行高度自治，享有行政管理权、立法权、独立的司法权和终审权。据此，在一般情况下，我国现有的两个特别行政区均适用其各自的刑法，全国性的刑法并不在其领域内发挥直接、具体的效力。

第四，国家立法机关制定的特别刑法。从理论上讲，在一般刑法典施行后，立法机关可以针对特定的时间、地域和事件，根据需要制定特别刑法。在符合特别法规定的场合，适用特别刑法，一般刑法典的效力将受到限制。

另外，还有观点认为，根据我国有关法律的规定，全国人民代

---

[1] 包括：途经中国的外国驻第三国的外交代表和与其共同生活的配偶及未成年子女；持有中国外交签证或者持有外交护照（仅限互免签证的国家）来中国的外国官员；经中国政府同意给予外交特权和豁免的其他来中国访问的外国人士。

表大会代表、全国人民代表大会常务委员会的组成人员在全国人民代表大会和全国人民代表大会常务委员会各种会议上的发言和表决，地方各级人民代表大会代表、常务委员会组成人员在人民代表大会和常务委员会上的发言，不受法律追究。这在某种意义上说也是对刑法域内效力的限制。

三、我国刑法的域外效力

我国刑法的域外效力，是指其对在中华人民共和国领域外犯罪的我国公民和在我国领域外对我国国家和公民犯罪之外国人，依照我国刑法进行侦查、起诉和审判的权力。

（一）属人管辖

刑法空间效力中"属人原则"，亦称"积极的属人原则""犯罪人国籍原则"或者"犯罪人身份原则"，是指根据犯罪人所属国来确定特定国家刑法适用范围的标准。19世纪以前，属人原则一度曾是欧洲大陆国家决定刑法空间效力的最主要标准。作为主要的刑法空间效力确定标准，该原则主张，在行为人所属国刑法规定为犯罪的情况下，无论行为是否发生在行为人所属国领域内，都适用该国刑法；在行为人所属国刑法没有规定为犯罪的情况下，即使犯罪发生地国规定了相应的犯罪，也不能根据本国刑法对行为人进行处罚。但是随着强调"国家对本国领域内一切事务具有绝对、排他的刑事管辖权"这一现代国家理念的确立，属人原则逐渐被属地原则所代替，失去了其作为确定刑法空间效力主要标准的地位。

但由于国家对本国公民拥有属人管辖权，且仍然是国家主权的重要组成部分，国家主权中包含要求本国公民遵守本国法律的内涵，所以属人原则并没有消失，而是成了各国刑法属地原则的补充，仅对本国公民在本国领域外犯罪的情况，发挥确定本国刑事管辖权的作用。正如我国《刑法》第7条第1款所规定的，"中华人民共和国公民在中华人民共和国领域外犯本法规定之罪的，适用本法"。

对本国公民在外国领域犯罪适用本国刑法的规定，各国刑法又有所不同：有的国家规定对本国公民在国外实施的犯罪，无条件适用本国刑法；有的国家规定对特定的本国公民在域外实施的犯罪，无条件适用本国刑法；有的国家规定对本国国民在域外实施的特定类型犯罪，无条件适用本国刑法；还有的国家对本国公民在域外实施的犯罪是否适用本国刑法进行管辖，设定了程序性的限制。[1]

我国刑法区分普通国民和具有一定特殊身份的国民，对于刑法的属人管辖效力进行了不同的设定。我国《刑法》第7条第1款后段，以一定法定最高刑期限作为标准，对普通国民的属人管辖进行了限定，即"但是按本法规定的最高刑为3年以下有期徒刑的，可以不予追究"。据此，对于普通国民而言，只有根据我国刑法应当处以3年以上有期徒刑刑罚之罪的，其在域外实施的犯罪才适用我国刑法进行处罚。同时，第7条第2款规定，"中华人民共和国国家工作人员和军人在中华人民共和国领域外犯本法规定之罪的，适用本法。"该规定表明，我国国家工作人员和军人在我国领域外犯我国刑法规定之罪的，即使其法定最高刑为3年以下有期徒刑，也要依据我国刑法追究其刑事责任。这是由于国家工作人员和军人对国家和人民负有特殊职责和使命，所以对其提出了更为严格的要求。

我国属人管辖原则的适用，除了受到国民类型和犯罪类型两方面的限制之外，还受到"双重犯罪原则"的限制。根据"双重犯罪原则"，只有本国公民所实施的行为同时被本国法律和行为实施地国法律规定为犯罪时，才能适用本国刑法进行侦查、起诉和审判。"双重犯罪原则"是当代各国刑法普遍采用的对本国属人管辖范围的重要限制。

在具体司法适用的层面上，我国刑法属人管辖的上述规定仍存

---

〔1〕 如《意大利刑法典》第9条规定，对本国公民在外国实施的，按照意大利刑法应处3年以下剥夺自由刑的犯罪，必须"经司法部长提出要求或者被害人提出申请或告诉，才处罚"。

在一些需要仔细斟酌的问题，其中最为关键的，就是在我国"一国两制"的背景下，《刑法》第 7 条的相关规定如何适用的问题：①对于内地居民在香港和澳门特区实施《刑法》所规定的犯罪，是否适用上述属人管辖规定？②香港、澳门特区居民在中华人民共和国领域外（如美国）犯罪，是否适用上述属人管辖的规定？我们认为，对于上述两个问题的解决，必须坚持一个共同基点，即香港、澳门特区，与内地一样，是属一个中央政府管辖下的"具有享有高度自治权的地方行政区域"，但不管享有多高的自治权，任何可能导致国与国间关系解读、影响国家刑事管辖权范围的立法或者司法，都是违反宪法和特区基本法的，不能被允许。

据此，我们不难得出以下结论：其一，凡在中华人民共和国刑事管辖权领域内犯罪，不论犯罪行为发生在内地还是特别行政区行政区域内，都应视为在"中华人民共和国领域内"犯罪，应适用《刑法》第 6 条有关属地管辖原则的规定，予以处罚。只不过香港、澳门特区居民就其在特别行政区区域内的犯罪行为，适用香港、澳门特区的刑事规定予以侦查、起诉和审判；除此以外的情况均应适用我国《刑法》的相关规定。因此，对于上述第一个问题，其解决方案应当是适用《刑法》的规定予以定罪处罚。其二，无论是内地居民还是香港、澳门特区的居民，均为中华人民共和国公民，凡在中华人民共和国刑事管辖权领域外犯罪，都应根据《刑法》第 7 条的规定，在实现我国属人管辖权统一的前提之下，依据各自行政区域适用的法律，对本法域居民在中华人民共和国领域外的犯罪追究刑事责任。[1]

---

〔1〕 在"一国两制"背景下，台湾居民在我国刑事管辖权领域外的犯罪行为，也应采取上述原则予以管辖。但需要注意的是，针对近期经常发生的中国台湾地区居民在其他国家实施的针对中国大陆的网络诈骗行为，许多国家根据一个中国原则，将犯罪嫌疑人遣返中国大陆予以处罚。这一做法应当解读为是我国属人管辖权的运用，而非保护管辖权的运用。

（二）保护管辖

保护管辖原则，作为确定国家刑事管辖权的原则之一，是指国家根据保护自己国家和本国公民的利益的需要，来确定本国刑法域外适用范围。将该原则贯彻到底，只要犯罪行为侵害了本国国家或公民的利益，不论犯罪发生在哪国领域，也不论犯罪人是哪国人，都应该适用本国刑法进行处罚。如果将保护原则作为国家决定自己行使刑事管辖权范围的唯一标准，有效保护本国国家和公民利益免受外国人在外国领域实施的侵害，这一目标可以得到实现；而且也符合国际法上"国家自我防卫"的原理。但是，这一原则一旦唯一化，将不可避免地侵犯犯罪发生地国的国家主权，实际上没有完全贯彻的可能性；同时还可能侵犯犯罪发生地国家公民的行为预测可能，实际上侵犯了人权。因此，当下往往仅将保护管辖原则作为属地原则的补充。

我国《刑法》第 8 条规定，"外国人在中华人民共和国领域外对中华人民共和国国家或者公民犯罪，而按本法规定的最低刑为 3 年以上有期徒刑的，可以适用本法，但是按照犯罪地的法律不受处罚的除外。"据此，在满足以下三个条件的情况下，外国人在我国领域外犯罪也可以适用我国刑法：其一，侵犯我国的国家利益和公民利益，依照我国刑法已经构成犯罪；其二，按照我国刑法的规定，该种犯罪的最低刑为 3 年以上有期徒刑；其三，按照犯罪地的法律，这种犯罪也应受处罚的。正确理解适用该规定，应注意以下具体问题：

第一，这里的刑事管辖权规定是授权性的，即外国人在我国领域外犯罪，符合上述三个条件的，由司法机关裁量决定是否行使中华人民共和国刑事管辖权。

第二，如果在犯罪地该行为不被认为是犯罪的，我国司法机关不应行使管辖权。此即前文已经提到的"双重犯罪原则"。

第三，本条所称的"外国人"，应当泛指一切不具有中华人民共和国国籍的人，包括具有外国国籍的外国公民和无国籍人。[1]因此，是否具有中华人民共和国国籍，是区分"外国人"和"中国人"的关键。

第四，保护管辖原则，还不能适用于"外国单位"。其一，外国刑法未必规定单位犯罪；其二，我国对单位犯罪适用罚金刑，无法根据"最低刑为 3 年以上有期徒刑的"这一条件实际确定管辖范围；其三，直接对外国单位当中组织、实施侵害我国国家利益和公民利益的个人适用保护管辖原则追究刑事责任，即可实现保护国家和公民利益的目的。

四、我国刑法的普遍管辖效力

作为国家刑事管辖范围确立原则之一的普遍管辖原则，又被称为"世界主义"原则，主张无论对本国人还是外国人，也不论犯罪发生在本国领域还是本国领域外，一律适用本国刑法。启蒙思想家格老修斯（H. Grotius）针对违反自然法的犯罪，首次提出并论证了普遍管辖原则：对任何违反自然法的犯罪人，犯罪人所在国都应对犯罪人采取要么将犯罪人引渡给有属地、属人、保护管辖权的国家，要么就按照本国法律规定对其追究刑事责任的措施。此即著名的"或引渡或起诉"原则。

普遍管辖原则从来也没有成为确定国家刑事管辖权的主要甚至是唯一原则。现代国家对犯罪的普遍管辖权，主要是针对负有国际义务的国际犯罪而言。国际犯罪，是由国际条约所确定的，对世界各国的共同利益产生危害的犯罪类型。第二次世界大战以后，逐渐为国际社会所公认的国际犯罪包括海盗罪、反和平罪、战争罪、反人道罪、种族灭绝罪、伪造货币、买卖奴隶、买卖妇女儿童、劫持人质、危害民用航空安全等几十种严重危害国际社会安全的犯罪行

---

〔1〕"不承认双重国籍"，是我国国籍法规定的基本原则之一。据此，凡取得中国国籍，就不能保留外国国籍；凡具有外国国籍，则丧失中国国籍。

为。相关国际公约的缔约成员，均负有履行对这些犯罪行使刑事管辖权并予以打击的国际义务。

因此，我国《刑法》第9条规定："对于中华人民共和国缔结或者参加的国际条约所规定的罪行，中华人民共和国在所承担条约义务的范围内行使刑事管辖权的，适用本法。"[1] 根据这一规定，按照普遍管辖原则行使我国刑事管辖权，需要具备以下两个基本条件：其一，所追诉的必须是由我国缔结或者参加的国际条约所规定的国际犯罪；其二，对于国际犯罪，我国只在所承担条约义务的范围内行使刑事管辖权。在具体实践意义上，对于我国《刑法》第9条普遍管辖规定的适用，还需要注意以下几点：

第一，即使我国缔结或参加了某项国际条约，但如果对其中的某些条款声明保留，我国司法机关也没有义务对之行使刑事管辖权。

第二，凡能够依法行使属地、属人、保护、专属管辖权的，就应不属于适用普遍管辖原则的案件范围。

第三，对于已经内国法化的国际犯罪，我国司法机关可以直接适用我国刑法追究相关国际犯罪罪犯的刑事责任；针对尚未完成内国法化之国际犯罪的犯罪嫌疑人，我国司法机关可以采取侦查、拘留、逮捕等刑事侦查手段或刑事强制措施，然后根据"或引渡或起诉"原则，依照普遍管辖原则交付犯罪发生地国、犯罪嫌疑人国籍所属国或犯罪受害国司法当局审判。对于后面的这种情况，一般以犯罪人在我国领域内居住或者进入我国领域作为前提，否则没有依据普遍管辖原则采取相关措施的现实可能性。

第四，根据香港、澳门特别行政区基本法的规定，中华人民共

---

[1] 1987年6月23日，第六届全国人大常委会第二十一次会议通过了《关于对中华人民共和国缔结或者参加的国际条约所规定的罪刑行使刑事管辖权的决定》，在中华人民共和国立法史上第一次明确规定：对于中华人民共和国缔结或者参加的国际条约所规定的罪行，中华人民共和国在所承担条约义务的范围内，行使刑事管辖权。

和国尚未参加但已适用于香港、澳门特区的国际条约或协议，仍可继续适用。因此，香港、澳门特区可根据自己在这些条约或协议中所承担的义务，继续对这些条约或国际协议所规定的犯罪行使普遍管辖权。

五、外国刑事判决的效力

由于现代国家的刑事管辖权范围之间相互存在交叉，我们就不可避免地面临一个问题，即在维护我国自主行使刑事管辖权的前提下，如何合理解决已经受到外国审判、处罚的犯罪人的刑事责任问题。对此，我国《刑法》第10条规定，"凡在中华人民共和国领域外犯罪，依照本法应当负刑事责任的，虽然经过外国审判，仍然可以依照本法追究，但是在外国已经受过刑罚处罚的，可以免除或者减轻处罚。"上述规定表明，作为一个独立自主的主权国家，外国法院的刑事追究和判决对我国原则上没有约束力，我国司法机关对有关犯罪仍然可以依照我国法律进行审判。但为了避免使犯罪人受到双重处罚，可以根据其在外国所受刑罚处罚的情况，免除或者减轻处罚。

根据刑法的这一规定，司法实践应该注意以下几个问题：

第一，《刑法》第10条所适用的犯罪，可以是犯罪行为或者结果发生在外国领域内，也可以是发生在无主权管辖的空间区域内的犯罪，如公海、无主权管辖的荒岛、南北极、国际空间站等。

第二，相关犯罪必须是依照《刑法》应当负刑事责任的。一方面，相关犯罪必须是根据我国刑法规定应予处罚的犯罪；另一方面，行为人的犯罪行为，必须是根据我国刑法的规定可以行使刑事管辖权的。

第三，这里的"经过外国审判"，不包括在外国的审判过程中，或者外国判决发生效力之前，犯罪人脱逃而未实际受到刑罚处罚的情况。对于这种情况，直接适用我国刑法的相关管辖规定追究刑事责任即可。

第四，即使外国审判的结果是"无罪"，对于我国是否有权重新追究行为人的刑事责任，也没有实质性的影响。此时，我国司法机关仍有权根据案件的具体情况，决定是否适用我国刑法追究行为人的刑事责任。

第五，对于何种情况下可以追究，何种情况下不可以追究，我国刑法显然对司法机关作了授权性的规定。此时应当考虑的因素一般包括：进行审判的国家是否有刑事管辖权；判决程序是否违反国际社会公认的一般法律原则；判决的内容是否违背我国法律的一般原则；外国判决是否会对我国主权、领土、安全带来不利的后果等。在不存在上述问题的情况下，我国司法机关也可以承认外国法院相关判决的效力，不再启动刑事追究程序。

第六，按照我国《刑法》第 10 条的规定，对于在外国已经受过刑罚处罚的犯罪人追究刑事责任的，可以免除或者减轻处罚。由于各国刑事制裁措施体系并不完全相同，这里的"刑罚处罚"，不应当仅限于我国刑法中的主刑和附加刑，还应当包括保安处分、教育矫正措施、非刑罚处罚措施等能够对犯罪人起到剥夺权利、消除犯罪能力等实质性效果的刑事法律后果。

第二节　刑法的溯及力

一、我国刑法的溯及力及其原则

刑法的溯及力，是指刑法生效后，对于其生效以前未经审判或者判决未确定的行为是否适用的问题。如果适用，就是有溯及既往的效力；如果不适用，就是没有溯及既往的效力。

近代以来，在如何确立刑法规范的溯及力这一问题上，世界各国的刑法理论和立法实践中主要有以下几种标准：

第一，从新原则，主张司法机关审判刑事案件时，不论新旧刑法的规定如何，一律适用审判时的法律。这一原则实际上无条件承认新法具有溯及既往的效力。从新原则因为有可能完全剥夺犯罪人基于行为预期的自由选择权，在理论上广为诟病。

第二，从旧原则，主张司法机关审判刑事案件时，不论新旧刑法规定的刑罚如何，一律适用行为时的法律。这一原则实际上完全否定新法具有溯及既往的效力。为了维护刑法公正、保障公民自由，启蒙思想家曾极力主张禁止制定一切具有溯及既往效力的刑法规范。固然，完全否定刑法的溯及力可以有效保护公民的行为预期，但是在刑法对某种行为从认为是犯罪转变为不认为是犯罪，犯罪后果从重到轻改变的情况下，一律适用行为时的，也就是修订之前的法律，对于犯罪人而言也有失公正。

第三，从轻原则，即主张在新刑法和旧刑法之间，选择适用刑罚较轻者。这一原则在新旧法比较的基础上，有条件地承认了新法的溯及力。但是由于该原则并未很好地给出从轻适用法律的理由，因此也没有被广泛赞同。

第四，从新兼从轻原则，主张司法机关在审判刑事案件时，原则上适用审判时的法律，但如果行为时的法律处刑较轻的，则适用行为时的法律。从新兼从轻原则实际上承认新法有溯及力。

第五，从旧兼从轻原则，主张司法机关在审判刑事案件时，原则上适用行为时的法律，但如果审判时的法律处罚较轻，则适用审判时的法律。从旧兼从轻原则否定了新刑法的溯及力。这一原则为大多数国家所采用。

实际上从结果上来看，从新兼从轻原则、从旧兼从轻原则两者之间并没有什么差别，因此有人认为这两者之间的争论实际上并没有意义。我们认为，这里实际上涉及两个基本的价值取向之间的博弈，即基于行为预期的自由和建立在公平感基础上的公正之间的平衡问题。尽管上述两个原则在结果上是一致的，但是明显的差异在于从新兼从轻原则显然更强调现行法的效力和公正，而从旧兼从轻原则则强调对行为预测可能的尊重和处罚的公正价值。考虑到当代刑法所遵循的罪刑法定原则，首要指向对人们自由的保障和对公民行为预测可能的尊重，我们就不难理解何以从旧兼从轻原则现为绝大多数国家所采用了。

我国现行刑法在溯及力问题上，也采取了从旧兼从轻原则。我国《刑法》第12条规定："中华人民共和国成立以后本法施行以前的行为，如果当时的法律不认为是犯罪的，适用当时的法律；如果当时的法律认为是犯罪的，依照本法总则第四章第八节的规定应当追诉的，按照当时的法律追究刑事责任，但是如果本法不认为是犯罪或者处刑较轻的，适用本法。本法施行以前，依照当时的法律已经作出的生效判决，继续有效。"〔1〕

需要注意的是，在1979年《刑法》颁布之后，我国曾经出现过采取从新原则的立法例。1982年3月8日，第五届全国人大常委会第二十二次会议通过的《关于严惩严重破坏经济的罪犯的决定》中采取了有条件从新原则。〔2〕 1983年9月2日，第六届全国人大常委会第二次会议通过了《关于严惩严重危害社会治安的犯罪分子的决定》，对该决定规定的犯罪则采用的是一律从新原则。〔3〕 这些

---

〔1〕 1979年《刑法》也采取了相同的原则。1979年《刑法》第9条规定：中华人民共和国成立以后本法施行以前的行为，如果当时的法律、法令、政策不认为是犯罪的，适用当时的法律、法令、政策。如果当时的法律、法令、政策认为是犯罪的，依照本法总则第四章第八节的规定应当追诉的，按照当时的法律、法令、政策追究刑事责任。但是，如果本法不认为是犯罪或者处刑较轻的，适用本法。

〔2〕 该决定第2条规定，凡在本决定施行之日以前犯罪，而在1982年5月1日以前投案自首，或者已被逮捕而如实地坦白承认全部罪行，并如实地检举其他犯罪人员的犯罪事实的，一律按本决定施行以前的有关法律规定处理。凡在1982年5月1日以前对所犯的罪行继续隐瞒拒不投案自首，或者拒不坦白承认本人的全部罪行，亦不检举其他犯罪人员的犯罪事实的，作为继续犯罪，一律按本决定处理。该规定以犯罪分子是否在特定限期内投案自首或者坦白检举，作为该决定中的处刑较重的规定有无溯及力的根据。

〔3〕 该决定第3条规定："本决定公布后审判上述犯罪案件，适用本决定"。

立法沿革现象值得我们关注和思考。

二、从旧兼从轻原则的司法适用问题

从旧兼从轻原则，在司法实践中主要是要求司法机关正确对待法律法规的相关变化，并相应作出既不破坏公民的行为预测可能，又不轻忽公正的处理结论。这里首先需要注意的是，这里的规则变化并非仅指刑法规则的变化，而是包括任何可能影响公民行为预测可能或者引起刑事责任轻重调整的法律规则。结合 1997 年《刑法》修订实施后一段时间以来的实践需要，这里突出的问题有三：

（一）如何理解可能引起从旧兼从轻原则适用的"规则变化"

让我们对比以下两个案例：

> 案例 1：根据国家发展改革委等 2006 年《关于进一步整顿药品和医疗服务市场价格秩序的意见》，县及县以上医疗机构销售药品，以实际购进价为基础，顺加不超过 15% 的加价率作价。在此背景下，某私营医院由于药品进价较低，且售价受药品加成规定的限制，在从国家医保基金中获利方面较国营医院差距较大。所以该私营医院负责人决定虚报药品进价，抬高售价，从而提高基数，更多地从国家医保基金当中获得利润。该案审理过程中，当地药品加成的限制性规定依据国家政策而被取消。有法官认为，鉴于规则的变化，应当适用从旧兼从轻的原则，对该案当中的被告人作出无罪判决。

> 案例 2：2002 年 9 月，于某驾驶汽车运送一批黄金到机场，企图将该批黄金转运到深圳出售，在途中被警方截获。在审查起诉阶段中，国务院下发了"国发〔2003〕5 号文件"（2003 年 2 月 27 日发布），取消了黄金收购许可证审批规定。某区人民检察院作出了"不起诉决定"，后

某市人民检察院撤销了"不起诉决定"，某区人民检察院
以于某涉嫌非法经营罪向法院提起公诉。

这两起案件的诉讼过程中，均出现了规则的前后变化，那么是
否意味着这两个案件中，司法人员均应适用从旧兼从轻原则，根据
新的规则认定犯罪嫌疑人无罪呢？答案显然不能这样简单得出。因
为第一个案件中我们需要评价的行为是"虚构进价，抬高售价"，
而药品加成的限制性规定取消这一变化，并不直接涉及上述行为的
法律评价，其所涉及的毋宁说是行为人"应否多获利润"。但即使
规则变化使得行为人多获利润具有合理性，也不影响其"虚构进
价，抬高售价"这一行为属于刑法上所要处罚的虚构事实、隐瞒真
相行为。相反，第二个案例中于某的行为，则由于国务院相关规定
的变化，而从规则变化前的"非法"，变成了规则变化后的"合
法"。因此结论上，我们仅应当赞同第二个案例适用从旧兼从轻
原则。

此中所包含的原则性要求是，可能引起从旧兼从轻原则适用
的，只能是直接针对待评价案件事实，并且能够引起行为性质评价
发生变化，或者行为应受谴责程度评价发生变化的规则变化。

（二）司法解释的变化

2001 年最高人民法院、最高人民检察院《关于适用刑事司法
解释时间效力问题的规定》第 3 条规定，对于新的司法解释实施前
发生的行为，行为时已有相关司法解释，依照行为时的司法解释办
理，但适用新的司法解释对犯罪嫌疑人、被告人有利的，适用新的
司法解释。从中不难看出，我国最高司法机关对于刑事司法解释，
与刑事立法本身的变化等同，采取了从旧兼从轻的规则适用原则。

单纯从理论意义上讲，司法解释只是对于法条含义的适用性阐
释，并不意味着法律规定发生了变化，因此可能难以接受对于司法
解释适用从旧兼从轻的溯及力原则。但是从现实意义上讲，我国最

高司法机关的有权司法解释，对于全国的刑事司法实践具有普遍化的指导意义，而且其中的某些裁判规则，典型的如犯罪成立量定条件、对"其他严重扰乱市场秩序的非法经营行为"之类兜底性规定的明确列举等，其前后变化直接影响犯罪人是否构成犯罪和刑事责任的轻重。所以在现实意义上，对于我国最高司法机关的有权司法解释适用从旧兼从轻的溯及力原则，是非常务实的。

（三）处刑较轻的理解

行为当时的法律和新刑法都认为是犯罪，并且按照刑法总则第四章第八节的规定应当追诉的，原则上按当时的法律追究刑事责任，即新刑法不具有溯及力。但是，如果新刑法比行为当时的法律处刑较轻，则适用新刑法，即新刑法具有溯及力。关于"处刑较轻"的认定，1997 年最高人民法院《关于适用刑法第十二条几个问题的解释》中规定，《刑法》第 12 条规定的"处刑较轻"，是指刑法对某种犯罪规定的刑罚即法定刑比修订前刑法轻。法定刑较轻是指法定最高刑较轻；如果法定最高刑相同，则指法定最低刑较轻。如果刑法规定的某一犯罪只有一个法定刑幅度，法定最高刑或者最低刑是指该法定刑幅度的最高刑或者最低刑；如果刑法规定的某一犯罪有两个以上的法定刑幅度，法定最高刑或者最低刑是指具体犯罪行为应当适用的法定刑幅度的最高刑或者最低刑。

第二部分　犯罪论体系争鸣

犯罪论体系的含义和功能

一、犯罪论体系的含义

犯罪论体系，指的是按照一定逻辑安排各个犯罪构成要素，思考行为是否构成犯罪的理论体系。我国刑法学界以往将犯罪论体系称作"犯罪构成""犯罪构成要件"或"犯罪构成理论"，指犯罪成立的条件。[1]"犯罪构成"就是按照我国刑法的规定，决定某一具体行为的社会危害性及其程度而为该行为构成犯罪所必需的一切客观和主观要件的有机统一。即指犯罪客体、客观方面、犯罪主体、主观方面四个"犯罪构成要件"，行为符合"犯罪构成"则犯罪成立。[2]而在德日刑法三阶层说犯罪论体系（构成要件该当性—违法性—有责性）中，也有"构成要件"（Tatbestand）一词，行为符合"构成要件"只是犯罪成立的条件之一，另外两个条件是违法性、有责性。为避免混淆以示区分，在本书中"犯罪论体系"指称各种有关犯罪成立条件的学说，其中既包括我国以往的四要件说"犯罪构成理论"，也包括德日刑法的三阶层说犯罪论体系，以

---

〔1〕 陈兴良：《本体刑法学》，商务印书馆 2001 年版，第 174 页。

〔2〕 高铭暄、马克昌主编：《刑法学》（第 9 版），北京大学出版社、高等教育出版社 2019 年版，第 52 页。

及英美刑法的双层次说犯罪论体系。

刑法学将以犯罪成立及犯罪形式一般理论为对象的研究领域称为犯罪论。在犯罪论中主要讨论的是犯罪成立条件,亦即某一行为成为刑法规定的犯罪所必须具备的要素。犯罪论体系,是犯罪成立条件的寓居之所,是犯罪认定的逻辑框架和基础,从而是最重要、最核心、最基础的犯罪论问题。犯罪论体系为刑法理论的研究提供了基本骨架,也体现了贯彻于司法实践背后的刑法理念。

在刑事司法(规范刑法)层面上,犯罪是符合犯罪成立条件的行为。刑事司法的核心内容,是认定特定具体行为是否构成犯罪,是运用三段式演绎推理逻辑将事实行为与规范规定相对照的涵摄过程。在此涵摄过程中,首先应当细致分析刑法规范规定的犯罪成立的各个要素,其次是将案件事实逐项对应,判断是否符合。亦即围绕犯罪构成进行判断,看行为(事实)是否符合刑法规定的具体罪名的构成要件(规范)。

犯罪论体系的作用就是对规范规定的具体罪名的所有构成要素进行分解分析,并按一定逻辑框架将它们排列组合起来,以利于事实与规范的对应。因此,犯罪论体系既是体系化地分析刑法规定的各具体罪名成立条件的思维模型,也是体系化地判断具体事实行为是否构成犯罪的思维模型,是最为核心最为重要的刑法理论,正如我国台湾地区学者许玉秀所言:

> 犯罪阶层体系可以算是刑法学发展史上的钻石,它是刑法学发展到一定程度的结晶,再透过它,刑法学的发展才能展现璀璨夺目的光彩。它是刑法学上的认知体系,认知体系的建立必然在体系要素——也就是个别的概念——澄清到一定程度的时候,方才会发生,而认知体系的建立

会使概念体系的建立更加迅速，更加丰富。[1]

关于"犯罪论体系"的含义，可以从三个不同层面上理解：其一，犯罪论体系是具体犯罪成立条件的组合，即作为具体罪名成立条件的各分则罪名的犯罪论体系；其二，可认为犯罪论体系是所有犯罪成立条件的抽象化和类型化，即作为一般犯罪成立条件的抽象的、概括的犯罪论体系；其三，犯罪论体系是一种思维模型和认知体系，即作为理论的犯罪论体系思考逻辑。由此，对于犯罪论体系的讨论，既涉及刑法规定，也涉及逻辑，还涉及刑法理论。

陈兴良教授认为：犯罪构成可以从形而下与形而上两个方面加以把握。形而下的犯罪构成，指的就是犯罪成立条件，这种犯罪成立条件，在罪刑法定原则下，是由刑法加以规定的，因而总是具体的。其实，如行为、结果、故意、过失等这样一些要素，无论在何种犯罪构成理论中，对于犯罪成立来说都是不可或缺的条件。但仅在这个意义上理解犯罪构成还是不够的，应当提出形而上的犯罪构成的概念。形而上的犯罪构成，是指作为一种定罪的思维方法的犯罪构成，对于正确定罪具有指导意义。在某种意义上说，犯罪构成体系是一种刑法的认知体系。[2]

二、犯罪论体系的功能

（一）用以分析具体罪名的成立条件

在功能和作用方面，犯罪论体系在司法实务中主要具有以下功能作用，即可用犯罪论体系来分析具体罪名的构成要件要素，亦即运用犯罪论体系的结构体系，对照刑法典的规定，对具体犯罪的成立条件（构成要件要素）进行分析。

---

〔1〕 许玉秀：《犯罪阶层体系及其方法论》，成阳印刷股份有限公司 2000 年版，第2~3 页。

〔2〕 陈兴良主编：《犯罪论体系研究》，清华大学出版社 2005 年版，第 19 页。

　　刑法典规定了具体罪名的构成条件（构成要件要素），部分条件规定在分则中，部分条件规定在总则中，按照犯罪论体系的框架体系，平行地列举刑法典规定的故意杀人罪的构成要件，包括：客观上有杀人的行为，对象是人，（既遂）结果是死亡，死亡结果由杀的行为导致、有因果关系；行为人不是出于正当防卫、紧急避险等而杀人；要求行为人年满 14 周岁（12~14 周岁，对致人死亡或者以特别残忍手段致人重伤造成严重残疾，情节恶劣的应负责）、具有刑事责任能力，主观方面具有杀人故意。

　　推而广之，全部具体罪名的成立条件，都具有大体相似的框架体系，都可认为具备客观要件（危害行为、对象、危害结果、因果关系、时间、地点、方法、数额、次数、情节、身份）、主观要件（责任年龄、能力、故意、过失、目的、动机）、犯罪阻却事由等成立条件。

　　（二）用以认定特定案件是否成立具体罪名

　　犯罪论体系的另一项功能是用以认定特定案件是否成立具体罪名。刑事司法认定犯罪的过程，是将案情事实对应于刑法规范，犯罪论体系规定了对应具体构成要件要素的先后顺序，为犯罪认定提供了逻辑思考体系。

　　例如，假设案情事实是：张三（15 岁）为了报仇，用斧子砍死了李四。认定其是否构成故意杀人罪，裁判者需要判断案情事实，是否能够符合刑法典规定的故意杀人罪的全部成立条件，按照阶层性犯罪论体系（三阶层体系或两阶层体系），认定犯罪顺序是：先看用斧子砍的行为是否是"杀人"的行为，再看李四是否是"人"，有无死亡的结果；然后再看张三是否达到了责任年龄、有无责任能力，主观上有无杀人故意。是按照行为—对象—结果—责任能力—罪过形式的顺序分别进行对应判断。

　　以上犯罪论体系的两项主要功能中，分析具体罪名成立条件的功能，是对立法规定进行分析的静态功能；用以认定特定案件是否

成立具体罪名的功能，是适用刑法的动态功能。后者涉及对应具体
构成要件要素的先后顺序，是不同犯罪论体系之间进行区分的主要
依据。

犯罪论体系的源流和发展

从世界刑法发展史角度来看，犯罪论体系以及犯罪构成的概念，最早可以追溯到 l3 世纪意大利纠问式程序中的"犯罪的确证"（Corpus delicti）概念。在这种纠问式诉讼程序中，法院首先必须调查是否有犯罪存在（一般审问，或称一般纠问），在得到存在犯罪的确证后，才能对特定的嫌疑人进行审问（特别审问，或称特别纠问）。犯罪构成的概念在当时仅具有诉讼法上的意义，包含着那些客观征象的总和，由这些客观征象的存在，证明犯罪行为的确实发生。犯罪构成的确定乃是一般审判的任务。例如，被害人尸首、杀人器具、血迹等的存在，乃是杀人的犯罪构成，因为这些征象的存在证明了有杀人之事发生，而且它们可以作为审问犯罪者并进行侦查的充分根据。

直到 19 世纪初，德国刑法学家费尔巴哈才明确地把犯罪构成引入刑法，使之成为一个实体法概念，并将自己的思想观点融入了他参与制定的 1813 年《巴伐利亚刑法典》。该刑法典第 27 条规定了，当违法行为包括依法属于某罪概念的全部要件时，就认为它是犯罪。

1881 年，李斯特（Franz von Liszt）在其《德国刑法教科书》第一版中，站在实定法的角度探讨犯罪概念与犯罪行为的刑罚要件，从而认为犯罪乃违法、具有责任、应处以刑罚的行为。其后，贝林（Beling）认为，行为是否构成犯罪，需要经过实定法明文规定，在"法无明文规定不为罪、法无明文规定不处罚"的罪刑法定原则要求下，只有与实定法明定的构成要件相符合的行为，才能被视为犯罪，所以犯罪概念应补充"构成要件该当性"。1906 年，贝林在其《犯罪论》一书中，以"构成要件"概念为基础，构筑了新的犯罪论体系，由此形成了现代意义上的犯罪论体系之雏形。[1]1915 年，迈耶（Mayer）在《德国刑法总论》一书中，认为犯罪就是符合构成要件、违法而归责的行为。这种"构成要件—违法—责任"三阶层的体系得到广泛承认，成为德日刑法犯罪论体系的基础模式，在此基础上发展出各种犯罪论体系。

20 世纪 20 年代中期，苏联建国之后，苏联刑法学家特拉伊宁（А. Н. ТРАИНИН）等对大陆法系的犯罪论体系进行改造，形成了犯罪客体、犯罪客观方面、犯罪主体和犯罪主观方面有机统一的四要件犯罪构成体系。特拉伊宁在其《犯罪构成的一般学说》中指出，犯罪构成乃是苏维埃法律认为决定具体的、危害社会主义国家的作为（或不作为），为犯罪的一切客观要件和主观要件（因素）的总和。[2] 我国于 20 世纪 50 年代初期，引入了苏俄刑法学中的四要件的犯罪构成体系。

除此之外，美英刑法在审判实践中，采用"犯罪要件—辩护理由"的双层次犯罪构成模式，将定罪的过程分为本体意义上的定罪和诉讼意义上的排除，以对应于审判中的"控告—辩护"对抗式诉讼模式。下文出于学术研究的需要，对各种犯罪论体系模式进行简要介绍和客观叙述。

---

〔1〕　参见肖中华：《犯罪构成及其关系论》，中国人民大学出版社 2000 年版，第13、15 页。

〔2〕　［苏］А. Н. 特拉伊宁：《犯罪构成的一般学说》，薛秉忠等译，中国人民大学出版社 1958 年版，第 48~49 页。

第一节　德日阶层犯罪论体系的发展和经典体系

一、古典三阶层体系

古典的犯罪阶层体系，又称为贝林-李斯特体系，是贝林于1906 年在李斯特的研究基础上发表的。李斯特在其于1881 年出版的《德国刑法教科书》第一版中区分了违法性和责任，被视为最早区分刑法体系阶层之作，贝林在此基础上增加了构成要件该当性，从而形成了刑法理论史上第一个成形的犯罪阶层体系。后世将贝林与李斯特合称为犯罪阶层体系的创始者。

古典的犯罪阶层体系确立犯罪成立有三个要件：构成要件该当性、违法性、有责性（责任）。其中构成要件（Tatbestand）指刑法分则所具体描述的各种具体罪名的行为类型要件。这些构成要件，被认为是对每一个具体犯罪事实的抽象描述，是客观的要件。当具体行为具备该犯罪构成要件规定的要素时，该行为即具有构成要件该当性。构成要件该当的判断，是中性而无价值色彩的判断。第二阶段违法性判断，是消极地判断是否有排除行为违法性的情形（违法阻却事由）存在。一个具体行为符合了构成要件，但如又符合违法阻却事由，仍是合法行为；只有符合了构成要件，又不属于违法阻却事由，才是不法行为。行为如果具备构成要件该当性和违法性，则进入第三个阶段有责性的判断。有责任阶段判断的是行为人的主观犯罪成立要件，包括行为人的责任能力、故意、过失。责任能力是责任条件，包括以实质的精神状态为判定标准的责任能力标准和以年龄为判定标准的责任能力标准。故意和过失是责任形态，故意要求对构成犯罪事实有认识。过失被定义为能尽注意义务而未尽注意义务。

构成要件该当性、违法性、有责性三个阶层中，构成要件阶层和违法性阶层这两个阶层是客观判断，有责性是主观判断，形成了"不法是客观的，责任是主观的"这一客观—主观两分格局。

二、新古典阶层体系

（一）新古典三阶层体系

新古典三阶层体系，是对古典三阶层体系进行修正而形成的，对三个犯罪阶层都进行了调整和修正。

在构成要件该当性阶层，古典三阶层体系认为构成要件是客观的、中性的。1911年，迈耶提出了规范的构成要件要素的看法。例如，盗窃罪中的他人动产，诽谤罪中有害他人名誉的虚假事实，属于规范的构成要件要素，从而对构成要件的中性特质产生怀疑。

在违法性阶层，古典三阶层体系基本上认为违法阻却事由是法定的，但是新古典三阶层体系发现除了法定阻却违法事由外，还有超法规阻却违法事由的存在。这个变化则是受实质违法性理论的影响。刑事理论从利益冲突解释紧急避难阻却违法的法理依据出发，区分形式违法概念和实质违法概念，20世纪20年代末期确立了超法规紧急避险的观点。在违法性阶层判断上，如果无法满足法定阻却违法事由所要求的法定要件，但具备形成法定阻却违法事由的实质理由，构成要件行为仍有阻却违法的机会。依实质违法理论所发展出来的超法规阻却违法事由，包括社会相当性、被容许的风险、义务冲突、法益冲突、被害人承诺等。

在有责性阶层，规范责任论的提出，增加了实质的责任条件。在古典三阶层体系中，构成责任的两个条件当中，责任能力是故意和过失的前提要件。但弗兰克（Frank）认为，这种观点错误地将责任当作上位的类概念，而将故意和过失当作下位的种概念，其实责任和故意过失之间并非类和种的概念关系，责任是一个可以包含责任能力、行为时的特别情状以及故意和过失的合成概念，当行为人具备这些条件时便是可以加以责难的，也就可以赋予责任，这就是所谓的可责难性的概念。有责任能力人的故意或过失行为，在没有其他特殊的情况下，即具备可责难性。弗兰克认为他将行为人和行为人间的心理事实具备责任条件的理由找了出来，这个可责难性的概念是一个规范的标准，于是以规范的责任概念取代心理的责任概念。

哥德施米特（Goldschmidt）从法规范的性质寻求解答。他认为每个决定外在行为的法规范都包含一个要求内在行为的义务规范，犯罪行为之所以有可责难性，即是因为违反这个义务规范，至于有的违反义务规范行为可以例外地阻却责任，则是因为欠缺期待行为人为合法行为的可能性，因而可阻却责任。换言之，期待可能性的前提在于行为人有为合法行为的能力，即他行为能力，因为行为人有不为违法而为合法他行为的能力，因此才具备期待可能。从而，在有责性阶层除了责任能力和故意过失的责任形态之外，另以期待可能性作为超法规的阻却责任事由。

（二）新古典二阶层体系

古典三阶层体系中，构成要件该当性阶层和违法性阶层这两个阶层的判断是分离的，但是，既然这两个阶层都是客观、中性的，共同决定不法的判断，则两个阶层的关系如何？研究发现，构成要件是不法类型，阻却违法事由是确定行为具备构成要件不法所不能存在的条件。亦即，刑法分则各个构成要件所规定的是积极的不法构成要件，总则中所规定的阻却违法事由是消极的不法构成要件。阻却违法事由只是基于立法技术的考量，从分则各个构成要件类型当中分离在总则作一般规定。每个分则构成要件都可以被解读为例如"杀人而非正当防卫、紧急避难者，构成故意杀人罪"或如"非依法令而以非法方法剥夺他人行动自由者，构成故意杀人罪"。由此，构成要件该当性阶层和违法性阶层这两个阶层，是可以合并为不法阶层的，整个犯罪阶层体系应该只有两个阶层：不法阶层和责任阶层。由此形成了新古典二阶层体系。

三、新古典暨目的论体系

1931 年，威尔泽尔（Hans Welzel）提出目的行为论的基本构想，批判自然主义和新康德主义价值二元论而采存在论的立场。威尔泽尔主张行为的目的性，进而认定主观构成要件和客观构成要件不能分开。之前的行为论是因果行为论，亦即认为人的理性真正的功能是赋予现象因果性，客观行为是人理性支配的结果。而威尔泽尔直接采取存在论的立场，认为因果行为作为构成要件评价客体是不够的，只有因果性还不能使一个行为能够与构成要件该当。威尔泽尔从当时新兴的认知心理学找出他认为能够被构成要件评价的那种行为的存在构造。依照认知心理学，感觉、认识、思考和意欲的活动都是针对它们所投射的对象，在这些特定的心理经验和它们的对象之间有一个特别的关系，就是"目的性"。目的性可以使感觉、认识、思考和意欲等心理活动，依心理作用对象的结构而活动。威尔泽尔从而认为思考的流程不是盲目的因果作用，而是有目的性意义的，意欲也是存在于目的性当中。威尔泽尔认为意志行动就是自我依照决定向"实现所欲"而前进，它是由目的性所决定的，先有了对结果的计划，再设定足以实现这个结果的方法，这整个实现结果的过程并不是单纯的因果律动，而是一种有目的意义的关系，因果关系只是这个目的关系的部分成分而已。由此，能成为刑法评价对象的存在客体不是因果关系，而是建立在目的性上面存在于主体和结果之间的目的关联。从而，主观构成要件和客观构成要件是不可能完全拆开的，客观构成要件决定于主观的运作定律或至少与主观的运作定律有关，而"目的性的决定"是责任真正的责难对象。

1935 年，威尔泽尔在出版的《刑法总论教科书》中，将故意定位为主观构成要件，开启了新古典暨目的论体系的新纪元。新古典暨目的论体系的显著特征，是在构成要件阶层，加入了主观的构成要件要素，即构成要件的故意。亦即，将原本定位为责任要素的故意前移到构成要件阶层，亦即认为故意应该是主观构成要件。在结构框架上，新古典暨目的论体系在原有构成要件该当性、违法性、有责性（责任）三阶层结构上，有些学说在之前加上独立的行为阶层，成为四阶层体系；有些在之后加上客观处罚条件，成为五阶层体系。

（一）行为阶层

关于行为，在古典阶层体系采用的是因果行为论，新古典阶层体系采用的仍然是因果行为论，将行为作为构成要件该当性中的核心要素。虽然学说上已开始讨论独立的行为要素的问题，但行为并未成为独立的阶层。直至威尔泽尔创立了目的行为论之后，才引起独立的行为阶层的讨论；后来出现的社会行为论者中，也有一些赞同行为是独立阶层的理念。后有学者开始接受行为阶层为第一个犯罪体系阶层的理念，将行为作为犯罪认定的基底，由此，少数体系由三阶层体系变成了四阶层体系。

（二）构成要件该当性阶层

1. 故意犯和过失犯采用不同的构成要件

目的行为论首要影响是直接导致主观不法理论的诞生。行为不再是纯粹的客观概念，行为的内在面也具有不法的特质，不法的评价对象也包括行为的内在（主观）面，客观构成要件决定于主观目的，表明客观不法决定于主观不法，由此开启了主观不法理论。从而，不法不全然是客观的，还应包括主观要素，客观构成要件要素与主观构成要件要素不能拆开。由此，故意（构成要件故意）就成为不法要素之一。

而由于目的行为论所强调的目的支配是过失行为所欠缺的，目的行为概念被认为无法说明过失行为的行为性，由此也导致新古典暨目的论体系对故意犯和过失犯采用不同的构成要件。

以往的理论认为，故意犯和过失犯在不法层面上的构造是相同的，二者的区分主要在于责任层面。但在目的行为论体系中，故意犯中具有主观不法的要素（构成要件故意），从而，导致故意犯与过失犯的区别不仅存在于责任阶层，也存在于不法阶层。

也就是说，故意犯的构成要件阶层，除了客观构成要件之外，还包括主观构成要件，其中故意是所有犯罪类型的必要主观构成要件，因而成为一般的主观构成要件。还有，目的犯的构成要件中要求有目的要素，倾向犯的构成要件中要求有倾向要素，这些属于要求特别的主观类型要素。

而在过失犯中，因为行为人欠缺对构成犯罪事实的认识或意欲，而被认为没有主观的构成要件，在强调主观不法的基本观点之下，故意犯和过失犯被认为属于两种不同种类的犯罪构造。过失犯的过失要素和故意犯的故意相同，也都经历了从责任要素转为构成要件要素的过程。

2. 故意犯的构成要件中加入构成要件故意要素

以往的体系，故意是责任要素。而在新古典暨目的论体系中，构成要件中加入了主观构成要件要素，将原本定位为责任要素的故意移到构成要件阶层，认为故意应该是主观构成要件，称为构成要件的故意。从而导致了构成要件阶层的重大变化。这也是新古典阶层体系发现主观违法要素的成果。

3. 过失犯的构成要件的变化

过失要素，一直被认为是责任要素，20世纪30年代，有学者主张过失是构成要件要素。在故意被定位成主观构成要件，而认为故意犯和过失犯的构成要件不法应该不同之后，这种主张也就被接受了。只有行为人违反客观注意义务，才是不法。客观注意义务的违反包括违反危险预见义务（违反内在注意义务）和违反危险避免义务（违反外在注意义务）。由此，过失犯的客观构成要件要素包括结果的客观避免可能性、结果的发生。但通说否定过失犯有主观不法要素。

（三）违法性阶层

1. 故意犯的违法性阶层

理论学说上继续有新的超法规阻却违法事由被开发出来，同时有不少关于阻却构成要件事由和阻却违法事由的区分争议，例如，被害人承诺（同意）究竟是阻却违法，还是阻却构成要件；信赖原则究竟是阻却构成要件，还是阻却违法或阻却责任事由；被容许的风险究竟是阻却违法，还是阻却构成要件？这些问题被提出，并导致了体系结构上的二阶层与三阶层之争。

2. 过失犯的违法性阶层

在以往，构成要件和违法性是客观的、中性的，故意犯和过失犯在构成要件和违法性阶层不存在差别，从而故意犯和过失犯，在违法阻却事由方面也应相同。

但目的行为论强调行为的目的性，故意犯即是行为人依一定的目的设定而支配行为实现不法构成要件，过失犯欠缺这种目的的设定，而是因为疏于注意而实现不法构成要件，因此是一种义务犯，这种义务犯因为欠缺法律所要求的目的支配而具有违法性，所以违反客观注意义务的过失是违法性要素。不过目的行为论者后来也将违反客观注意义务定位为构成要件要素：在阻却违法事由方面，由于传统上认为过失犯不可能有主观的阻却违法意思，例如正当防卫的防卫意思、紧急避难的避难意思或推定承认，因此过失行为能否适用阻却违法事由存在疑义。通说认为，过失行为可因紧急避难、正当防卫而阻却违法。承认过失犯可阻却违法，等于承认过失犯适用阻却违法事由不需具备主观阻却违法意思。也有论者认为，在偶然防卫的情形，过失犯和故意犯同样不具备结果不法，但过失犯仍有行为不法，只是过失未遂不处罚，所以所阻却的不是违法性，而是可罚性。这造成了一些疑惑。

3. 二阶层与三阶层之争

既然构成要件该当性和违法性两个阶层，都是为了说明不法，那么，为何构成要件阶层和违法性阶层要分立、构成要件阶层有何独立意义、为何不将两个阶层合并为一个阶层，这就是二阶层和三阶层之争。

赞成二阶层的理由有：①违法性阶层和构成要件阶层既然都决定行为的不法，没有分割成两个阶层的道理；②一个犯罪构成要素究竟是构成要件要素还是阻却不法的违法性要素，本质上没有不同，只是立法技术问题；③在容许性构成要件错误的情况下，二阶层体系认为属于不法构成要件错误而构成要件不该当。在偶然防卫的情形，只有依二阶层理论才能成立未遂。

赞成三阶层的理由有：①构成要件所涉及的是犯罪类型，依据一定的类型作不法的判断，是抽象的、通例的判断；但阻却违法的判断却是对个案作有无社会危险性的具体判断，所作的是牺牲较低利益、保护较高利益的衡量。二者应有所区分。②构成要件不该当的行为不一定是被允许的合法行为，例如盗用行为不符合构成要件，但仍然是民法上的侵权行为，仍能对之主张正当防卫；阻却违法的行为必定是法秩序所允许的，不能对它主张正当防卫。由此，构成要件阶层和违法性阶层有分立的必要。

（四）责任阶层

在古典三阶层体系中，责任要素包括责任能力、故意和过失；新古典阶层体系特别是规范责任论提出无期待可能性是阻却责任要素。而目的行为论将规范责任论的观点在责任阶层中加以具体化。目的行为论所主张的三个可责难的要素是责任能力、不法意识、期待可能性（期待行为人能依规范而行为）。责任能力属于积极的责难要素，不法意识和期待可能性则属消极的责难要素。

以往，属于责任要素的故意包括对构成犯罪事实的认识和对法规范的认识；而在目的论体系下，对构成犯罪事实的认识为构成要件故意的一部分，已被定位为主观构成要件要素，因此在责任阶层所检验的，只有对行为是否抵触法规范的认识。故意要素被一分为二隶属于两个阶层，区分为构成要件的故意、责任故意。

在过失犯的责任阶层，在责任阶层除了原有的判断要素责任能力之外，行为人个人欠缺注意能力或无期待可能性时能阻却责任。个人注意能力包括认识危险的能力和避免危险的能力。

古典三阶层体系、新古典阶层体系的特征是在判断时，将行为的客观（外在）面和主观（内在）面一分为二进行观察评价。而目的论体系将客观和主观统一了，统一评价的对象不再是客观和主观，而是不法；不法包括客观要素和主观要素。在不法阶层被评价的对象包括行为人在内的行为，但责任阶层所检验的要素并非都是不法阶层已评价过的要素，例如责任能力。责任能力和主观构成要件（构成要件故意）是可以区分的，即便是无责任能力人，也能具有构成要件故意，也能违反客观注意义务，从而实施不法行为。

（五）客观处罚条件

客观处罚条件是客观上存在使行为具备可罚性的事实，亦即是一种纯粹客观的犯罪成立要件。这种犯罪条件不同于构成要件、违法性要素和责任条件，被称为和不法、和责任无关，而只是会影响犯罪成立与否的条件，因为这种条件是否存在，行为人不必在行为时已有认识，只要客观上发生了，犯罪即告成立。

客观处罚条件这个概念最早被提出时是用来称呼加重结果犯的加重结果，例如伤害致死的死亡结果。最典型的事例是《德国刑法典》第 104a 条规定的"外交关系"。《德国刑法典》第三章第 103 条规定对外国机关代表和国家象征的犯罪，在第 104a 条规定，这种犯罪的追诉，以该外国与德国有现存的外交关系为必要。就第 104a 条来看，外交关系应该是程序法上的追诉条件，但又同时规定在各个对外国犯罪的构成要件当中，究竟外交关系是否存在、是否为不法构成要件要素，如果是，则行为人于行为时必须知道所侵害的国家和德国有外交关系，否则即不构成犯罪。学说上一致将这里的外交关系同时解释为客观的处罚条件，而且是限制责任的客观处罚条件，不论行为人是否对它有认识，因为如果被侵害国与德国并无外交关系，则侵害外国的行为并不构成犯罪，因此认为外交关系是可以限制处罚范围的客观处罚条件。耶赛克认为刑法有两种客观处罚条件：一种是限制责任的客观处罚条件，一种是扩张责任的客观处罚条件，是一种伪装的加重处罚事由。

运用客观处罚条件这种概念，特别有助于解决故意难以证明的难题，既然客观处罚条件与不法无关，不是不法要素，而与责任也无关，不是行为人必须认识的对象，因此它就成了不法、责任之外的另一个独立的阶层要素。

四、罗克辛的目的理性阶层体系

1970 年，克劳斯·罗克辛（Claus Roxin）提出目的理性阶层体系。新古典暨目的论体系中的"目的"，指称的是"目的行为论"，该体系是建立在目的行为论的基础之上，以构成要件中包括主观要素（尤其是构成要件故意）为显著特征。但罗克辛的目的理性阶层体系中的"目的"，不是指"目的行为论"，而是指"刑事政策目的"，涉及的是应罚性与需罚性的关系问题。

20 世纪 50 年代，刑法学界开始讨论应罚性和需罚性的问题。在法教义学上具有社会侵害性的行为，即具有应罚性而成立犯罪，这称为应罚性；行为具有应罚性，则可认定为犯罪。但是，具有应罚性的行为是否需要以刑罚加以制裁，则必须考虑刑事政策上刑罚的制裁能否达到目的；具有需罚性，才能进行刑罚制裁。应罚性是犯罪成立与否的判断依据，需罚性则是处罚与否的判断依据；应罚性和需罚性是确定犯罪和处罚的两大条件。

以往的犯罪论体系，对于应罚性和需罚性，是分离渐次进行讨论的。但是，罗克辛认为在犯罪阶层体系中即应同时考虑行为的应罚性和需罚性。应罚性考虑的是行为的主客观可归责性，需罚性考虑的是预防必要性，它们在每个阶层都要同时被考虑进去。刑事政策不只是刑罚论中的课题，也是犯罪论中应该顾及的课题，如果在刑事政策上无法满足预防目的，也就不应该予以处罚。应依规范的保护目的决定应罚性，依预防的必要性决定处罚的理性界限，要合乎目的理性。体系构造同时符合应罚性和需罚性的要求。以刑事政策上的刑罚目的理论作为体系取向，亦即目的论的取向，因为以目的为取向，所以是目的论的体系，再加上刑事政策的考量，所以是目的论兼刑事政策的体系。就是以预防的目的作为架构体系的指导原则，就是功能的取向，所以罗克辛又称他的阶层体系为功能的阶层体系。

（一）行为阶层

罗克辛承认独立的行为阶层，认为应当将不属于行为的事件加以排除。在行为理论方面，罗克辛采用了人格行为理论，认为行为是"一切表现出人是心灵的、精神的行动中枢的现象"，也就是"行为是人格的表现"。行为概念先于刑法的行为概念，既不是像"身体举动"那种物理的行为概念，也不是完全评价性的行为概念，而就不作为犯而言，则不是完全和构成要件无关的价值中立的行为概念，不管是故意或过失，作为或不作为都是人的人格表现。

（二）构成要件阶层

1. 客观归责理论和构成要件（客观归责）阻却事由

罗克辛认为判断客观构成要件该当与否的实质依据是客观归责理论。构成要件结果归责于行为人的根本原理，在于"行为人制造法所不容许的风险，风险实现了构成要件结果"。因此构成要件行为即是制造法所不容许的风险的行为。如果所制造的风险实现了构成要件结果，行为人对这种构成要件结果负责，就是既遂犯；如果没有实现构成要件结果，而法律上仍有处罚的规定，行为人对他制造的法所不容许的风险负责，这就是未遂犯。

如果行为与结果之间具有因果关系，还需继续检验是否有其他构成要件（客观归责）阻却事由，才能确定行为是否该当客观构成要件，而具备客观可归责性。具体而言可分为四部分：一是判断行为人的行为是否制造了不被容许的风险。降低风险的行为、没有制造风险、风险是被容许的情形都不是制造风险，而且不能以假设的情况排除风险。二是检验行为人是否实现了不被容许的风险。没有实现风险、风险被容许、结果不在规范保护目的之内、没有升高风险、参与风险和规范保护目的没有关系，都被认为没有实现不被容许的风险。三是检验构成要件的效力范围。参与他人故意的自伤行为、被害人同意、第三人应负责的范围，不应负责。四是因犯罪行为受惊吓的心理伤害和后遗症的伤害，都在构成要件效力范围之外，不能客观归责。对于过失犯而言，信赖原则是一项重要的构成要件（客观归责）阻却事由。

2. 主观构成要件要素

罗克辛认为，故意与过失存在与否，依行为人所认识或可能认识的犯罪事实是否能制造风险而定，行为是否能制造法所不容许的风险，是客观上依一般人经验法则可以得知的，因此对故意犯和过失犯而言，判断客观归责的标准相同。

对于过失犯而言，既然过失行为逾越了容许风险的界限，自然过失也是属于主观构成要件要素。但是，只有有认识过失才有主观构成要件，因为对构成犯罪事实有认识，只是相信构成要件不会实现；而无认识过失，对构成犯罪事实毫无认识，并无主观构成要件。

（三）违法性阶层

罗克辛肯定构成要件阶层与违法性阶层区分的必要性。其认为被害人承诺、容许风险都是属于阻却构成要件事由；正当防卫、紧急避险，依法令的行为包括逮捕现行犯的行为、对子女惩戒权的行使、自助行为、受官署许可的行为、公务员依法令或依职务命令的行为，是阻却违法事由。超法规阻却违法事由只包括推定的承诺和主张正当利益。过失犯存在阻却违法事由。

（四）责任阶层

责任阶层除了可责难性和责任能力之外，增加了预防必要性的考量。责任要素包括责任能力、不法意识以及行为的正常情况。责任能力所要判断的是行为人对规范的反应能力。阻却责任事由包括欠缺责任能力和不可避免的禁止错误。免除责任事由包括过当防卫和近亲遭紧急危难予以救助等事由，这两类事由排除责任的原因都是因为欠缺预防的必要性。

至于过失行为的责任要件，则应检验行为人个人的注意能力，包括有无认识危险的能力和避免危险的能力。

（五）其他处罚条件

罗克辛体系的第五个阶层是其他处罚条件，包括前面提及的客观处罚条件和阻却处罚的条件。

五、沃尔特的实质的犯罪阶层体系

1990 年，沃尔特（Jürgen Wolter）将罗克辛的目的理性阶层构想用三个基本原则重新架构起来，他认为罗克辛架构体系的三个原则是应罚性、需罚性和法律政策上的目的。这三个原则又可称为处罚可能性、处罚必要性、国家刑罚权。

第一个阶层是应罚性，所谓应罚的行为是构成要件该当、违法而且有责的不法行为，阻却应罚事由则包括阻却构成要件事由、阻却刑罚事由、阻却违法事由和阻却责任事由。阻却责任事由例如欠缺责任能力和有不可避免的禁止错误，而社会相当的行为和被容许的风险都属于阻却刑罚事由。

第二个阶层是需罚性，有责的不法如果没有具备一般所认定的免除责任事由和解除刑罚事由，前者如过当防卫、免除责任的紧急避难（近亲受危难的救助行为），后者如中止未遂，即有处罚的必要性。如果具备上述事由之一，则对应罚的有责不法行为，行为人不必负责。

第三个阶层为国家刑罚权，亦即法律政策上的归责，如果欠缺客观处罚条件或者近亲窃盗这种阻却刑罚事由存在，即欠缺法律政策上的归责必要性。

第二节 英美双层次犯罪论体系

英美法系的犯罪构成是双层次的犯罪论体系模式，这种双层次指的是"犯罪要件—辩护理由"，有学者称其为"犯罪本体要件—责任充足条件"[1]，它实际上是一种"构成—排除"的层次，第一层证明犯罪成立，第二层否定犯罪成立。第一个层次"犯罪要件"层次是正向证明犯罪成立的层次，包括犯罪行为与犯意两方面的基本内容，所有犯罪都不得缺乏这两方面内容。犯罪行为（actus reus）指的是"他导致了某一事件或因为某一被法律禁止的事态的存在而归责于他"[2]，犯罪行为有时候由"事实状态"组成而根本不含行为，但有时候有必要将行为分为三个部分，即犯罪核心特征的行为、结果、相关重要情节[3]。犯意（mens rea）指的是"他有与产生某一事件相关的确定的心理状态"，当然这种犯意是刑法要求人们接受的否定价值取向，与道义的罪过有所区别，有时道义上无过刑法上认为有犯意（如安乐死），有时道义上有过刑法上认为无犯意。犯意包括蓄意（intent）、轻率（recklessness）、疏忽（negligent）三个方面。[4] 一般地，蓄意指行为人的目的就是追求

─────────

〔1〕 储槐植、江溯:《美国刑法》（第4版），北京大学出版社2012年版，第29~30页。

〔2〕 ［英］J. C. 史密斯、B. 霍根:《英国刑法》，李贵方等译，法律出版社2000年版，第35页。

〔3〕 Richard G. Singer and John Q. LaFond, *Criminal Law: Examples and Explanations*, 2nd ed., Aspen, 2004.

〔4〕 ［英］J. C. 史密斯、B. 霍根:《英国刑法》，李贵方等译，法律出版社2000年版，第63页.

犯罪结果，而轻率指行为人无意引起却由于不正当冒险而引起危害结果，疏忽指无认识情况下进行冒险而致危害结果。在刑事司法中，公诉一方只需证明被告人行为具备了上述由犯罪行为和犯意组成的犯罪要件，则可推定被告人具有刑事责任的基础；如果被告人不抗辩，犯罪即告成立。

由此，被告人的辩护事由构成了犯罪论体系的第二个层次，这个层次是排除犯罪的层次。在行为符合犯罪本体要件时，如果被告人能说明自己不具有"责任能力"，或者说明自己的行为正当合法，不具有政策性危害，或者说明其他可宽恕的情由便可以不负刑事责任。[1] 在美国，辩护事由分为两类（具体内容各州不尽相同）：一类是"正当理由"（justification），大体上指的是行为虽违法（violate）但行为是值得赞扬和鼓励的，"我们对某一行为表示明确的赞同时，该行为是正当的"。[2] 通常列入正当理由的是紧急避险、正当防卫、警察圈套（也有人认为此项辩护应列为可得宽恕辩护）等。另一类是"可得宽恕"（excuse），大体上指不值得赞扬但基于行为人的特殊原因可不予刑罚的行为，"当我们不赞同某一行为，但将其视为犯罪又不合理时，该行为是可宽恕的"，通常包含在可得宽恕中的事由有未成年、错误、精神病、被迫行为等。

正当理由关注的是行为本身，尽管行为人的行为已经违法，但其是为保护一个更重要的利益而实施该行为的，行为是合法的，因此，正当理由被视为正当的原因在于行为的价值是积极和更为重要的。而可得宽恕关注的是行为，即行为价值是消极的，但是行为人本身能力的缺陷导致了这种消极行为，因而行为可能不受处罚。其实，正当理由和可得宽恕的区分不止于实体法和内容上，还及于诉讼程序的责任承担等方面。作为正当理由的辩护事由是从本质上否

---

〔1〕 储槐植：《美国刑法》（第 3 版），北京大学出版社 2005 年版，第 35~36 页。

〔2〕 〔英〕J.C. 史密斯、B. 霍根：《英国刑法》，李贵方等译，法律出版社 2000 年版，第 215 页。

定行为犯罪的，它是一种无罪辩护，因此，辩方如果提出这方面的抗辩事由，则证据法要求控方必须驳倒任何这方面的理由，以使法庭和陪审团认定犯罪成立。而作为可得宽恕的辩护理由则是承认行为人犯有罪行，只是请求因被告人特定的原因而免受刑事制裁，可以认为它是一种有罪辩护，因此，面对辩方的可得宽恕辩护理由，证据法并未明确要求控方予以全部驳斥。区分正当理由和可得宽恕对于第三者或与此案有关联的其他案件是有影响的，集中体现在：①当攻击性行为是纯粹的可宽恕事由时，反抗攻击者的行为是合法的，但当攻击性行为为正当事由时，反抗攻击者的行为则为非法；②帮助或唆使只具有可宽恕辩护理由的行为可以构成犯罪，而帮助或唆使具有正当性辩护理由的行为则不构成犯罪。这种区分还体现在法律后果上，虽然两者最后都不承担刑事责任，但可以影响其是否承担民事责任，例如，一个人逮捕"任何正在实施可逮捕犯罪行为的人"的行为是正当的，但逮捕"任何他基于合理理由怀疑正在实施可逮捕犯罪的人（但事实上该人并未实施该犯罪）"的行为则是可宽恕的，虽在刑事审判中这两种情况都会被判无罪，但前者无需承担民事侵权责任，而后者须承担这种责任。关于可得宽恕与正当理由两类合法辩护事由的差异，我国学者储槐植教授分别从社会价值、辩护权利的归属以及行为性质的认识三个方面进行详细的分析说明之后，特别强调指出：把合法辩护分为上述两类，除关系辩护的证明责任这一诉讼意义外，有时甚至直接涉及刑事责任有无的实体法意义。例如，A 为 B 的伤害行为呐喊助威，事后查明 B 出于正当防卫（B 作正当理由辩护），因而 A 就无罪。又例如，C 为 D 的伤害行为呐喊助威，事后查明 D 是精神病患者（D 作可得宽恕辩护），因而 C 不能免除责任。[1]

在很多情况下，辩护事由可以被明确地归入正当理由或可得宽

---

[1]　储槐植、江溯：《美国刑法》（第 4 版），北京大学出版社 2012 年版，第 56~58 页。

恕事由之中，但是有些情况无法做到这种非此即彼的归类，例如 A 在远处看见 B（2 岁的小孩）正拿着一把带有微力扳机的手枪指着 C 的太阳穴，A 认为此时能救 C 的唯一的办法是射杀 B 并且他真的这么做了。那么对于 A 的行为是正当理由还是可得宽恕就不好区分了，持正当理由论者认为 A 的行为是值得赞扬的善举，因为在此情境之下他不得不这么做；而持可得宽恕论者认为 A 的行为是错误的，不能对小孩开枪，因此无罪的理由仅为可得宽恕。有鉴于此，有学者认为，"就目前的法律现状而言，任何试图将辩护理由分为正当性辩护理由或可宽恕理由的尝试都是不成熟的。"[1]

从上述分析可以看到，英美法系着重将犯罪成立消极因素集中在第二个层次——"辩护理由"，它包括相当广泛的内容，如未成年、精神病、错误、醉酒、胁迫与强制、紧急避险、正当防卫、上级命令、不可能性等。这些辩护理由不仅有实体法上的内容，也有程序法上的内容，值得注意的是，这些辩护理由不是每一项的提出都能达到辩护无罪的效果，有很多同时是辩护减轻刑事责任的事由。在理论上，英美法系有力图将辩护理由区分为正当理由和可得宽恕两种不同的性质事由的倾向，虽然这种区分的界限有时并不明显。另外，犯罪成立消极因素与刑事诉讼程序紧密地联系在一起，辩护理由是由辩方提出的，它们的出现，并不一定确定无疑地导致犯罪的不成立或者刑事责任的减轻，这还有赖于陪审团、法官的态度。正当理由和可得宽恕的辩护理由与辩方提出的其他类别的无罪或有罪的辩护理由在性质上没有区分，只因它们具有常见性和结果的相对确定性才被法学教科书所归类。当然，由于英美法系的判例法的特点，辩护理由的种类随着具体案情的不同而多种多样，成文法和判例法没有为辩护理由的范围划定一个界限，因而它们是开放性的。

---

[1]　[英] J. C. 史密斯、B. 霍根：《英国刑法》，李贵方等译，法律出版社 2000 年版，第 217 页。

第三节　苏联四要件犯罪论体系

苏联建国之后，创立了四要件犯罪论体系。特拉伊宁指出，犯罪构成乃是苏维埃法律认为决定具体的、危害社会主义国家的作为（或不作为），为犯罪的一切客观要件和主观要件（因素）的总和。[1]"每一犯罪构成系由以下四种基本因素形成起来的：①犯罪的客体，②犯罪的客观因素，③犯罪的主体，④犯罪的主观因素。这四种犯罪构成的要件，缺少一种犯罪构成即不能成立。"[2]

所有的犯罪成立条件分为四个要件，这就是犯罪客体、犯罪客观方面、犯罪主体、犯罪主观方面。这是苏俄通行的四要件的犯罪构成。相比于德国的阶层体系的第一阶层"构成要件"，四要件的犯罪构成增加了犯罪客体、犯罪主体等要件。我国刑法学家何秉松教授认为，特拉伊宁犯罪构成学说的历史渊源，来自沙俄学者塔甘采夫（Н. С. Таганцев）的犯罪的主体和客体的概念，的确是对犯罪论体系的重大贡献，这是其他任何体系所没有的。

苏联四要件犯罪构成理论的显著特征，是认为"犯罪构成"是一个统一的概念，不能被人为割裂。特拉伊宁批判贝林时指出，这种人为地割裂犯罪构成的统一的概念的做法，以后得到了更进一步的表现。贝林提出了下面的一般原则："凡是违法地和有罪过地实现某种犯罪构成的人，在具备可罚性的条件下，就应当受到相应的惩罚。"贝林把犯罪构成同那种作为犯罪构成而不具有任何主观色彩的行为混为一谈，使主体的抽象行为达于极限。贝林说："犯罪构成是一个没有独立意义的纯粹的概念。违法的有罪过的行为在形

---

〔1〕　[苏] А. Н. 特拉伊宁：《犯罪构成的一般学说》，薛秉忠等译，中国人民大学出版社 1958 年版，第 48~49 页。

〔2〕　[苏] 苏联司法部全苏法学研究所主编：《苏联刑法总论》（下册），彭仲文译，大东书局 1950 年版，第 315 页。

成犯罪构成后，就成了犯罪行为。犯罪构成本身存在于时间、空间和生活范围之外。犯罪构成只是法律方面的东西，而不是现实。"犯罪构成是犯罪的无形的反映。这样一来，贝林就把犯罪构成由日常生活中的事实变成了脱离生活实际的抽象的东西，变成了"时间、空间和生活以外的"一个概念。[1] 因此，我国刑法学者陈兴良教授将这种体系称为一损俱损、一荣俱荣的"齐合填充"的犯罪论体系。

---

〔1〕〔苏〕A. H. 特拉伊宁:《犯罪构成的一般学说》，薛秉忠等译，中国人民大学出版社 1958 年版，第 15~16 页。

中国刑法犯罪论体系的变迁

中国刑法犯罪论体系的发展：在中华人民共和国成立之初吸纳了苏联刑法的四要件说；20世纪八九十年代时，针对四要件说在实践运用中出现的一些问题而提出了改良意见；进入21世纪后，随着德日刑法理论引入我国，对四要件说进行了深刻反思，产生了三阶层体系与四要件说之间的争论，目前，这场争论仍在进行之中。对中华人民共和国成立以来刑法学界关于犯罪论体系论争的过程进行描述，不仅可以对这一重大的刑法理论问题的引入、发展、进化过程有所了解，也可以管窥整个中国刑法学发展的历程，有助于认清刑法学当前的发展趋势、把握刑法学未来的理论方向。

第一节　四要件说的引入和接受

在中华人民共和国成立之初，政治、经济、社会、法律等领域均受到苏联体制的深刻影响，当时我国的刑法学研究，主要是翻译苏联刑法理论。刑法学界接受了苏联四要件说的"犯罪构成理论"，认为行为只要具备了犯罪客体、犯罪客观方面、犯罪主体、犯罪主观方面四个要件，就可构成犯罪，"犯罪构成"是犯罪成立条件的总和。1979年，我国颁布了首部刑法典。在刑法理论方面，延用苏联刑法教科书的刑法理论，由此使得四要件说被继承下来，成为理论通说，形成了 1949 年至 1987 年前后四要件说一统天下的局面。以下对这段时期我国刑法学界对四要件说的引入、讨论、研究进行叙述。

一、四要件说犯罪构成理论的引入

中华人民共和国成立之初，刑法学的主要研究工作是翻译、出版、引进苏联刑法教科书及刑法理论。1957 年编写并出版的我国第一部刑法学教科书——《中华人民共和国刑法总则讲义》，其中认为"犯罪构成是刑事责任的唯一根据"：

犯罪构成就是依照我国刑法说明人所实施的应当受到刑罚处罚的危害社会的行为的客观要件和主观要件的总和……犯罪构成永远是犯罪行为所必要的客观要件和主观要件的统一……犯罪构成的理论是各个具体犯罪的犯罪构成的科学抽象，它反映出一切犯罪构成的一般特征。正因为这样，它对于一切犯罪构成的理解就有着理论性的指导意义，成为正确地适用刑事法律，正确地分析具体犯罪构成从而正确地定罪的理论基础。[1]

1958 年，我国翻译并出版了特拉伊宁的《犯罪构成的一般学说》，其中对于四要件说犯罪论体系基本原理的论说，一度被奉为我国刑法理论的经典话语。四要件说是特拉伊宁、布拉伊宁改造大陆法系犯罪论体系的成果。特拉伊宁、布拉伊宁将大陆法系三阶层论中第一阶层"构成要件该当性"中的"构成要件"要件截取出来进行扩充，使其成为犯罪成立条件的总和。作出这样改造的观念基础，是对资产阶级犯罪构成要件理论的批判：

特拉依宁根据政治与法相结合的方法，从结构上分析了近代资产阶级的犯罪构成要件论，说明了这一理论的问题。特拉依宁认

---

〔1〕 中央政法干部学校刑法教研室编著：《中华人民共和国刑法总则讲义》，法律出版社 1957 年版，第 72~75 页。

为，资本主义初期即资产阶级民主盛行时期，资产阶级为了维护自身的利益，确定了"犯罪构成要件"这个框框，使之理论化，特别是刑事古典学派提出了犯罪构成要件的客观结构论。尽管这一理论是在维护资产阶级利益的名义下提出的，但是这一理论——犯罪构成要件论能得到遵守，还是具有维护人权的意义。在此时期内，随着资本主义的发展，占据统治地位的资产阶级，其自身内部矛盾不断加剧。在初期为了本阶级的利益而提出的"犯罪构成要件"这一框框，被逐步削弱，失去明确界限，最终结果是被抛弃。这时，犯罪构成要件就失去了它原有的维护人权的职能，从而进入帝国主义阶段、法西斯主义阶段。

通过上述分析，不禁要问，苏维埃刑法学说在理论上又是怎样组成的呢？苏维埃犯罪构成要件论，从其体系结构来说，是维护全体人民利益的……因此，社会主义阶段苏维埃犯罪构成要件论与资本主义阶段资产阶级犯罪构成要件论具有本质的、原则性的区别。这是因为肩负上述历史使命的苏维埃犯罪构成要件论，是在批判和战胜近代资产阶级犯罪构成要件论的基础上形成的一种崭新的刑法理论……[1]

由此可以看出，四要件说实际上来源于三阶层论。单从学术角度来看，四要件说也是犯罪论体系中的一种理论和学说，经过苏联学者的论证、研究和充实，以及我国引入之后的适用，其也具备了自身的逻辑结构特征。

中华人民共和国成立之初对四要件说的引入，填补了当时刑法理论的空白，对司法实践起到了积极的作用。

---

〔1〕　〔日〕上野达彦：《批判资产阶级犯罪构成要件论——从批判资产阶级犯罪构成要件论向苏维埃犯罪构成要件论的转变过程》，康树华译，载《国外法学》1979年第6期。

二、犯罪构成理论研究的复兴

1979 年我国首部刑法典颁布之后，刑法研究重新开始。犯罪构成理论或犯罪论体系的研究先声夺人，成为研究的热点。这一时期犯罪论体系研究的主要任务是恢复、重建、梳理已经中断多年的学术源流，由于当时只有中华人民共和国成立初期留下的苏联刑法理论这几乎唯一的知识来源，故四要件说居于主导地位。

（一）对犯罪构成理论的再思考

恢复犯罪构成理论（犯罪论体系）研究的首要步骤是论证其正确性：

我国刑法科学中的犯罪构成理论，是以《刑法》为依据，总结刑事审判的实践经验所提出的理论。我国刑法科学中的犯罪构成理论是研究犯罪活动规律的理论，它指明构成犯罪要件的诸因素，不具备犯罪构成要件诸因素的，就不能认为构成犯罪。因此，在刑事审判实践中首要的任务就是查明被告人的行为是否具有犯罪构成要件的诸因素，不具备犯罪构成要件的诸因素，不管刑事诉讼进行到哪一个阶段，都应当停止刑事追诉。这就充分说明犯罪构成理论对刑事审判实践具有指导意义。

我国刑法科学是以犯罪构成理论为基础建立起来的，它是一条红线，贯穿于整个刑法科学体系中。无论在论述故意犯罪的发展阶段、正当防卫、紧急避险、共同犯罪、刑罚理论、刑法的具体运用以及分则所规定的具体犯罪，都必须以犯罪构成理论为基础。如果脱离这一基础来阐述刑法科学中其他理论问题，就不能正确地解决这些理论问题，后果所及，不仅不能加强社会主义法制，而且将对社会主义法制产生极为有害的影响。[1]

在百废待兴之际，作出这样的论证是极有必要的。在此论证

---

[1] 宁汉林：《反对刑法科学中的法律虚无主义倾向——犯罪构成理论浅谈》，载《北京政法学院学报》1979 年第 1 期。

中，也对犯罪构成的概念、内容和意义进行了重申：

我国刑法中的犯罪构成就是我国刑法所规定的，决定某一具体行为的社会危害性及其程度而为该行为成立犯罪所必要的一切客观和主观要件的总和。这里我们可以看到以下几点：其一，犯罪构成乃是一系列要件的总和。其二，任何一个犯罪，都可以用很多事实特征来表明，但并非每一个事实特征都是犯罪构成的要件，而只有对行为的社会危害性及其程度具有决定意义而且是成立犯罪所必需的那些事实特征，才是犯罪构成的要件。其三，行为成立犯罪所必须具备的诸要件，是由我国刑法加以规定的。这是罪刑法定原则的直接体现。

研究犯罪构成的基本理论，有着重大意义。这首先是因为犯罪构成是使行为人负刑事责任的基础……所以正确地查明人的行为中有没有犯罪构成，是同准确、合法、及时地与犯罪作斗争密切相关的，是同切实保障公民的人身权利和民主权利密切相关的，是同提高司法机关的工作质量，正确行使侦查权、检察权和审判权密切相关的。其次，犯罪构成的基本理论就像解剖刀一样，可以帮助我们剖析刑法上规定的每一个具体犯罪构成的要件，把罪与非罪，以及罪与罪之间的界限明确划分开来……最后，研究犯罪构成的基本理论对于推进刑法科学本身的建设也非常必要。[1]

（二）对犯罪构成理论的一些新研究

这一时期的犯罪论体系研究，虽然创新较少，但已开始结合中国司法实践进行独立思考，讨论了一些苏联刑法理论中从未讨论过的问题，并对四要件说进行一定程度上的反思。这主要体现在：

第一，对犯罪构成与犯罪概念的关系进行了探讨。刑法中规定有犯罪概念，而刑法理论中又讲到犯罪构成，两者是何种关系，对此学者进行了论述。

---

〔1〕 高铭暄：《犯罪构成的概念和意义》，载《法学》1982 年第 1 期。

犯罪概念与犯罪构成从不同的角度体现了内容与形式、一般与个别、抽象与具体的关系。辩证唯物主义告诉我们，这些范畴都是紧密联系、不可分割的，因此犯罪概念与犯罪构成也有着密不可分的联系。这就要求我们无论研究刑法还是运用刑法都应以辩证联系的观点对两者进行考察，而不应顾此失彼。[1]

第二，区分了犯罪构成的不同类别。犯罪构成具有不同的种类，这在特拉伊宁的理论中就已经出现，中国刑法学界在此进行了具体研究和阐述。[2] 将犯罪构成按不同的角度，分为犯罪构成的一般要件和特别要件、犯罪的基本构成和特殊构成、基本的犯罪构成和修正的犯罪构成、普通犯罪构成与危害严重或危害较轻的犯罪构成、叙述的犯罪构成与空白的犯罪构成、简单的犯罪构成与复杂的犯罪构成。[3] 这些分类方法，一直延续至今。有些学者还对修正的犯罪构成要件，例如未遂犯的构成要件以及共犯的构成要件进行了深入研究；[4] 还有学者运用犯罪构成理论对分则罪名的构成要件进行了分析，并将其运用到实务案件之中。

第二节　第一次论争：四要件说基础上的改良

1987 年之后，我国刑法学界对犯罪论体系的研究更为深入。出版了数部专著，其中影响较大的有：樊凤林主编的《犯罪构成论》（法律出版社 1987 年版）、曾宪信等著的《犯罪构成论》（武汉大学出版社 1988 年版），以及何秉松所著的《犯罪构成系统论》（中国法制出版社 1995 年版）。这些专著的出版，奠定了犯罪论体

---

〔1〕　邱兴隆：《犯罪概念与犯罪构成辩证关系初探》，载《法学杂志》1984 年第 1 期。

〔2〕　李守芹：《论犯罪构成的分类》，载《河北学刊》1983 年第 4 期。

〔3〕　马克昌：《犯罪构成的分类》，载《法学》1984 年第 10 期；高铭暄主编：《新中国刑法学研究综述（1949—1985）》，河南人民出版社 1986 年版，第 118~120 页。

〔4〕　王勇：《论修正的犯罪构成》，载《法律科学》1990 年第 1 期。

系研究的基础，极大推进了理论的发展和深入。并且，结合我国司法实践对犯罪论体系的运用进行了阐述，出现了一些新的观点和新的尝试。当然，受到传统理论和时代的制约，这些专著仍然以苏联刑法理论为源流，以四要件说为基本观点。

在这一时期，我国学术研究渐趋脱离政治论说而获得独立性，刑法学界对犯罪构成的理论和实践的研究更加系统、深入和务实。我国学者深入研究了犯罪构成"共同要件"或犯罪构成"必要要件"的命题。在研究此命题时，发现很多构成要件要素，例如犯罪结果、犯罪目的、犯罪动机、犯罪对象不是"必要要件"，而是"选择要件"。更为重要的是，有论者对四要件中客体要件和主体要件进行了研究，认为它们不属于犯罪要件，由此产生了三要件说和二要件说，与通说观念四要件说针锋相对，掀起了关于犯罪论体系的第一次论争。由于三要件说和二要件说仍然是立足在四要件说的基础之上进行要件的加减学说，其目的是改造四要件说，因此可称为改良。

一、关于犯罪客体要件的去留之争

按照传统的四要件说，犯罪客体指的是为刑法所保护的而为犯罪所侵犯的社会主义社会关系。一切犯罪均侵害社会关系，故而犯罪客体被苏联刑法理论认为是犯罪构成的四大要件之一，并且是首要的构成要件。然而，在我国学者深入研究四要件说之后，犯罪客体也成为首当其冲受到质疑的对象。

（一）反对论：犯罪客体不是犯罪构成要件

反对论认为，犯罪客体不是犯罪构成的要件，而是犯罪概念包含的内容。

"一切犯罪都必然侵犯一定的客体，不侵犯任何客体的行为，就不会危害社会，也不能认为是犯罪。犯罪客体是犯罪构成的基本要件。"这一说法具有代表性，也是把犯罪客体作为犯罪构成要件的唯一理由。但是，其一，所谓"一切犯罪都必然侵犯一定的客体"，正是指一切犯罪都必然具有社会危害性；所谓"不侵犯任何客体的行为，就不会危害社会"，实质上是指不具有社会危害性的行为，就不会危害社会，这不仅没有丝毫意义，而且把社会危害性降低为犯罪构成的要件了。其二，这一理由在逻辑上就是不能成立的。依此说，一切犯罪都必然具有刑事违法性和应受刑罚处罚性，刑事违法性和应受刑罚处罚性是一切犯罪不可缺少的，岂不也成为犯罪构成要件？[1]

对此观点，不少学者纷纷表示赞同，有学者认为：其一，社会关系不能独立作构成要件。其二，客体现实中不存在。其三，罪中无客体。据上述三点理由，这些学者认为客体不是犯罪构成要件。[2] 也有学者认为：①犯罪构成要件必须是刑法条文中明确规定的，而共同客体、同类客体、直接客体的划分只是刑法理论上的分类解释，而不是作为实体条件存在于具体条文之中。②犯罪客体的存在是客观的、普遍的，正如任何犯罪行为都是具有社会危害性并且达到一定程度应当受到刑罚惩罚一样，它是犯罪构成所必需的。③犯罪客体不能决定犯罪性质。综上所述，犯罪客体不宜作为犯罪构成要件，可以将其作为与犯罪概念相联系的揭示犯罪行为及其危害本质的专门问题加以研究。[3]

还有学者则从系统论的角度对犯罪客体进行了研究，认为应当将犯罪客体界定为犯罪对象，也就是说，在犯罪构成要件中以实体的犯罪对象概念取代抽象的犯罪客体概念：

把犯罪客体界定为社会关系，导致了犯罪构成系统结构和功能

---

〔1〕 张明楷：《论犯罪构成要件》，载《中南政法学院学报》1987 年第 4 期。

〔2〕 胡家贵：《关于犯罪构成的客体与对象之我见》，载《政法论坛（中国政法大学学报）》1989 年第 5 期。

〔3〕 李静：《再论犯罪客体——对传统犯罪客体理论的质疑》，载《山东法学》1992 年第 2 期。

的紊乱，也违反了系统的基本特征。不仅如此，它还混淆了犯罪概念系统和犯罪构成系统。把犯罪客体界定为犯罪对象，这只是对犯罪客体研究的新的起点，还有许多问题值得继续探讨。[1]

在 1997 年《刑法》颁布之后，对于犯罪客体的质疑更加激烈，最具代表性的是杨兴培教授，他发表一系列文章，[2] 坚决主张犯罪客体不是犯罪构成要件。

传统的犯罪客体不过是刑事立法所要保护的一种社会利益，它是刑事立法设立某种犯罪的根据，但不可能成为犯罪构成的一个必要要件。而作为犯罪构成之中的犯罪客体实质就是犯罪对象。

（二）肯定论：犯罪客体是犯罪构成要件

当然学界也不乏赞成犯罪客体属于犯罪构成要件的正方。首先，正方认为这种观点属于刑法传统观点，是刑法教科书上的刑法通说。其次，正方也回应了反方对于犯罪客体的质疑。

肯定论认为，犯罪客体的弊端主要是将其界定为"社会主义社会关系"而引起的，因此只需对此定义进行略微修正即可克服此弊端。

何秉松教授认为给犯罪客体下定义时，应当考虑两个因素：一是不能脱离法定犯罪概念的具体内容，也就是说，对法定犯罪概念中的全部内容应进行高度的抽象、概括，这是给犯罪客体下定义的基础。二是作为刑法理论中的专门用语，应当准确、全面，这样有利于理解和运用，即应具有科学性和适用性。基于上述理由，对现在通行的犯罪客体概念应作如下的修正，即犯罪客体是指犯罪行为侵犯的、为我国刑法所保护的社会主义社会关系和国家、社会、集

---

〔1〕　张文、孙仕柱：《从系统论看犯罪客体》，载《中外法学》1996 年第 1 期。

〔2〕　这些论文包括：《论我国传统犯罪客体理论的缺陷》，载《华东政法学院学报》1999 年第 1 期；《再论我国传统犯罪客体理论的弊端》，载《法学》1999 年第 9 期；《犯罪客体——一个巨大而空洞的价值符号——从价值与规范的相互关系中重新审视"犯罪客体理论"》，载《中国刑事法杂志》2006 年第 6 期；《"犯罪客体"非法治成分批评》，载《政法论坛》2009 年第 5 期。

体组织和公民个人的权益。这里讲的"权益",即法益。法益应当包括国家法益、社会法益、集体组织法益和个人法益。我国是社会主义国家,大量集体组织的存在,是我国的现实社会的状况,它们是社会结构的重要组成部分。因此,除了国家法益、社会法益和个人法益外,有必要将集体组织法益加以明确。这是社会主义制度国家与资本主义制度国家在社会结构、经济结构上的不同之处。[1]

有观点认为,犯罪客体要件与其余三要件不同,其余三要件属事实性要件,而客体要件属价值判断要件。价值判断在法律领域真实存在,犯罪客体要件同样是犯罪构成所必不可少的要件:

在犯罪构成四要件中,犯罪客体只是要件之一。其意义在于表征行为直接侵犯刑法保护之何种法益,其功能在于"小类定位"——在刑法的范围之内进一步确定对危害行为该适用分则哪一条文(该当何罪)。由于我国现行刑法分则体系基本上是按犯罪客体即法益种类编排的——考虑 10 大类 483 种犯罪各自特殊的法益规定性而相互区别开来(尽管有些犯罪其法益方面相同而以其他标准进行区别,但并不影响对分则体系宏观整体的分析),故在犯罪构成理论的建构上自觉地顺应这一立法思路,自为所谓科学、合理、简便之分析路径。由于客体(法益)要件的先导性作用使疑难案件的"要害"得以显露——刑法设定某罪意欲保护什么法益而行为是否对之侵损——循此思路便能够针对性地切入条文及个罪,并进一步依次展开其余三要件的适法性分析。[2]

还有观点比较分析了大陆法系、英美法系的犯罪构成模式,认为它们的犯罪构成理论中都有价值评价因素,而我国刑法中犯罪客体正好也具有这种价值评判的功用,故而应当保留作为构成要件:

〔1〕 何秉松:《论犯罪客体》,载《北京大学学报(哲学社会科学版)》1987 年第 3 期;江礼华:《再论犯罪客体的概念问题》,载《国家检察官学院学报》2003 年第 1 期。

〔2〕 冯亚东:《犯罪概念与犯罪客体之功能辨析——以司法客观过程为视角的分析》,载《中外法学》2008 年第 4 期。

在犯罪构成理论中将犯罪客体彻底驱逐出去会导致犯罪构成模式成为一个中性无色的"犯罪定型"，由此使得犯罪构成理论失去了规范评价的属性；将犯罪客体与犯罪客观方面要件合并，而不作为犯罪构成的独立要件，也会带来一系列的问题。因此，犯罪客体的唯一归属就是在犯罪构成要件中作为一个独立的要件存在，这是犯罪客体在我国犯罪构成理论中的应然命运。也就是说，犯罪客体不但属于我国犯罪构成理论中的必要要件，而且是独立的犯罪构成要件。唯其如此，我国的犯罪构成要件理论才能做到事实评价与价值评价的统一、肯定因素与否定因素的统一、防卫社会与保障人权的统一。包括犯罪客体在内的犯罪构成要件是判断犯罪构成的最佳标准，任何企图改变这一格局的做法不仅不合乎世界各国犯罪构成理论的共同规律，而且自身也存在各种各样的问题，因而都是不可取的。[1]

支持犯罪客体成为构成要件的正方观点，实际上已经脱离了传统的犯罪客体理论，是从刑法理论中的价值判断角度对犯罪客体进行全新解读，实际上是改良的观点。这种观点在形式上有其合理性，但实际上它维护的是先事实评价后价值判断的理念，而不是先价值判断后事实评价的刑法理论。

二、关于犯罪主体是否为犯罪构成要件的讨论

按照传统刑法观点，犯罪主体指的是实施犯罪的人，包括自然人和单位。在刑法教科书犯罪主体章节中，主要讲解刑事责任年龄、刑事责任能力、身份、单位犯罪等问题。犯罪主体是否属于犯罪构成要件，也引起了学者们的广泛讨论和争议。

（一）否定论：犯罪主体不是犯罪构成要件

否定论认为，犯罪主体不是犯罪构成要件，有观点认为：

---

〔1〕　李希慧、童伟华：《"犯罪客体不要说"之检讨——从比较法的视角考察》，载《法商研究》2005 年第 3 期。

其一，从犯罪构成理论的任务即犯罪构成理论所要解决的问题来看，犯罪主体不应是犯罪构成的一个要件。犯罪主体这一概念并不反映某人所实施的行为的性质，这种主体条件甚至与行为的危害社会性质没有直接联系。当然，犯罪行为是由人来实施的，但是，行为人和行为毕竟是两个不同的客观事实。其二，从犯罪与刑罚的关系来看，犯罪主体也不能作为犯罪构成的一个要件。犯罪构成是刑事责往的基础，犯罪主体是刑事责任的条件，前者解决是否犯罪的问题、后者解决是否要适用刑罚的问题，二者属两种不同的研究范畴。其三，从犯罪构成四个要件之间的关系来看，犯罪主体也不能作为犯罪构成的一个要件。犯罪主体这一要件被犯罪构成主观方面这一要件的内容所包容。如此说来，还有什么必要把犯罪主体作为犯罪构成的一个独立的、与主观方面并列的要件呢？综上所述，持否定论的学者认为：犯罪主体不应当是犯罪构成的一个要件，而是刑事责任的一个条件。我们不应把犯罪主体作为犯罪构成的一个要件加以研究，而应把它作为刑事责任的一个条件加以研究。[1]

有观点认为，刑法上的主体，无论是犯罪的资格主体还是犯罪的身份主体，都不是犯罪构成的必要要件：

作为犯罪的资格主体或主体资格，是行为能否实施并是否构成犯罪的物质基础，是产生犯罪构成的前提条件。司法实践对行为是否构成犯罪的评价，都必须一开始就建立在行为人是否具备犯罪资格的基础上，首先查明行为人是否达到一定的刑事责任年龄，是否具备一定的刑事责任能力。没有犯罪资格的主体，就没有犯罪构成。不然就势必产生不满 14 周岁的孩童其行为中是否具备某种犯罪构成的争论。而作为犯罪的现实主体或主体身份，则是建立在资格主体所实施的行为已经符合某种犯罪构成因而构成犯罪的基础上，因而是具备犯罪构成的必然结果。没有犯罪构成，就没有犯罪

---

[1] 傅家绪：《犯罪主体不应是犯罪构成的一个要件》，载《法学评论》1984 年第 2 期；陶积根：《犯罪主体不是犯罪构成要件》，载《政治与法律》1986 年第 2 期。

的现实主体。否则在已经确定实施犯罪行为的人是犯罪主体之后，再去研究犯罪主体的行为是否符合犯罪构成，又给人以一种不解决是"先有鸡还是先有蛋"的历史之谜誓不罢休的固执感。至此可以得出唯一的、也是十分正确的结论：犯罪主体（无论上述哪一种主体）本不是也决不应该是犯罪构成的必要要件。[1]

（二）肯定论：犯罪主体是犯罪构成要件

对上述观点，一些学者提出了反对意见：

犯罪主体要件是犯罪构成诸要件中的第一要件，它是犯罪构成其他要件乃至犯罪构成整体存在的前提条件，也是主客观相统一的定罪原则的基础。犯罪主体要件在犯罪构成中的地位，决定了犯罪主体要件对于犯罪的成立与否以及某些犯罪的性质具有一定的决定和影响作用。通过对定罪的作用，犯罪主体进而对刑事责任的存在与否起到重要的决定和影响作用。[2]

平心而论，对于犯罪主体的争论与对犯罪客体的争论不太一样，司法实践在评价行为和行为人是否构成犯罪时，显然必须考虑行为人的因素。因此，它应当是犯罪成立的条件之一。但是，传统刑法对犯罪主体的定义存在问题，将其界定为"实施了犯罪的人"，本来主体是用于说明犯罪是否成立的条件，是先有主体再有犯罪，而根据这种定义反而是先有犯罪再有主体。将犯罪主体的定义修订为具有实施犯罪资格的人，可能会解决上述矛盾。另外一个问题是，传统意义上的犯罪主体（资格、责任能力）具有双重性，资格是确定行为人的行为是否成立特定罪名的条件之一，与行为具有关联性；而责任能力则是确定行为人是否承担刑事处罚的前提，与行为人具有关联性。应当区别主体要件中这两类不同的内容，并在犯

---

〔1〕　杨兴培：《犯罪主体的重新评价》，载《法学研究》1997 年第 4 期。

〔2〕　赵秉志：《论犯罪主体在犯罪构成中的地位和作用》，载《法律学习与研究》1989 年第 6 期；钟斌等：《犯罪主体怎能不是犯罪构成要件——与陶积根同志商榷》，载《政治与法律》1986 年第 5 期。

罪论体系中予以不同的定位。可以说，反对犯罪主体（特别是其中的主体身份条件）使构成要件的学说很难成立，但是这种讨论深化了学界对犯罪主体要件的认识。

三、关于犯罪结果等要素的争论

除了对犯罪客体、犯罪主体这两大构成要件的争论外，学界对于一些具体的构成要件要素是否属于共同的构成要件要素，也产生了争论。其中，对于犯罪结果的争论最为激烈。

有观点认为，犯罪结果是犯罪的必要要素。

此观点还可细分为两种观点：一种观点认为，犯罪结果同犯罪行为一样，是构成犯罪的客观方面不可缺少的必要条件之一，是每个犯罪构成的必要因素，但同时认为，某种犯罪的既遂如果不需要犯罪结果，那就意味着这一行为未给任何社会关系造成损害，也就是说，犯罪既遂必须要求犯罪结果，但犯罪的未完成形态如未遂的犯罪构成是可以没有犯罪结果的。[1] 另一种观点认为，犯罪结果是一切犯罪构成的必要要素，不仅既遂犯罪的犯罪构成要求犯罪结果，而且未完成形态的犯罪构成也要求犯罪结果。[2]

但另有观点认为，犯罪结果不是所有犯罪的共同要件，只是某些犯罪的必备要件。

犯罪结果不是犯罪客观方面的共同要件，只是某些犯罪的一个必备要件。这在法律上、理论上、实践上都是有根据的。从法律上说。我国《刑法》总则部分第 24 条规定："在犯罪过程中，自动放弃犯罪或者自动有效地防止犯罪结果发生的，是犯罪中止。"可见，

---

〔1〕 张尚鷟编著：《中华人民共和国刑法概论（总则部分）》，法律出版社 1983 年版，第 89 页；高铭暄、王作富主编：《新中国刑法的理论与实践》，河北人民出版社 1988 年版，第 192、195 页。

〔2〕 杨敦先等编：《廉政建设与刑法功能》，法律出版社 1991 年版，第 306 页；周其华：《犯罪结果应是犯罪构成的必要要件》，载《中央检察官管理学院学报》1993 年第 Z1 期。

犯罪中止是以没有发生犯罪结果为成立条件的，中止行为本身不是犯罪行为，但中止以前所实施的行为则是犯罪行为，所以刑法明确规定的对于中止犯，应当免除或者减轻处罚。这就明显地告诉我们，某些行为没有造成犯罪结果也构成犯罪，换言之，不是一切犯罪都要求发生犯罪结果。如果一切犯罪都要求发生犯罪结果，处罚中止犯就自相矛盾了。从理论上说，刑法把某些行为规定为犯罪，是因为它们必然或者可能给社会关系造成具体损害结果。刑法总则对故意犯罪、过失犯罪的描述，清楚地表明了这一点，如果一个行为在任何时间和空间都不可能造成上述结果，刑法就不会把它规定为犯罪。但可能不一定都变成现实，可能变成现实固然有其客观依据，但还要具备一定条件，当出现了阻止可能变成现实的现象时，可能就不会变成现实。从实践上说，在司法实践中，有许多行为没有造成犯罪结果，但其他方面综合起来所反映的社会危害性已经达到犯罪的程度，司法机关根据刑法的规定，将这些行为认定为犯罪并予以刑罚处罚。总之，犯罪结果不是犯罪客观方面的共同要件，只是某些犯罪（如过失犯罪）的必备要件。[1]

　　犯罪结果之所以引起争议，主要是不同学者对"犯罪结果"一词的含义理解不同。如果将犯罪结果理解为具体的实害结果，当然其不是所有犯罪的成立条件之一；但如果将犯罪结果理解为抽象的犯罪客体（法益）的损害，其当然是所有犯罪的成立条件。故而，这种争议与犯罪客体、犯罪主体的争议有所不同，是概念界定不同而引起的，并且此争议是对具体构成要件要素的争议，而不是对构成要件的争议。在具体构成要件要素方面，除对犯罪结果存在争议以外，对于犯罪对象、犯罪目的、犯罪动机等构成要件要素是否是

---

〔1〕　张明楷：《论犯罪构成要件》，载《中南政法学院学报》1987 年第 4 期；李洁：《犯罪结果在犯罪构成中的地位新探》，载《当代法学》1992 年第 1 期。

犯罪的共同要件要素（必备要件），也存在诸多争议。[1]

四、对第一次论争的小结

关于犯罪客体、犯罪主体是否属于构成要件的争论，以及关于犯罪结果、犯罪对象、犯罪目的、犯罪动机等构成要件要素是否属于共同构成要件要素的争论，在一定范围内掀起了犯罪构成理论讨论的热潮。产生争论的直接原因，是刑法学界意图界定"必要构成要件要素"，亦即所有犯罪都需具备的要素。对"必要构成要件要素"的探讨，反映出我国刑法学者对一般性的"犯罪构成要件"的理解，意图从所有犯罪中提取出共同因素而得出的一种"公因子模型"，而不是将其作为汇集所有犯罪成立可能的、全部条件的"全面模型"。

对于犯罪结果、犯罪对象、犯罪目的、犯罪动机这些具体构成要件素的探讨，是从犯罪论体系的内容（具体构成要件要素）层面来讨论四要件说，这样的讨论，没有触动四要件说的要害。而对于犯罪客体、犯罪主体是否属于犯罪构成要件的质疑，则是从犯罪论体系的结构（宏观框架）层面来讨论。否认犯罪客体是构成要件之一，而认为构成要件只包括犯罪客观方面、犯罪主体、犯罪主观方面这三个要件，这是三要件说；否认犯罪客体、犯罪主体是构成要件，只承认犯罪客观方面、犯罪主观方面这两个要件是犯罪构成要件的学说，是二要件说。此外，还有论者在四要件的基础之上添加犯罪行为作为犯罪成立的第五个要件，此为五要件说。[2] 三要件说、二要件说、五要件说都是在四要件说的基础上改造而成的，其基本思维是在四要件的基础之上加减构成要件，是犯罪论体系的改

---

[1] 余欣喜：《犯罪动机应是犯罪构成的选择要件》，载《西北政法学院学报》1988 年第 1 期；张明楷：《论犯罪构成要件》，载《中南政法学院学报》1987 年第 4 期。

[2] 高铭暄主编：《新中国刑法学研究综述（1949—1985）》，河南人民出版社1986 年版，第 116~118 页。

良主义。改良主义的产生，一方面意味着当时犯罪论体系的研究视野，仍然局限于原有四要件说的基础之上，没有获得实质突破；但是另一方面，它意味着四要件说已受到质疑。

第三节　第二次论争：从平面体系走向阶层体系

随着 1997 年《刑法》的颁布，我国刑法理论的研究走上了新台阶。一方面，学术研究空间得到极大扩展，学术自由精神逐渐显现，理论研究由此深入而务实。另一方面，对大陆法系、英美法系刑法资料的引入，扩张了学术视野，增加了知识来源。此外，1979 年以来司法实践案件的积累，也为理论研究提供了素材、带来了问题、促进了需求。作为司法实践中最具实用性的理论，也是刑法理论中最为基础的理论，犯罪论体系仍然是理论研究的焦点和重心。在这种背景之下，对犯罪论体系的研究掀起了第二次高潮，引发了第二次论争。

这一时期，针对犯罪论体系问题，发表了相当多的学术论文，出版了相当多的专著，不少法学核心期刊设专刊和专栏专门研究这一问题。例如《法商研究》2003 年第 3 期关于犯罪构成理论的讨论，《环球法律评论》2003 年秋季号"不断走近犯罪构成理论"的主题研讨，《政法论坛》2003 年第 6 期关于犯罪构成理论的专题研讨等。而"犯罪构成与犯罪成立基本理论"也成为 2002 年中国刑法学研究会年会、2006 年第三届全国中青年刑法学者专题研讨会暨犯罪论体系高级论坛等重大学术会议的主要议题。

犯罪论体系的第一次论争，是改良的三要件说、二要件说、五要件说与传统四要件说之间的论争，论争的主要内容是犯罪构成理论要件数目的加减。从结构论的角度分析，无论三要件说、二要件说还是五要件说，其主张的都是一种平面式的犯罪论体系，这与四要件说并无区别，也就是说，改良没有触及和否定四要件说的基本结构逻辑。但是，1997 年之后关于犯罪论体系的第二次论争涉及的主要是犯罪论体系的逻辑结构。改革派主张抛弃传统四要件说的平面构成，重建递进式的犯罪论体系。此番主张对于平面四要件说的损伤可谓是颠覆性的，由此也激起了四要件说维护论者的激烈反驳，论争热烈程度前所未有，争鸣内容深远持久。由于有学者将"构成要件"作为成立犯罪的条件之一，而非全部条件，为与传统的"犯罪构成"相区别，故以"犯罪论体系"一词来取代"犯罪构成理论"。关于犯罪论体系的第二次论争，并无特别的开始信号和开始时间，问题的提出随刑法理论研究的进步而自然发生，而论证问题随着论争的深入而渐趋明朗、清晰。论争产生的原因有二，一是在对传统四要件说反思的过程中发现的弊端，二是在比较研究德日犯罪论体系过程中发现的优势。而引发论争的直接导火索是关于犯罪判断的逻辑顺序、正当化事由的体系性地位、独立责任阶层和违法性阶层这几个问题的讨论。

一、关于犯罪构成要件的排列顺序的争论

按照传统的四要件说犯罪论体系，构成犯罪需要同时具备犯罪客体、犯罪客观方面、犯罪主体、犯罪主观方面四个要件，这四个要件在表面上是彼此分离的。那么，在对这四个要件进行判断时，是否存在着前后排列顺序呢？这个问题很早就在我国刑法学界被提出，相关讨论一直在延续，由此也引发了平面式犯罪论体系与阶层论犯罪论体系的争论。

（一）传统理论对四要件的排序方法

苏联刑法学者并没有特别重视犯罪构成诸要件之间的逻辑顺序，在不同的教科书中，对于四个要件的排列顺序也各有不同。可以说，在四要件说传统理论中，四个要件原本是没有固定的先后顺序的，可以客观先于主观，也可以主观先于客观，四个要件彼此并列平行。但我国刑法学者提出了四个要件排列顺序的问题，有两种排列方式比较常见。

第一种排列方式是"犯罪主体—犯罪主观方面—犯罪客观方面—犯罪客体":

因为犯罪构成要件在实际犯罪中发生作用而决定犯罪成立的逻辑顺序如下:符合犯罪主体条件的人,在其犯罪心理态度的支配下,实施一定的犯罪行为,危害一定的客体即社会主义的某种社会关系。在这四个要件中,犯罪主体排列在首位,因为犯罪是人的一种行为,离开了人就谈不上犯罪行为,也谈不上行为所侵犯的客体,更谈不上人的主观罪过。因此,犯罪主体是其他犯罪构成要件成立的逻辑前提。在具备了犯罪主体要件之后,还必须具备犯罪主观方面。犯罪主观方面是犯罪主体的一定罪过内容。犯罪行为是犯罪主体的罪过心理的外化,因而在犯罪主观方面之后是犯罪客观方面。犯罪行为必然侵犯一定的客体,因而犯罪客体是犯罪构成的最后一个要件。

犯罪构成其他三方面要件都是以犯罪主体要件为基础的,犯罪主体要件是犯罪构成诸要件中的第一要件,它是犯罪构成其他要件乃至犯罪构成整体存在的前提条件,也是主客观相统一的定罪原则的基础。

犯罪构成,作为主体对客体的侵害性的对象性的犯罪活动过程,自始至终打着犯罪主体的烙印,是主体人身危险性的表现和实现。它意味着主体的个性特点特别是其人身危险性决定着、制约着整个犯罪活动过程的结构和特性。我们可以把主体对犯罪构成的控制和决定作用称之为犯罪构成的主体性。[1]

第二种排列方式是"犯罪客体—犯罪客观方面—犯罪主体—犯

---

〔1〕　赵秉志、吴振兴主编:《刑法学通论》,高等教育出版社1993年版,第84~85页。1997年刑法颁布后,也有教科书采用了主体要件、犯罪的主观要件、犯罪的客观要件、犯罪的客体要件的犯罪构成体系,参见周振想编著:《刑法学教程》(第2版),中国人民公安大学出版社1997年版,第63页。

罪主观方面"：

认定犯罪的过程一般是：首先发现了某种客体遭受侵害的事实，如某人死亡，所以将犯罪客体放在第一位。这时需要查明的是，某种客体遭受侵害是不是由于人的行为？在查明是由人的侵害行为（犯罪客观方面）所造成的，如他杀之后，就要查明谁是行为人以及行为人的情况（犯罪主体），在确定了行为人是有刑事责任能力的人以后，还必须查明行为人实施行为时是否出于故意或过失（犯罪主观方面），只有确定行为人具有故意或过失，才可能认定行为构成犯罪，如故意杀人。可见，通说的排列顺序符合认定犯罪的过程，有利于查明和确定犯罪。[1]

除上述两种排列方式以外，还有"犯罪主体—犯罪客体—犯罪主观方面—犯罪客观方面"的排列方式，[2] 以及"犯罪客观方面—犯罪客体—犯罪主观方面—犯罪主体"的排列方式。[3]

有学者分析了这些排列方式，认为以认定与处理犯罪之过程为标准，通说所主张的犯罪构成要件的排列顺序应修正为"犯罪客观方面—犯罪主体—犯罪主观方面—犯罪客体"。而"犯罪主体—犯罪主观方面—犯罪客观方面—犯罪客体"之排列顺序，则以行为自身形成过程与发展规律为依据。这两种排列顺序从不同角度、不同侧面揭示了犯罪构成四要件之间的排列逻辑。两者可谓并行不悖，具有彼此不可替代之作用。

基于犯罪的认定与犯罪行为本体的关系，有学者认为，对于犯罪构成要件的逻辑顺序按照哪个标准都是可以的，都有其合理性。以认定与处理犯罪的过程为标准，通说所主张的犯罪构成要件的排

〔1〕 高铭暄、马克昌主编：《刑法学》，中国法制出版社1999年版，第105～106页。

〔2〕 何秉松：《犯罪构成系统论》，中国法制出版社1995年版，第112页。

〔3〕 王充：《从理论向实践的回归———论我国犯罪构成中构成要件的排列顺序》，载《法制与社会发展》2003年第3期。

列顺序应修正为"犯罪客观方面—犯罪主体—犯罪主观方面—犯罪客体"。通说的排列顺序若能将犯罪客体要件合理地修正而置于最后，则其对司法实践所具有的理论指导意义显而易见。而主张"犯罪主体—犯罪主观方面—犯罪客观方面—犯罪客体"之排列顺序的，则以行为自身形成过程与发展规律为依据，有助于深化刑法理论研究，完善刑法学科体系。这两种排列顺序基于不同标准，从不同角度、不同方面揭示了犯罪构成诸要件之间的逻辑关系，具有不同的功用，不能彼此替代。鉴于此，在教科书层次上，基于教科书之理论整体性的考量，刑法总论"犯罪构成"宏观论述中应述及两种排列顺序及其标准和各自的功能，交代清楚其所采纳的究竟系哪一种排列。因为即便从教科书层面讲，刑法学也不只是研究认定与处理犯罪之司法操作规程，仍需要探究犯罪行为本体的形成过程与发展规律，深入揭示犯罪构成诸要件之间支配与被支配的关系。进而言之，在论述犯罪构成诸要件的诸章，应按其所采纳的犯罪构成要件之逻辑顺序排列；而刑法分论各罪构成要件一般也应按其所采纳的基本顺序排列，但对于特殊个罪，也可以根据需要略作调整。当然，从理论研究层面来讲，显然更不应拘泥于其中某一种排列顺序，而应根据理论研究之需要选择相应的逻辑顺序，并进而展开对相关问题的理论研究。[1]

这也就说，四要件说的维护论者对于四个要件的排列顺序虽小有争议，但最终还是回到了"怎么排都行"的结论上。这也充分说明了四要件说犯罪论体系的平面性特征。

（二）排序只能先客观后主观的观点

早在引进德日刑法三阶层论犯罪论体系之前，张明楷教授就对我国当时的四要件说的排列顺序进行了研究。在分析了行为法学的要义之后，认为按照行为科学的理论安排犯罪构成体系，即将犯罪

---

[1]　赵秉志：《论犯罪构成要件的逻辑顺序》，载《政法论坛》2003 年第 6 期。

构成体系按照犯罪主体、犯罪主观方面、犯罪客观方面、犯罪客体排列顺序是不正确的。刑法学作为规范法学，应当按照从客观到主观的顺序排列犯罪构成要件：

> 刑法学是以刑法为研究对象的学科，而刑法是关于犯罪与刑事责任的法律规范，因此，刑法学是一种规范学。而规范学决定了它不一定按照行为路线来研究行为，而是按照适用规范的需要来研究行为；而适用规范是一个从客观到主观的过程，故刑法学应当按照客观到主观的顺序安排犯罪构成体系。行为科学是将行为作为一种事实进行研究的，是一种事实学。事实学决定了它必须按照行为发生的事实来研究行为结构，而行为的发生是从主观到客观的。我们从这里又找到了不能按行为科学关于行为结构的理论安排犯罪构成体系的另一个原因：刑法学是规范学，而行为科学是事实学，故刑法学不可能完全吸收行为科学的理论成果，因而不能直接根据行为科学关于行为结构的理论安排犯罪构成体系。[1]

上述观点从规范刑法角度，分析得出的犯罪论体系的各构成要件只能按先客观后主观排序的结论，这为之后的讨论奠定了基础。

（三）仅靠排序无法消除根本弊端的观点

传统的四要件说通常认为，四个要件地位平等，无需过于关注排序问题，各种排序方法均是合理的。这也是学者将四要件说界定为"平面式"犯罪体系的原因。四要件说的这个特点，被否定四要件说的学者认定为是该理论最大的弊端之一。他们尤其认为，当主观判断先于客观判断时，极易造成主观归罪的危险。而德日刑法三阶层论的犯罪论体系，坚持的是先客观后主观的判断顺序，不会造成这种危险。如果认为四要件说确实是"平面式"的，这种学术批判显然具有一定道理，但问题是能否将四要件说的四个要件排列顺序予以固定。例如，大体按照先客观后主观的顺序排列，主张"犯

---

〔1〕 张明楷：《行为结构与犯罪构成体系——兼谈行为科学与刑法学的区别》，载《法商研究》1998 年第 2 期。

罪客体—犯罪客观方面—犯罪主体—犯罪主观方面”的排序方式，或者主张“犯罪客观方面—犯罪主体—犯罪主观方面—犯罪客体”的排序方式，从而消除主观归罪的危险，维护四要件说的既有地位，而不必将其推倒重建呢？固定的排序方法似乎为四要件说带来了一线生机。

但是，有学者在对比分析了三大法系犯罪论体系后，认为如此的排序不能解决四要件说的根本弊端：

中外犯罪要件理论无论存在何种差异，构成犯罪的基本要件经过千百年的检验，在不同的刑法体系中是相通的，是必不可少的，也是无法取代的。所以，仅仅对我国犯罪构成的要件重新进行排列组合或若干调整，无非是一种换汤不换药的改革。[1]

这种观点是认为，没有先后顺序的平面逻辑是四要件说的创设前提，正如注重先后顺序是三阶层论的逻辑前提一样。而这种不同的思维方式塑造了各个要件的内涵。仅仅从形式上改变排序方式，无法从根本上克服四要件说的弊端。

（四）要想排列顺序先得要件独立的观点

有学者也对以排序来改良四要件说的改良主义进行了批判，他认为，在四要件说的基础上讨论要件的排序问题没有意义。主要原因是，对犯罪构成的各个要件进行排序的前提是，各个要件能够独立存在、进行独立判断，四要件说的四个要件不是彼此独立而是相互依存，因此不存在排序的前提，必然也无固定的位阶关系。

至于这些犯罪构成要件之间的先后顺序在定罪过程中是不予考虑的。之所以存在这种现象，与我国犯罪构成本身的构造有关。陈兴良教授在《刑法哲学》一书中将我国传统的犯罪构成体系称为是一种耦合式的逻辑结构，在这种耦合式的犯罪构成体系中，犯罪构成要件之间的关系被确定为一种共存关系，即一有俱有、一无俱

---

〔1〕　姜伟：《犯罪构成比较研究》，载《法学研究》1989 年第 3 期。

无。在这种情况下，犯罪构成要件是不能独自存在的。陈兴良教授指出，在我国犯罪构成理论体系中，各要件之间互为前提、互相作用，任何一个方面的要件，如若离开其他三个方面的要件或其中之一，都将难以想象，要件的齐合充分体现在要件的同时性和横向联系性；撇开论述上的逻辑顺序不谈，四个要件哪个也不能独立在先、独立在后。在这种犯罪构成要件不能独立存在的情况下，犯罪构成要件之间的位阶关系当然是不存在的。[1]

在四要件说体系下讨论构成要件的排序问题，实际上是在平面模式之下思考立体构成，好比在平面的纸上画立体的楼，看起来像却不能住人，注定存在一定的问题。四要件说之下原本并无排序问题，排序问题也只存在于阶层论的犯罪论体系之中。此外，除了先客观后主观的排序规则之外，科学的犯罪论体系还要遵守先事实后价值、先形式后实质、先定型后不定型等各种排序规则，这在四要件说理论之下不能解决。关于犯罪构成要件排列顺序的争论，是平面式犯罪论体系理念与阶层式犯罪论体系理念的初次交锋。

二、关于正当化事由的体系性定位的争论

引发第二次论争的另一根导火索，是正当防卫、紧急避险等正当化事由的体系性定位问题。我国以往刑法理论将正当防卫、紧急避险等正当化事由称为"排除社会危害性的行为"，并不将其置入犯罪论体系之内予以讨论，而是放在犯罪论体系之外予以论述。传统刑法一般认为，正当化事由是外表上符合某种犯罪构成，实质上不具有社会危害性的行为；或者称，这些行为在刑法上本来是作为犯罪规定的，但是由于是在特定的条件下为了保护合法利益而实施的，从而也就排除了其行为原有的社会危害性；或者称，这些行为在形式上似乎符合某种犯罪构成，但在实质上不具备刑事违法性，

---

[1] 陈兴良：《论犯罪构成要件的位阶关系》，载《法学》2005 年第 4 期。

而且大多是对社会有益的行为。[1] 由于传统理论认为"犯罪构成"是犯罪成立的唯一条件，凡是符合犯罪构成（四要件）的行为，一律构成犯罪。但按前述解说，正当化事由符合犯罪构成，却不构成犯罪，这就会造成了逻辑上的错误。此点成为反对四要件说论者抨击四要件说的另一个切入点；而要维护四要件说，就必须将其逻辑关系梳理清楚。为此，学者们展开了讨论。

（一）传统派：平行说

传统派坚持四要件说的正统性，而要保持逻辑顺畅性，就要尽力回避诸如正当化事由是"形式上符合犯罪构成，实质上不具社会危害性"这样前后矛盾的解说，于是传统派提出了平行说或并列说，认为犯罪论体系（四要件）与正当化事由在判断犯罪方面的地位是平行的，有学者认为：

对我国刑法犯罪构成理论进行考察，阻却责任事由（排除违法性行为）的理论与犯罪构成理论在犯罪论体系结构中是平行或并列的，而不存在前者被后者包容的关系（但这并不是说，阻却责任事由理论与犯罪构成理论的地位能等量齐观）。换言之，在我国刑法理论中，阻却责任事由理论虽然与犯罪构成理论有密切联系，但并不属于犯罪构成理论内部的有机组成部分。[2]

这样的解说，将犯罪论体系与正当化事由分离开来，有一定的合理性，但实际上存在问题。建构犯罪论体系的作用，就是要为犯罪的成立提供标准和思考模式。既然正当化事由系无罪事由，是犯罪成立的反面，则其必然是犯罪论体系的必然内容。认为正当化事由不是"犯罪构成"的内部组成部分，同时又承认认定犯罪成立时

────────────

〔1〕 高铭暄主编：《中国刑法学》，中国人民大学出版社 1989 年版，第 145 页；王作富：《中国刑法研究》，中国人民大学出版社 1988 年版，第 190 页；赵秉志、吴振兴主编：《刑法学通论》，高等教育出版社 1993 年版，第 266 页。

〔2〕 赵秉志、肖中华：《犯罪构成与阻却责任事由关系论》，载《现代法学》1999 年第 4 期。杨兴培：《论犯罪构成与犯罪阻却事由的关系》，载《政法论坛》2002 年第 3 期。

必须考虑正当化事由，实际上是在"犯罪成立"的上位概念之下设置了"犯罪构成"与正当化事由两个方面，将"犯罪构成"缩小为犯罪成立积极要件，仍然是"积极—消极"的思维模式。

（二）一个可能的选项：英美法系双层次犯罪论体系的改良模式

英美法系的双层次犯罪论体系，在整体上将犯罪成立条件分为犯罪构成条件和抗辩事由两个层次，而在犯罪构成条件之下再分为犯行和犯意两个方面。这种模式与我国传统犯罪论体系很相似，只不过英美法系的抗辩事由范围更为广泛一些。于是有学者认为应当引入英美法系的犯罪论体系以改良我国当前的犯罪论体系。

与大陆法系、英美法系均将刑法中的正当化行为置于犯罪构成体系之中的做法所不同的是，刑法中的正当化行为是游离于我国传统的耦合式犯罪构成体系之外的一个"活泼元素"。这样的关系，与现代刑事法治的精神不能完美契合，实有改进的必要。英美法系双层次犯罪构成模式为刑法中的正当化行为的纳入，尤其是超法规的正当化行为的充分展开，不仅提供了极其广阔的空间，而且因赋予了其程序要件的色彩，从而突出强调了程序正义的价值，推动了宪法在刑事领域的司法化。因之，借鉴英美法系双层次犯罪构成的结构模式，吸纳我国传统犯罪构成体系中的合理成分，实现经验与理性的沟通，应当成为改造我国传统的耦合式犯罪构成体系的努力方向。

（三）改革派：将正当化事由作为犯罪论体系的内容

在德日刑法三阶层论体系中，我国刑法所称的"正当化事由"被称为"违法阻却事由"，被安排在构成要件该当性阶层之后的违法性阶层中。该当构成要件的行为具有形式上的违法性，但不一定具有实质上的违法性，违法阻却事由正是不具实质违法性的情况。由此，通过这种形式—实质、原则—例外的关系而将违法阻却事由置于犯罪论体系之中。从而也保证逻辑上的通畅，当然，保证其逻辑通畅的前提是"构成要件"必须是形式主义，并且只是犯罪成立的条件之一。而我国传统的四要件说中的"犯罪构成"的判断却是形式判断和实质判断的统一，"犯罪构成"是犯罪成立的唯一条件。因此，德日刑法关于正当化事由的解说不能适用于我国传统犯罪论体系。改革派改革我国犯罪论体系参照的是德日刑法三阶层论体系，因此，只要引入德日犯罪论体系，或者仿效德日犯罪论体系创建新的体系，并将正当化事由作为实质判断的阶层，或者消极判断的部分，就能解释逻辑问题。而引入德日刑法三阶层论的另一个好处是，不仅可将正当化事由（违法阻却事由）纳入犯罪论体系之中，也能将责任阻却事由（违法性认识错误、欠缺期待可能性）纳入犯罪论体系，从而有利于出罪途径的畅通。

例如，李洁教授认为，犯罪构成理论体系的构建，至少应当遵循法的实务操作性和法的实质安全性这两个价值前提。而中国犯罪构成理论体系在安全性上的存在基本问题是只具有入罪的入口而缺少出罪的通道，可操作性方面的存在问题是理论体系所设定的思维方式与人的一般思维习惯存在一定的距离。因此，中国犯罪构成理论体系设定的基本思路，就至少应当考虑以下几个方面的因素，或者说进行以下几个方面的改变：①将犯罪构成的基本轮廓作为犯罪成立的基础条件；②将排除犯罪性事由纳入犯罪构成理论体系中；③在出罪事由中讨论轻微行为出罪范围的合理性。[1]

关于正当化事由的体系性定位的争论，反映了我国传统理论与德日理论处理和对待犯罪构成消极条件的不同态度。

三、关于设立独立的责任、违法阶层的讨论

苏联刑法以及我国传统刑法主张的四要件说犯罪论体系，实际上是德日刑法三阶层论犯罪论体系的简缩版和变造版，是将德日刑法三阶层论的第一阶层构成要件该当性提取出来，作为犯罪成立的

---

〔1〕　李洁：《中国通论犯罪构成理论体系评判》，载《法律科学》2008 年第 2 期。

全部要件，并将有责性内容全部纳入构成要件之中，这样的体系没有独立的违法性（违法阻却事由、实质违法性）判断阶层，也没有独立的责任阶层判断，为此，我国学者在分析了四要件说的这种特点之后，提出应当建立独立的违法性判断、责任判断的观点。

由于德日刑法理论的引入，一些责任阻却事由例如违法性认识错误、欠缺期待可能性也被纳入我国刑法的研究视野，学者们在对这些责任阻却事由进行研究后发现，它们既不属于故意责任的内容，也不属于过失责任的内容，而是整体责任方面的阻却事由。这也就是说，在维持四要件说的情况下，很难将违法性认识错误、欠缺期待可能性纳入犯罪论体系之中。由此，需要建构独立的责任阶层，以包容这些事由，独立责任判断的结论于是水到渠成。

就期待可能性理论对我国刑法理论的影响而言，也有一个从个别性解释到纳入我国犯罪构成体系的演变过程。一开始，只是个别学者论及期待可能性而并没有将其置于犯罪构成体系中加以思考。此后，我国学者在刑事责任研究中，明确地提出不能把期待可能性理解为例外的责任要素或消极的责任要素，而应该理解为是与责任能力、事实性认识、违法性认识一样的普遍或积极的责任要素。当然，要把期待可能性作为独立的责任要素，必然涉及对我国犯罪构成体系的改造。在我国传统的耦合式犯罪构成体系中，尤其是故意的心理事实与规范要素未加界分的情况下，是无法确定期待可能性的体系性地位的。[1]

坚持违法性认识必要说，并且把违法性认识可能性作为责任要素，将其与故意、过失并列，合理改造现有犯罪论体系，可以更为合理地解释对法律的认识错误问题。由于我国刑法学长期认为违法性认识不是故意的内容，有无违法性认识不重要，由此导致违法性认识错误理论不发达。而"刑法解释学的错误问题，是检验犯罪论

---

〔1〕 陈兴良、周光权：《刑法学的现代展开》，中国人民大学出版社 2006 年版，第 306~307 页。

正确与否，以及是否能够实现正义的试金石"。违法性认识错误对于刑事责任究竟有何种程度的影响，按照中国刑法学的通说，会得出基本无影响的结论。这样导致错误论问题被人为简单化，不能回应实践中复杂的案件所提出的各种问题。[1]

独立的违法性判断、独立的责任判断的要求，是应刑法理论要求包容更多犯罪成立要素的需求而产生的，这种需求针对的是传统四要件说的封闭性缺点，也再次证实了三阶层论的开放性优点。

四、建构犯罪论体系几对关系的提出

在2003年前后，犯罪论体系已经成了刑法学界讨论最为热烈的话题。通过研究我国四要件说的理论沿革，并比较三大法系的犯罪论体系的特点、逻辑、利弊，多数学者已对四要件说存在缺陷这一问题达成共识。于是，如何建构科学合理的犯罪论体系，亦即在建构新体系时应当注意哪些问题、遵循哪些规定，成为继之而来的另一个话题。对此，很多学者提出了自己的看法。[2]

（一）三对关系论

陈兴良教授对犯罪构成的理论发展进行了论述，对三大犯罪论体系的特点和问题进行了比较研究，认为构建犯罪论体系，需要注意犯罪发生的逻辑结构与犯罪构成的逻辑结构的关系、犯罪客观要件与犯罪主观要件的关系、犯罪构成的积极要件与消极要件的关系这三大关系。

第一，犯罪发生的逻辑结构与犯罪构成的逻辑结构的关系。犯罪是人的一种行为，人在实施犯罪行为的时候，犯罪行为的发展自有其逻辑发展结构。犯罪发生的逻辑结构是一个从主观到客观的演

---

〔1〕　陈兴良、周光权：《刑法学的现代展开》，中国人民大学出版社2006年版，第238页。

〔2〕　除以上学者的典型论证外，还有很多学者也参加了讨论，例如夏勇：《我国犯罪构成理论研究视角疏议》，载《法商研究》2003年第2期。

变过程，即首先存在具有刑事责任年龄的人，该人产生罪过心理，在这种罪过心理的支配下实施一定的犯罪行为，然后造成法益侵害的结果。这个过程，是一个主观性外化为客观危害的过程。但犯罪构成的逻辑结构却恰恰相反，因为犯罪构成的目的是为司法机关提供定罪模式。对于司法机关来说，首先进入视野的是犯罪行为，因而确定构成要件该当的行为是定罪的逻辑。只有在对构成要件该当的行为作出肯定性判断的基础上，才能进一步查明该行为是否为具有责任能力的人在故意或者过失的心理状态下所实施，从而为定罪提供主观根据。因而，定罪是一个从客观行为到主观罪过的逻辑过程。上述犯罪发生的逻辑结构与犯罪构成的逻辑结构的区别，恰如马克思所说的思维方法与叙述方法的区别。总之，犯罪构成作为定罪模式，其逻辑展开不是从主观要件到客观要件。而恰恰相反，应当是从客观要件到主观要件。

第二，犯罪客观要件与犯罪主观要件的关系。犯罪具有其外在的客观方面特征，同时又具有内在的主观方面特征。对此，各国犯罪构成理论都是一致认同的。但在两者的关系上，存在不同的处理方法。英美法系的犯罪构成体系以犯罪行为与犯罪心理作为犯罪构成的本质要件，两者是一种并存关系。苏联及我国的犯罪构成体系以犯罪客观方面与犯罪主观方面作为犯罪构成的两个基本要件，两者也是一种并存关系。而大陆法系的犯罪构成体系的构成要件该当性与有责性，实际上相当于犯罪的客观要件与主观要件，是一种递进关系。在这种递进关系中，构成要件该当的行为并非是一种犯罪的行为，只有在具备有责性要件的情况下，才能被认为是一犯罪行为。我们认为，犯罪是一个整体，将犯罪分为客观要件与主观要件是一种理论上的需要。因而，犯罪客观要件与犯罪主观要件是一个事物的两个侧面，是对犯罪进行分析的结果。在这个意义上，我们可以把犯罪的客观要件与犯罪的主观要件视为一种对合关系。在这种对合关系中，两者互相依存，互相印证，同时并存。

第三，犯罪构成的积极要件与消极要件的关系。犯罪构成理论是为某一行为构成犯罪提供法律标准，因而其功能应当由积极要件来完成。但犯罪构成的积极要件本身又具有过滤机能，不具备这一要件的行为自然排除在犯罪构成之外。在苏联及我国的犯罪构成理论中，不存在专门性的消极要件。在英美法系的犯罪构成要件中，以犯罪构成的积极条件（犯罪行为与犯罪心理）为原则，以消极要件（合法抗辩）为例外，在消极要件中主要是免责条件，这种免责条件被认为与遗嘱、合同、结婚之类的民事行为无效的心理条件之间具有类似之处。尽管如此，在英美法系的犯罪构成理论中，犯罪构成的积极要件是基本的，违法性基本上是以违法阻却为内容的，意在将正当防卫、紧急避险等正当行为排除在犯罪构成之外，因而可以说是一种纯粹的消极要件。我们认为，犯罪构成要件应当是积极要件，而不应当包括消极要件。因此，不构成犯罪的情形作为构成犯罪的例外，不应在犯罪构成体系中予以考虑，而应当在犯罪构成体系之外作为正当化事由专门加以研究。[1]

这是我国学者首次否定以四要件说为典型代表的平面式犯罪论体系。陈兴良教授在《犯罪构成的体系性思考》一文中采用了三大法系犯罪论体系比较研究的分析方法，同时对犯罪论体系中涉及的几对逻辑关系进行了论证，这种研究方法和论证内容为之后的犯罪论体系论争奠定了基础。[2]

（二）十一对关系论

张明楷教授联系国外的犯罪论体系，就研究犯罪构成理论这一

〔1〕　陈兴良：《犯罪构成的体系性思考》，载《法制与社会发展》2000 年第 3 期。

〔2〕　在此之前和在此之后，很多学者也专门研究对比分析三大法系的犯罪论体系特征，参见姜伟：《犯罪构成比较研究》，载《法学研究》1989 年第 3 期；李洁：《三大法系犯罪构成论体系性特征比较研究》，载陈兴良主编：《刑事法评论》（第 2 卷），中国政法大学出版社 1998 年版；阮齐林：《评特拉伊宁的犯罪构成论——兼论建构犯罪构成论体系的思路》，黄丁全：《犯罪论体系的构成性考察》，载陈兴良主编：《刑事法评论》（第 13 卷），中国政法大学出版社 2003 年版；刘艳红：《我国与大陆法系犯罪论体系之比较研究》，载《中外法学》2004 年第 5 期；等等。

课题所必须认识和处理的关系与问题进行了分析，首先区分了中国刑法中"犯罪构成"一词与德日刑法中"构成要件"一词的不同含义，然后对比分析了平面与阶层、形式与实质、积极的构成要件与消极的构成要件、主观与客观、法律判断与政策考量、原则与例外、既遂模式与成立模式、事实与规范、法律与理论、体系性与实用性等几对关系，以下选取部分重要内容。

对于平面与阶层的问题：张明楷教授认为，阶层的体系有利于避免刑法适用的危险；有利于检验个案，既可以节省精力，也可以避免遗漏应当检验的要件；使违法性与有责性处于不同层面，形成了"违法是客观的、责任是主观的"定式，这种似乎不可能被我国刑法理论接受的观点，实际上有许多优点；阶层的体系明确区分了违法阻却事由与责任阻却事由，从而有利于在刑事政策上得出不同结论。当然，也有学者引述罗克辛的观点指出了阶层的体系的缺陷：①难以顾及个别（案）正义；②对犯罪成立与否的判断显得比较僵化；③缺乏刑事政策的考量；④概念抽象化，导致解决问题缺乏具体标准。

对于形式与实质的问题：实现形式与实质的统一是至关重要的，尤其是在平面的体系中，如果形式与实质不能相统一，就必然导致处罚范围的扩大。问题在于平面的体系如何实现形式与实质的统一。一种做法是对犯罪构成进行实质的解释使符合犯罪构成的行为具有实质的违法性；另一种做法是对犯罪构成进行形式的解释，然后再通过其他方式使符合犯罪构成却又不具有实质的违法性的行为被排除在犯罪之外。而在平面体系之下，将形式的解释与实质的考量分开考虑是不可能的。

对于积极的构成要件与消极的构成要件的问题：我国平面的体系是在论述犯罪构成的全部要件之后，讨论正当防卫等排除犯罪的事由。但是，如果对犯罪构成进行形式的解释，不仅会认为正当防卫等行为符合构成要件，而且会认为在刑法上没有任何重要性的行为（所谓不具有可罚性的违法性行为）也符合犯罪构成。但由于这些行为不成立犯罪，于是不得不提出消极的犯罪构成概念，使正当化事由与不具有可罚性的违法性行为都包含在消极的犯罪构成概念中，形成积极的犯罪构成与消极的犯罪构成相并列的局面。但果真如此，则不仅存在前述缺陷，而且会给平面的体系带来更多问题。

对于主观与客观的问题：我国四要件说没有区分主体要素中身份和责任能力的不同，从而也无法确定故意必须认识的内容。我国平面式的体系使构成要件具有等价关系，没有阻止人们先判断主观要件符合性。也使人们先考虑主观要件后考虑客观要件，甚至在主客观相统一的大旗下，行主观归罪之实。而阶层式的体系不可能容忍由主观到客观地认定犯罪。

对于原则与例外的问题：我国的平面体系基本上停留在将社会危害性作为违法性的实质，而没有揭示社会危害性的实质含义。将正当防卫、紧急避险安排在犯罪构成要件之后，也是源于阶层的体系。在论述犯罪构成时，一再强调犯罪构成说明社会危害性。一旦进入正当防卫、紧急避险的讨论，便反复说明这些行为只是形式上符合犯罪构成。前者突出犯罪构成的实质，后者说明犯罪构成只是形式。这种原则与例外关系的处理方式并不令人满意。[1]

（三）六个问题论

曲新久教授认为，犯罪论体系具有两项主要功能，即其作为定罪的说明书和教科书的功能，以及作为刑法理论探索的功能。完美无缺的犯罪论体系并不存在，任何一个犯罪论体系的建立都难以完美地解决犯罪论知识的部分划分及其合理的结构与次序等一系列问题。但是，所有犯罪论体系中的犯罪成立理论都需要合理地解决分解与综合、事实与价值、结构与次序、肯定与否定、认定与假定以及人权保障等问题。以下，对其中的分解与综合、事实与价值两个

---

[1] 张明楷：《犯罪构成理论的课题》，载《环球法律评论》2003 年秋季号。

问题的论证进行节选：

对于分解与综合的问题：客观与主观的统一把握是最为重要的综合途径与方式。分解不同，主客观综合的路径和规则也就不同。例如，"违法是客观的，责任是主观的"这一格言，在德日犯罪论体系中是十分重要的，但是在我国犯罪构成理论中意义不大，在我国犯罪论体系中，对于违法应当主观与客观、形式与实质有机统一地加以把握。再如，主客观相一致的定罪原则，在德日犯罪论体系中微不足道，甚至于根本不必加以专门讨论，早期德日犯罪论体系在三要件的判断过程中实现主客观相一致的判断，现在的通说将故意、过失的心理事实置于构成要件该当性中判断，如此一来，犯罪客观事实与主观心理的统一认定在构成要件该当性的认定过程中实现，即主客观统一于构成要件事实。英美犯罪论体系将犯罪成立条件区分为客观行为事实与主观心理事实两个方面，主客观相一致的定罪规则便为英美学者所关注，认定犯罪需要主客观相一致地加以判断，简单地讲，行为事实与心理事实两个方面同时具备——严格责任除外，而且原则上同时发生——允许例外情况存在，体现出简洁性与实用性的优点。在我国，主客观相一致的原则是极其重要的原则，如何贯彻主客观相统一的原则？重要的还是在于分解，即我们需要确定，哪些要件是主观的，哪些要件是客观的？它们又是如何统一的？我国刑法理论通说习惯于将犯罪客体与犯罪客观方面归入客观，犯罪主体与主观方面归入主观，但这是错误的。按照我国犯罪构成理论，犯罪构成要件应当被区分为两个基本层次，第一层次是犯罪构成的四大要件——犯罪客体、犯罪客观方面、犯罪主体、犯罪主观方面，在这一层次上，无所谓主观与客观的区分，不能简单地将犯罪主体与犯罪主观方面归入主观的内容，将犯罪客体与犯罪客观方面归入客观的内容。客观与主观的区分与统一应当是在第二个层次上进行的。简单地讲，犯罪成立的主客观要件（要素）包涵于犯罪构成内部，集中但并不限于犯罪客观方面和犯罪主观方面。

对于事实与价值的问题：在我国，犯罪构成理论实际上是存在论意义上的法定犯罪构成的高度抽象，首先是一个知识系统，这体现在犯罪构成是一种事实模型……作为评价标准，作为大前提，作为尺子，法定犯罪构成与社会实际之间有着密切的联系，犯罪构成的解释也就变得相对容易、可行。但随之而来的后果是，司法人员容易自觉或者不自觉地以已经处理过的案件特别是典型案件作为眼下案件的标准，以事实代替法律。……德日犯罪论体系的三大要件——构成要件该当性、违法性、有责性，实际上是犯罪成立的三大评价标准，三阶层、三阶段的要件构成一个评价体系，但是每一个评价要件之下实际上又是对于事实要素的描述，构成要件该当性、违法性、有责性的评价来源于、依靠于事实要素。恶有恶报，犯罪是因，刑罚是果。但是，如果反方向地看，即从刑罚的角度看，对于刑法知识的逻辑顺序可以如此处理："确定和适用刑罚，要以刑事责任为前提，确定刑事责任要以犯罪为根据，确定犯罪要以主观责任（归责）为前提，确定主观责任要以客观违法行为为起点，而客观违法行为必须与法定行为类型相一致。"德日犯罪论体系单线式思维模式——"一根筋"的优点便显现出来。[1]

（四）小结：处理这些关系的三个原则

陈兴良教授对犯罪论体系的讨论进行了小结，其基本观点是：应当彻底改革平面式的犯罪论体系，建立阶层性的犯罪论体系，其中，最为重要的是确定上述学者提出的各种关系和要素的位阶顺序：

犯罪构成要件之间的位阶关系，对于定罪过程中充分发挥犯罪构成的人权保障功能具有重要意义。由于大陆法系的犯罪构成要件之间存在这种位阶关系，因而对定罪过程中从一个构成要件的判断

---

〔1〕　曲新久：《犯罪论体系片语》，载《政法论坛》2003 年第 6 期。

进入下一个构成要件的判断具有某种制约作用，为被告人的辩护留下了一定的余地。根据犯罪构成要件之间的位阶关系，在定罪过程中应当坚守以下三个原则：其一，客观判断先于主观判断；其二，定型判断先于非定型判断；其三，事实判断先于法律判断。[1]

五、犯罪论体系多元化的倡导

（一）"改革派"倡导犯罪论体系多元化及对阶层论的青睐

"改革派"对传统四件说的缺陷进行了分析，但是，改革派并非一味地否定和反对四要件说的方方面面，他们仍然将四要件说作为犯罪论体系的一种模式，只是认为其是具有缺陷的模式，他们也未认为三阶层论是完美无缺的模式。他们的主张仅仅是反对四要件说一统天下，提倡多种犯罪论体系平等竞争。

有观点认为，应当提倡犯罪论体系的多元化，不仅限于三大法系的犯罪论体系，也可以创设新的犯罪论体系：

主张直接引入大陆法系的犯罪构成理论体系并不是否认目前我国通行的耦合式的犯罪构成理论体系存在的必要性，也不是要熄灭对犯罪构成理论进行积极探索的各种热情。尽管耦合式的犯罪构成理论体系遭到一些学者的批评，但它在我国现实的司法活动中已经产生了深远影响，因而在对这一犯罪构成理论体系进行不断修正与完善的前提下，耦合式的犯罪构成理论体系仍然具有存在的必要。此外，我们还应在犯罪构成理论体系上进行各种理论创新，尤其是要结合中国的刑法规定建构犯罪构成理论体系。

就陈兴良教授而言，他是大陆法系递进式的犯罪构成理论体系的积极倡导者，同时也是具有中国特色的犯罪构成理论体系的努力探索者。他曾经在《本体刑法学》（商务印书馆 2001 年版）一书中提出罪体与责任的对合性的犯罪构成理论体系。这一体系在逻辑

---

[1] 陈兴良：《论犯罪构成要件的位阶关系》，载《法学》2005 年第 4 期。

进路上既不同于大陆法系的递进式犯罪构成理论体系，也不同于苏联的耦合式犯罪构成理论体系。在《陈兴良刑法教科书之规范刑法学》（中国政法大学出版社2003年版）一书中，陈兴良教授进一步结合我国刑法的规定，提出罪体—责任—罪量的三分法犯罪构成理论体系。这里的罪量是指犯罪的数量界限，例如刑法分则规定的数额较大、情节严重、情节恶劣等各种犯罪成立条件。犯罪概念中存在数量要素，这是我国刑法规定的特点，这一特点也应当在犯罪构成理论体系中得以体现。[1]

有观点也认为应当抛弃四要件说一统天下的局面，提倡犯罪论体系的多元化，阮齐林教授认为：

三要件论最重要的出发点是落实罪刑法定原则，意在构建法定犯罪之构成；最重要的体系特征在于把罪状当作整体来把握，由此决定了它依托法律形式进行注释的、顺应司法认定思路的、局限于法定犯罪之犯罪构成的理论风格。四要件论是意在构建应然犯罪之构成，由此决定它从存在的犯罪现象出发，依托犯罪行为结构来揭示、把握犯罪法律因素的应然犯罪之犯罪构成的理论风格。从不同角度阐述犯罪构成，不仅可以并行不悖，而且还能相得益彰。我们既需要应然犯罪之犯罪构成论，也需要法定犯罪之犯罪构成论。现在的问题主要不在于如何把四要件论发展到完美无缺的程度，也不在于如何选择一个理论体系而抛弃另一个理论体系，应在明确理论倾向、风格、功能的基础上，寻求犯罪构成理论风格的多元发展。[2]

（二）新型阶层论犯罪论体系的创新

1. "三位一体论"：罪体—责任—罪量

代表性观点如陈兴良教授，他是犯罪论体系改革论的倡导者，

---

〔1〕 陈兴良：《犯罪构成：法与理之间的对应与紧张关系》，载《法商研究》2003年第3期。

〔2〕 阮齐林：《应然犯罪之构成与法定犯罪之构成——兼论犯罪构成理论风格的多元发展》，载《法学研究》2003年第1期。

也是最先提出新型犯罪论体系的学者，在其《本体刑法学》中，曾提出"罪体—责任—正当化事由"的新体系[1]，后来，进一步完善发展了这种阶层性体系，提出了"罪体—责任—罪量"三位一体的体系。

陈兴良教授在书中采用的"罪体—责任—罪量"三位一体的犯罪构成体系力图构建三大要件之间的位阶性。罪体是犯罪成立的第一个要件，罪体首先包括主体、行为、结果及其因果关系等罪体构成要素，这些要素之间具有位阶关系，应当依次进行判断。在具备罪体构成要素的基础上，如果存在罪体排除事由，则罪体仍然被否认。在具备罪体的基础上，再进行责任的判断。因此，责任是犯罪成立的第二个要件，责任包括故意、过失及动机、目的等责任构成要素，这些要素之间同样具有位阶关系。在具备责任构成要件的基础上，如果存在责任排除事由，则责任仍然被否认。在一般犯罪中，只要具备罪体和责任这两个主、客观要件，就可以成立犯罪。但刑法规定以情节严重或者数额较大作为犯罪成立要件的情况下，在具备罪体和责任的基础上，还需要进行罪量的判断。因此，罪量是第三个要件。当然，罪量并非每一个犯罪的必备要件，只是选择性要件。在上述三个要件中，罪体是客观要件，责任是主观要件，罪体可以独立于责任而存在，责任则必须以罪体为前提，即没有罪体则无责任，没有责任但可以有罪体。罪量是犯罪的数量规定，它当然以罪体与责任为前提。[2]

陈兴良教授的这种"罪体—责任—罪量"的犯罪论体系，与英美刑法双层次的体系和德日刑法的三阶层论均有不同。与双层次的体系的主要不同之处在于罪体可以独立于责任存在，从而客观要件

---

[1] 陈兴良：《本体刑法学》，商务印书馆2001年版，第221页；另参见陈兴良：《犯罪构成的体系性思考》，载《法制与社会发展》2000年第3期。

[2] 陈兴良：《规范刑法学》（第4版），中国人民大学出版社2017年版，第107页。

先于主观要件。与三阶层论的主要不同之处在于罪体、责任都是事实评价与价值评价的统一，且对正当防卫、紧急避险的处理也有所不同。[1] 更为特别的是，陈兴良教授还顾及中国刑法的犯罪成立条件中特有的量的因素，而专设罪量这一要件。他认为，我国刑法中的犯罪成立条件是行为侵害法益的质和量的有机统一，因此应当包括罪量。罪量是在具备犯罪构成本体要件（罪体、责任）的前提下，表明行为对法益侵害程度的数量要件。其具有法定性、综合性、程度性等特征。[2] 陈兴良教授的"罪体—责任—罪量"犯罪论体系的逻辑顺序，在整体上是先质（本体）后量（罪量）、先客观（罪体）后主观（责任）的阶层体系，并在罪体、责任的阶层内再先积极（构成）后消极（排除）。

2. "两阶层论"：客观（违法）构成要件—主观（责任）构成要件

代表性观点如张明楷教授，他创建的犯罪论体系为："犯罪构成（犯罪成立条件）—客观（违法）构成要件（客观构成要件与违法性概述、客观构成要件符合性、违法性阻却事由）—主观（责任）构成要件（主观构成要件与有责性概述、主观构成要件符合性、有责性阻却事由）"。在整体上遵循了"先客观判断后主观判断"的阶层顺序，为两阶层体系，而在每个阶层内再依"先积极判断后消极判断"的顺序。[3]

此观点基于以下理由，采取二要件（两阶层）说，即认为犯罪构成由客观（违法）构成要件与主观（责任）构成要件组成；客观构成要件是表明行为具有法益侵害性的要件，因而可以称为违法构成要件，其中讨论违法性阻却事由；主观构成要件是表明行为具

---

〔1〕　陈兴良：《犯罪论体系研究》，清华大学出版社 2005 年版，第 49~50 页。

〔2〕　陈兴良：《作为犯罪构成要件的罪量要素——立足于中国刑法的探讨》，载《环球法律评论》2003 年秋季号。

〔3〕　张明楷：《犯罪论体系的思考》，载《政法论坛》2003 年第 6 期。

有非难可能性的要件，因而可以称为责任构成要件，其中讨论有责性阻却事由。

第一，如前所述，从实质上说，犯罪是具有法益侵害性（客观违法性）与非难可能性（主观有责性）的行为，与之相适应，作为犯罪的成立条件，就必须有表明法益侵犯性的构成要件与表明非难可能性的构成要件。

第二，行为是否侵犯法益，不以行为人是否具有非难可能性为前提（客观违法性论）。

第三，任何犯罪构成体系都必须处理好客观要素（违法要素）与主观要素（责任要素）的关系。必须先讨论行为的客观违法性，后考察行为人的主观有责性。采取二要件说，正是符合认定犯罪的路径。

第四，犯罪构成理论必须研究成立犯罪的一般条件，同时也要考察与犯罪具有某些相似之处（暂时符合构成要件），而又排除犯罪的事由。

第五，明确区分违法性阻却事由与有责性阻却事由，有利于在刑事政策上得出不同结论。

第六，采取二要件说，可以使"犯罪"概念保持相对性，从而解决许多实际问题。

第七，犯罪论体系的经济性应当体现在两个方面：一方面，避免理论本身的繁杂与重复；另一方面，司法机关遵循犯罪论体系认定犯罪时，不致浪费司法资源。[1]

3. "改良三阶层论"：客观罪行—主观责任—正当化事由

代表性观点如曲新久教授，他创建的犯罪论体系为："客观罪行—主观责任—正当化事由"，从整体上看，是先积极后消极的结构，而在积极层面内部，是先客观后主观的判断次序。①从肯定的

---

〔1〕 张明楷：《刑法学》（第5版），法律出版社2016年版，第98~100页。

方面讲，具体的刑事案件客观上具备了刑法规定的全部客观构成要素，因而具有罪行要件；主观上具备了刑法规定的全部主观构成要素，因而具有责任要件，客观罪行与主观责任统一在一起，原则上构成了犯罪，或者说"犯罪构成"了。但是，至此尚未充分地完成犯罪构成的判断，还需要进一步进行判断与评价。②从否定的方面判断，如果存在着排除犯罪性的正当事由（根据），犯罪则不能构成。换言之，对于具体刑事案件中的危害行为来说，必须同时进行两个方面的判断与评价才能确定其是否构成犯罪：一是罪行与责任的统一；二是不存在正当防卫、紧急避险等正当性事由。[1]

以上这些新型的犯罪论体系，都遵循了陈兴良教授等提出的客观判断先于主观判断、定型判断先于非定型判断、事实判断先于法律判断的规则，只是在处理客观-主观、积极-消极两对关系时先后不同：陈兴良教授、张明楷教授是先处理客观-主观关系，再分别在客观、主观阶层内处理积极-消极关系，可以说是偏向于德日体系的模式；而曲新久教授则是先处理积极-消极关系，再处理客观-主观关系，可以说是偏向于英美体系的模式。而这些体系的共同特点，就是阶层性，这正是犯罪论体系改革派所追求的目标。

---

[1]　曲新久：《刑法学》（第3版），中国政法大学出版社2012年版，第84页。

第三部分　犯罪构成要件

犯罪客观要件

犯罪构成客观方面的核心要素是危害行为、行为对象、危害结果、因果关系，其他要素还包括时间、地点、方法（客观附随情状），数额、次数、情节（客观超过要素），身份等。

第一节　危害行为以及行为理论

犯罪是不法（符合构成要件的、违法）并有责任的行为。简言之，犯罪是对行为的法律评价。从而，行为是犯罪论出发点的基础，是犯罪概念的基底。行为是犯罪论体系中最基础的要素。对犯罪的讨论和认定，要从行为概念出发。

在体系定位上，刑法中的行为概念，定位于构成要件之中，将其理解为构成要件要素（不法的积极要素）之一，还是将其定位于先于构成要件而独立的要素或要件呢？这涉及犯罪论体系的阶层级数的问题。在古典三阶层体系（贝林-李斯特体系）或两阶层体系中，行为是构成要件要素之一；但在新古典暨目的论体系中，出现了将行为独立成为一个认定阶层的情况，从而在三阶层体系（构成要件该当性—违法性—有责性）的基础上，出现了四阶层体系（行为—构成要件该当性—违法性—有责性），以及五阶层体系（行为—构成要件该当性—违法性—有责性—客观处罚条件）。

我们认为，无论是将行为作为构成要件要素，还是先于构成要件阶层的独立阶层，都是将行为要素作为犯罪认定的首要要素。因此，这两种体系安排，并不存在本质的区分，都是合适的。从机能上分析，行为概念在犯罪论体系上必须具有犯罪认定基底的机能，不属于行为就不构成犯罪，从这个意义上思考，行为要素的判断，是对包括犯罪成立在内的一切刑法问题、一切现象进行刑法评价的最基础问题。由此需要保证对行为要素的首要判断地位。

什么样的现象，是刑法中的行为（或称危害行为），这就是行为论的问题。行为论要解决的是划定刑法中行为的标准，从我们社会生活存在的无数生活现象中，挑选出刑法的评价对象，从而划定刑法评价对象的范围，以进行进一步的犯罪认定。刑法行为理论的发展过程，经历了自然行为论、因果行为论、目的行为论、人格行为论等各种理论，以下简述之。

一、自然行为论

将行为概念作为自然科学思考的东西，当作心理的、物理的过程来掌握，称为自然行为论（或自然主义的行为论）。从这一立场出发，行为是指人的身体的运动或静止，或者说，因为人的意志支配，经由神经系统的支配和内部刺激而引起的肌肉的身体动静。简言之，人的举动这种自然现象即是行为。

自然行为论是原初的行为理论，基本功能是将不属于法律评价的现象（事件），与可以进行法律评价的现象（行为）区分开来。事实上，这种行为理论开启了将法律关注的现象与行为人关联起来的大门。

在自然行为论的立场之下，从心理上、物理上来掌握行为，是否可以将作为和不作为统一于行为概念之下，也成为一个问题。仅从心理上、物理上来看，作为是动态的，不作为是静止的，如何将静止的现象解释为行为，出现了疑难。

二、因果行为论

因果行为论是 19 世纪以来通说的行为理论。因果行为论的基本含义是外部行为是行为人主观意思的因果现象，亦即行为人的主观意思是原因，外部行为是该主观意思的结果。

因果行为论可以说是一种修正的自然行为论。自然行为论与之后出现的社会行为论不同，自然行为论着眼于从自然现象的立场上来把握行为，把行为看作身体运动和心理的、物理的过程；而社会行为论着眼于行为的社会意义。最初的自然行为论仅从纯粹自然科学中机械论的角度来看待行为，但之后出现的修正自然行为论将行为当作具有社会意义的有意举动，以及当作社会现实中的因果变化来掌握，由此出现了因果行为论。

因果行为论的核心是把行为当作因果现象来掌握，其中核心是研究结果与主观意思的身体举动之间的因果关系，而把意思内容当作是责任问题从行为论中排除出去。亦即，在行为论中重点讨论的是造成结果或行为的因果关系，而不讨论行为人的具体主观意思内容。

关于因果行为论的表述，不同学者之间有细微差别，典型的如李斯特认为"行为是出于有意之举动的外部变化"；也有学者认为"行为是由意思支配的身体的举动"。但总体上，认为行为须具有有意性和有形性两个特征，有形是有意支配下因果的体现。但如何理解"举动"或者有形性是一个问题。如果将有形性理解为积极动作，则行为将不能包括不作为，但因果行为论一般认为是行为是可以包括不作为的，行为是作为和不作为共同形成的统一概念，因此有形性应当理解为外在客观表现。

三、目的行为论

目的行为论，是从分析行为存在的结构中，将人的行为当作行为人的目的活动来掌握，是由威尔泽尔大力发展而来的行为理论，在近代刑法理论中具有非常重要的地位。威尔泽尔认为："目的行为论在历史上，由于主观的违法要素论以及规范的责任论，它有必要成为体系构成的中坚，实质上是完全没有矛盾的刑法体系的基石。"根据目的行为论建构起的目的行为论犯罪论体系，是最为重要的犯罪论体系之一。

目的行为论的核心内容，就是将历来被定位于责任要素的故意（对事实的故意＝对事实的认识），当作行为的要素，从而使构成要件中增加了主观的构成要件要素（构成要件故意等）。

目的行为论是在批判自然行为论、因果行为论的基础上建构起来的。因果行为论认为行为是出于主观意思的身体的动与静，是神经运动的结果，行为人的意思内容责任问题，应当排除于行为概念之外，从而认定行为人的意思内容并不是行为的问题。而目的行为论从行为的存在结构出发，对因果行为论进行了批判，认为因果行为论把行为分解为客观方面的因果关系与主观方面的行为人心理要素，因果行为论将把因果关系作为问题，没有看清行为的存在结构。行为是人们有目的的活动，行为人基于主观目的支配，利用因果关系，把行为当作实现目的及特定结果的手段。因此，现实的行为并不像因果行为论所想的那样，将客观、主观割裂开来，行为是具有主观、客观的全体结构，是行为人主观目的支配的举动。换言之，基于行为人的目的，在因果关系上预见可能的结果，朝着已预见的结果进行有规律的行动即是行为。行为人的目的性才是行为的本质特征。因此，界定行为时不能将行为人的目的意思从行为排除出去，否则将会破坏行为的整体化。

从而，目的行为论主张故意（指构成要件故意）是行为的要素，而不是责任的要素。例如，盗窃罪规定的"盗窃公私财物"的"盗窃"行为，就要理解为行为人基于转移占有他人财物为目的而实施的活动。误拿他人财物就不能认定为盗窃行为，也不存在所谓

"过失盗窃"的情况。也就是说，刑法分则中规定的行为，是承担行为人意思的目的活动，不能将其当作不考虑行为人主观意思内容的纯粹因果现象理解，故意是构成要件行为要素中必不可少的内容。

目的行为论理解故意行为是成功的，但解释过失行为问题被认为是目的行为论的弱点。如果认为行为是行为人有目的活动，则行为只是故意的行为，而过失行为，因为欠缺行为本质要素的目的意思，就可能不属于行为，但刑法处罚部分过失行为。由此，目的行为论将可能打破"犯罪是行为"这一命题，否定了行为概念在犯罪论体系中的基底机能。

威尔泽尔认为，故意行为与过失行为仍然是可以按照目的行为论的观点统一在一起的。他认为，过失行为在客观上引起因果的结果，而引起结果是为了避免有目的的活动，与盲目的自然现象有所不同。这种避免有目的的活动性质与实现有目的活动的故意行为相反，属于可能性目的活动，存在潜在的目的性。因此，过失行为也是有潜在的目的性的行为。但有的目的行为论学者将故意行为与过失行为（以及不作为）区分开来，认为二者统一于上位概念"社会的现象"或者"人与人的关系"。自然，对于不作为行为是否属于行为，目的行为论也有不同回答。因此，大体上可以认为，目的行为论是以故意行为为基础模型而展开的行为理论。

四、行为理论所要解决的问题和遭遇的难点

行为理论所要解决的核心问题是：其一，什么样的现象才是刑法中的行为？如此可将不属于刑法评价的其他现象和事件排除出去，进行犯罪认定的第一步筛选。其二，行为的核心特征是什么？如此可探讨围绕行为展开的构成要件的本质。其三，行为包含的要素有哪些，尤其考虑是否包括故意要素。如此也可划定构成要件要素的范围。自然行为论关注人的外在自然举止，因果行为论关注主观意思与外在举止或结果之间的因果关系，而目的行为论则关注行为人主观目的意思（构成要件故意）。由此也形成了不同的犯罪论体系。当然，就行为论本身而言，也存在一些难点问题需要解决，主要涉及：不作为是否是行为？过失行为是否是行为？如何解释忘却犯？

（一）不作为是否是行为

如果坚持"无行为则无犯罪"的观念，则不作为必须属于行为，才能进行刑法评价。因此，自然行为论和因果行为论大多认为不作为是行为。例如，迈兹格（Edmund Mezger）认为，作为是在"做着什么"，而不作为不仅是"什么也不做"，而且是"没有做什么"，在不作为的背后是"给予期待的作为"，作为和不作为与这个"什么"是有关系的，因此，作为和不作为没有肯定和否定那样的对立矛盾，而在给予评价的人们态度上有共同点，则可以将两者包括在统一的行为概念中。

但是，拉德布鲁赫（Gustav Radbruch）认为，行为概念的标志是有意性和有形性以及两者的因果关系。不作为在外部不需要身体表现，不具有有形性标志，难以认定为行为。不作为在意思和行动以及两者因果关系标志上，与行为不但不是共同的，而且尽量否定这种标志。作为与不作为之间，是肯定和否定、A 与非 A 的关系，故而不能将作为和不作为统一在行为的概念中。

而目的行为论者威尔泽尔认为，不作为是目的的活动（行为）的不作为，因而不属于行为。不作为只是与作为行为有关系的现象，不作为是行为人在具有作为可能性时进行不作为，所以，目的的行动力（可能的目的性）是行为和不作为的共同特征。不作为尽管不是行为，但可以统于上一级概念即行为状态中。但也有目的行为论者认为，不作为属于行为。

（二）如何解释忘却犯

忘却犯即无认识过失（无意识的过失）的不作为犯，亦即疏忽大意过失犯。例如，铁道值班员由于在铁路道口班上睡着了而没有给信号，使火车倾覆的情形。忘却犯虽然不是出于主观意思，但构成犯罪。不过，忘却犯是否属于行为，存在疑问。如果认为行为没有必要出于意思，将行为定义为"身体的举动或者静止"，则忘却犯可以认定为行为。如果将行为定义为"出于意思身体的动与静"，由于忘却犯属于无意识，故而难以认定为行为。忘却犯触及的本质问题是在行为概念的定义中是否必需加入行为人的主观意识要素。

弗兰克认为行为是意识到身体举动的情况，故而忘却犯不是行为，只是处罚的例外。迈耶也认为出于无意识过失的不活动，不属于行为。这些观点都认为存在没有行为的犯罪，所以打破"犯罪是行为"这个命题。有些目的行为论者认为行为的本质要素是目的意思即目的性，因此忘却犯也难以解释为行为。从而，行为只是故意的作为犯，过失犯、不作为犯不属于行为，因此有必要将行为、不作为、过失犯统一到上级概念的"行为状态""社会的现象"或"人对人的关系"中去。当然，也有目的行为论者认为忘却犯是行为，因为是行为人已意识到结果的有目的行为。

五、本书对危害行为的界定

本书基于因果行为论的立场，认为危害行为是指在人的意识支配下实施的可造成法益侵害实质结果或危险的身体活动。构成犯罪的行为（"犯罪行为"或"危害行为"）要求具备有体性（举止性）、有意性、有害性三个特征。由此，不受意识支配的行为如反射动作、机械动作、本能动作，不是危害行为。而自动化动作、冲动行为、受精神胁迫的行为（胁从犯）、忘却行为（忘却犯）、原因上的自由行为，都认为是危害行为。

第二节　不作为行为与不作为犯

刑法中的危害行为一般被区分为作为、不作为两种行为形式。作为是行为的通常形式，一般被界定为实施刑法所禁止的行为。作为表现形式多样，如利用自己的四肢等实施的作为，利用工具实施的作为，利用动物实施的作为，利用自然力实施的作为，利用他人实施的作为，等等。不作为一般被界定为在能够履行积极义务的情况下不履行该义务。

作为是经典的行为形式，也是刑法典设定的原初的行为形式。也就是说，在早期的刑法理论中，行为指的就是作为，刑法理论是建构在作为行为的原型之上的。在出现不作为行为被处罚的情况之后，刑法理论需要思考的是：不作为是否属于"行为"？如果坚持"犯罪是行为"这个命题的话，又该如何将不作为统一到行为概念之下？另外还有：作为与不作为的区分标准是什么？二者又有何区分意义？最重要的是，不纯正（不真正）不作为犯是否违反罪刑法定原则，以及不纯正不作为犯的成立条件。

在作为与不作为的区分标准方面，作为似乎表现为身体的动态，不作为表现为静止。但是区分作为与不作为的关键，不在于身体有无动静，而在于违反规范的类型。作为违反的是禁止性的罪刑规范，亦即是"不当为而为之"；而不作为表面上违反的是义务性规范或命令性规范（不做），亦即是"当为而不为"，但最终违反禁止性罪刑规范（不准不做）。因此，不作为是否构成犯罪就存在两个层面上的问题，一是行为论层面上，违反何种义务性规范，才能成立不作为行为？义务性规范的范围如何界定？二是规范层面上，刑法规定有哪些不作为犯？

一、纯正不作为犯与不纯正不作为犯的区分及其意义

作为犯被区分为纯正（真正）不作为犯与不纯正（不真正）

不作为犯。一般认为，纯正不作为犯，即刑法明文规定只能由不作为构成的犯罪（罪名）。此类犯罪通常有：遗弃罪，丢失枪支不报罪，不报安全事故罪，拒不执行判决、裁定罪，不解救被拐卖、绑架妇女、儿童罪，拒不支付劳动报酬罪，拒不履行信息网络安全管理义务罪，拒绝提供间谍犯罪、恐怖主义犯罪、极端主义犯罪证据罪，战时拒绝军事征收、征用罪，拒传军令罪，遗弃伤病军人罪，拒不救援友邻部队罪等。纯正的不作为犯由刑法明文规定，其数量较少。

不纯正不作为犯，一般指以不作为为手段来实现通常规定为作为形式的犯罪。亦即，刑法规定的罪名通常是作为形式，但也允许以不作为形式构成，如果行为人在事实层面上以不作为形式构成该罪，即是不纯正不作为犯。由此，不纯正不作为犯有两重含义：一是刑法规定罪名层面上的不纯正不作为犯，即刑法规定的既可以由作为构成也可以由不作为构成的罪名。例如我国刑法典规定的483个罪名，除前述十几个纯正的不作为犯，其他460多个的罪名，既可以由作为构成也可以由不作为构成（通常由作为形式实施），皆为不纯正不作为犯，如故意杀人罪、放火罪等。二是指具体行为人的行为形式，即特定行为人以不作为形式实施不纯正不作为犯罪名。例如，以不作为形式构成故意杀人罪。

问题在于，区分纯正不作为犯与不纯正不作为犯的标准和意义为何？一般认为，对于纯正不作为犯而言，刑法规定的是命令规范，规定了应该做什么，纯正不作为犯是以违反命令规范为内容的犯罪。在构成要件上，作为义务是预先规定的。关于犯罪是否成立，只要研究它是否存在违反作为义务就足够了。例如，认定行为人是否成立拒不支付劳动报酬罪，只要看行为人有无实施刑法规定的"支付劳动报酬"的行为就够了。但是，不纯正不作为犯要复杂一些。法律规范规定的该罪的构成要件，是禁止规范。通常实现不作为犯内容的形式是作为，但是并不排除不作为的形式。例如，刑法规定的故意杀人罪，是禁止"杀人行为"，一般理解"杀人行为"都是作为的杀人形式，但刑法并未言明不作为行为不能认定为"杀人行为"。因此，如果特定不作为行为能够被认定为"杀人行为"，也应是刑法所禁止的，也应认定为故意杀人罪。

以刑法规定的规范的形式来区分纯正不作为犯与不纯正不作为犯，这么讲大体上过得去，亦即刑法规定的是命令规范的，就是纯正不作为犯；刑法规定的是禁止规范的，即是不纯正不作为犯。但是，命令规范与禁止规范并非是对立关系。总体上讲，刑法规定的规范都是禁止规范，例如，刑法规定的遗弃罪的内容是"拒绝扶养"则构成犯罪，形式上是命令规范"必须扶养"，但又何尝不能理解为禁止规范"不准遗弃"，或者说"禁止拒绝扶养"呢？因此，纯正不作为犯实际上既违反了命令规范，也违反了禁止规范。而像故意杀人罪，刑法规定的"杀人"则构成犯罪，形式上是禁止规范"不准杀人"，但又何尝不能理解为是命令规范"必须不杀人"呢？

有论者从另一个角度，亦即刑法"通常"规定的行为形式，来区分纯正不作为犯与不纯正不作为犯，认为对于不纯正不作为犯而言，刑法规定的通常行为形式是作为，但也容许不作为的形式构成。对于纯正不作为犯，刑法规定的通常行为形式是不作为，但也容许作为的形式构成。但是，如何理解"通常"行为形式，是一个问题。例如，遗弃罪中的遗弃行为，通常其"拒绝扶养"的形式，是把孩子带出家庭、扔到外地，这应当是作为形式。因此，这种区分是模糊的。

二、不作为犯的构成要件

无论行为人的行为形式是作为还是不作为，要构成刑法规定的犯罪，都必须符合刑法规定的该罪的构成要件，这是毫无疑问的。因此，在事实对应规范的层面上，不作为犯与作为犯构成犯罪的机制是一致的。例如，无论是作为行为，还是不作为行为，都必须符合刑法规定的"故意杀人的"，才能构成故意杀人罪。但不作为犯的问题在于，如果坚持"犯罪是行为"这个命题的话，那么什么样的行为才能被认定为"不作为行为"？什么样的不作为行为才能被认定为"杀人"行为？对于后者而言，从犯罪支配和对结果支配的角度看，支配死亡结果的行为就是"杀人"行为，这还比较好回答。因此，不作为犯成立的关键条件在于前者，什么样的行为才能被认定为不作为行为，成立刑法层面上不作为行为的条件是什么，亦即首先需要考虑不作为的实行行为性。

（一）行为人具有保证人身份、负有作为义务

首先，为肯定不纯正不作为犯的实行行为，需要不作为违反相关构成要件所预定的作为义务，亦即行为人负有作为义务。但是，刑法条文并未规定哪些人负有特定作为义务。因此，作为义务的依据，必须从刑法之外去寻找。

德国刑法学家对于作为义务依据的判断，提倡保证人说（保障人说）。所谓保证人（Garant），是指在发生某种犯罪结果的危险状态中，负有应该防止其发生的特别义务的人，保证人能够尽其保证义务，却懈怠而不作为时，就能成为基于不作为的实行行为。在体系定位上，早先是把不纯正不作为犯中的作为义务理解为构成要件的要素；而今，有学说区分了保证人地位和保证人义务，认为前者是构成要件的要素，后者是违法性的要素。

（二）义务人具有履行义务的能力和条件

义务人需要具有现实的履行可能性，亦即义务人具有履行义务的能力和条件，能够履行特定义务。如果义务人没有履行作为义务的可能性，也不能认为是不作为行为。在确定作为构成要件要素的作为义务时，必须以一般人的可能性为标准考虑作为的可能性。行为人自身作为的可能性是责任论的问题。

（三）结果的发生与不作为行为有因果关系且系刑法禁止的内容

在结果犯中，结果的发生系与不作为行为有因果关系，行为人

才对结果负责，并且必须有防止其犯罪中特定犯罪结果发生的义务，才对此结果承担刑事责任。否则，就不应负责。例如，一般公民发现火情后并不报警，虽然违反了《中华人民共和国消防法》（行政法）第 44 条"任何人发现火灾都应当立即报警"的规定，是行政法层面上的不作为行为，但是该法并未科以义务人承担火灾结果的义务，故而除非负有其他义务，则单纯的不报警行为难以构成不作为放火罪。

（四）不纯正不作为犯的成立还需要等置条件

不作为行为，在行为论层面上被当作行为形式之一；在作为一种具体的实行行为时，还必须是符合构成要件的实行行为，需要具备该实行行为的实质内容。为了能够成为具体实行行为，不作为需要其被评价为与符合相关构成要件的作为在法律上是同价值的。这就是不作为与作为的等置条件。亦即与作为一样，不作为也需要包含着能够实现犯罪的现实危险性。例如，不作为行为若要认定为杀人行为，需要具有与毒杀、枪杀、绞杀、刺杀被害人同样的犯罪性。汽车司机把被害人撞成重伤后不救助而逃走，如果是将被害人扔在白天行人很多的城市道路上或医院门前等，被害人被救助的可能性很大，则行为人不救助被害人的不作为行为就很难被认定为杀人行为；相反，如果是在严冬的深夜，把被害人丢在没有行人的山路上，就应当被认定为杀人行为。

《德国刑法典》第 13 条（不作为）第 1 款规定，不防止属于刑法构成要件的结果发生的人，只有当其有依法必须保证该结果不发生的义务，且当其不作为与因作为而使法定构成要件的实现相当时，才依法受处罚。[1] 德国学者考夫曼（Arthur Kaufmann）认为，不纯正不作为犯的作为构成要件符合性只有在作为其前提条件的保证人地位存在，并且不法内容上能确认有等价性的场合才能成立。

---

〔1〕 徐久生、庄敬华译：《德国刑法典》（2002 年修订），中国方正出版社 2004 年版，第 9 页。

不纯正不作为犯的成立还需要等置条件，可以理解为决定作为义务的具体内容的标准。在结果犯中，为了能够成为实行行为，不作为行为需要与结果发生之间具有高度盖然性。如果作为也几乎不可能防止结果发生，则不能认为行为人实施了该实行行为。

关于等置条件的争议，存在三个层面。其一，不纯正不作为犯的成立是否需要等置条件？有学者认为，不纯正不作为犯的作为义务中本身就包含禁止为一定行为与需要为一定行为，即行为人不能主动地侵害一定的法益，也需要积极地保护特定的法益不受侵害，不作为行为按照作为犯来定罪论处本身就是罪名内部的应有之意，不纯正不作为犯并不要求等置条件的存在。但多数学者赞同不纯正不作为犯的成立需要等置条件。其二，等置条件是否是不纯正不作为犯成立的独立条件？有学者认为，等置条件的判断应当在作为义务中讨论，因而不是独立条件。"等置条件并不是具体的要求，而是不真正不作为犯的构成要件的解释原理，尤其是为实质意义的作为义务的发生根据提供基础、限制作为义务发生根据的指导原理。"[1] 但多数学者认为，等置条件是不纯正不作为犯的独立要件。"对于不真正不作为犯来说，作为义务是必备的构成要件要素，这与等置条件要解决的问题是两个不同的方面，以作为义务来判断等置条件不具有实际的操作意义，对于作为义务的程度难以有一个同一的标准。"[2] 其三，等置条件的判断标准为何？日本刑法学者日高义博提出了"构成要件的等置条件"，有三个具体的标准：犯罪构成要件的特别行为要素、该行为事实和不作为人的原因设定。"前两个标准使考虑刑法条文的犯罪构成要件的特殊性，后一个标准起着填补不真正不作为犯存在结构上空隙的媒介作用，就是说，在解决等置问题时，前两个标准起这样的作用：抽出作为犯犯罪构

〔1〕 张明楷：《刑法学》（第5版），法律出版社2016年版，第161页。
〔2〕 陈兴良：《犯罪不作为研究》，载《法制与社会发展》1999年第5期，第51页。

成要件中不可能由不作为来实现的犯罪，这可以说是判断构成要件等价值性的第一步，限定等价值性判断的对象。后一个判断标准起这样的作用：决定由不作为实施的犯罪与由作为实施的犯罪在同一犯罪构成要件下是否具有足以被等置的价值。"[1]

三、违反作为义务在体系上的地位

不作为犯的成立需要行为人违反作为义务，这似乎是一个众所周知的公理。但是，在犯罪论体系中，应该怎样理解作为义务的体系地位，是一个重要问题。对于违反作为义务在犯罪论体系上的地位，存在如下观点：

第一，认为违反作为义务，是先行于构成要件该当性的判断的观点。亦即，认为需首先研究是否违反作为义务，再判断行为是否该当构成要件。认为不纯正不作为犯是犯罪论体系中理论的例外情况，有与作为犯不同的判断结构。

第二，不作为、作为同价值说。亦即，将违反作为义务作为构成要件该当性问题来处理，甚至将其作为因果关系的问题。例如李斯特等人认为，具有应当防止结果的作为义务的人，不履行作为义务而发生结果，如果没有这种不作为，结果也就不会发生。在这一意义上，不作为就和作为犯中的作用力具有相同的评价。

第三，保证人说。亦即，将不作为犯当作身份犯，将保证人地位当成不作为犯的特殊构成要件要素来掌握。即使行为人的不履行行为与结果之间存在着重要的因果关系，但如其不具有保证人身份，也不能直接认为是符合构成要件的行为。不作为之人的保证人地位是必要要素，违反作为义务是构成要件该当性的问题。

第四，特殊构成要件该当性的判断。认为不作为犯的构成要件不同于作为犯。作为犯是犯罪的原则，不作为犯是犯罪的例外，二

---

[1]　[日] 日高义博：《不作为犯的理论》，王树平译，周密专业审校，中国人民公安大学出版社 1992 年版，第 112 页。

者的构成要件不同。违反作为义务是不作为犯特殊构成要件要素。

四、作为义务的来源

判断行为人实施的消极不履行、不救助的行为，是否属于刑法上的不作为行为，首先要看行为人是否负有特定的积极作为义务，需要寻找该行为人积极作为义务的来源和依据。在此，可以将不作为犯理解为一种身份犯。事实上，所有不作为犯均是身份犯，只有行为人负有履行积极义务的"保证人"身份，其消极不履行、不救助的行为才属刑法上的不作为行为。

不作为积极义务的来源和依据（认定行为人是否具有"保证人"身份），可从形式和实质两个层面上寻找。

（一）形式义务根据

不作为犯的作为义务来源问题，最早是从形式的层面进行探讨的。德国刑法学者费尔巴哈认为："不作为通常是以规定行为人义务的特别法律根据（法律和契约）为前提的。无论什么人，欠缺这一根据，都不能成为不作为犯的犯罪人。"后来，德国刑法学说与判例将作为义务的来源分为法律、契约和先行行为，这就是"形式的三分说"。[1] 日本刑法学者木村龟二认为，不作为犯的作为义务的来源包括三种：法令情形；基于法律行为（契约、事务管理）的情形；从公共秩序、良好习俗出发的作为义务。[2] 大塚仁认为，作为义务的来源有四个：依法令的义务；依法律行为尤其是合同或事务管理的义务；依据习惯或情理的义务；事前行为的义务。[3]

我国刑法学理论受德国和日本理论的影响，认为作为义务依据

---

〔1〕［日］日高义博：《不作为犯的理论》，王树平译，周密专业审校，中国人民公安大学出版社1992年版，第18~19页。

〔2〕［日］木村龟二主编：《刑法学词典》，顾肖荣等译校，上海翻译出版公司1991年版，第143页。

〔3〕［日］大塚仁：《刑法概说（总论）》（第3版），中国人民大学出版社2003年版，第157~158页。

在形式上可分为四种（形式四分法）。形式的作为义务论之形式，指的是法规范，因此，形式的作为义务论是通过列举作为义务的法律渊源以确定作为义务的根据，即从法源中寻找作为义务的来源。我国刑法学通说认为，不作为的作为义务具有以下四种来源：其一，法律、法规规定的作为义务；其二，职务或者业务要求的作为义务；其三，法律行为设定的作为义务；其四，先行行为引起的作为义务。[1]

第一，法律、法规规定的作为义务。这里的法律、法规既包括刑法，也包括民商法、经济法、行政法、宪法等。不履行其他法律、法规规定的积极义务的行为系该种法律层面上的不作为行为，但需符合刑法规定的构成要件（刑法将此种不作为行为规定为犯罪），才能构成不作为犯罪。

第二，职务或者业务要求的作为义务。例如，值勤的消防人员有消除火灾的义务，人民警察有救助危难的义务（《中华人民共和国人民警察法》第 21 条第 1 款中规定，人民警察遇到公民人身、财产安全受到侵犯或者处于其他危难情形，应当立即救助。第 19 条规定，人民警察在非工作时间，遇有其职责范围内的紧急情况，应当履行职责）。职务、业务要求的义务与职务、业务的职责范围有关，不能概括地认为只要是公职人员就一律有救助他人的义务，还需要具体考查其职责范围。例如，财政局局长就不具有救助百姓于危难的法律义务。

第三，法律行为设定引起的作为义务。包括合同行为（双方法律行为）引起的义务，例如，保姆根据与雇主签订的合同，负有保护其照看婴幼儿安全的义务。还包括自愿接受行为（单方法律行为）引起的义务，例如，在路边捡拾到弃婴之后抱回家抚养多日，形成了临时监护关系，在找到下一个抚养人之前，负有对婴儿进行

---

〔1〕 陈兴良:《教义刑法学》（第 2 版），中国人民大学出版社 2014 年版，第 267 页。

抚养的义务。切断他人的监护或保护责任而自愿以自己取代之，也认为负有因自愿接受行为而引起的义务，例如，小孩丙在河中游泳，乙在一旁看护，行为人甲对乙说"你走吧，我替你看护他，溺水时我救他"，乙离开后，丙腿抽筋，但甲有能力救助而不救助致丙死亡，甲也可构成不作为犯。

第四，先前行为引起的作为义务。指行为人的先前行为创设、增加了风险，导致他人法益处于危险状态时，行为人负有的排除危险或者防止危害结果发生的特定积极义务。例如，成年人甲带着邻居家儿童乙游泳时，因乙到水中的风险由成年人甲创设，甲就负有保护乙生命安全的义务。

（二）实质义务根据

实质的义务根据，是为了说明了具备何种实质条件时，行为人才具有作为义务。

1. 先行行为说

日高义博认为："成为不真正不作为犯存在结构上的空隙的是起因与不作为人之间的关系方面，不作为人有利用因果关系的意志，但如仅看该不作为本身，从自然主义的角度，不作为是没有原因力的，即该不作为本身并没有设定原因。与此相反，在作为犯中，因为作为有原因力，行为人是原因的主体。因此，要填补不真正不作为犯存在结构上的空隙，使其与作为犯在构成要件方面价值相等，就必须考虑不作为人设定原因的情形。"[1] 并认为产生作为义务有四种原因：自然现象、被害人的故意或者过失、不作为人的故意或者过失、除此以外的第三人的故意或者过失。其中，只有由于不作为人的故意或者过失的情形才能填补不真正不作为犯存在结构上的空隙。

---

〔1〕　〔日〕日高义博：《不作为犯的理论》，王树平译，周密专业审校，中国人民公安大学出版社 1992 年版，第 110 页。

2. 机能的二元说和组织管辖理论

德国学者考夫曼提出，根据保护内容的不同，他将保证人分为两类：法益保护型的义务类型和危险源管理监督型的义务类型。法益保护型的义务类型，指在被害人法益处于现实的危险状态时，需要行为人的保护，这种保护关系在之前就妥当地起作用于不作为者和受害者之间。具体的包括基于规范、制度和机能的保护关系而产生的作为义务。危险源管理监督型的义务类型，是指行为人基于对危险物或者设备的管理义务、对人的危险行为的监督义务、对不可罚的先行危险行为等产生的作为义务。

雅各布斯（Jakobs）认为，无论作为犯还是不作为犯，基本上都基于两种理由而负责：一是对特定的组织领域有一定的管辖，即所谓的组织管辖；二是具有体制上的身份而有管辖，即体制上的管辖。对于不作为犯来说，如果因组织管辖而应使该组织领域内的法益不受损害，则为支配犯，如监督危险来源的保证人、前行为的保证人、因承担而产生的保证地位，以及因有组织管辖而应防止他人自残的保证人；因体制上的管辖而产生的保证人，如亲子关系、收养关系、监护关系、夫妻间的特别信赖关系，为义务犯。

3. 对因果流程的支配理论

许乃曼（Schünemann）认为，作为犯和不作为犯共同的实质归责基础是对结果来源的支配；这个所谓的"结果来源"，在作为犯是人对其身体的支配，在不作为犯则有两种：一种是重要的原因，一种是被害人的无助状况；所谓对结果来源的支配是一种实际、事实的支配。许乃曼认为，对结果来源的支配以对事件具有一种现实的控制为前提，一种是基于法益的无助状况，一种是基于对重要的造成结果的原因的掌握。罗克辛认为："人们能够谈论一种作为所有保证人地位标志的'控制性控制'，这种'控制性控制'又进一步分解为'保护性控制'（＝照料性控制）与'安全的控制'（＝监护性控制）这两种形式，并且，这种实行性犯罪的'操纵性控制'是如此接近，以至于一种等同地位就符合了法定的明确性要求了。"[1]

西田典之认为："在有些情况下，获得排他性支配有可能并非基于自己的意思。例如，早上起来看到大门口放有弃婴，由于是自己的大门口，应该说具有排他性支配，但并非自己主动认领（接受），因而这种支配就并非基于自己的意思。对于这种尽管客观上存在排他性支配，但这种排他性支配的取得并非基于自己的意思的场合，应称为'支配的领域性'，以区别于排他性支配。在'支配性领域'的场合，由于缺少'基于意思'这一部分，作为这一部分的替代，就必须存在父子（母子）关系、建筑物的管理人员、安保人员等社会维持性保护关系。"

第三节　行为对象

行为对象（行为客体）是构成要件内容中危害行为所作用的法益的主体（人）、物质表现（财物、信息等）。

多数罪名以特定对象作为其必要的构成要件要素。有的罪名的对象是单一的，例如故意杀人罪的对象是"人"，故意伤害罪的对象是"他人身体"，盗窃罪的对象是"公私财物"，抢劫枪支罪的对象是"枪支"。有的罪名的对象有多个，例如抢劫罪的对象是"他人"和"公私财物"。为境外窃取、刺探、收买、非法提供国家秘密、情报罪，行为对象是"国家秘密或者情报"，对象人是"境外的机构、组织、人员"。有些罪名没有行为对象，例如脱逃罪、非法侵入住宅罪。

---

〔1〕［德］克劳斯·罗克辛：《德国刑法学总论》（第 2 卷：犯罪行为的特别表现形式），王世洲主译与校对，王锴等译，法律出版社 2013 年版，第 540 页。

一、行为对象与保护客体的关系

行为对象（行为客体），与法律所保护的利益即保护客体（法益），是两个不同概念，行为对象是法益的具体承载。例如，故意杀人罪的对象是"人"，而其保护客体（法益）是"生命权"；作为行为对象的"人"可以承载生命权、身体权、性自由、名誉权等各种法益，并不一定限于"生命权"这一项法益。由此可知，根据行为对象难以确定法益的具体内容，但是可以知晓法益的承载体。

一般认为，所有罪名都必需有其保护客体（法益），但不一定有具体的犯罪对象。例如，前文所述的脱逃罪、非法侵入住宅罪、侮辱罪等单纯举动犯，似乎都没有行为对象，因为单纯举动犯的行为本身就满足了构成要件，所以就不再考虑行为对象。但是，如果从解释论的角度出发，脱逃罪的对象似乎是"罪犯、被告人、犯罪嫌疑人本人的身体"，非法侵入住宅罪的对象似乎是"住宅"，侮辱罪的对象似乎是"名誉"。如此看来，似乎所有罪名也都有其行为对象。但仔细思考的话，"住宅"事实上是非法侵入住宅罪所保护的法益（住宅权），"名誉"是侮辱罪所保护的法益（名誉权）。由此，行为对象与保护客体（法益）就纠缠到了一起。

事实上，行为对象与保护客体（法益）是构成要件形式规定与实质规定的关系。刑法条文规定了包括危害行为、行为对象、危害结果在内的构成要素；法益是不法的本质，是实质的界定。如果坚持法益亦是刑法已经规定好的"法益先定"的立场，便可以通过先界定法益，并经由目的解释（实质解释）的解释方法去限定行为对象等构成要件要素形式规定的范围。如果罪名的法益不明确，也可以根据行为对象、危害结果等构成要件要素形式规定去推理罪名的具体法益。

行为对象相同但法益可能不同。例如，故意杀人罪和故意伤害罪，行为对象都是"人"或者"他人身体"，但前者保护的法益是生命权，后者保护的法益是健康权。同样，法益相同但行为对象可能不同。

行为对象是一些罪名的构成要件要素，但法益不能直接称为构成要件要素，只是法律所保护的利益或价值，侵害了行为对象就侵害了法益。

二、行为对象的确认

从罪刑法定原则及实定法规定的层面上讲，行为对象是由刑法规定的，是罪名构成要件要素之一。但是，是否允许存在"不成文"的行为对象？亦即，刑法条文对于犯罪对象虽未明文规定，但是否可以根据解释论推理而出？因为当前刑法通说承认不成文的构成要件要素的存在，亦即，认为刑法条文表面上没有明文规定，但根据刑法条文之间的相互关系、刑法条文对相关要素的描述所确定的，成立犯罪所必须具备的要素，是不成文的构成要件要素。作为构成要件要素之一的行为对象，当然也可以是不成文的。

例如，通说认为抢劫罪的对象是"他人"和"公私财物"，但是，我国《刑法》第 263 条（抢劫罪）的明文规定是"以暴力、胁迫或者其他方法抢劫公私财物的"，却只规定了"公私财物"这一对象，没有规定"他人"，作为抢劫罪的对象是"他人"的，就是根据前文推理出来的。事实上，像抢劫罪、抢夺罪、聚众哄抢罪、敲诈勒索罪、诈骗罪之类的转移占有型财产犯罪，其对象也都是两个——"他人"和"公私财物"。如对于诈骗罪中的诈骗行为，通常认为是由五个环环相扣的环节组成：行为人实施欺骗行为（虚构事实、隐瞒真相）—被骗人产生（或继续维持）认识错误—被骗人基于错误认识处分财产—被害人财物损失—行为人或第三者取得财物；如果这么理解的话，诈骗罪必须以有处分权限的人为行为对象之一。

但是，如果从刑法规定的角度出发，根据罪刑法定原则，认为行为对象仅限于明文规定，很多罪名的行为对象就能准确界定了。例如，根据《刑法》第170条（伪造货币罪）的规定"伪造货币的"，可以确认伪造货币罪的行为对象是"货币"，亦即是假币所对应的真的货币，而不是"假币"本身。这也能够说明：伪造货币罪中的假币，是伪造行为的产物，不是该罪的行为对象。假冒注册商标罪的对象是"注册商标"而不是假冒的商标本身。行为对象在危害行为实施之时即已存在，危害行为实施完毕之后才出现的犯罪产物不是行为对象。但是，根据《刑法》第171条（出售、购买、运输假币罪）的规定"出售、购买伪造的货币"，出售、购买、运输假币罪的行为对象应当是"伪造的货币"，亦即假币，而不是真币。销售假冒注册商标的商品罪的对象是"假冒注册商标的商品"。

同时，基于语言习惯和法益保护的立场，行为对象应当指向的是能产生结果的载体，从而与行为手段、利用之物、行为产物有所区别。例如，《刑法》第243条（诬告陷害罪）的规定为"捏造事实诬告陷害他人"，应将其解释为"（以）捏造事实（来）诬告陷害他人"，亦即告发行为才是实行行为；捏造犯罪事实不是本罪的实行行为，而是告发的内容。故而，诬告陷害罪的行为对象并不是"捏造的事实"，这只是行为的手段；诬告陷害罪的行为对象应当是"他人"。同样的原理，诽谤罪的行为对象并不是"捏造的事实"，这只是行为的手段，其行为对象应当是"他人"。

而《刑法》第389条（行贿罪）的规定为"为谋取不正当利益，给予国家工作人员以财物的"，真正的对象（对象人）应当是"国家工作人员"，而"财物"只是行为手段或者说是行贿行为的组成部分。但是，《刑法》第385条（受贿罪）中规定的"国家工作人员利用职务上的便利，索取他人财物的，或者非法收受他人财物，为他人谋取利益的"，其行为是"索取""收受"，行为对象是"他人财物"。

行为对象与犯罪工具也有所不同。例如，信用卡诈骗罪的行为对象并不是信用卡，信用卡只是犯罪人使用的犯罪工具，信用卡诈骗罪的行为对象应当是"他人财物"。非法捕捞水产品罪中"禁用的工具"是犯罪工具，其行为对象应当是"水产品"。

三、行为对象的作用

对于以行为对象为构成要素的罪名，行为只有作用于特定的对象，才能构成特定罪名。例如，只有当行为人拐骗的是不满 14 周岁的儿童时，才可能成立拐骗儿童罪；如其拐骗的对象是 15 周岁的智障男童，就不能构成拐骗儿童罪而构成它罪，如非法拘禁罪。

行为对象不同，则罪名可能不同。例如，盗窃财物的，构成盗窃罪；明知枪支而盗窃的，构成盗窃枪支罪；盗窃尸体的，构成盗窃尸体罪；盗窃商业秘密的，构成侵犯商业秘密罪。

在学习具体罪名时，应当掌握对行为对象范围的具体解释。例如，盗窃罪的对象明文规定为"公私财物"，按照目的解释具体应当解释为"他人占有的财物"（效力更高的占有）；则行为人本人所有、他人合法占有的财物，例如出借的财物，只要他人占有效力更高，也可成为盗窃罪的对象。

第四节 危害结果

危害结果是危害行为给法益所造成的具体侵害事实（实害）与危险状态（危险）。

一、危害结果的样态

广义的危害结果指法益侵害，包括实害、危险（包括具体危险、抽象危险）。狭义的危害结果指实害结果。根据不同标准，可以对结果进行分类。

（一）实害结果与危险结果

实害结果，是指造成的实际损害结果，亦即行为对法益造成的现实侵害事实。例如，被害人死亡、财产毁失等。

危险结果，是指造成实际损害结果的可能性，亦即足以造成实害的现实危险状态。例如，足以使火车、汽车、电车、船只、航空器发生倾覆、毁坏，足以造成严重食物中毒事故或者其他严重食源性疾病等。

（二）物质性结果与非物质性结果

物质性结果，是指现象形态表现为物质性变化的结果，亦即有形的、可以具体认定和测量的结果。如致人死亡、致人伤害、毁损财物等，都是物质性结果。

非物质性结果，是指现象形态表现为非物质性变化的结果，亦即无形的，不能或难以具体认定和测量的结果。如对人格的损害、名誉的毁损等，属于非物质性结果。

二、危险结果的界定

（一）行为的危险与作为结果的危险

在刑法理论中，通常将危险分为"行为的危险"与"作为结果的危险"。行为的危险，是指行为本身所具有的导致侵害结果发生的可能性。作为结果的危险（危险结果），是指行为所造成的对法益的威胁状态。行为的危险，亦属行为的危害性（有害性），是行为要素（危害行为）的自身属性，不属于结果。判断行为危害性（客观危险性）时，需依照社会公众的立场，依据行为当时存在的客观素材，判断行为当时是否具有造成危害结果的可能性。危害行为的本质在于创设、增加了风险（刑法禁止的重大风险）；没有增加风险、降低风险的行为不是危害行为。不具结果发生可能性以及行为时不支配结果［如日常生活行为（风险微小）、发生结果概率极低的行为］均不属危害行为。作为结果的危险，是行为所造成的一种可能侵害法益的状态，属于结果。

这种分类，是出于将构成要件要素的行为要素、结果要素分离判断的考虑。因此，应当区分行为本身的危险（以认定是否属于刑法中的危害行为）与行为造成的危险状态（以判断犯罪的形态）。例如，甲在 A 地向位于 B 地的乙寄送毒药、意图毒杀乙，在甲实施寄送行为时，即有行为的危险，其行为属于杀人行为（预备行为）；但当毒药已经寄送给乙后，具有造成结果的危险，即使乙未喝，甲也造成了危险结果，构成故意杀人罪未遂。

在本书此处讨论结果要素时，危险结果指称的当然是作为结果的危险。

（二）具体的危险与抽象的危险

危险结果又可以区分为具体的危险与抽象的危险。一般认为，具体的危险是指需要司法者结合具体案情判断危险的有无，来认定行为具有发生侵害结果的危险。例如，破坏交通工具罪中的"足以使火车、汽车、电车、船只、航空器发生倾覆、毁坏危险"，需要司法者根据具体案情事实中行为人破坏交通工具所处的状态、破坏的部位、破坏的程度等，得出是否存在"足以倾覆、毁坏危险"的结论。

而抽象的危险是指立法者已经推定好的危险，亦即只需司法者判断有无行为，就能推定出有无危险。例如非法持有枪支罪，只要行为人实施非法持有枪支的行为，就认为其有危害公共安全的危险。抽象的危险实际上就是一种行为危险的变形，这可以说明在单纯行为犯中，对行为危险性的判断与对结果危险性的判断是同一的。抽象危险以及抽象危险犯在司法中的问题是：在行为人实施了行为的情况下，可否存在反证抽象危险的存在？例如，危险驾驶罪中"在道路上醉酒驾驶机动车"的情况，属于抽象危险犯。但是，如果行为人在沙漠等罕无人迹的道路上醉酒驾驶汽车，没有造成人员伤亡、公共安全危险的结果的，可否认为行为不具抽象危险，从而不构成犯罪呢？

三、结果犯、具体危险犯、抽象危险犯

危害结果也是由刑法规定的。刑法分则（一人、实行、既遂）规定了作为既遂标准的两大类（实害、危险）三小种结果样态（实害结果、具体危险、抽象危险）。

按照刑法分则对于具体罪名既遂标准规定的不同，可将犯罪区分为结果犯（实害结果犯）、危险犯（具体危险犯）、抽象危险犯（也称行为犯）。以发生实害结果为犯罪既遂标准的罪名是结果犯（实害结果犯），例如故意杀人罪，以造成人员死亡为犯罪既遂的标准。以发生具体危险为犯罪既遂标准的罪名是危险犯（具体危险犯），例如放火罪的危险犯，造成足以烧毁的危险，则构成放火罪危险犯既遂。不以发生具体危险、只需行为实施完毕、造成立法者认为的抽象危险，即认为构成犯罪既遂的犯罪是抽象危险犯（也称行为犯），例如非法持有枪支罪，只要非法持有行为实施，一般即认为对于公共安全具有抽象危险，构成犯罪既遂。

以上是以既遂标准的结果样态来界定结果犯、具体危险犯、抽象危险犯的。但有时刑法中也存在着另一种界定标准，即以该结果是否为成立犯罪的必要构成要件要素为标准，来界定结果犯、具体危险犯等。例如，将有实害结果才能成立的犯罪，界定为结果犯；将有具体危险结果才能成立的犯罪，界定为具体危险犯。

事实上，这两类界定标准中，前一种界定才是正确的。之所以存在后一种界定，是因为刑法中有些罪名不处罚未遂（没有未遂犯形态），故而如果行为没有造成实害结果，则不能成立犯罪；实害结果的有无，在此时就成了犯罪成立与否的标准。①我国刑法中的过失犯不处罚未遂，故而只有发生实害结果，才能成立过失犯罪；仅有过失行为，没有实害结果，不构成犯罪，例如交通肇事罪、玩忽职守罪、医疗事故罪等。②少数故意犯罪也不处罚未遂，故而只有发生实害结果，才能成立、处罚犯罪。这些罪名通常有：丢失枪

支不报罪、滥用职权罪、挪用特定款物罪、寻衅滋事罪等。③通说认为间接故意犯罪也不处罚未遂，其成立也需要特定结果。但这种观点现今受到动摇。

此外，结果加重犯实际上涉及的也是实害结果的问题。实现基本犯结果的是基本犯，实现基本犯结果以外、刑法规定的加重结果的，是结果加重犯。应当注意一些典型罪名的加重结果，如故意伤害罪、非法拘禁罪、非法行医罪、虐待罪等。应当将属于构成要件要素的结果与加重结果区分开来。

四、不同立场下"危害结果"不同的体系地位

关于不法本质的争议，存在结果无价值与行为无价值两种不同立场。在不同立场之下，"危害结果"的体系地位也不相同。

结果无价值论认为，广义上的危害结果（实害、危险）是所有犯罪成立的必要要素。行为只有在客观上造成了实害结果或危险结果，才是不法行为，才可构成犯罪。反言之，构成犯罪的行为，都已造成了危害结果即法益侵害，要么造成了实害，要么具有危险（包括具体危险、抽象危险）。例如，甲故意杀乙，将乙杀死，则甲造成了实害结果，是故意杀人罪既遂（实害结果犯）；如甲虽实施了杀人行为，但未将乙杀死，则甲造成了具体危险结果，是故意杀人罪未遂（具体危险犯）；如甲未实施杀人实行行为，而只是为杀人而购买了匕首，则甲造成了抽象危险结果，是故意杀人罪预备（抽象危险犯）。没有造成实害，也无危险（具体危险、抽象危险）的行为，不构成犯罪。例如，甲故意持无法伤人的塑料水枪射击乙，不可能造成乙死亡的结果，也不具此种危险，就不能认定甲的行为是杀人行为，也不能构成故意杀人罪。

而行为无价值论认为，只要有危害行为，即可认定不法，就可构成犯罪，结果可有可无。结果（实害、危险）不是犯罪成立的必要要素，只是犯罪既遂的要素；行为犯的成立、既遂无需结果。

第五节 因果关系

一、因果关系的作用和功能

刑法上的因果关系，指危害行为与危害结果之间存在的引起和被引起的关系以及责任承担情况。亦即，从客观方面（社会公众认可的角度）判断危害结果是否由某一特定行为导致，是由哪一个行为导致，是否应当因此行为承担结果的刑事责任。

关于因果关系在犯罪论体系中的地位，刑法史上存在两种倾向：一是把因果关系论放在前构成要件的行为论的中心地位上，亦即作为因果行为论的核心内容；二是把它作为确定构成要件该当性的一个要素而放在构成要件论中，亦即作为结果归责的标准。后者是现今刑法的主流观点。

在刑法上认定因果关系的作用，是决定对结果的客观归责。亦即，如果认定危害行为与危害结果之间存在因果关系，就将该结果归责于该行为，行为人就要对此结果承担刑事责任。在具体作用中，结果（这里暂以实害结果为例）在具体罪名中的作用，就是因果关系的作用。

对于必需特定实害结果的实现才能构成的结果犯，例如过失犯罪等，判断行为与结果之间有无因果关系，可确定是否成立犯罪。

对于以特定实害结果实现作为既遂条件的结果犯，例如故意杀人罪，判断行为与结果之间有无因果关系，可确定犯罪是否成立既遂。

对于结果加重犯，例如抢劫罪致人死亡，判断行为与实害结果之间有无因果关系，可确定是否构成加重犯、适用加重刑。

对于共同犯罪，判断共同犯罪人的行为（实行、帮助、教唆）与结果之间有无因果关系，可确定共犯人是否对结果负责。

二、因果关系的理论

因果关系的问题，并不单纯是一个刑法问题或者法律问题，在自然科学、哲学、历史学的领域内也存在因果关系问题。自然科学中因果关系所考虑的是，对于成为原因的事态，必然伴随着成为结果的事态，即去发现必然的因果性法则。哲学中因果关系关心的问题，是上述因果性法则的正确根据。历史学是在诸多历史事实中寻找原因和结果的关系。

而刑法学上因果关系是围绕特定具体个案展开的，是以一次性的犯罪事实为对象，并不是想去寻求因果规律，而是为刑事处罚寻求合乎社会情感的依据，亦即在既存客观因果规律的基础上，追求作为具有社会意义而存在的因果性。因此，刑法上对因果关系的判断，一般区分为事实层面与规范层面两个方面。在事实层面上，是以自然科学、哲学为基础，确定危害行为与危害结果之间存在的引起和被引起的关系。在规范层面上，是想确认何种类型的关联是立法者设定予以刑事处罚的关联。现今刑法中各种因果关系理论，都是建立在确立定型化的因果关系类型的基础之上。以下简介历史上出现的各种因果关系学说。

（一）条件说

条件说认为，在危害行为与危害结果之间，如果存在"没有前者也就不存在后者"的条件关系，则认为危害行为需对该危害结果负责。由于条件说把引起结果的全部条件，看作有同样价值的因素，也可以称作"等价说"或者"同等说"。条件说在早期刑法理论以及德国、日本的判例中，是主流的学说。即使现今，也是各种因果关系理论的基础。

条件说坚持的是事实上的因果关系，立足于逻辑的因果关系的立场，认为一切行为只要在逻辑上是发生结果的条件，就是结果发生的原因。条件关系即"如无前者，即无后者"的关系（Conditio

Sine Qua Non，简称 C. S. Q. N 公式或 "but-for" 公式）。条件说坚持的是一种广义上的因果概念，将事实因果关系直接运用于刑法上，会使刑事责任的客观基础过宽。因此，条件说受到强烈的批判。因为，如果认为相对于结果的一切条件在法律上有同等的价值，只要存在着条件关系，就直接具有刑法上的因果关系，那么，生出杀人犯人的父母，制作杀人犯使用的手枪的工人，难道也可以说对其杀人的结果有着因果关系吗？这是违反一般社会常识的。在条件说的基础上，出于限制条件关系的考虑，发展出形形色色的因果关系理论。

（二）因果关系中断说

主张条件说的学者为限制条件的范围，又提出了因果关系中断说。①最初因果关系中断说的含义是，当介入了没能预料到的异常情况时，不论是自然现象还是人的行为，就被认为是因果关系的中断。②其后，认为行为和结果之间介入他人的行为，而且是出于其行为人的自由意志时，亦即介入了有责任能力者的自由及故意行为，由此就中断了因果关系。例如，李斯特说："立法者认为，在正犯者的行为中，即使其行为的决意是由第三者引起的，或被强化的，一般也可视作出现了新的独立的因果系列，需以有责任能力的正犯者的自由的行为为前提"。此后，中断的原因又扩展到自然性事实以及过失行为。

因果关系中断说仍然坚持从事实角度考察因果关系，未能从根本上克服条件说的缺陷。并且，该学说本来是为制约条件说不适当地扩大因果关系范围而产生的结果，但是有可能扩大归责的范围。

（三）原因说

在哲学上区分条件与原因的思想基础上，又出现了原因说。原因说区分了原因与条件，是为限制条件说不当扩大刑事责任的范围而产生的学说，故又称为"限制条件说"。其基本含义是从诸多条件中，挑选出特别的条件，作为关联结果的原因，其他条件则不认为其对于结果的发生具有原因力而称为条件（单纯条件）。认为只有原因行为才对结果负责，单纯的条件行为不对结果负责。对于哪些条件才能作为原因，又有各种学说。

必要条件说。认为在引起结果发生的各种条件行为中，只有为结果发生所必要的、不可缺少的条件行为，才是刑法上的原因，其余的是单纯条件。

直接原因说（或近因说）。认为在引起结果发生的数个条件行为中，直接引起结果发生的条件行为是刑法上的原因，其余的为单纯条件。

最重原因说（或最有力条件说）。认为在引起结果发生的数个条件行为中，对于结果发生最有效力的条件行为，是刑法上的原因，其余的为单纯条件。

决定原因说（或优势条件说）。认为在结果出现之前，积极惹起结果发生的条件（起果条件）与消极防止结果发生的条件（防果条件）处于均势。后来，由于起果条件占了优势，压抑了防果条件，惹起结果之发生。因此，凡是占有优势并使结果发生的条件行为，即是刑法上的原因，其余的为单纯条件。

原因说意图对条件进行限制，缩小了因果关系的范围。但是，界定原因的标准仍然不明确，因此，原因说只是提供了限制条件的思想和理念。刑法中的因果关系观念，需要在危害行为和构成要件的结果之间，寻找定型的、具体的因果关系。当然，后来的相当因果关系说，也可以说是原因说的一种。

（四）必然因果关系说与偶然因果关系说

在中国刑法中，还曾出现过必然因果关系说与偶然因果关系说的观点。必然因果关系说认为，只有反映事物内部的、稳定的、重复的、普遍的现实联系，表示事物发展中不可避免的、一定要出现的趋向的条件，亦即必然条件，才是可以归责的原因。那些反映事物外部的、非本质的、不稳定的、个别的现实联系，表示事物发展可以出现，也可以不出现，可以这样出现，也可以那样出现的倾向的条件，亦即偶然条件，不是可以归责的原因。而偶然因果关系说认为，必然条件、偶然条件都是可以归责的原因。

（五）相当因果关系说

相当因果关系说是原因说的一种，认为按照社会生活经验，通常被认为具有相当性的条件，才是结果的原因。亦即，从那种行为中发生那种结果只能被看作是相当的，换言之只要结果的发生并非出于偶然，就应承认因果关系的存在，所以也被称为"相当说"。这一观点在防止条件说不适当地扩大因果关系范围的意图上，与原因说是相同的。

对于相当性标准，理论上存在以下三种观点：①主观的相当因果关系说。亦即，以行为人在行为当时已认识的情形以及可以认识的情形为基础的主观说。行为人在行为时所能认识到的因果联系事实，不论社会上一般人是否能认识到，都认为存在相当关系。此说是以行为人的主观认识能力为标准，确定相当性之有无。②客观的相当因果关系说。亦即，以客观事后预测，即事后站在法官的立场上、除行为人在行为当时已认识的情形以及客观存在的全部事实外，即使在行为后产生的情形，只要其有预见的可能，都必须予以考虑。即认为，凡是一般人已经预见或可能预见某种行为会引起某种结果的，就认为行为人的行为与结果之间存在相当关系。③折中的相当因果关系说。即以行为时一般人所预见或可能预见之事实以及虽然一般人不能预见而为行为人所认识或所能认识的特别事实为基础，判断相关关系之有无。凡是一般人所能预见到的行为与结果之间的伦理上的条件关系，不论行为人是否预见，都认为存在相当关系；凡是为一般人不能预见，但行为人能预见的，亦认为存在相当关系。

主观说以行为人标准，而客观说以一般人标准。折中说采一般人标准，而在社会一般人不能认识而行为人能认识的情况下，又依行为人标准。折中说是理论界的通说。

相当说基于人们的全部经验知识，以判断结果的发生是否具有普适性，结果被要求从社会的观点出发进行一般性评价，这种理念是正确的。批判的观点是，因果关系的判断应当是客观的判断，但是按照相当因果关系折中说，需要考虑行为人主观方面是否认识，这样一来就将行为人的主观作为判断基础，违背了客观判断的立场。

（六）客观归责论

客观归责论是德国刑法学者罗克辛为解决将危害结果归责于危害行为的问题而创造的理论。他提出以"风险原则"作为客观归责标准，试图创造一个不受因果关系影响、为结果犯所适用的共通的原理。客观归责论主要包括以下内容：

（1）制造法所不容许的危险。只有制造了法律禁止的危险，才有可能在客观上归责于行为人。故意行为只要是被法所禁止的，其所造成的风险必然是法所不允许的，因而应予归责。而过失犯中的法所不允许的风险则应当根据注意义务是否得以遵守加以判断，在没有遵守注意义务的情况下造成的风险，就是法所不允许的风险，应予归责。法所不容许的风险如果是行为人所制造的，当然是具有客观上的可归责性的，即便这种法所不容许的风险不是行为人所制造，但行为人通过其加功增加或者提高风险，同样是具有客观上的可归责性的。但是，如果行为人实施了降低风险的行为，即使这种风险仍然发生，也不具有客观上的可归责性。行为人的行为虽然没有降低风险，但也没有以在法律上值得关注的方式提高风险，因而同样不具有客观归责性。在假定的因果过程中，并不否定客观归责，但如果自然因果性被修改，则有可能归责。

（2）实现法所不容许的危险。行为人制造了法律禁止的风险并且导致了危害结果的发生，才认为其行为具有客观上的可归责性，若未实现风险或者仅实现了法律允许的风险，所发生的危害结果不可归责于行为人。虽然制造了法所不容许的风险，但这种风险并未实现，对此如果是故意犯的话应当以未遂犯论处。未实现风险当然不具有客观上的可归责性，即使实现了风险，但这种风险并非不被容许，仍然不可归责。结果虽然发生，也就是风险已经实现，但这一结果并不在注意规范所保护的范围之内，仍然不具有客观上的可归责性。如果行为人未违反注意义务，也就是实施合法行为，结果仍然会发生，当合法的替代行为肯定或者必然会导致这个结果时，才应当排除一种归责。但如果合法的替代行为并非肯定导致结果，换言之，违反注意义务的行为提高了风险，那就是可归责的。

（3）结果在构成要件的效力范围之内。不具备构成要件不可归责。参与他人故意的自危、同意他人造成危险、第三人责任范围的结果，一般不予归责。[1]

在体系地位上，客观归责论的主体内容是对构成要件该当性的阻却，因此客观归责论不单纯是一个因果关系问题。但在功能作用上，客观归责论与因果关系论大体相同，都是为了对结果归责。从某种意义上讲，客观归责论就是对相当性的具体化。

三、本书的立场：客观的相当因果关系说

本书基于我国的司法实务，认为对于因果关系的判断，应当采用相当因果关系说的观点；并认为应当基于客观的相当因果关系说的立场，认为司法实务对于因果关系的判断，不应过度理论化，而应具体、实用、可操作化，由此对因果关系的看法如下：

相当因果关系说，是指在判断条件关系的基础上，对造成结果的数个条件进行筛选，挑选出数个条件中"相当性"的条件，作为

---

〔1〕[德]罗克辛：《客观归责理论》，许玉秀译，载《政大法学评论》1994 年第 50 期，第 22 页；李海东：《刑法原理入门（犯罪论基础）》，法律出版社 1998 年版，第 54~57 页；许永安：《客观归责理论及其对我国犯罪构成的意义》，载陈兴良主编：《刑事法评论》（第 8 卷），中国政法大学出版社 2001 年版，第 78~84 页。

造成结果的原因。亦即，对于因果关系有无的判断，一般需按两个步骤进行双层次的判断：首先根据"无 A 则无 R"的标准，将造成结果（R）的所有条件（A1、A2）列举出来；而后根据"相当性"，从数个条件中挑选出具有"相当性"的条件（A1），作为造成结果的原因，认为此条件与结果之间具有刑法上的因果关系（A1→R）。

第一步，判断条件关系：无 A 则无 R，则 A 是 R 的条件。

条件关系是指当 A 行为与 R 结果之间存在着"有 A 就有 R，无 A 则无 R"的关系时，A 行为就是 R 结果的条件。亦即，当出现有 A 行为，就有 R 结果的客观事实（有 A 就有 R）时，要判断 A 行为是否是 R 结果的条件，需反向思维进行排除法的判断：如果没有 A 行为，也就没有 R 结果，则 A 行为就是 R 结果的条件；如果没有 A 行为，仍然出现 R 结果，则 A 行为不是 R 结果的条件。例如，甲开车逆行，撞上了无照驾驶的乙，如无甲的逆行行为，就不会出现撞车事故，故甲的逆行行为，是造成事故的条件；但是，即使乙有照驾驶，也仍然会出现撞车事故，故乙的无照驾驶行为，就不是造成事故的条件。

第二步，判断相当性：作用最大、最为重要、应当负主要责任、最通常的条件。

"相当性"是指以一般人的认识为标准，该行为产生该结果在日常生活中是一般的、正常的、应当负主要责任的，而不是特殊的、异常的。①在当时的客观条件下造成结果的可能性很大、应当负主要责任；②造成结果并不出乎一般人的意外（并不异常）。

例如，甲违章开车撞上了护栏忽然停下，乙超速因刹车不及追尾撞上甲车。首先，甲的违章行为、乙的追尾行为，都是造成汽车事故的条件；其次，根据社会生活经验，一般认为追尾的人责任较大，故而乙的追尾行为对于事故的造成具有"相当性"。从而，乙的追尾行为与事故结果之间具有刑法上的因果关系，而甲的违章行为与事故结果之间只具有条件关系，而不具有因果关系。

简言之，相当因果关系说即是从数个条件中筛选出作用最大的、最为重要的、应当负主要责任的、最通常的条件（具有"相当性"的条件），作为造成结果的原因。排除数个条件中异常的、不相当的情况，从而限定刑法上的因果关系范围。当然，数个条件都不具异常性、无法判明重要性大小时，应认为其具有相当性，而都与结果具有因果关系。

因果关系是犯罪成立客观方面的条件之一，具有因果关系，行为即符合了犯罪成立客观方面的条件（客观不法），但不一定必然都成立犯罪。还须考虑犯罪成立的其他条件，例如行为人主观上是否具有过错等（主观责任）。在构成何罪时，也应将客观不法、主观责任结合起来。

第八章

犯罪主观要件

第一节 故 意

故意、过失（罪过形式）是行为人实施危害行为时对危害结果所持的心理态度。我国刑法规定了故意（直接故意、间接故意）、过失（轻信过失、疏忽过失）两大类四小类罪过形式，以及意外事件、不可抗力两种无罪过形式。

我国《刑法》第 14 条规定："明知自己的行为会发生危害社会的结果，并且希望或者放任这种结果发生，因而构成犯罪的，是故意犯罪。故意犯罪，应当负刑事责任。"

一、故意的构成要件

我国《刑法》第 14 条第 1 款规定："明知自己的行为会发生危害社会的结果，并且希望或者放任这种结果发生，因而构成犯罪的，是故意犯罪。"

犯罪故意，是指明知自己的行为会发生危害社会的结果，并且希望或者放任这种结果发生的心理态度。分为直接故意和间接故意两类。

（一）直接故意（有目的的故意）

直接故意，是指明知自己的行为会发生危害社会的结果，并且希望这种结果发生的心理态度。

认识要素：明知行为必然或可能导致结果（明知）。在认识程度方面，可以是认识到行为导致结果的可能性（可能性大小不论），也可以是认识到行为导致结果的必然性。

意志要素：希望结果发生（追求）。直接故意的构成要点在于意志因素方面，亦即对于结果的发生抱有追求、希望的目的，无论是认识到结果发生的可能性是大还是小，只要具有追求结果的目的，即应认定为直接故意，故而直接故意又被称为"有目的的故意"。

（二）间接故意（无目的的故意）

间接故意，是指明知自己的行为可能发生危害社会的结果，并且放任这种结果发生的心理态度。

认识要素：对结果发生的盖然性认识（明知结果发生的可能性很大，但并非必然发生，还是有不发生余地）。如认识"必然"发生危害结果（必然性认识），则属直接故意。

意志要素：放任（意志空缺），仍实施行为。放任是既不追求，也不反对，容忍结果发生，而不采取积极措施防止，听之任之；结果发生与否，都不违背行为人的意志。实际上是意志因素空缺，不能确定具体意志（目的），包括对多种结果都容忍，或没有证据证明其具体意志（目的）。由于行为人知道行为导致结果的概率很大，仍然实施行为，故其虽不追求结果但仍偏向于结果发生。也就是说，间接故意更倾向于结果发生，而不是倾向于结果不发生，故而认为是故意形态。

间接故意犯罪通常发生在以下三种情况（具体情形是否成立间接故意，仍需按间接故意的成立条件予以判断）：①行为人为了实现某种非犯罪意图而放任危害结果的发生，如狩猎人为了击中野兽而对可能击中他人持放任态度。②行为人为了实现某种犯罪意图而放任另一危害结果的发生，如为了抢劫财物而使用暴力放任被害人死亡，或者为了杀妻而在妻子碗内投放毒物时，放任孩子的死亡。③瞬间冲动下不计后果的行为，如不计后果（明知可能造成死亡结果也可能造成伤害结果）乱捅刀子，结果致人重伤。

二、故意的认识内容

根据《刑法》第 14 条的规定，故意（包括直接故意、间接故意）的成立都需具备"明知"的认识要素，并且需要"明知自己的行为会发生危害社会的结果"。刑法分则有 400 多个故意犯罪，每个具体的故意犯罪罪名，都有不同的犯罪故意，构成要件各不相同，各有各的故意认识内容；需要认识到该具体罪名的行为、对象、结果等要素，才能成立具体罪名故意。

事实上，故意是对不法要素的认识，对于客观不法要素，包括积极的不法要素（行为、对象、结果、因果关系、时间、地点、方法）、消极的不法要素（正当防卫、紧急避险等违法阻却事由），均要有认识才能成立故意（数额、次数、情节等"量"的要素例外）。

当然，故意是对法定事实即刑法规定的不法要素的认识，故而，认识程度只要及于刑法规定的"属"的事物即可（即法定认识），而无需认识到社会生活中的"种"（具体认识）。

（一）故意成立的必要认识要素

成立故意，行为人必要的认识内容有：

第一，行为的内容与社会意义。仅需认识到行为的社会性质（自然性质），而无需认识到行为的法律属性（违法性认识）。

第二，发生结果（该罪既遂结果）的可能。对于结果的认识是故意认识的核心内容（结果负价值），但并不要求认识很具体，只需认识到构成要件规定的结果，即认定有故意（法定符合说）。

第三，对于以特定对象为必要构成要件要素的犯罪，要求认识到特定对象。例如，盗窃枪支罪故意的成立要求认识到对象是枪支，掩饰、隐瞒犯罪所得罪故意的成立要求明知对象是不法所得的赃物，奸淫幼女型强奸罪故意的成立要求行为人明知对象人是不满14周岁的幼女。

按法定符合说的观点，对同一构成要件（同一罪名）之下不同对象的认识错误（认识到了"属"而认错了"种"），仍属于对刑法规定的对象有认识，可成立此罪的故意。

第四，因果关系的基本部分。只要求认识大概流程，不要求认识到流程的具体样态。例如，甲朝乙开枪，只需认识到开枪会导致死亡的因果机制即可，而无需认识到是打中心脏死还是打中脑袋死。

第五，对于以特殊身份为必要构成要件要素的犯罪（身份犯），对于身份要素也要求有认识。特殊身份要素（纯正的身份）是不法要素，故而为故意的必要认识要素。对于身份没有认识，不能成立此罪的故意。例如，严重性病患者因嫖娼而传播了性病，但如其没有认识到自己患有严重性病的，不具有传播性病罪的故意。

第六，对于以特定的时间、地点、方法为必要构成要件要素的犯罪，对于时间、地点、方法也要求有认识。

第七，需要认识到不具有正当防卫、紧急避险等违法阻却事由。如果误认为存在不法侵害而防卫（假想防卫）、误认为存在危险而避险（假想避险）、误认为被害人有承诺而依承诺行为（假想承诺），均不能认为具有故意，不能成立故意犯罪，一般认为成立过失犯罪（或者意外事件）。

第八，对规范的构成要件要素的事实属性的认识。刑法中的"淫秽物品""猥亵""不正当利益"等都是规范的构成要件要素，如果这些要素属于前述故意成立所必须认识的要素范围，则对其也要有认识才成立故意。

对于规范的构成要件要素的认识，只须认识其事实属性（一般公众认识），而无须认识其规范属性（规范属性最终定性由裁判者确定）。

（二）故意成立的不必要认识要素

第一，不法要素中的数额、次数、情节等"量的要素"，不是故意认识所必需的认识内容。

例如，误认为财物"数额较大"而实际上数额巨大，误认为情节不严重而实际上"情节严重"，误认为没有达到"多次"而实际上已经多次，都不影响故意的成立。

当然，对于财物犯罪，需要区分"财物（对象）"的认识和"数额较大（数额）"的认识。例如，实施盗窃时，行为人误认为东西根本不值钱而实际上是文物，是没有认识到对象的财物属性（"财物"），不能认为具有盗窃故意。但是，行为人误认为东西只值800元实际上值3000元，是认识到了对象是"财物"，只不过没有认识到"数额较大"，仍认为其具有盗窃故意。

第二，少数故意犯罪中的"损失结果"要素，实际上并不是真正的结果要素，而是单纯成立犯罪的量的要素（可认定是情节要素）。例如丢失枪支不报罪中的"严重后果"、滥用职权罪中的"重大损失"，不是故意认识所必需的认识内容。成立这些犯罪的故意，只需对行为、对象等有所认识即可，而无需对结果有认识。即使对这些结果只有过失、甚至无过错，也可成立这些犯罪的故意。

数额、次数、情节等"量的要素"，被称为"客观的超过要素"，亦即是客观要素，但不是主观故意所必需认识的要素。

第三，对于行为法律性质的认识（违法性认识），不是故意认识的必要要素。误将犯罪行为当作合法行为、行政违法行为等非犯罪行为的，也认为行为人具有故意，只不过是否具有责任另当别论。对于违法性认识错误的处理（不具有认识可能性的违法性认识错误，属于责任阻却事由），具有认识可能性的违法性认识错误，即行为人未认识到系违法犯罪但一般公众能够认识到违法犯罪，会减轻责任。不具有认识可能性的违法性认识错误，即行为人未认识到系违法犯罪一般公众也不能认识到违法犯罪，则认为没有责任。

第四，责任要素不是故意认识的必要要素。对于责任年龄、责任能力、目的要素等没有认识的，不影响故意的成立。

三、间接故意与轻信过失的区分

间接故意与轻信过失，都是行为人对结果发生的可能性本来就有认识或预见，并且都不追求结果的发生，对于结果没有明确的目的。但是，两种罪过形式也有明显的区别，这主要是从意思对结果的控制这一角度展开的。

间接故意是"认识到结果发生可能性大，而不反对"，轻信过失是"认识到结果可能发生（概率大小皆可），有客观依据避免"。在对结果的态度（意志）上，直接故意投了赞成票，间接故意投了弃权票，轻信过失投了反对票。亦即，间接故意中意思对结果的控制力要强一些，对法律秩序怀着积极对抗的态度；轻信过失中意思对结果的控制力要弱一些，对法律秩序怀着消极对抗的态度。至于根据何种标准来判断意思控制强弱的问题，存在盖然性说与容认说两种观点。

盖然性说以行为人本人所预见到的结果发生可能性的大小为标准来区分间接故意与轻信过失。认识到结果发生有较大盖然性并决意实施行为的，是间接故意。例如，医生明知病人的体质终究难以忍受手术治疗，却抱着一丝希望勉强地进行了手术，结果病人因体力衰竭忍受不了手术的折磨而死亡。根据盖然性说的观点，医生高度盖然地认识到病人可能会经不起手术治疗而死亡，因此是间接故意。但是，医生却是抱着手术成功、全力以赴挽救病人生命的态度而实施行为，认定为杀人故意有些不妥。可见，盖然性说存在一定的缺陷。

容认说认为间接故意成立的判断不仅要认定认识结果盖然性的程度大小，而且要考虑容认结果的意志要素。故意的成立要件本来就是认识因素和意志因素的统一。间接故意不仅要认识到结果发生有较大盖然性，而且需要容认该结果发生。故意需要有与法律秩序敌对的意思存在，如果对结果是反对的，就不能认为有故意。

本书认为，盖然性说和容认说在一定程度上其实是统一的，间接故意与轻信过失的构成，都需要认识因素、意志因素两个层面，但对两者的评价有时候可能是统一的、难以分离的。对二者的区分，本书认为应当从两个层面进行：

第一，先看行为人的认识程度。行为人认识到行为导致结果可能性很大，可能为间接故意；认识到行为导致结果可能性小，则直接认定为过失。

第二，行为人认识到行为导致结果可能性很大，再看行为人客观上是否采取了自认为有效的防果措施。行为人认识到行为导致结果的可能性大，又未采取措施，则为间接故意；或者明知采取的措施有效性不大，不能避免结果发生，也为间接故意。行为人认识到行为导致结果的可能性大，但采取了自认为有效的可完全避免结果发生的措施的，认为是轻信过失。

通常在日常生活中，行为人认识到行为的危险性很大，没有客观把握，例如对于生命等重大法益的极端蔑视，没有采取任何客观的防果措施的，宜认为是间接故意。行为人认识到行为的危险性极高、导致结果概率较大，如未采取防果措施，仍实施该危险行为的一般认为是"放任"。而在业务中，危险作业中仅仅只是故意违反规章，而无证据证明或无明文提示行为人系故意追求或放任结果的，一般推定为过失。

第二节 过 失

我国《刑法》第15条规定："应当预见自己的行为可能发生危害社会的结果，因为疏忽大意而没有预见，或者已经预见而轻信能够避免，以致发生这种结果的，是过失犯罪。过失犯罪，法律有规定的才负刑事责任。"据此规定，我国刑法中的过失可分为轻信过失（有认识的过失）和疏忽过失（无认识的过失）两类。

一、过失犯的构成条件和注意义务

过失的成立，需违反注意义务而实施不注意行为。注意义务是过失成立的重要要件。

（一）预见结果的义务与避免结果的义务

根据注意义务的内容的不同，注意义务可分为预见结果的义务、避免结果的义务。

我国刑法中的轻信过失（有认识的过失）是指虽然认识了结果发生的可能性，但却相信自己的技术和心存侥幸，从而未能防止结果发生的情形。疏忽过失（无认识的过失）是指没有认识到结果而行为。两者是根据是否认识结果发生的可能性来进行区分的。轻信过失虽然不违反预见结果的义务，但违反了避免结果的义务；而疏忽过失同时违反预见结果的义务和避免结果的义务。

（二）客观注意义务与主观注意义务

根据注意义务认定基准的不同，注意义务又可分为客观注意义务和主观注意义务。

1. 客观注意义务

客观注意义务指以社会一般人为判断基准的注意义务，包括客观的预见结果的义务、客观的避免结果的义务。如果一般人能够预见结果，并采取适当的行动；而行为人客观上没有实施该行为，行为人的行为就可被认定为疏忽过失行为。如果一般人能够防止结果，采取防止结果的措施；而行为人虽预见了结果，但客观上没有防止结果的措施，行为人的行为就可被认定为轻信过失行为。

考虑到有时在现代社会生活中有些危险行为具有有用性，从而加以容许，因此，在出现"被容许的危险"的情况时，不能认为行为人有过失行为。

同时考虑到在共同生活中"危险的分配"，容许相信他人也会慎重地行动，行为人基于"信赖原则"实施行为时，也不能认为行为人有过失行为。

2. 主观注意义务

主观注意义务指以行为人为判断基准的注意义务。对于行为人来说，结果是可能预见的，行为人就需要预见；结果是可能回避的，行为人就需要回避。如果行为人不能预见、不能回避，就没有责任。在通常情况下，若有客观预见可能性、回避可能性，也就会有主观预见可能性、回避可能性。因此，主观的注意义务是对例外的情况的排除。亦即，一般人能够预见、回避，而行为人基于诸如自身的特殊疾病体质等原因而不能预见、回避时，就认为其没有罪责。

（三）注意义务的认定基准

关于注意义务的认定基准，显然，客观注意义务应当坚持客观说，亦即以社会一般人或平均人的注意能力为标准，确定行为人是否具有客观上的注意义务，以确定其行为是否属于过失行为。主观注意义务应当坚持个人标准说，以行为人本人的注意能力为标准，确定行为人对违反义务的客观行为是否具有责任。

问题在于，在客观注意义务方面，如果行为人的注意能力明显高于或低于社会一般人，该如何处理？这就出现了折中说，亦即先判断社会上的一般人能否预见，然后将行为人同社会一般人作一比较。根据行为人本身的年龄、智力发育状况、文化知识水平等因素判断，如果行为人的认知能力高于社会的平均水平，就以行为人为标准；如果低于社会的平均水平，仍以社会一般人为标准。

二、轻信过失和疏忽过失的构成条件

轻信过失是违反了避免结果义务的情况，疏忽过失同时违反预见义务和避免结果的义务。

（一）轻信过失（有认识的过失）

轻信过失（有认识的过失）是指已经预见自己的行为可能发生危害社会的结果，但轻信能够避免，以致发生这种结果的心理状态。

认识要素：行为人本人在事实上已经预见结果可能发生，已经认识发生结果的可能性。其认识程度，一般是认识到发生结果的可能性小，也可以是认识到发生结果的可能性大（但有依据避免）。

意志要素：轻信能够避免，相信能够避免结果（反对结果发生）。暗含的意思：

（1）应当避免而未避免：行为人主观上反对结果发生。社会一般人能够避免、会采取避免措施，行为人具有避免结果发生的能力，但没有采取避免措施。

（2）"轻信"：行为人有客观依据（例如客观上采取了自认为有效的防果措施，或者之前有避免结果发生的经验）、有能力阻止结果发生。

有人从行为人视角出发，认为只要行为人反对结果发生，就一定是过失，这种判断方法不一定正确。因为轻信过失的构成，不仅需要行为人反对结果发生（"避免"），而且需要具备"轻信"要素，即其有客观依据避免结果不发生。明知发生可能性较大，而客观上却无任何避免措施的，不符合"轻信"要素，不构成轻信过失，应当认定为间接故意。

预见到结果可能发生，但没有避免能力、不能抗拒（社会公众认为行为人没有能力避免），系属不可抗力。

（二）疏忽过失（无认识的过失）

疏忽过失（无认识的过失）是指应当预见自己的行为可能发生危害社会的结果，因为疏忽大意而没有预见，以致发生这种结果的心理状态。

（1）没有预见：行为人事实上没有预见（行为人主观事实）。

（2）应当预见：社会期许行为人具有预见可能性。亦即，在客观上，行为人所属的社会一般人标准（"行为人所属的外行人领域的平行评价"），能够预见结果发生的可能性，行为人即具有预见能力。如果社会一般人也预见不了结果，行为人的行为即不属过失行为。如果行为人没有预见能力，系属意外事件。

疏忽过失构成的原理：首先是在事实层面上行为人确实没有认识到结果的发生，其次是在社会一般人的立场上认为行为人负有认识到结果发生的预见义务（公众立场），是应当预见而未预见。通俗地理解，就是"行为人没预见，但我们（社会公众）能预见"。因此，在行为人没有预见的情况下，判断其是否具有过失，关键是要看我们（社会公众）能否预见，这就涉及预见义务、预见能力的问题。

"应当预见"即社会公众期许行为人能够预见结果（预见义务）；同时，根据行为人本人的知识水平在当时的情况下也能够预见结果可能发生、具有预见结果的可能性（预见能力）。将预见义务和预见能力合并起来，可以通俗理解"应当预见"即是社会公众认为行为人所属的那一类人一般有无预见结果的可能性。刑法术语称为"行为人所属的外行人（同行）领域的平行评价"。

第一，日常生活过失。如果过失发生在日常生活中，行为人是一般人，就看日常生活中的一般人能否预见结果，行为人的行为是否违反日常生活习惯准则。

第二，业务过失。如果过失发生在职务、业务工作中，行为人是特种职务、业务者，就看从事该种职务、业务的一般职务、业务者能否预见结果，行为人的行为是否违反职务、业务方面的规范、惯例、规章。

第三节　事实认识错误

认识错误，是指行为人的主观认识与客观事实不一致的情形。认识错误包括事实认识错误与违法性认识错误（法律认识错误）。事实认识错误，是对案件事实要素的认识错误，亦即行为人主观上对各种不法要素（行为、对象、危害结果、因果关系、主体身份、时间、地点、方法、数额、次数、情节）的认识，与客观发生的事实不一致。

对于事实认识错误，由于故意的构成需要行为人主观上对一些必要要素具有认识，故而，行为人主观上对于必要认识要素（具体犯罪的必要构成要件要素）产生认识错误、欠缺认识，可能导致故意不成立。但是，事实认识错误使故意不成立，并不影响过失的成立。由此可见，事实认识错误是故意认定中讨论的内容，它涉及是否成立故意、故意犯罪是否既遂、如何认定罪名等几个问题。此外，认识错误是主观（责任）、客观（不法）不一致的情况，通常我们认定犯罪时要求"客观主观相统一"，在"客观主观不统一"的情况下，如何寻求统一、认定犯罪，本书为此也提供了解决方案。

一、事实认识错误的分类

（一）构成要件的客观要素的错误

根据行为人主观认错的不法要素（对象、结果、因果关系、行为及手段）为何，可将事实认识错误区分为对象错误、打击错误（方法错误或结果错误）、因果关系错误、手段错误。认识错误是主观问题，区分其类别应当首先从行为人主观出发。

1. 对象（认识）错误

对象错误，是指行为人误将甲对象认作是乙对象加以侵害的情形。可分为：

（1）具体对象认识错误，是指行为人误把甲对象当作乙对象加以侵害，而行为人主观认为的对象（乙对象），与客观对象（甲对象），仍属同一犯罪构成要件范围之内的情况。按照法定符合说，故意是对构成要件事实的认识，只需认识构成要件范围内的对象，就能成立该罪故意。故而，同类对象错误不影响故意成立。在客观上，如果实行行为侵害到了构成要件范围内的对象，可以构成故意犯罪既遂。

（2）抽象对象认识错误，是指行为人误把甲对象当作乙对象加以侵害，而行为人主观认为的对象（乙对象），与客观对象（甲对象），分属两个不同犯罪的构成要件。在此情况下，可能构成两罪的想象竞合。

2. 打击错误

打击错误，是指由于行为本身的差误，导致实际受害的对象（结果）与行为人主观上预期攻击的对象（结果）不一致。亦即，行为人主观上想侵害甲对象（想造成甲结果），客观上对甲对象（实际上也确是甲对象）进行侵害，但由于行为差误，实际却造成了乙对象损害的结果（实际造成乙结果）的情形。打击错误实际上是"结果要素"的错误，亦即，行为人对行为对象没有认错，但造成了实际结果与预期结果不同。打击错误可分为：

（1）具体对象打击错误：主观上想侵害甲对象（想造成甲结果），客观上对甲对象（实际上也确是甲对象）进行侵害，但实际却造成了乙对象损害的结果（实际损害乙结果）；甲对象（甲结果）、乙对象（乙结果）虽不一致，但并没有超出同一构成要件范围。按法定符合说，构成故意犯罪既遂。

（2）抽象对象打击错误：主观上想侵害甲对象（想造成甲结果），客观上对甲对象（实际上也确是甲对象）进行侵害，但实际却造成了乙对象损害的结果（实际损害乙结果）；但甲对象（甲结果）、乙对象（乙结果）不一致，超出了同一构成要件范围，有可能形成两罪的想象竞合。

3. 因果关系错误

因果关系错误，是指造成侵害的实际因果流程与行为人主观上预想的因果流程不一致的情况。因果关系错误主要有三种情况：

（1）具体因果流程偏离（狭义的因果关系错误），是指客观上导致结果发生的因果流程与行为人预设的因果流程不一致，但仍系实行行为导致结果，而无重大偏差，认定为故意犯罪既遂。例如，甲为了使乙溺死而将乙推入井中，但井中没有水，乙摔死在井中；乙的死亡仍是由甲推人实行行为导致，仍为故意杀人罪既遂。

（2）结果提前实现（构成要件提前实现），是指行为人预设采取数个系列动作组成的一个实行行为实现结果，实际上提前实施了预想结果。例如，甲准备使乙吃安眠药熟睡后将其绞死，但未待甲实施绞杀行为时，乙由于吃了过量的安眠药而死亡。

通说认为：在客观上，前后两个动作均是同一实行行为的组成部分，亦即第一个动作也是实行行为，死亡结果仍为实行行为导致。在主观上，故意存在于着手实行时即可，行为人计划的两个动作都具有致人死亡的危险，故而实施两个动作时均有杀人故意。故按行为与责任同时性原则，仍为故意犯罪既遂。

少数观点认为：实施第一个动作时没有认识到会导致钱某死亡，亦即缺乏既遂的故意，因而不能对故意杀人既遂负责。①如认为第一个动作是实行行为，则应认定为故意杀人罪未遂与过失致人死亡罪的想象竞合。②如认为第一个动作不是实行行为，只是预备行为，则应认定为故意杀人预备与过失致人死亡的想象竞合。

（3）事前故意（韦伯故意、结果延后发生、后继行为实现结果），是指行为人误认为第一个动作已经造成结果，出于抛尸等事后目的而实施第二个动作，实际上是第二个动作才导致预期的结果的情况。例如，甲以杀人故意对乙实施暴力（第一动作），造成乙休克后，甲以为乙已经死亡，为了隐匿罪迹，将乙扔至水中（第二动作），实际上乙是溺死于水中。

通说认为：故意不需要存在于实行行为的全过程，事前故意实际上是介入因果关系的问题，第二个动作（抛尸）并不中断第一个动作（杀人）与死亡之间的因果关系，故而应当认定为故意杀人罪既遂一罪。更简单的推理方法是：将第一个动作（杀人）、第二个动作（抛尸）这两个动作都当作是一个杀人行为的组成部分，故而认定为故意杀人罪既遂一罪。

少数观点认为：第二个动作（抛尸）可以中断第一个动作（杀人）与死亡之间的因果关系，故而将第一个动作（杀人）、第二个动作（抛尸）视为二个行为分别评价，分别触犯了故意杀人罪未遂、过失致人死亡罪，按数罪并罚或者按想象竞合处理。

4. 手段错误（行为要素认识错误）

手段错误，是指行为人客观上采取的行为手段与预想的手段不一致的情况，通常是行为人主观上误认为手段可以导致结果，但从事后来看手段不能导致结果。例如，行为人误将砂糖当作砒霜杀人，或者欲用画符念咒的方法杀人。当手段错误导致结果未实现时，往往涉及是否构成犯罪未遂的认定。这要结合未遂犯的成立原理进行认定，因此手段错误严格上讲并不是认识错误的问题，而是犯罪未遂与不能犯区分的问题，或者说评价行为有无客观危害性的问题。大体而言：①行为人采取的手段客观上具有危险性时，构成犯罪未遂。②行为人采取的手段客观上不具危险性，应不作为犯罪处理（不可罚的不能犯）。而依照行为人的主观计划实施，在客观上绝对不能实现结果的情况（迷信犯），当然在客观上也不具危险性，不能构成犯罪。

（二）具体错误与抽象错误

根据错误是否超越同一构成要件，可将事实认识错误区分为具体错误（同类错误）与抽象错误（异类错误），这是解决事实认识错误问题关键的区分。

第一，具体错误（同一构成要件内的错误）。主观认识的事实与客观发生的事实在同一构成要件之内。具体错误，是指行为人认识的事实与实际发生的事实虽然不一致，但没有超出同一犯罪构成的范围，即行为人只是在某个犯罪构成的范围内发生了对事实的错误。一般不影响故意和犯罪既遂的认定。

第二，抽象错误（不同构成要件间的错误）。主观认识的事实与客观发生的事实分属不同构成要件。行为人所认识的事实与现实所发生的事实，分别属于不同的构成要件。由于行为人客观上对甲对象实施了 A 罪行为，主观上却对乙对象有 B 罪故意，故而需要相应地判断其主观上对甲对象是故意还是过失，客观上有无对乙对象的危害行为。由此可能涉嫌两罪的想象竞合。

（三）违法阻却事由的认识错误（禁止错误）的处理

违法阻却事由的认识错误，即对正当防卫、紧急避险等违法阻却事由产生了认识错误，例如，客观上不存在不法侵害而行为人主观上误认为存在不法侵害的假想防卫情形等。关于违法阻却事由的认识错误，需要严格区分对违法阻却事由构成条件事实的认识错误，以及对违法阻却事由法律规定的认识错误。前者例如，不存在违法阻却事由之内容的事实，但却误认为存在而实施了行为，如前述假想防卫、假想避险、假想承诺等。后者例如，误解了关于正当防卫的刑法规定，误认为不法侵害结束仍可正当防卫。后者显然属于法律认识错误（违法性认识错误）。但前者属事实认识错误，还是属法律认识错误，或者第三种认识错误形式（禁止错误），存在不同观点。

通说认为，对违法阻却事由成立条件的事实认识错误，属于事实认识错误，可以阻却故意的成立，如果认识错误中存在过失，以存在关于过失犯的规定为前提就构成过失犯。这种通说的本质在于，把作为违法性阻却事由的内容的事实解释成为消极的构成要件的要素，认为故意的成立既需认识到积极要素之存在，又要认识到消极要素不存在。

也有把这一错误理解为法律认识错误的学说，这一学说是根据法律认识错误属于故意论的观点得出的。如果将违法性认识作为故意成立的必要要件（严格故意说），那么违法阻却事由的错误可以阻却故意。如果认为违法性认识不是故意成立的必要要件，那么违法阻却事由的错误不能阻却故意的成立。

另外，还有新的主张，将事实认识错误与法律认识错误的分类方法视为水平的错误分类法，将划分为构成要件认识错误与禁止错误视为垂直的错误分类法。[1]

二、法定符合说与具体符合说

对于事实认识错误的处理方法，学界一直存在法定符合说与具体符合说两种争议观点。本质上，该争议涉及的是刑法关于"故意"的界定。

法定符合说（罪名故意 VS 实际事实）：行为人所认识的事实与实际发生的事实，只要在构成要件范围内是一致的，对该事实就成立故意。亦即，判断行为人对特定对象结果有无故意，法定符合说是将实际事实与罪名故意对比。先确定行为人是何罪故意，再看具体事实（特定对象结果）是否在该罪故意包容的范围之内，如在范围之内，即使不在行为人的具体预想内容范围内，也认为有故意。

具体符合说（行为人具体预想 VS 实际事实）：行为人所认识

---

〔1〕 许玉秀：《当代刑法思潮》，中国民主法制出版社 2005 年版，第 181 页。

的事实与实际发生的事实具体地相一致时，对该事实才成立故意。亦即，判断行为人对特定对象结果有无故意，具体符合说是将实际事实与行为人具体预想内容对比，看实际发生的特定对象结果是否在行为人具体预想的范围内，如在范围内才有故意，不在具体预想范围内就无故意。

具体符合说还涉及故意认定中行为人的认识要"具体"到何种程度的问题，这又呈现出不同的学说。当前通行的具体符合说认为，行为人的具体预想，只需认识到罪名构成要件规定的"属"的事实，不需要认识到"种"的程度，即有故意。亦即，具体符合说并未改变故意、过失的认识内容和认定标准。不能认为所杀者并非欲杀者，对所杀者一概是过失，仍需结合具体情况判断对"人死亡"结果的造成有无故意。

三、包摄的错误

包摄的错误也称为"适用法律概念的错误"，通常指将某事实适用于刑法规定的构成要件上的概念时，行为人在认识上产生了错误。例如，行为人虽然知道叫作"布告"的东西，但不知其就是刑法上的"公文"。或者，将某种规范性构成要件要素错误地包摄于社会生活的概念上时，行为人在认识上产生了错误。例如，行为人知道贩卖的光盘是"黄片"，但不知道某属于刑法上的"淫秽物品"。

法律用语是用概括性的事实概念来表示的，就行为人而言，只要知道它在生活中的具体名词（如"布告"，亦即官方公文），对于事实要素就是明知，就应当认为有故意。故而，包摄的错误一般情况下并不影响故意的成立。对社会概念的包摄错误，只要知道是生活上对应的名词，在该生活上对应的名词，与刑法构成要件中规定的概念是一致的时候，就应认定行为人认识到了构成要件事实，行为人就有故意。故而，包摄错误不影响行为构成要件故意的认定，这种错误肯定了故意，不再要求作为在"外行的平行评价"意义上具有重要意义的认识，该错误通常不涉及构成要件，而是涉及行为的可罚性。[1]

〔1〕［德］汉斯·海因里希·耶赛克、托马斯·魏根特:《德国刑法教科书》，徐久生译，中国法制出版社 2001 年版，第 379 页。

第四部分　犯罪阻却事由

违法阻却事由

犯罪阻却事由是一种犯罪的否定性辩护理由，包括违法阻却事由和责任阻却事由。违法阻却是一种"正当化事由"（Justification），行为不仅不违法，反而是法所鼓励的。而责任阻却则是一种"可得宽恕（Excuse）事由"。

第一节　违法阻却事由概述

一、违法阻却事由的根据

违法阻却事由又称"正当化行为"。对于符合构成要件的行为，推定具有违法性，但如果这种行为按照社会伦理是正当的，那就不应以违法行为论处，而应视为正当行为。因此在违法性层次上，主要是从消极方面看是否具有阻却违法的事由。

关于违法阻却事由的根据，历来存在规范违反说和法益侵犯说的争论。规范违反说以社会相当性作为正当化行为的原理，该说认为如果一种行为是历史所形成的社会伦理所允许的行为，就具有社会相当性，故非违法行为。法益侵犯说则认为应当以法益价值的权衡作为正当化行为的依据。对于正当化行为，法益侵犯说有几个派生原理。第一原理是优越利益保护原则，该原则认为，当保全利益优越于侵害法益之时，行为整体上就是正当的。第二原理是欠缺要保护的原则，该原则认为仅就个人法益而言，那分别归属于个人，因而在法益主体并不要求保护自己的法益时，刑法没有必要介入，这即所谓"被害人的同意"。[1]

一般认为，法益侵犯说的哲学根据是功利主义与自由主义，而规范违反说的哲学根据则是德性主义。[2] 笔者不赞同法益侵犯说，主张规范违反说。法益只是表象，而非实质，脱离道德规范，法益概念没有意义。

（一）哲学根据的检讨

自由，是一个极其含糊的词语，"没有一个词语比自由有更多的涵义，并在人们意识中留下更多不同的印象了"[3]，它似乎包含了可以想象的任何事情，难怪罗兰夫人（Madame Roland）不禁感喟：自由，多少人假汝之名……

今天的自由主义者一般都以穆勒（John Stuart Mill）为精神导师。穆勒的伟大之处在于，他从消极方面给予公民自由以清晰地描述，"若社会以强迫和控制的方式干预个人事物，无论是采用法律惩罚的有形暴力还是利用公众舆论的道德压力，都要绝对遵守这条原则。该原则就是，人若要干涉群体中任何个体的行动自由，无论干涉出自个人还是出自集体，其唯一正当的目的乃是保障自我不受伤害——任何人的行为只有涉及他人的那一部分才必须要对社会负责。在仅仅关涉他自己的那一部分，他的独立性照理来说是绝对

---

〔1〕〔日〕西田典之：《日本刑法总论》，刘明祥、王昭武译，中国人民大学出版社2007年版，第102页。

〔2〕〔美〕迈克尔·桑德尔：《公正：该如何做是好》，朱慧玲译，中信出版社2011年版，第117页。

〔3〕〔法〕孟德斯鸠：《论法的精神》（上册），张雁深译，商务印书馆1961年版，第153页。

的。对于他自己，对于其身体和心灵，个人就是最高主权者。"〔1〕

穆勒的自我防卫的自由观正是法益理论的哲学依据，只要行为没有侵害他人利益，就不得进行惩罚。功利主义提倡最大多数的最大利益，但这极容易导致暴政，穆勒的自由主义正好弥补了功利主义的不足。然而，穆勒的自我防卫自由观太过简单化了，这种过于简化的理论根本不符合生活实际。在人类的经验生活中，有许多不符合穆勒自由观的强制是合理的，它们不仅不是对自由的妨碍，反而保障了自由。

1. 简单自由原则可能物极必反

穆勒最早的批评者斯蒂芬（James F. Stephen）认为，人类生活非常复杂，根本不存在穆勒那种简单而准确的答案。〔2〕简单自由原则在很大程度上只是一种宣示，穆勒自己也只是阐释了这种教义，从未试图从整体上去证明它。〔3〕因为这根本就是无法证明的，它与许多生活经验和常识都严重背离。

穆勒区分涉他和涉己行为，认为只要与他人无涉的行为，就不应该受到任何的干涉。然而，这两种行为根本无法区分。"人们是如此紧密地联系在一起，因此根本不可能说明最具个人性质的行为产生的影响能波及多大的范围。一种重要宗教的创立者的情感，一名大哲人的沉思，一位伟大将军的筹划，会影响千百万人的生活、思想和感情模式。""我们根本无法为人们的言行对他们相互之间的重要性划定任何界限。他们的存在，他们在场的事实，他们通过眼神举止表现出的气质，更不用说他们的语言和思想，这些因素给人

---

〔1〕［英］约翰·穆勒：《论自由》，孟凡礼译，广西师范大学出版社 2011 年版，第 10 页。

〔2〕［英］詹姆斯·斯蒂芬：《自由·平等·博爱》，冯克利、杨日鹏译，江西人民出版社 2016 年版，第 97 页。

〔3〕［英］詹姆斯·斯蒂芬：《自由·平等·博爱》，冯克利、杨日鹏译，江西人民出版社 2016 年版，第 6~7 页。

们相互之间造成的影响，我们更是无法划定任何界限。"[1]

穆勒基于功利主义得出了他的自由结论，"我把功利视为一切伦理问题上的最终归宿。但这里的功利是最广义上的，是基于作为不断进步之物的人的长远利益而言的。"[2] 斯蒂芬并不反对功利主义，但是他认为穆勒的自由观反而违背了功利主义。穆勒的自由原则要求人类事务尽可能少受限制，认为这会激发人最大的创造力，总体上促进社会福利。但斯蒂芬却看到反面，他非常冷静地看到人类中相当比例的人群是自私自利、感情用事、好逸恶劳，经常陷入琐碎的日常事务，不能自拔，给他们天大的自由，也不能让他们有分毫的改进。[3] 穆勒的自由反而会纵容人性的懒散和恶习。缺少得到民意支持的道德约束，自由将变成放纵，没有任何社会价值。在斯蒂芬看来，人类普遍视为良好的每一种习惯，几乎都需要经过或多或少痛苦而艰辛的努力才能养成。不可能指望人会自发形成这些良好的习惯。没有道德施加的自律，个人会倾向于过一种游手好闲、了无生趣的生活，既没有高雅的教养，也缺少追求伟大人格的动力。

因此，穆勒的自由观会让整个社会成为死水一潭，大部分个体也会陷入人性幽暗的沼泽无力自拔，自由会走向奴役。更为可怕的是，社会道德约束一旦松弛，每个人都变为一种离子的状态，社会秩序大乱，人们也就会甘心献上自己的一切自由，接受极权政治所带来的秩序与安全，自由会彻底地走向它的反面。

霍布斯（Thomas Hobbes）早就对人类发出过预言，他说自然状态下失去主子的人会不断寻求能够抵挡洪水的大坝、秩序、安

---

[1] ［英］詹姆斯·斯蒂芬：《自由·平等·博爱》，冯克利、杨日鹏译，江西人民出版社 2016 年版，第 97~98 页。

[2] ［英］约翰·穆勒：《论自由》，孟凡礼译，广西师范大学出版社 2011 年版，第 11 页。

[3] ［英］詹姆斯·斯蒂芬：《自由·平等·博爱》，冯克利、杨日鹏译，江西人民出版社 2016 年版，第 23 页。

全、组织、清晰可辨认的权威，对于太多的自由则惊慌失措，因为自由会使他们迷失于巨大而充满敌意的虚空状态，处于没有道路、路标或目的的沙漠之中。[1]

根据以赛亚·伯林（Isaiah Berlin）的洞见，自由可以被区分为积极自由和消极自由，前者是指想要自己治理自己，或参与控制自己生活过程的欲望（liberty to...），后者则是"在什么样的限度以内，某一个主体（一个人或一群人），可以或应当被容许，做他所能做的事，或成为他所能成为的角色，而不受到别人的干涉？"也即"免于……的自由（liberty from...）"。积极自由的概念倡导自我实现，追求一种理性化的整齐划一的理想生活，常常成为残酷暴政的华丽伪装。[2] 法国大革命，尤其是雅各宾党的形式，正是积极自由观的大爆发。然而，一如伯林所提醒我们注意的，消极自由也可能走向自由的反面。自由是有限度的，在强制和自由之间存在一个平衡，没有权威（法律）的社会是不存在的。[3]

2. 自由依赖于合理的强制

社会秩序有赖于使用强制力量，其中尤为重要的是宗教、道德和法律的强制。但是，强制不是为了取消自由，而是为了保障自由，因为自由只有在一定的秩序中才能得到运行。

斯蒂芬举了一个非常形象的比喻用以说明强制的合理性。"全人类的生活，就像水流一样，它被河堰、水槽、堤坝引向这个或那个方向。不同的水流，其流量和性质各不相同，因此疏导水流的工程设计也各不相同，但是人们的生活就是通过这些工程，也就是说通过各种各样的习俗和制度进行管理的。这些习俗不仅从本质上说

---

〔1〕 罗翔：《狂热的魔咒 理性的自负——〈自由·平等·博爱〉读后及对刑法学研究方法的反思》，载《政法论坛》2018 年第 5 期。

〔2〕 参见［英］以赛亚·伯林：《自由论》（修订版），胡传胜译，译林出版社 2011 年版，第 179 页。

〔3〕 参见［英］以赛亚·伯林：《自由论》（修订版），胡传胜译，译林出版社 2011 年版，第 183、211 页。

是各种限制，而且他们是由极少数人的意志施加的限制，多数人心甘情愿地接受了这些限制，在他们看来，这些限制已变得如此自然，以至于并不把它们当作限制。"[1]

显然，无论是宗教、道德还是法律的强制都无法通过穆勒简单的自卫式自由观的筛查，法益理论的这种哲学基础存在先天的缺陷。

（二）不存在脱离伦理规范的法益

1. 法益的权衡必须考虑道德规范

法益侵犯说的第一原理是优越利益保护原则。然而，如何进行利益权衡，如果不根据道德规范，法益论往往无法得出答案。比如，行为人因自己的小孩突发疾病，不马上送往医院便有性命之忧，遂酒后驾车将孩子送往医院。行为人之行为符合危险驾驶罪的犯罪构成，但此行为是否是正当的？这涉及交通安全这种公共法益和孩子健康权的比较，两者孰轻孰重？如果不考虑道德规范，几乎无法作出判断。

在著名的米丽雷特号事件中，突出的问题也是利益权衡，为了挽救自己的生命而牺牲他人的生命能否成立紧急避险？1884 年 7 月 5 日，英国游船米丽雷特号在公海上失事，水手达德利、斯蒂芬斯、布鲁克斯和客舱侍役佩克爬上一艘无篷船，在船上待了二十多天后，他们没有水和食物，奄奄一息，达德利和斯蒂芬斯决定杀死身患重病的佩克（布鲁克斯表示不同意）。三人靠佩克的血肉维持了四天后获救。英国最高法院以谋杀罪判处达德利和斯蒂芬斯死刑，但女王将该判决减为监禁六个月。[2]

如果不考虑伦理，仅从价值量化的比较上看，牺牲一人而挽救三人，收益要大于成本，当然成立紧急避险。还有人甚至认为，在

----

[1] [英] 詹姆斯·斯蒂芬：《自由·平等·博爱》，冯克利、杨日鹏译，江西人民出版社 2016 年版，第 14 页。

[2] The Queen v. Dudley and Stephens L. R. 14Q. B. D. 273 (1884).

此案件中，根本不是 3 大于 1 的问题，而是 -1 大于 -4，如果不牺牲一个人的话，死的将不是三人，而是全部四人。由此观点推导开来，如果米丽雷特号上的四人，一人将剩下三人全部吃掉，也可以成立紧急避险，因为 -3 大于 -4。[1]

法益侵犯说也许会说，任何人的生命都是无价的，因此此案是无价与无价的对比，不存在优越利益，但问题是为什么生命无价？这不正是尊重生命这种社会最基本的道德规范的体现吗？脱离这种道德规范的指引，人当然可以量化比较。因此，问题的关键绝非生命法益的比较，而是必须践行尊重生命的道德规范。"你希望别人怎么对你，你也要怎么对待别人"，这是普适的道德金律。如果你是米丽雷特号上的那个仆役，你是否愿意葬身他人腹中呢？人不能成为实现他人目的的纯粹工具，无论为了保障何种社会利益，挽救多少人的生命，无辜个体的生命都不能被剥夺。

法益侵犯说也注意到法益权衡这个棘手的问题，所以他们不得不承认："大体可以肯定，生命法益重于身体法益，身体法益重于财产利益，但现在还难以形成一般的、具体的标准，只能根据社会的一般观念进行客观的、合理的判断。"[2] 问题是，为什么"生命法益重于身体法益，身体法益重于财产利益"，这难道不是道德规范的要求吗？另外，什么又是"社会的一般观念"呢？这难道不就是社会公众普遍尊重并遵守的道德规范吗？

2. 法益的放弃必须考虑道德规范

法益侵犯说的第二原理是欠缺要保护的原则。然而，何种法益的放弃是法律尊重的，法益论者无力说明。只有在道德规范的视野中，我们才能知道法益主体的何种处分行为是正当的。

大部分的法益侵犯说论者都认为生命权不能被随意处分，重大

---

〔1〕［日］西田典之：《日本刑法总论》，刘明祥、王昭武译，中国人民大学出版社 2007 年版，第 109 页。

〔2〕张明楷：《刑法学》（第 4 版），法律出版社 2011 年版，第 210 页。

的身体健康权由于可能具有导致生命的危险，也不得处分。[1] 为什么生命权不能处分呢？法益论者的回应是生命权具有社会属性，是具有公共利益属性（公共性）的个人利益，[2] 同意者无权处分社会利益。然而，又有什么样的个人利益是没有社会属性的呢？无论是人身自由、性权利，还是名誉权、财产权利，不都带有社会属性吗？为什么有些个人利益可以处分，有些个人利益却无法处分呢？法益论者可能会说，重要的个人利益不得处分，不重要个人利益可以处分。重要与否的界限何在？这只能从道德规范的角度得到说明。只有当前社会道德规范所允许的放弃利益行为才能被接受。在任何时代，法律都应将一些基本的普世价值（如尊重生命）牢牢刻在每个人的心中，不允许有任何的例外。

在引发英国上下关注的 Brown 案中[3]，法官联合会指出：对他人身体伤害不仅对被害人也对社会造成了负担。对残忍的纵容与赞扬是野蛮的，也是对任何参与者之身体和心智的侮辱……社会中的每个个体成员都有义务、责任甚至权利，但社会的确拥有道德上、伦理上和社会权利去坚持某种最低限度的关于可被接受行为的标准。由此案所引发的关于安乐死、帮助自杀等法律是否应该修改的讨论中，英国上议院医学伦理委员会一致认为：有关安乐死、帮助自杀等的实体法不应有所变化。禁止故意杀人是法律和社会关系的基石，在对公民生命的保护上，刑法不应有所弱化。[4]

---

〔1〕 张明楷：《刑法学》（第4版），法律出版社2011年版，第140页。

〔2〕 曲新久：《刑法学原理》，高等教育出版社2009年版，第329页。

〔3〕 被告人有施虐受虐狂（sado-masochistic），该组织有数十人，长期秘密从事此等活动，并将施虐及受虐场景拍摄录像在会员中传播交流。后根据此影片，被告人被初审法院以故意伤害罪定罪。被告人不服，以伤害行为得到对方同意，且行为并未公开进行为由，提起上诉，但上诉被驳回。后被告向最高法院（上议院）上诉，依然败诉。被告后上诉至欧洲人权法院，仍然败诉。The Law Commission, the Consent in Criminal Law, HMSO（1995），p. 2.

〔4〕 The Law Commission, the Consent in Criminal Law, HMSO（1995），p. 15.

3. 法益的内涵取决于伦理规范

法益是法律所保护的利益。然而，利益本身就是人为的模糊概念，它的内涵取决于伦理规范，无论是个人利益还是超个人的利益，它的内涵只能从伦理规范中探究。法益只是伦理规范的表象。

无论是个人法益，还是超个人的法益，它都是伦理规范的折射，如果一种法益的背后没有可以依托的伦理规范，这种法益就不值得刑法保护。刑法之所以要保护生命权、身体健康权、性自治权、名誉权、财产权等各种个体法益，是因为这是伦理规范的命令，是"你希望别人怎么对你，你也要怎么对待别人"这种道德金律的必然结论。

特别值得警惕的是，超个人的法益表面上似与伦理规范无关，但是如果不受伦理规范的制约，这种所谓的法益概念极易使刑法沦为纯粹的国家工具。法益概念是功利主义哲学的产物，奉行最大多数的最大福利。法益论者认为，超个人的法益如社会利益、国家利益只要能够满足最大多数的最大福利，就有保护的必要。[1] 比如国家安全与每个个体休戚相关，因此刑法要保护国家安全。然而，何谓"最大多数"，何谓"最大福利"，这种无比抽象的概念在现实中往往成为少数人谋取私利的托词，最大多数经常为少数人所代表，一如罗素（Bertrand Russell）所批评的，"假如人人总是追求自己的快乐，我们怎能保证立法者要追求一般人的快乐呢？"[2] 因此，就不难想象为什么法益论者那么容易倒向国家权威主义，为国家制定的法律提供全面的辩护。法益学说的开创者宾丁（Karl Binding）就认为毁灭生存没有价值的人的生命是合法的，这种法益

---

〔1〕 法益论者认为："只有当某种社会利益与个人法益具有同质的关系、能够分解成为个人法益（即系个人法益的多数之集合）、是促进人类发展的条件且具有重要价值和保护必要时，才能成为刑法所保护的社会法益。"张明楷：《法益初论》（2003 年修订版），中国政法大学出版社 2003 年版，第 243 页。

〔2〕 ［英］罗素：《西方哲学史》（下卷），马元德译，商务印书馆 1976 年版，第331 页。

理论也就不可避免地成为纳粹屠杀精神病人和犹太人的学术帮凶。[1] 正如有学者所批评的，"在保护法益的外表下，其实包藏着以国家之价值观压抑社会价值观之事实，强调刑法应保护法益而不过问社会伦理，反而造成国家价值凌驾社会伦理之吊诡。"[2]

法益概念必须受到伦理规范的纠偏，才能避免刑法沦为纯粹的国家工具。我们必须意识到，国家只是一种必要的恶，人性的不完美决定了人所组成的任何机构、社会、国家都存在不完美的可能。因此，实然法并非尽善尽美，它至少应当接受在一定历史时期为人们所普遍遵循的伦理规范的检视。如果一种所谓的法益概念缺乏伦理规范的支撑，甚至明显违背伦理规范，那这种法益就是不恰当的。比如，《刑法》第 243 条规定诬告陷害罪，关于此罪的法益有人身权利说和司法（审判）作用说的争论，虽然立法者将此罪列在刑法分则"侵犯公民人身权利、民主权利罪"中，而没有放在刑法分则"妨害司法罪"中，但该罪的本质是"禁止做假证陷害人"这种伦理规范，因此得到他人同意的诬告陷害行为同样构成诬告陷害罪。又如《刑法》第 170 条的伪造货币罪，禁止伪造行为背后的规范目的是"不得欺骗"，如果将此法益概括为货币的发行权，那就失去了伦理规范的支撑，因而是错误的。

另外，伦理规范可以引导法益去追求伦理规范所倡导的良善价值。离开了伦理规范的引导，法益概念很可能与强权暴政、社会偏见同流合污。比如在网络上虚构他人遭受强暴并感染性病的事实是否构成诽谤罪？诽谤罪的法益是名誉，也即一种社会的评价，上述诽谤在事实上必然会导致社会评价降低。然而，如果不考虑伦理规范的需要，仅仅照搬事实的名誉概念，法律很有可能会强化社会对强奸受害人以及艾滋病患者的歧视，无助于建立一个良善的社会。

---

〔1〕 ［日］木村龟二主编：《刑法学词典》（上），顾肖荣等译校，上海翻译出版公司 1991 年版，第 192 页。

〔2〕 余振华：《刑法违法性理论》，元照出版公司 2001 年版，第 37 页。

因此，此行为不构成诽谤罪。法律必须坚守一些基本的价值，通过伦理规范的引导，避免法律成为恶法。

总之，法益只是道德规范的载体，在道德规范以外，法益别无意义。法益理论不是保障人权的代名词，如果不受到道德规范的制约，法益学说极易堕入国家主义的深渊，成为权力意志的代言人。法益学说是理性主义与个人主义无限膨胀的产物，脱离道德规范张扬个体价值不过是人类理性搭建的又一座"巴别塔"，它的倒塌是注定的。我们必须承认，理性是有限的，在历史所形成的道德规范面前，理性需要保持应有的谦卑。

（三）法益侵犯说的批评及回应

法益侵犯说对规范违反说的批评主要有：①现代社会价值多元，刑法对各种价值观应持宽容态度，刑法不应将国民全面拘束于一定的伦理秩序内；将维持社会伦理作为刑法的任务，不仅是对刑法的过分要求，而且容易以法的名义强制他人服从自己的价值观。②伦理具有相对性，伦理规范的内容也不明确，难以根据这样的基准实现构成要件的明确性。③谴责犯罪人是为了维护规范，这有将人当作工具之嫌。[1]

对于第一点批评，笔者的疑问是：其一，多元社会就没有必须坚守的价值吗？其二，是伦理规范，还是法益理论更容易以法的名义强行推广自己的价值观？

首先，现代社会的确是一个个性解放、价值多元的时代，但任何时代都有一些必须坚守的基本价值，在任何文明国家，杀人、放火、强奸、抢劫等自然犯都是被禁止的，这到底是伦理的要求，还仅是国家的规定？难道我们可以说，"不得随意杀人""不得随意强暴"等价值立场也可动摇吗？法益论者会说，刑法之所以规定这些犯罪，是因为行为人侵犯了生命权、财产权、性权利等利益，然

---

[1] 张明楷：《行为无价值论的疑问——兼与周光权教授商榷》，载《中国社会科学》2009 年第 1 期。

而为什么要保护这些利益呢？这难道不是伦理规范的最低需要吗？刑法必须体现一定社会的伦理规范，规制人类的行为，维持社会生存最基本的伦理需要。

其次，一如上文对功利主义的批评中所指出的，法益理论更容易假借最大多数人的最大幸福推行自己的价值观，成为国家专横的工具。在法益论者看来，所有的案件，都应该根据立法者在法律中所规定的利益进行"客观的"分析权衡。但是，很难想象脱离伦理规范进行利益分析与权衡。或者法益论者会说，立法者在法律中已经表明了所欲保护的利益，甚至决定了利益大小的权衡，[1] 但是，如果离开伦理规范的指导，立法者的这种决定有什么正当性可言？国家并非尽善尽美，立法者也不是全然无错的。如果说坚持一种为社会公众所普遍遵循的伦理规范是强行推广价值观，那法益论者所说的撇开伦理规范，倡导一种与伦理规范无关的价值立场，这种法律不是更在强迫人们接受一种价值观吗？事实上，如果让我在国家意志和朴素的道德良知中进行选择，我更倾向于后者。

立法者并不总是正确的。除了功利主义的论证，另一种为国内学人广泛接受的社会契约论更是描述了一个立法绝对正确的神话。社会契约论认为人们为了保护自己不受他人的伤害，必须让渡一部分权利，达成社会契约，接受社会控制。卢梭要求"每一个体将自己的权利毫无保留地完全转让给共同体"，人们在服从共同体的时候，实质上只是在服从他们自己，并且仍然像以往一样地自由。"主权，即社会，既不能损害社会成员的整体，也不能伤害他们中具体的任何个人。"[2] 正是在这种社会契约论的基础上，卢梭建立了他的人民主权理论。根据这种理论，民众选举的立法者颁布的法律具有天然的正当性，因为这是民众意志或公共意志的体现。在卢

---

〔1〕 如诬告陷害罪中人身权利高于司法权利。

〔2〕 ［法］卢梭：《社会契约论》（第 2 版），何兆武译，商务印书馆 1980 年版，第 23、58 页。

梭看来，主权者是永远不会犯错误的，他无法想象基于公意产生的主权政府也可能践踏先前的契约，走向独裁。不幸的是，这却成了事实，后世几乎所有的极权主义都流淌着卢梭哲学的血液。

因此，无论是在刑事立法、司法还是行刑活动，具体的执行者都必须服从朴素的伦理规范。当然，人的局限性决定他的判断必然是有不足的，但是对于任何一种个案，司法官员都必须按照平素所培养起来的良知，根据一定社会所普遍遵循的伦理规范来解决所担当的事件，"在进行刑法的判断时……应该倾注努力去认识该时点的我国社会所认为是适正妥当的唯一东西……法官当然也需要忠诚于自己的信念，但是其信念必须符合社会的一般通念、具有合理性。社会的伦理规范中正好包含着作为支撑法官的这种判断的基础的意义。"[1]

对于第二点批评，笔者承认伦理规范有一定的模糊性，但法益概念也是模糊的。日本学者平野龙一无奈地指出："法益概念的确不能说是很明确，尤其是从德国的法益理论史来看，特别是在战前出现所谓的法益概念的精神化思想，例如处罚同性之间的性行为，这时如果问到损害的法益是什么，只能回答是性的伦理……"结果无价值论对法益进行精神化处理后，虽然勉强维持了"犯罪本质上是法益侵害"这一命题，却不得不放弃其结果无价值的立场。[2]事实上，离开伦理规范，法益概念根本无从把握。当然，规范与法益这两组概念可以互相帮扶，以求克服各自的模糊性，因此笔者并不完全否定法益的功能，但是，法益不能僭越自己的位份，法益只是规范的表象，不能取规范而代之，法益是手段，规范是目的。

对于第三点批评，涉及人能否被作为手段的问题。法益论者明

---

〔1〕 ［日］大塚仁：《犯罪论的基本问题》，冯军译，中国政法大学出版社 1993 年版，第 117 页。

〔2〕 张军：《犯罪行为评价的立场选择——为行为无价值理论辩护》，载《中国刑事法杂志》2006 年第 6 期。

显误读了康德关于人是目的而非手段的论断。康德的原话是："在这个目的秩序中，人就是自在的目的本身，亦即他永远不能被某个人单纯作为手段而不是在此同时自身又是目的，所以在我们人格中的人性对我们来说本身必定是神圣的……"[1]

可见，康德从来没有主张过人不能是他人的手段，他只是说人不能被"单纯"作为手段。万事互为效力，任何人都可以既是他人的手段，又是自身的目的。如果人只是手段，这会走向毫不掩饰的极权主义；如果人只是目的，那也会走向过于放纵的个人主义。对犯罪者进行惩罚是为了维护规范，这首先尊重了犯罪者作为理性的存在，因为伦理规范较国家强行推广的价值观更应得到犯罪者的认同，按照犯罪者事先认同的伦理规范对其进行惩罚本身就是尊重他作为拥有自由意志的理性存在，因此他是目的。同时，对他的处罚又是为了培养社会公众对规范的认同，将规范内化为个体行为的准则，从这个角度来说，他又是手段。如果不考虑伦理规范，只按照国家的价值立场，强行在法律中推广一种价值观，这反而是将犯罪人作为纯粹的手段，而无丝毫目的可言。

（四）规范违反说与个人自由

被誉为 20 世纪最伟大的牛津人，《纳尼亚传奇》的作者 C. S. 路易斯（C. S. Lewis）有一个形象的比喻：如果把人类想象成一支列队行进的舰队，要想航行胜利，首先，船只之间不能相互碰撞，不能阻挡彼此的航道；其次，每艘船自己必须经得起风浪，引擎良好。这其实就概括了刑法至少要面对的两个问题：其一，如何保证个体之间的公平与协调一致，解决人际关系的冲突；其二，如何保证每个个体内部的清洁与协调一致，解决个人内心的冲突。[2] 这

---

〔1〕 ［德］康德：《康德三大批判精粹》，杨祖陶、邓晓芒编译，人民出版社 2001 年版，第 380 页。

〔2〕 ［英］C. S. 路易斯：《返璞归真（纯粹的基督教）》，汪咏梅译，华东师范大学出版社 2007 年版，第 81 页。

两个问题的解决，都取决于如何看待刑法中的自由。

法益论者一般都认为，刑法要保障个人的自由，对此笔者也深表认同。但笔者与法益论者关于自由的理解存在根本性的分歧。法益论者的自由在本质上是一种免于束缚的自由（freedom from obstacles），亦即无所不能（omnipotence）的自由。笔者从根本上反对这种自由观。"这种视自由为能力或力量的观点，一经认可，就会变得荒诞至极，使某些人大肆利用'自由'这一术语的号召力，去支持那些摧毁个人自由的措施；另一方面，这种观点一经认可，各种诡计亦将大行其道，有些人甚至可以借自由之名规劝人民放弃其自由。正是借助于此一混淆，控制环境的集体力量观取代了个人自由观，而且在全权性国家中，人们亦已借自由之名压制了自由。"[1]

首先，对于人际关系的冲突，刑法要确保的是一种免于强制的自由。自由意味着强制的不存在，"强制之所以是一种恶，完全是因为它据此把人视作一无力思想和不能评估之人，实际上是使人彻底沦为了实现他人目标的工具"。[2] 刑法中的自由不是去保障个人没有阻碍地去实现自己的权利，而是确保个体的生命、健康、财产等权利免受他人的肆意侵扰。每个人都必须接受法律的限制，从而实现法律下的自由。法律下的自由意味着人们必须接受一定的限制，这个限制的标准不能由国家任意划定。较之专断的国家意志，伦理规范更能得到人们的认同，因此法律应当体现伦理规范的最低要求，通过法律贯彻道德金律，解决人际交往的冲突。任何没有违背伦理规范的规则，都不能成为对他人进行限制的理由，国家权力本身也必须受到限制。法律不是自由的敌人，人们只有在法律中才

---

〔1〕［英］弗里德利希·冯·哈耶克：《自由秩序原理》（上），邓正来译，生活·读书·新知三联书店1997年版，第10页。

〔2〕［英］弗里德利希·冯·哈耶克：《自由秩序原理》（上），邓正来译，生活·读书·新知三联书店1997年版，第17、18页。

能充分享有自己的自由。[1]

其次，对于个人内心的冲突，刑法必须倡导一种自律的自由。自由不是想做什么就可以做什么，自由是不想做什么就可以不去做什么。对于一个吸毒者而言，自由不是他可以吸多少毒品就可以满足，自由是当他不想吸毒时，他可以控制自己不去吸毒；当一个人想盗窃时，他可以去盗窃，这不是自由，而当他想去盗窃时，他可以约束自己盗窃的欲望，这才是自由。所以，康德把人的真正的自由建立在道德律、即他在自己的实践活动中命令自己遵守的道德法则之上。[2]"人越是能够少以物理的方式被强制，就反过来越是多以道德的方式被强制，因而就越自由。"[3] 康德举例说，一个好色之徒在面临死刑的威胁时必然会放弃淫欲的机会而不可能有别的选择；但如果以死刑相威胁要他作伪证，那么他完全不能否认他除了贪生怕死之外还有其他一种选择，即舍生取义。"所以他断定，他能够做某事是因为他意识到他应当做某事，他在自身中认识到了平时没有道德法则就会始终不为他所知道的自由。"[4] 从这个角度来说，上文所提及的米丽雷特号事件，船员为了求生而杀死他人，船员并不自由，而若他们宁愿死亡也愿意恪守禁止杀人的戒律，这才是刑法应当倡导的自由。只有行走在德行之路上，用理性不断驯服

---

〔1〕 对于洛克、休谟、康德等古典自由主义者以及苏格兰道德哲学家而言，自由与法律相互依存而不可分离，然而对于霍布斯、边沁及众多法国思想家和现代法律实证主义者而言，法律则意味着对自由的侵犯。参见 [英] 弗里德利希·冯·哈耶克：《法律、立法与自由》（第 1 卷），邓正来等译，中国大百科全书出版社 2000 年版，第 75~76 页。

〔2〕 邓晓芒：《康德自由概念的三个层次》，载《复旦学报（社会科学版）》2004 年第 2 期。

〔3〕 李秋零主编：《康德著作全集（第 6 卷）纯然理性界限内的宗教道德形而上学》，中国人民大学出版社 2007 年版，第 395 页。

〔4〕 Kritik der praktischen Vernuft, Hrsg, von Karl Vor lander, Felix Meiner Verlag, Hamburg, 1974. 转引自邓晓芒：《康德自由概念的三个层次》，载《复旦学报（社会科学版）》2004 年第 2 期。

自己的欲望，人才可能拥有真正的自由。因此，刑法应当建立在民众所普遍遵守的伦理规范上，通过刑法的制定与执行，不断地将伦理规范刻在人们的心中，使规范逐渐内化为人们的行为准则，让人出于自觉而非畏惧去遵守刑法。当犯罪人被惩罚时，他不应抱怨自己的时运不济，而应接受他的自由意志让他所承受的代价；当犯罪人未被惩罚，他不应有侥幸之心，反而会因为难以遏制的良心折磨，甘愿自首归罪；对于犯罪人以外的他者，人们会因为犯罪人受到惩罚，而感到道德情感的满足，并能充满喜悦地去继续约束自己的私欲。总之，刑法要创造条件让民众行走在德行之路上，从而拥有真正的自由。

值得注意的是，当代的一般预防理论，已经从以往的消极预防走向了积极预防，它不再将社会公众视为潜在的犯罪人，把他们纯粹作为恐吓的对象，而是将他们看成守法公民，通过对罪犯的惩罚来强化人们的守法意识。人是社会性的生物，其行为经常会受到他人行为的影响。心理学家津巴杜（Philip G. Zimbardo）做了一个实验，他将车停在斯坦福大学校园内，好几周过去了，车都没出什么问题，后津巴杜用锤子把车的挡风玻璃砸了，此后，很多人都自发地加入砸车行列，车最后几乎报废。从这个实验中，津巴杜得出结论，一辆置于公众场合的被砸车辆，会将人们毁坏财物的犯罪倾向释放出来。按照津巴杜的理论，人们实施犯罪，很大程度上是受到周边环境的影响，法律要通过惩罚犯罪，创造一个良好的守法环境，而这种环境会进一步强化人们的守法意识（社会影响理论）。创造守法环境，要求法律更多地关注社会治安，如打架斗殴、寻衅滋事，这些犯罪看似微小，但却是人们经常可以看见的，因此会强有力地影响人们的行为举止。[1]

法益论者其实也不完全否认刑法的行为规制机能，但他们认为

---

[1] John Kaplan, Robert Weisberg, Guyora Binder, *Criminal Law: Cases and Materials*, 5th ed, Aspen Publishers, 2004, pp. 42-43.

"这种机能只是法益保护机能的反射效果，对规范的维护本身不可能成为刑法的目的。国家是为了保护法益才制定规范……这种规定方式自然地产生了行为规制效果。况且，行为规制与法益保护并非并列关系，而是手段与目的的关系；国家不可能为了保护规范而制定规范，不可能为了单纯限制国民的自由而规制国民的行为"。[1]

这种论断的错误在于：首先，论者颠倒了手段与目的的关系，法益是手段，而规范是目的，既然法益保护机能可以反射出行为规制机能，那么就应该通过法益去探究规范，而不是相反。这正如镜子反射了阳光，我们应该通过镜子去追逐太阳，而不是通过阳光去赞美镜子的伟大。其次，论者的自由观是一种不受束缚的自由，因此他认为规范限制了自由，而没有意识到自由只能在法律之下，唯有伦理规范才能确保法律对自由的限制是正当的。更为重要的是，真正的自由是自律的自由，只有把规则内化为人们的行为准则，这种自由才有可能实现，而对这种自由，论者完全没有概念。

总之，刑法的目的就是维护伦理规范，刑法要贯彻伦理规范的要求，确保人们拥有免于强制的自由，同时要将伦理规范内化为个体的行为准则，培养民众的自律，让民众不是基于恐惧而是出于自由遵守法律，在德行之路上走向至善。

本书主张规范违反说，功利主义和自由主义必须接受德性主义的制约。无论对于个人，还是对于社会，规则之下才有真正的自由，符合伦理的功利才是可被接受的功利。[2] 如果一种符合构成要件的行为具备社会相当性，是社会伦理所不禁止的行为，那么这种行为就不具有违法性。比如，《刑法》第 20 条第 3 款所规定的特殊防卫，"对正在进行行凶、杀人、抢劫、强奸、绑架以及其他严重危及人身安全的暴力犯罪，采取防卫行为，造成不法侵害人伤亡

---

〔1〕 张明楷：《行为无价值论的疑问——兼与周光权教授商榷》，载《中国社会科学》2009 年第 1 期。

〔2〕 参见罗翔：《结果无价值论之检讨》，载《法学杂志》2014 年第 2 期。

的，不属于防卫过当，不负刑事责任。"特殊防卫所损失的利益一般要大于所保护的利益，具备结果无价值，但这种行为却是社会伦理秩序所认可的，因此它不具备违法性。又如，甲妻与乙通奸被甲当场发现，甲非常愤怒，要求乙跪下，并让其出具"情况说明"，还先后逼其写下 3 万元欠条作为赔偿。此后，甲拿着这份"情况说明"找乙要钱，乙被逼得走投无路，选择报警。这类案件在当前比较常见，不少司法机关将其认定为敲诈勒索罪。本书认为，虽然配偶违反了忠诚义务，但另一方并无主张赔偿的法定权利，甲的行为侵害了乙的财产权，但这种行为并未违背社会伦理秩序。妻子和他人通奸，丈夫要求赔偿，是一种社会生活的常见行为，具有社会相当性，可以否定其行为违法性。当然，如果行为人采用暴力、拘禁等手段，有可能构成其他侵犯人身权利的犯罪，这另当别论。

二、主观的正当化要素

法益论者不承认主观违法要素，因此一般都会否定主观构成要件要素的存在，比如，他们认为故意、过失只是责任要素，而不承认构成要件故意、过失和责任故意、过失的区分。[1] 这种过分割裂犯罪论体系的看法有许多无法弥补的缺陷。

首先，这会导致正当防卫制度的混乱。如果在违法性上不考虑主观要素，那么过失杀人与故意杀人在违法性程度上完全相同，用法益论者的话来说，凡是致人死亡的行为，都是"杀人"行为。[2] 那么，第三人针对过失杀人与故意杀人岂不是可以适用同样的正当防卫规则呢？《刑法》第 20 条第 3 款所说的特殊防卫是否也可以同样适用于过失杀人呢？比如对于醉驾司机交通肇事，将一人撞成重伤，还有可能撞向他人，按照法益论者的观点，路人可以直接击毙

---

〔1〕 张明楷：《刑法学》（第 4 版），法律出版社 2011 年版，第 123 页。
〔2〕 张明楷：《结果无价值论的法益观——与周光权教授商榷》，载《中外法学》2012 年第 1 期。

司机，这无疑会导致私力救济的无限扩大。法益论者还批评行为无价值，认为它不利于国民行使防卫等权利，如甲面临精神病人乙正在杀害自己时，因为乙缺乏故意与过失，不具备违法性，而不得防卫。[1] 这恰恰是没有区分构成要件故意与责任故意而导致的误读，既然精神病人符合故意杀人罪的构成要件，具有构成要件故意，那当然有违法性，自然可以进行正当防卫。

其次，这无法说明构成要件提前实现中的过失行为与结果的因果关系。比如甲配制毒酒欲次日毒杀乙，毒酒置于客厅桌上，甲外出打牌，忘关家门，当晚乙找甲聊天，误喝毒酒而死。在此案中，由于因果关系是实行行为与结果之间的一种客观联系，因此甲的行为不构成故意杀人罪的既遂，成立故意杀人罪的犯罪预备。法益论者承认此行为还同时构成过失致人死亡罪。[2] 然而，如果不承认有构成要件的过失，怎么可能出现"过失行为"与死亡结果的因果关系呢？严格按照法益论者的行为，上述案件根本不成立过失致人死亡罪，因为构成要件中是没有过失要素的，因此在此案中也就没有实行行为。这种结论显然有违人类朴素的道德情感。

再次，这无法解释刑事推定制度的合理性。我国刑法广泛存在刑事推定，司法解释关于刑事推定的规定比比皆是，比如司法解释中经常把故意解释为"知道或应当知道"[3]。事实上，如果不区分构成要件故意与责任故意，推定制度的合理性很难说明。构成要件故意属于构成要件该当性中的证明内容，应由控方承担提出责任和

---

〔1〕 张明楷：《行为无价值论的疑问——兼与周光权教授商榷》，载《中国社会科学》2009 年第 1 期。

〔2〕 张明楷：《刑法学》（第 4 版），法律出版社 2011 年版，第 254 页。

〔3〕 如 2001 年 4 月 9 日最高人民法院、最高人民检察院《关于办理生产、销售伪劣商品刑事案件具体应用法律若干问题的解释》中规定：知道或者应当知道他人实施生产、销售伪劣商品犯罪，而为其提供贷款、资金、账号、发票、证明、许可证件，或者提供生产、经营场所或者运输、仓储、保管、邮寄等便利条件，或者提供制假生产技术的，以生产、销售伪劣商品犯罪的共犯论处。

说服责任，"构成要件性故意"是一种客观判断，因此控方只要证明一般人"应当知道"就完成了证明责任，而"责任故意"是一种个别化的判断，就如精神病辩护事由一样，必须由辩方承担提出责任甚至说服责任。只要控方根据一般人的常理推定行为人"应当知道"，就完成了初始的证明责任，此时的证明责任就转移至辩方，如果辩方不能提出优势证据证明自己其实并不知情，就应当承担败诉的责任。

最后，这会导致共犯理论的混乱。按照法益论者的观点，故意杀人和过失杀人可以成立共犯。既然不承认构成要件故意、过失的存在，故意杀人和过失杀人在构成要件上和违法性上当然具有共同性，因此当医生利用有疏忽的护士去毒杀他人，医生和护士也就可以成立共犯，这不仅颠覆了人们对共犯理论的传统理解，也使得间接正犯理论失去了存在的意义，这种结论即便法益论者自身也不赞同。[1]

根据法益侵犯说，即便行为人没有主观的正当化要素，也可成立正当化行为。但是，根据规范违反说，只有当行为人具备主观的正当化要素，才可成立正当化行为。笔者持规范违反说，认为主观的正当化要素是必要的，因此正当防卫的行为人必须具备防卫意图，紧急避险的行为人必须具备避险意图，得到被害人承诺的行为人必须认识到对方的承诺。

比较复杂的是，如果出现正当化事由的认识错误，如假想防卫、假想避险，这该如何处理呢？我国刑法的主流观点认为，正当化事由的认识错误可以排除故意，如果有过失，则按过失犯罪论处。

三、违法阻却事由的分类

违法阻却事由可以分为法定的违法阻却事由和超法规的违法阻却事由，前者即我国刑法规定的正当防卫和紧急避险两种违法阻却

---

[1] ［日］西田典之：《日本刑法总论》，刘明祥、王昭武译，中国人民大学出版社2007 年版，第 272 页。

事由，后者包括具有社会相当性的法令行为、正当业务行为、被害人承诺的行为、自救行为等其他违法阻却事由。

超法规的违法阻却事由是目的行为论者威尔泽尔对刑法理论的重要补充。[1] 威尔泽尔提出了社会相当性理论，以此对超法规的违法阻却事由进行解释，威尔泽尔认为传统法益理论的致命缺陷在于，"它不是在现实的社会生活空间中，而是在一个没有活力、毫无功能的世界中去审视法益"[2]，因此，"应于历史所形成的国民共同秩序内，将具有机能作用的行为排除于不法概念之外，并将此种不脱逸社会生活上的常规的行为，称为社会相当行为"。换言之，行为若合于历史所形成的社会伦理秩序，其行为就具有社会相当性，而非不法行为。[3] 社会相当性的本质就是将道德规范作为违法阻却的实质根据，限制刑罚权的过分扩张，"让刑法学从死气沉沉的博物馆回到富有活力的社会生活中来。"一如威尔泽尔所言，社会相当性是符合于构成要件之行为的（习惯法上的）违法阻却事由，它发源于共同体生活的社会道德秩序。[4] 将道德规范作为违法阻却事由的实质根据，必然会使司法机关考虑社会生活的实际需要，顾念普罗大众的常情常感，避免司法的机械化与僵化。

一段时间以来，人们过分地强调法律与道德的区分，害怕以模糊的道德作为发动刑罚的根据会与罪刑法定原则严重抵触。这种认识只具有片面的合理性，因为它忽视了消极的道德主义。道德主义可以区分为作为入罪的积极道德主义和作为出罪的消极道德主义，

---

〔1〕 林东茂：《刑法综览》（修订 5 版），中国人民大学出版社 2009 年版，第 41～42 页。

〔2〕 陈璇：《社会相当性理论的源流、概念和基础》，载陈兴良主编：《刑事法评论》（第 26 卷），北京大学出版社 2010 年版，第 257 页。

〔3〕 黄丁全：《社会相当性理论研究》，载陈兴良主编：《刑事法评论》（第 5 卷），中国政法大学出版社 2000 年版，第 321 页。

〔4〕 陈璇：《社会相当性理论的源流、概念和基础》，载陈兴良主编：《刑事法评论》（第 26 卷），北京大学出版社 2010 年版，第 256 页。

积极道德主义是应当反对的，但消极道德主义在世界各国都被普遍接受。总之，一种违反道德的行为不一定是犯罪，但一种道德所许可甚或鼓励的行为一定不是犯罪。

需要特别说明的是，罪刑法定原则是法治国家最基本的原则，其基本精神是限制国家的刑罚权，结果无价值论很难满足这个要求。法益论者认为，结果无价值论能够很好地贯彻罪刑法定原则，因为它将违法性限定在造成法益侵害或者危险的范围内，既有利于从立法上控制处罚范围，也有利于从司法上限制刑罚权。[1]

但是，让人费解的是，如果不考虑伦理规范的需要，凭空产生的法益理论如何能够从立法上控制处罚范围呢？这种由立法发明并确定的法益如何去限制立法者本身的权力呢？一如上文所言，在所有的侵犯超个人法益的犯罪中，如果缺乏伦理规范的制约，这种法益很难有合理性。法益论者往往强调"刑法不是嘲讽的对象"，在他们眼中，存在就是合理的，因为所有的刑法条文背后都可以寻觅到立法者试图推广的利益，一些极其抽象、无法把握的概念打着"法益"的名号大行其道，对法治起着不利的破坏作用。如何理解《刑法》第 293 条寻衅滋事罪第 1 款第 4 项——"在公共场所起哄闹事，造成公共场所秩序严重混乱的"？其法益为何？无论是将此罪的法益理解为社会秩序或公共秩序，都离罪刑法定的明确性相去甚远。有法益论者意识到这个问题，于是主张本行为所保护法益是不特定人或者多数人在公共场所从事自由活动的安全与顺利。[2]较之社会秩序或公共秩序，这种表述具有相对的明确性，但是，如果不考虑伦理规范的需要，任何一种引起多人围观的行为岂不都可能妨碍"不特定人或者多数人在公共场所从事自由活动的安全与顺利"？比如有人兴之所至，在公共场所大声高歌，引发多人围观，

---

〔1〕 张明楷：《行为无价值论的疑问——兼与周光权教授商榷》，载《中国社会科学》2009 年第 1 期。

〔2〕 张明楷：《寻衅滋事罪探究（上篇）》，载《政治与法律》2008 年第 1 期。

造成交通堵塞；又如某教授在学校教学楼外露天开讲，太过火爆，以致其他教室无法正常上课，这是否都构成寻衅滋事罪？总之，一种不考虑伦理规范的法益观很难限制立法者的权力，也就无法实现罪刑法定实质侧面的需要。

单纯的法益理论也往往很难限制司法权。大量的超法规的违法阻却事由，从表面上看都可能是侵犯法益，却为伦理规范所允许。如果仅凭法益理论，类似行为都应以犯罪论处。例如，教师面临义务冲突，孩子和学生同时失足落水，教师先救学生，孩子溺水而亡。单纯从法益理论来看，此行为明显侵害了具体法益，因为法定义务高于道德义务，然而此行为却是伦理所鼓励嘉奖的行为，难道刑法也应处罚吗？

总之，只要行为人的权利请求是道德上所认可的，具有道德上的合理性，这种行为就属于违法阻却事由，自然不构成犯罪。

第二节　正当防卫

正当防卫，是指为了保护国家、公共利益、本人或者他人的人身、财产和其他权利免受正在进行的不法侵害，采取对不法侵害人造成损害的方法，制止不法侵害的行为。

一、正当防卫的成立条件

（一）防卫意图

正当防卫必须具备正当化的意图。防卫意图包括防卫认识与防卫意志。防卫认识是指防卫人认识到不法侵害正在进行；防卫意志是指防卫人出于保护国家利益、公共利益、本人或他人的人身、财产和其他权利免受正在进行的不法侵害的目的。其中，防卫认识是基础，没有防卫认识，就不可能有防卫意志。动机不影响防卫意志的成立，出于不高尚的动机也可能成立正当防卫。

赃物的持有人也可以进行防卫，否则会造成"黑吃黑"现象的猖獗，导致社会秩序大乱。国家应当保护赃物持有人对赃物事实上的占有权，防止他人的任意侵夺。

以下几种情况由于缺乏正当化的意图，不成立正当防卫。

第一，防卫挑拨。这是指故意挑逗对方对自己进行不法侵害，然后借机加害对方。这是一种自招防卫，在主观上缺乏防卫意图，不成立正当防卫。

第二，互相斗殴。斗殴双方无论谁先动手，谁后动手，都是违背法律要求的，因此一般不成立正当防卫。[1] 但是在斗殴过程中或结束时，在特殊情况下也可能成立正当防卫。例如，在相互斗殴中，一方求饶或者逃走，另一方继续侵害的，前者可以出于防卫意

---

[1] 参见《苏良才故意伤害案［第130号］》，载《刑事审判参考》（总第21辑），法律出版社2001年版，第18页。泉州市卫生学校97级学生平仙凤在泉州市刺桐饭店歌舞厅跳舞时，先后认识了苏良才和张阳挺，并同时交往。交往中，张阳挺感觉平仙凤对其若即若离，即怀疑苏良才与其争女友所致，遂心怀不满。1998年7月11日晚，张阳挺以"去找一个女的"为由，叫了其弟张秋挺和同乡尤忠伟、谢朝炳、邱自守一起来到鲤城区米仓巷5号黎明大学租用的宿舍，将苏良才叫出，责问其与平仙凤的关系，双方发生争执。争执中，双方互用手指指着对方。尤忠伟见状，冲上前去踢了苏良才一脚，欲出手时，被张阳挺拦住，言明事情没搞清楚不要打。随后，苏良才返回宿舍，张阳挺等人站在门外。苏良才回到宿舍向同学苏金海要了一把多功能折叠式水果刀，并张开刀刃插在后裤袋里，叫平仙凤与其一起出去。在门口不远处，苏良才与张阳挺再次争执，互不相让，并用中指划责骂对方。当张阳挺威胁："真的要打架吗？"苏良才即言："打就打！"张阳挺即出拳击打苏良才，苏良才亦还手，二人互殴。被害人张秋挺见其兄与苏良才对打，亦上前帮助其兄。苏良才边打边退，尤忠伟、谢朝炳等人见状围追苏良才。苏良才即拔出张开刀刃的水果刀朝冲在最前面的被害人张秋挺猛刺一刀，致其倒地，后被送往医院经抢救无效死亡。法院认为：被告人苏良才因故与他人产生纠纷并动手打架，竟持刀刺中他人，致人死亡，其行为构成故意伤害罪，不属于防卫过当。判处被告人苏良才犯故意伤害罪，判处有期徒刑14年，剥夺政治权利3年。

图进行正当防卫。[1]

存在较大争议的是携带凶器自卫行为的定性。在相当一部分案件中，防卫人随身携带凶器，在遇不法侵害时便加以使用，如何判断其防卫意图，不无疑问。在司法实践中曾有种观点认为这种行为不属于正当防卫，但这种观点并不恰当，携带凶器行为本身虽然是错误的或违法的，但行为人并未实施不法侵害，在遭到不法侵害时，不能因为携带了凶器，就剥夺他对不法侵害的防卫权利[2]。

第三，偶然防卫。行为人并无正当的防卫意图，但客观上符合了正当防卫的其他条件，制止了不法侵害。比如某甲与某乙素有仇隙，某日晚某甲酒后决意杀某乙。便携枪到某乙住处，从门缝见一人背影确认是某乙，于是举枪射击，而恰逢某乙刚劫持了一名过路的妇女，正要对其实施暴力强奸。结果某甲将某乙打死，同时也阻止了其正在实施的强奸犯罪行为。在上述案例中，某甲的行为客观上偶然地制止正在进行的暴力犯罪行为，但并非正当防卫。

---

[1]《张建国故意伤害案［第138号］》，载《刑事审判参考》（总第22辑），法律出版社2001年版，第5页。某日19时许，被告人张建国到酒楼与马润江、付洪亮一起饮酒。当日21时许，张建国与马润江在该酒楼卫生间内与同在酒楼饮酒的徐永和（曾是张建国的邻居）相遇。张建国遂同徐永和戏言："待会儿你把我们那桌的账也结了。"欲出卫生间的徐永和闻听此言又转身返回，对张建国进行辱骂并质问说："你刚才说什么呢？我凭什么给你结账？"徐边说边扑向张建国并掐住张的脖子，张建国即推挡徐永和。在场的马润江将张、徐二人劝开。徐永和离开卫生间返回到饮酒处，抄起两个空啤酒瓶，将酒瓶磕碎后即寻找张建国。当张建国从酒楼走出时，徐永和嘴里说"扎死你"，即手持碎酒瓶向张建国面部扎去。张建国躲闪不及，被扎伤左颈、面部（现留有明显疤痕长约12cm）。后张建国双手抱住徐永和的腰部将徐扑倒在地，致使徐永和被自持的碎酒瓶刺伤右下肢动、静脉，造成失血性休克，经医院抢救无效死亡。法院认为：徐永和、张建国两人因一句戏言发生争执，在被他人劝开后，徐永和持碎酒瓶伤害被告人张建国的行为属不法侵害。被告人张建国在被徐永和扎伤左颈、面部的情况下，为阻止徐永和继续实施伤害行为，躲至徐永和身后，抱住徐永和的腰并将徐摔倒在地，致使徐永和被自持的碎酒瓶扎伤致死。被告人张建国为使本人的人身免受正在进行的不法侵害而采取的制止不法侵害的行为，属正当防卫，被告人张建国无罪，且不承担民事赔偿责任。

[2] 马克昌：《论正当防卫和防卫过当》，载《当代法学》1987年第4期。

法益侵犯说排斥主观的正当化要素，主张防卫意图不要说，因此偶然防卫也属于正当防卫。但是根据规范违反说，防卫意图是必要的，因此偶然防卫不能成立正当防卫，一般认为，可以未遂犯论处。

（二）防卫起因

正当防卫的前提条件是存在不法侵害。因此，要注意如下知识点：

第一，精神病人与未成年人的侵害。对于无责任能力人如精神病患者、未满14周岁的未成年人的侵害行为，能否进行正当防卫？

第一种观点认为，不法侵害应当是达到责任年龄和有责任能力人实施的。不满14周岁的人和精神病人对自己行为的性质、意义及其社会后果均缺乏认识。因此，一般不宜对其实行正当防卫。[1]

第二种观点则认为，如果不知道侵害者是无责任能力人，可以实行正当防卫。而如果知道侵害者是无责任能力人时，不能径直实行正当防卫，只有在不能用其他方法（如逃跑）避免侵害时，才可以实行正当防卫。[2]

第三种观点与第二种观点在处理结论上基本相似，不过在推论上有所不同，这种观点也认为应该区分情况，但认为在不知对方系无责任能力人时，不能实行正当防卫，只能实行紧急避险。由于紧急避险必须是"不得已采取的"，而正当防卫并无此限。因此，其结论与第二种观点是相似的。

第四种观点则认为，在知道侵害者是无责任能力人时，应同其他场合下实行的正当防卫同等对待，不应在法律规定之外另加限制。当然，论者也指出，防卫人在反击时应尽可能地避免和减轻对无责任能力人造成损害。但在实际处理时，则不能要求防卫手段一

---

[1] 庄忠范：《有关正当防卫几个理论问题的探讨》，载《法学评论》1985年第1期。

[2] 马克昌：《论正当防卫和防卫过当》，载《当代法学》1987年第4期。

定要轻于不法侵害，而是应当同样地以是否相适应为标准。只有超过必要限度造成不应有的危害，才应负一定的刑事责任，否则，同样应按合法的正当防卫对待。

上述争论的焦点其实还是与犯罪构成理论有关，如果按照递进式的犯罪论体系，精神病人与未成年人所实施的危害行为也属于不法侵害，故可对其进行正当防卫。当然，如果防卫人知道进行侵害的人是未成年人或者精神病人，首先应尽量采取其他方法躲避侵害，只有在迫不得已的情况下才可以实行正当防卫。[1]

值得一提的是，法益侵犯说批评规范违反说，认为此说不利于国民行使防卫等权利，就举了对精神病人防卫的例子。法益侵犯说认为，当甲面临精神病人乙正在杀害自己时，因为乙缺乏故意与过失，不具备违法性，而不得防卫。[2] 这恰恰是没有区分构成要件故意与责任故意而导致的误读，既然精神病人符合故意杀人罪的构成要件，具有构成要件故意，那当然有违法性，自然可以进行正当防卫。

第二，动物侵袭。动物侵袭一般不属于不法侵害，将动物打死可按紧急避险论处。但是，如果饲养人唆使其饲养的动物侵害他人

---

〔1〕 参见《范尚秀故意伤害案［第 353 号］》，载《刑事审判参考》（总第 45 集），法律出版社 2006 年版，第 10 页。被告人范尚秀与被害人范尚雨系同胞兄弟。范尚雨患精神病近十年，因不能辨认和控制自己的行为，经常无故殴打他人。2003 年 9 月 5 日上午 8 时许，范尚雨先追打其侄女范莹辉，又手持木棒、砖头在公路上追撵其兄范尚秀。范尚秀在跑了几圈之后，因无力跑动，便停了下来，转身抓住范尚雨的头发将其按倒在地，并夺下木棒朝持砖欲起身的范尚雨头部打了两棒，致范尚雨当即倒在地上。后范尚秀把木棒、砖头捡回家。约 1 个小时后，范尚秀见范尚雨未回家，即到打架现场用板车将范尚雨拉到范尚雨的住处。范尚雨于上午 11 时许死亡。下午 3 时许，被告人范尚秀向村治保主任唐田富投案。法院认为，被告人范尚秀为了使自己的人身权利免受正在进行的不法侵害，而持械伤害他人身体，造成他人死亡的后果，具有防卫性质，但明显超过必要限度造成他人损害，其行为已构成故意伤害罪。被告人作案后投案自首，依法应从轻处罚。被告人范尚秀辩解称其用木棒致死被害人不是故意的，是不得已而为之的自卫行为的理由，与庭审查明的事实相符，依法应当减轻处罚。鉴于被告人的悔罪表现，可对被告人适用缓刑。被告人范尚秀犯故意伤害罪，判处有期徒刑 3 年，缓刑 3 年。

〔2〕 张明楷：《行为无价值论的疑问——兼与周光权教授商榷》，载《中国社会科学》2009 年第 1 期。

的，此种情况下动物是饲养人进行不法侵害的工具，防卫人将该动物打死打伤的，事实上属于以给不法侵害人的财产造成损害的方法进行的正当防卫。当然，如果直接攻击唆使之人，由于他是不法行为的直接发出源，也可成立正当防卫。

第三，对于社会利益、国家利益的侵害，也可能属于不法侵害，但只有这种社会利益和国家利益与个人利益有密切关系，且对个人利益有紧迫的危险时才可进行正当防卫。比如对他人偷越国边境的行为，就不能进行正当防卫。但是，对于小偷盗窃国有企业财产的行为，他人可以进行正当防卫，因为国有企业的财产必须由个人进行监管，这同样可以理解为是对个人监管权的一种侵犯，故可以进行正当防卫。

第四，假想防卫的处理。如果没有发生不法侵害，行为人误以为发生了不法侵害，采取了自以为是正当防卫行为的，属于假想防卫。假想防卫的处理在学说上有很大的争议，我国刑法通说认为，假想防卫不是正当防卫，通常按过失犯罪处理；如果确实没有过失的，则按意外事件处理。[1] 通说的观点值得思考，后文对此详述。

（三）防卫时间

正当防卫必须发生在不法侵害正在进行时，否则就是防卫不

---

〔1〕 参见《王长友过失致人死亡案［第124号］》，载《刑事审判参考》（总第20辑），法律出版社2001年版，第9页。1999年4月16日晚，被告人王长友一家三口入睡后，忽听见有人在其家屋外喊叫其妻佟雅琴的名字。王长友便到外屋查看，见一人已将外屋窗户的塑料布扯掉一角，正从玻璃缺口处伸进手开门闩。王即用拳头打那人的手一下，该人急抽回手并跑走。王长友出屋追赶未及，亦未认出是何人，即回屋带上一把自制的木柄尖刀，与其妻一道，锁上门后（此时其十岁的儿子仍在屋里睡觉），同去村书记吴俊杰家告知此事，随后又到村委会向大林镇派出所电话报警。当王与其妻报警后急忙返回自家院内时，发现自家窗前处有俩人影，此二人系本村村民何长明、齐满顺来王家串门，见房门上锁正欲离去。王长友未能认出何、齐二人，而误以为是刚才欲非法侵入其住宅之人，又见二人向其走来，疑为要袭击他，随即用手中的尖刀刺向走在前面的齐满顺的胸部，致齐因气血胸，失血性休克当场死亡。何长明见状上前抱住王，并说："我是何长明！"王长友闻声停住，方知出错。法院认为，被告人王长友的行为属于在对事实认识错误的情况下实施的假想防卫，其行为已构成过失致人死亡罪。

适时。

1. 开始时间

一般情况下，只有当不法侵害人着手实行不法侵害时才能进行防卫，对于预备行为不能进行正当防卫。但是如果不法侵害的现实威胁十分明显、紧迫，待其着手实行后，来不及减轻或者避免危害结果时，也应认为不法侵害已经开始。

2. 结束时间

关于不法侵害结束的时间，可以采取"危险排除"的理论认定，只要合法权益不再处于紧迫、现实的侵害、威胁之中，或者说不法侵害已经不可能继续，就认为不法侵害已经结束。通常表现为：不法侵害人已经被制服；不法侵害人已经自动中止不法侵害；不法侵害人已经逃离现场；不法侵害行为已经造成了危害结果并且不可能继续造成更严重的危害结果。在不法侵害结束后，就不能再进行正当防卫。

但是，判断不法侵害是否结束，必须站在一般人立场从普罗大众的角度来看是否具有紧迫性，而不能按照理性人的事后标准。换言之，我们要代入防卫人的角色，设身处地并综合考虑他所处的情境来判断他是否依然处于紧迫的危险之中。比如在世人瞩目的昆山反杀案中，如果你是防卫人，你是否会认为"宝马哥"已经丧失反抗能力，自己已经不再处于紧迫的危险之中？有许多法律人喜欢做理性人的假设，喜欢站在事后角度开启上帝视角，但是没有人是理性人，人或多或少都有弱点，也许只有机器人才是真正的理性人。法律必须考虑民众朴素的道德情感，而不能动辄以事后诸葛亮的冷漠与傲慢来忽视民众的声音。

20 世纪 80 年代，曾经发生过这样一起案件（粪坑案）。一妇女回娘家探亲，在路上遇到一个持刀歹徒，歹徒企图强奸该女，由于歹徒身强体壮，而且此地还是十分偏僻的山区，该女自知不是歹徒的对手，也无法求救。因此，她假意顺从就说找个平坦点的地方。当走到一个化粪池旁，该女示意歹徒脱衣服，歹徒见其非常配合就放松了警惕，在脱套头毛衣的时候，趁歹徒头被毛衣包住，女方用力把歹徒推倒在化粪池里。此时正值寒冬，粪池很深，歹徒挣扎着用手攀住粪池边缘往上爬，女方就用砖头砸歹徒的手，不让歹徒上来，十多分钟后歹徒被淹死在化粪池中。此案在当时也曾引起争论，有人认为歹徒跌入粪坑，不法侵害已经停止，此时不能再进行不法侵害。还有人认为，根据当时的特定情况，危险并没有排除，是可以实施正当防卫的。[1]

粪坑案的焦点在于，如果你是女方，你是否会用砖头砸向男方？结论是肯定的，所以这是标准的正当防卫。

在引起极大争议的于欢案中，一审法院曾经错误地认为于欢的行为不具有防卫属性，因为不法侵害已经结束，于欢没有遭受紧迫的危险。但二审法院改变了这种错误观点，认为于欢依然面临着不法侵害，其行为具有防卫性质。后该案成为最高人民法院发布的第93号指导案例，用来指导全国司法工作。指导案例中认为："于欢是在人身自由受到违法侵害、人身安全面临现实威胁的情况下持刀捅刺，且捅刺的对象都是在其警告后仍向其靠近围逼的人。因此，可以认定其是为了使本人和其母亲的人身权利免受正在进行的不法侵害，而采取的制止不法侵害行为，具备正当防卫的客观和主观条件，具有防卫性质。"

存在例外的是财产性违法犯罪，在此情况下，行为虽然已经既遂，但在现场还来得及挽回损失时，在司法实践中一般都认为仍系不法侵害尚未结束，可以实施正当防卫。如盗窃犯窃得财物，盗窃罪已既遂，但当场对盗窃犯予以暴力反击夺回财物的，一般都可认定为正当防卫。

---

〔1〕 参见陈兴良：《口授刑法学》，中国人民大学出版社 2007 年版，第 253~254 页。

3. 防卫不适时

防卫不适时包括事先防卫和事后防卫。事先防卫是在不法侵害还未开始时进行防卫,[1] 事后防卫是在不法侵害已结束时,继续加害不法侵害人的,不成立正当防卫。需要注意的是,由于防卫不适时不符合正当防卫的时间条件,也就不存在防卫过当的问题。因为防卫过当的前提是存在正当防卫,但超过必要限度。

预先安装防卫装置不属于事先防卫,比如为了防止小偷而在围墙上插上玻璃碎片,当防卫效果发生时正好遭遇不法侵害,这也成立正当防卫。[2] 但是,如果预先安装的防卫装置有危害公共安全的性质,即使出于防卫动机,也不属于正当防卫。[3] 比如为了防止他人偷窃而在果树上投毒,这不属于正当防卫,造成他人伤亡的,应该直接以投放危险物质罪论处。如果预想到有犯罪行为会临到,而提前准备武器防身,在遭遇不法侵害时使用武器,在实质上

---

〔1〕 参见《周文友故意杀人案〔第 363 号〕》,载《刑事审判参考》(总第 46 集),法律出版社 2006 年版,第 30 页。被告人周文友之妹周洪为家庭琐事与其夫李博(被害人)发生争吵,周文友之母赵孝学出面劝解,后李博用板凳打了赵孝学。当晚 23 时许,周文友回家得知此事,遂打电话质问李博,并叫李博回家把事情说清楚,为此,两人在电话里发生争执。次日凌晨 1 时 30 分许,李博邀约任毅、杨海波、吴四方等人乘坐出租车来到周文友家。周文友见状遂持尖刀走出房间来到坝子,与持砍刀的李博对打。在周文友与李博相互对打中,周文友将李博右侧胸肺、左侧腋、右侧颈部等处刺伤,致李博急性失血性休克,呼吸、循环衰竭死亡;李博持砍刀将周文友头顶部、左胸壁等处砍伤,将周文友左手腕砍断。经法医鉴定周文友的损伤程度属重伤。周文友受伤后乘坐出租车前往医院治疗,途经南川市公安局西城派出所时,向派出所报案,称其杀了人,来投案自首,现在要到医院去治伤,有事到医院找他。周文友认为自己的行为系正当防卫。法院认为:被告人周文友不是正当防卫,其行为构成故意杀人罪。鉴于被告人周文友有自首情节,且被害人李博有重大过错,可对被告人周文友减轻处罚。判决被告人周文友犯故意杀人罪,判处有期徒刑 8 年。

〔2〕 〔日〕大谷实:《刑法讲义总论》(新版第 2 版),黎宏译,中国人民大学出版社 2008 年版,第 255 页。

〔3〕 陈兴良:《本体刑法学》,商务印书馆 2001 年版,第 449 页。

防卫行为针对的也是正在进行中的不法侵害，可以成立正当防卫。[1]

事后防卫在司法实践中比较常见，它可以分为两种：

第一，故意的防卫。这又分没有正当防卫前提的事后防卫和具有正当防卫前提的事后防卫。前者是指在不法侵害中，行为人没有防卫，但在不法侵害终止后，才对不法侵害人实施所谓的防卫，这属于典型的事后报复。例如，女方被强奸后，面对扬长而去的犯罪人，非常生气，于是拾起砖头朝犯罪人头部猛击。后者是指在实行正当防卫过程中，不法侵害人已经丧失了侵害能力或者终止了不法侵害，或者已经被制服，但行为人仍不罢手，继续加害。例如，宋某持三角刮刀抢劫王某财物，王某夺下宋某的三角刮刀，并将宋某推倒在水泥地上，宋某头部着地，当即昏迷。王某随后持三角刮刀将宋某杀死。显然，王某前面的行为本是正当防卫，但后面的行为却转化为事后防卫的故意杀人。

第二，出现认识错误的事后防卫。这是指不法侵害已经终止，

---

[1] 参见《胡咏平故意伤害案［第224号］》，载《刑事审判参考》（总第30辑），法律出版社2003年版，第33页。被告人胡咏平在厦门伟嘉运动器材有限公司上班期间，与同事张成兵（在逃）因搬材料问题发生口角，张成兵扬言下班后要找人殴打胡咏平，并提前离厂。胡咏平从同事处得知张成兵的扬言后即准备二根钢筋条磨成锐器藏在身上。当天下午5时许，张成兵纠集邱海华（在逃）、邱序道在厦门伟嘉运动器材有限公司门口附近等候。在张成兵指认后，邱序道上前拦住刚刚下班的胡咏平，要把胡拉到路边。胡咏平不从，邱序道遂殴打胡咏平两个耳光。胡咏平即掏出一根钢筋条朝邱序道的左胸部刺去，并转身逃跑。张成兵、邱海华见状，立即追赶并持钢管殴打胡咏平。尔后，张成兵、邱海华逃离现场。经法医鉴定，被害人邱序道左胸部被刺后导致休克，心包填塞、心脏破裂，损伤程度为重伤。法院认为：被告人胡咏平在下班的路上遭到被害人邱序道不法侵害时，即掏出钢筋条刺中邱序道，其行为属于防卫性质。被害人邱序道在殴打被告人胡咏平时并未使用凶器，其侵害行为尚未达到对被告人胡咏平性命构成威胁的程度，被告人胡咏平却使用凶器进行还击，致使被害人重伤，其防卫行为明显超过必要限度造成重大损害，属于防卫过当，构成故意伤害罪，但依法应当减轻处罚。被告人胡咏平犯故意伤害罪，判处有期徒刑1年。另可参见《李明故意伤害案［第433号］》，载《刑事审判参考》（总第55集），法律出版社2007年版，第13页。

但防卫人出现认识错误，误认为不法侵害仍然存在，而对其实施了所谓的防卫。这其实属于事后防卫与假想防卫的竞合，应当适用假想防卫的处理原则。如果对于认识错误存在过失，则应以过失犯罪论处；如果没有过失，则属于意外事件。[1]

4. 受虐妇女症候群

对防卫时间紧迫性要素提出挑战的是受虐妇女症候群。此类症候由家庭暴力所致，妇女长期受到伴侣恐吓、虐待，倍感绝望，认为除了暴力无法摆脱困境，故铤而走险将伴侣杀害。国外对这种现象研究较深，而我国的研究相对较少。司法实践中，此类案件也常有发生，它与正当防卫的关系，有必要慎重对待。

受虐妇女症候群导致的杀人行为可分为三类：其一，对抗性杀人，受虐妇女在争吵中将伴侣杀害，这在实践中最为常见；其二，非对抗性杀人，受虐妇女在伴侣熟睡等平和场合将其杀害；其三，雇凶杀人，受虐妇女雇佣他人杀害伴侣。[2] 在这些案件中受虐妇女通常会以正当防卫为由进行辩护。在英美法系中，对于第三类案件没有争论，法官不会采纳正当防卫的辩解，而在前两类案件中，则存在很大争议。

按照美国学者沃克（Walker）的解释，伴侣对妇女的虐待是循序渐进的。最初是因一些很小的事情而导致轻微的虐待，随后会慢慢升级为真正的身体虐待，在此期间会伴随着施虐者反复向女方忏悔，表达爱意，请求原谅。而原谅对方的女性不久又会再次遭受殴打。沃克认为，因为无力制止虐待行为，女方会完全丧失自信，陷入对伴侣的依赖（获得性依赖，learned helplessness），因此她们往

---

〔1〕 陈兴良：《本体刑法学》，商务印书馆 2001 年版，第 449~450 页。

〔2〕 Joshua Dressler, *Understanding Criminal Law*, 4th edition, Lexisnexis, 2006, pp. 258-259.

往选择保持与伴侣的关系，而不是离开。[1]

在对抗性杀人案件中，受虐妇女症候群可以说明，先前的虐待行为会让被告人感到自己受到致命的紧迫危险，在与伴侣的争吵过程中，与此妇女地位相同的一般人都会因受虐历史而如此联想，因此将对方杀死的行为没有偏离一般人标准，可以解释为正当防卫。

在非对抗性杀人案件中，如果陪审团采纳了专家关于被告罹患受虐妇女症候的证据，那被告所提出的辩解，"即便伴侣处于熟睡等消极状态，他也会随时杀死她"，陪审团会认为对于身患此症的妇女而言，这种见解具有客观的合理性[2]。因为患有此症，这些妇女无法理解客观事实（虐待者处于熟睡状态，并没有显露出紧迫的危险）[3]。尤其是获得性依赖的证据更是可以向陪审团解释为什么被告人不离开伴侣，而宁愿身陷险境。有许多观点主张此类杀人也不应成立犯罪。如有人从功利主义论证，认为施虐者长期虐待被告，给被告造成了危险，他也可能会给他人造成类似危险，他的死亡对社会是有利的。社会应该给妇女提供一个庇护所，让她们免遭虐待。还有人从报应主义出发，认为施虐者因为长期施虐，即便暂时不具有紧迫的危险性，但在道德上他已放弃了生命权利。如果不赋予妇女防卫的权利，那就是让公民成为强者的奴隶。[4]

在笔者看来，正当防卫的辩解能否成立，关键看如何理解危险的紧迫性。在非对抗性杀人案件中，当施虐者处于昏睡之中，按一般人常理来推断，很难认为这存在紧急危险，因此把其视为正当防

〔1〕 Joshua Dressler, *Understanding Criminal Law*, 4th edition, Lexisnexis, 2006, p. 261.

〔2〕 Joshua Dressler, *Understanding Criminal Law*, 4th edition, Lexisnexis, 2006, p. 261.

〔3〕 Joshua Dressler, *Understanding Criminal Law*, 4th edition, Lexisnexis, 2006, p. 263.

〔4〕 Joshua Dressler, *Understanding Criminal Law*, 4th edition, Lexisnexis, 2006, p. 263.

卫，并不妥当。

当然，这类妇女不成立正当防卫，并不意味着她们就一定要承担刑事责任。如果在医学上能够肯定受虐妇女症候群的存在，那么把它看成一种导致责任能力减弱或缺失的精神疾病可能更为合理。正如科孚林（Anne Coughlin）教授所言，罹患此症之人缺乏进行理性选择的心理能力，因此患有此病的证据可以证明被告人因精神疾病而行为异常。[1]

（四）防卫对象

正当防卫只能针对不法侵害人本人的人身或财物进行防卫。

第一，对第三人防卫的处理。如果故意针对第三者进行防卫，就应作为故意犯罪处理；如果误认为第三者是不法侵害人而进行所谓的防卫，则以假想防卫来处理，即如果行为人主观上有过失，且刑法规定为过失犯罪，就按过失犯罪来处理；如果行为人主观上没有过失，就按意外事件来处理。例如，甲某和女友夜晚在公园散步，遭到三个流氓的侮辱，继而三人殴打甲某。甲某在黑暗中持水果刀与三个流氓搏斗。这时有一个着便衣的警察，见似乎有几个人在打架斗殴，就过来拍了甲某的肩膀一下。甲某误以为是流氓袭击，将其扎伤。甲某的行为就属于对第三人防卫，可按假想防卫处理。

第二，损害第三人的财产。为制止正在进行的不法侵害，使用第三者的财物反击不法侵害人，对于财物的拥有者而言，这可能成立紧急避险，但是如果同时对不法侵害人造成了人身损害，是可以成立正当防卫的。当然，如果不法侵害人使用第三人财物对他人进行攻击，如甲抓起李四的名贵吉他向李四头部砸去，李四用手肘一挡，导致吉他损毁。这种损害结果与李四无关，不属于正当防卫，而应当由甲承担故意毁坏财物罪的责任。

---

[1] Joshua Dressler, *Understanding Criminal Law*, 4th edition, Lexisnexis, 2006, p. 263.

第三，对第三人防卫与打击错误。在正当防卫过程中，如果出现打击错误，导致不法侵害人以外的第三人伤亡，该如何处理？在刑法理论中也有很大争议。大致有三种观点：①成立正当防卫；②成立假想防卫；③成立紧急避险。[1] 第一、二种观点遵循的是法定符合说的立场。法定符合说认为不同的具体人在人的本质上可以等价，因此，不法侵害人与第三人之间在价值上具有等同性，既然对不法侵害人的攻击进行防卫成立正当防卫，那么由于打击错误对第三人进行防卫也可成立正当防卫。另外，法定符合说认为对象错误与打击错误的处理结论是一致的，如果防卫人出现对象错误，误认为第三者是不法侵害人而进行所谓防卫的，属于假想防卫，那么根据法定符合说，在打击错误的情况下，也宜认定为假想防卫。[2]

在笔者看来，人身专属法益不能等价，只有非人身专属的法益才可以等价。因此，上述第三种观点是恰当的。防卫人的行为并非针对不法侵害人的侵犯，而是对与此无关的第三人的攻击，这完全符合紧急避险的条件。当然，非人身专属的法益可以等价，因此如果甲放狗咬乙，乙开枪防卫，误将丙之名犬击毙，甲之狗与丙之犬可以等价，故可以成立正当防卫。

值得说明的是，人身专属法益能否等价？这涉及具体人和抽象人的对立。在刑法中，应当坚持具体人，反对抽象人的概念。近代以来，人类最悲惨的命运就是用抽象人的概念取代了具体人，人被抽象化的必然后果就是人的价值被贬损。当人被抽象化，也就不可避免地被根据种族、性别、国别、阶层、贫富等各种抽象概念进行归类。在抽象的概念中，个体也就失去了自己存在的独特意义。回想苏联的斯大林时期，统治者高度强调集体的人——社会的人、阶

---

〔1〕 张明楷：《刑法学》（第 4 版），法律出版社 2011 年版，第 200 页。

〔2〕 ［日］西田典之：《日本刑法总论》，刘明祥、王昭武译，中国人民大学出版社2007 年版，第 129 页。

级的人，而具体的个人问题无立足之地，结果公民个人的权利也就被完全漠视，甚至践踏。

倡导抽象人的概念，往往都会忽视对具体人的尊重，这就不难想象为什么那么多宣称热爱人类的人却很少关心具体的人。在西方，卢梭第一个反复宣称自己是"人类的朋友"，但他却丝毫不爱具体的人，他说："我是人类的朋友，而人是到处都有——我也没有必要走得太远。"卢梭的名声很大程度上有赖于他的儿童教育理论，他的《论人类不平等的起源和基础》《爱弥尔》《社会契约论》，甚至还有《新爱洛伊丝》，都以教育理论作为主要的和基本的主题。但是，在现实生活中他的行为与其所倡导的完全相反，他对孩子毫无兴趣。卢梭的情妇勒瓦塞为他生了五个孩子，但这五个孩子全被卢梭送往孤儿院。或许，热爱人类占据了卢梭太多的时间，以致他根本无暇关注具体的人，即便是他的亲骨肉。卢梭说："当房间里充满了家庭的烦恼和孩子的吵闹时，我的心灵如何能得到我的工作所必需的宁静呢？"因为卢梭如此热爱人类，以至于他认为自己同样也爱人类中的每个个体，当然也包括他的孩子。卢梭为自己辩解道："……我热爱伟大、真、美和正义，我痛恨任何类型的恶……让-雅克（即卢梭），在他的一生中没有一时一刻是一个没有感情、没有怜悯心的人，是一个丧失天性的父亲。"[1]

基于对抽象人的热爱，卢梭开创了"公意"理论，正是这种理论为人类打开了一扇通往地狱的大门。在卢梭看来，主权者是永远不会犯错误的，他无法想象基于公意产生的主权政府也可能践踏先前的契约，走向独裁。不幸的是，这却成了事实。雅各宾派专制是卢梭学说的第一次实践。当时，《社会契约论》成了该派大多数革命领袖的圣经，他们认为自己的意志就是总意志。难怪罗素在评价

---

〔1〕 ［英］保罗·约翰逊：《知识分子》，杨正润等译，江苏人民出版社 1999 年版，第 16 页。

卢梭时说："这本书在民主政治理论家中间重新造成讲形而上的抽象概念的习气，而且通过'总意志'（即'公意'）说，领袖和他的民众能够有一种神秘的等同，这是用不着靠投票箱那样世俗的器具去证实的。他的哲学有很多东西是黑格尔为普鲁士独裁制度辩护时尽可能采用的。它在实际上的最初收获是罗伯斯庇尔的执政，俄国和德国（尤其后者）的独裁统治的一部分也是卢梭学说的结果。至于未来还要把什么进一步的胜利献给他的在天之灵，我就不敢预言了。"[1]

　　数百年来，无数人类浩劫无不假借抽象人的概念获得了难以辩驳的合理性。在抽象人的概念下，个体的意义被完全忽略。法定符合说在思维方法上与卢梭哲学如出一辙。甲射杀乙，却误伤丙，致其死亡，如果乙、丙二人在抽象人的概念上可以等同，那么乙、丙二人也就失去了各自存在的独特意义。法定符合说论者认为，"在行为人具有杀人故意，客观上也杀害了人的情况下，却认定为杀人未遂，有悖社会一般观念。"[2] 让人费解的是，何谓"社会一般观念"？为何笔者个人的经验却与这种所谓的"社会一般观念"完全相悖。"社会一般观念"的标准何在？它与卢梭的"公意"有何区别？它是否只是"人民意志""群众呼声"类似术语的另一种表述。事实上，我个人的常识告诉我，在对象错误中，甲欲杀乙，误把丙当成了乙杀死，甲主观上明知自己在故意杀人，客观上也杀死了他人，乙的确是被故意杀死的，因此这属于故意杀人罪的既遂。但在打击错误中，甲射杀乙，却误伤丙，致其死亡，丙分明就是被误杀，而非故杀，为何"社会一般观念"却认为误杀与故杀应当等同呢？

---

[1]　[英]罗素：《西方哲学史》（下卷），马元德译，商务印书馆1976年版，第243页。

[2]　张明楷：《刑法学》（第4版），法律出版社2011年版，第249页。

总之，为了尊重每个个体的价值，不能用抽象人的概念取代具体人的存在，因此，生命权、身体健康权、性权利、名誉权等各种与人有关的法益只能由个体专属，不能被抽象化为等价。当然，对于个体所专属法益，没有必要在个体内再进行区分，比如甲出于伤害的意图瞄准乙的右手腕投掷石块，但击中乙的左手腕，这就没有必要具体区分右手与左手，直接认定为故意伤害罪的既遂即可。

（五）防卫限度

1997 年《刑法》第 20 条第 2 款将普通的正当防卫的限度要件规定为"明显超过必要限度造成重大损害"，这与 1979 年《刑法》所规定的"超过必要限度造成不应有的危害"有很大不同。

然而，法律的修改并没有完全平息理论界有关防卫限度的争论，旧刑法时代有关防卫限度的争论仍在继续。

有许多学者转向必要说，有人指出，"刑法在'超过必要限度'前增加'明显'两字，这样就突破理论上'基本相适应说'的局限，更倾向于必要说，只要足为有效制止不法侵害这一目的所实际需要，而未明显超过必要限度的，即不为过当"[1]。还有学者指出："必要限度，应以制止不法侵害，保护法益的合理需要为标准，易言之，只要是制止不法侵害，保护法益所必需的，就是必要限度之内的行为。"[2]

但也有论者坚持折中说，如有学者指出，防卫行为的必要限度，应从两个方面考虑：一方面要考察防卫行为是否为制止不法侵害所必需；另一方面还要判断防卫行为与不法侵害行为是否基本相适应，防卫行为正好足以制止不法侵害行为，而没有对不法侵害人

---

〔1〕 梁华仁、刘为波：《新刑法对正当防卫制度的修改》，载丁慕英等主编：《刑法实施中的重点难点问题研究》，法律出版社 1998 年版，第 428 页。

〔2〕 张明楷：《刑法学》（第 3 版），法律出版社 2007 年版，第 184 页。

造成不应有的危害，即认为在正当防卫的必要限度以内。[1]

还有学者继续保持基本相适应说的立场。如有学者批评前两种观点，认为它们在司法实践中都很难操作，而基本相适应说则在实质上是将原本属于法官主观裁量的问题外化为具体、明确的客观规则，这在一定程度上与整个法典的客观主义立场是相协调的。[2]

这些观点争论，其实也与学界对于刑法条文中"明显超过必要限度"与"造成重大损害"关系的理解有关。一种观点认为，"明显超过必要限度"与"造成重大损害"在逻辑上存在并列关系。"在认定正当防卫的限度条件时，必须同时考察防卫行为是否明显超过了必要限度和是否造成了重大损害两方面的情况，而不能只讲究一者而忽略另一者。"[3] 如果防卫行为明显超过必要限度，但未造成重大损害，则这样的行为就不能以防卫过当论处。[4] 另一种观点采包容说。论者认为，"这里的'造成重大损害'是'明显超过'的事实佐证，关键之处是'明显超过'，而不是'造成重大损害'，从两者的关系上讲，凡是明显超过必要限度者，必然是造成了重大损害。"[5] 因而包容说主张重大损害的后果包含于明显超过

---

〔1〕 高铭暄、马克昌主编：《刑法学》（上编），中国法制出版社 1999 年版，第241 页。

〔2〕 郭泽强、胡陆生：《再论正当防卫的限度条件》，载《法学》2002 年第 10 期。

〔3〕 高铭暄、马克昌主编：《刑法学》（上编），中国法制出版社 1999 年版，第241 页。

〔4〕 王政勋、贾宇：《论正当防卫限度条件及防卫过当的主观罪过形式》，载《法律科学》1999 年第 2 期。

〔5〕 侯国云、白岫云：《新刑法疑难问题解析与适用——兼论新刑法中的矛盾与缺陷》，中国检察出版社 1998 年版，第 127 页。

必要限度，只要明显超过必要限度，必然会以重大损害为结果。[1]

笔者认为，对于"必要限度"通说采基本相适应和客观需要相统一说。判断正当防卫是否超过了必要限度，关键看其是否是有效制止不法侵害行为所必需的，而认定"是否必需"则需要综合考虑不法侵害的强度、不法侵害的缓急、不法侵害的权益与防卫手段是否基本相适应，是否具有社会相当性。[2]

正当防卫行为客观上造成了损失，如果损失不是行为人的行为所导致的，或者行为根本没有造成损失，那自然不属于正当防卫。比如小偷偷东西，主人大叫抓小偷，小偷慌忙逃跑，掉进水沟，溺毙。主人的行为与小偷的死亡之间没有因果关系，其行为并未导致小偷死亡，所以不属于正当防卫。

二、防卫过当与特殊防卫

（一）防卫过当

符合正当防卫的前四个要件而不具备第五个要件才是防卫过

---

〔1〕 参见郭泽强、胡陆生：《再论正当防卫的限度条件》，载《法学》2002 年第 10 期。需要说明的是，该论者认为两者的关系既非包容也非并列，而是交叉关系。论者认为，明显超过必要限度可以造成重大损害后果或一般损害后果；而造成重大损害后果，可能是明显超过必要限度，亦可能是没有明显超过必要限度，因此我们认为，明显超过必要限度与造成重大损害之间呈现一种交叉关系。论者认为，《刑法》第 20 条第 3 款明确规定的情况就是一种虽然造成重大损害，但却没有超出必要限度。显然，论者是将特殊防卫与普通防卫的过当问题置于同一个平台考虑。故本书对此种观点，不再于正文单列。

〔2〕 参见《赵泉华被控故意伤害案〔第 297 号〕》，载《刑事审判参考》（总第 38 集），法律出版社 2004 年版，第 101 页。被告人赵泉华与王企儿、周钢在舞厅因琐事发生过争执。事后，王企儿、周钢等人多次至赵泉华家，找赵泉华寻衅，均因赵泉华避让而未果。某日，王企儿、周钢再次至赵泉华家，敲门欲进赵家，赵未予开门。王、周即强行踢开赵家上锁的房门闯入赵家，赵为制止不法侵害，持械朝王、周挥击，致王企儿头、面部挫裂伤，经法医鉴定属轻伤；致周钢头皮裂伤、左前臂软组织挫裂伤，经法医鉴定属轻微伤。法院认为：赵的行为未明显超过必要限度造成重大损害，是正当防卫，依法不应承担刑事责任。

当。假想防卫、防卫不适时都并非防卫过当。防卫过当在主观上一般是过失，但也不排除故意。[1] 例如，甲遭受乙正在进行的不法侵害，在防卫过程中一棒将乙打倒，致乙跌倒，脑部撞在一块石头上而死亡。甲的防卫行为明显超过必要限度造成了重大损害，应以防卫过当追究刑事责任，构成过失致人死亡罪。防卫过当应当负刑事责任，但是应当减轻或者免除处罚。

（二）特殊防卫

《刑法》第 20 条第 3 款规定："对正在进行行凶、杀人、抢劫、强奸、绑架以及其他严重危及人身安全的暴力犯罪，采取防卫行为，造成不法侵害人伤亡的，不属于防卫过当，不负刑事责任。"

关于这个条款的争论，首先涉及它的称谓，有人称其为"无限防卫"[2]；还有人称其为"特别防卫"。这种观点认为该条款规定的防卫权并非一概无限制或无限度，这种称谓可以同《刑法》第 20 条前两款规定的一般防卫权相对应，便于区别两者，另外特别防卫权的称谓有利于群众正确认识这种防卫权只能发生在针对特殊犯罪的场合，避免因发生误解而导致滥用这种防卫权。[3] 还有人

---

〔1〕 参见《韩霖故意伤害案［第 569 号］》，载《刑事审判参考》（总第 69 集），法律出版社 2009 年版，第 40 页。2003 年 8 月 30 日 19 时许，被害人王某见被告人韩霖同丁某某在山东省乳山市"豪迈"网吧上网，王某认为丁某某是自己的女友，即对韩霖产生不满，纠集宋某、贾某等四人到网吧找韩霖。王某先让其中二人进网吧叫韩霖出来，因韩霖不愿出来，王某又自己到网吧中拖扯韩霖，二人发生争执，后被网吧老板拉开。王某等人到网吧外等候韩霖，当韩、丁二人走出网吧时，王某即将韩拖到一旁，并朝韩踢了一脚。韩霖挣脱后向前跑去，王某在后追赶，宋某、贾某等人也随后追赶。韩霖见王某追上，即持随身携带的匕首朝王某挥舞，其中一刀刺中王某左颈部，致王某左侧颈动脉、静脉断裂，急性大失血性休克死亡。案发后，韩霖于 9 月 2 日到公安机关投案自首。在案件审理中，经双方协商，韩霖的父母自愿代韩霖向被害人王某的父母赔偿经济损失人民币 3 万元。一审法院认为被告人不属于防卫过当，以故意伤害罪判处其 11 年有期徒刑，二审法院认为韩某构成故意伤害罪，但系防卫过当，改判为 7 年有期徒刑。

〔2〕 赵秉志、赫兴旺：《论刑法典总则的改革与进展》，载《中国法学》1997 年第 2 期。

〔3〕 王作富、阮方民：《关于新刑法中特别防卫权规定的研究》，载《中国法学》1998 年第 5 期。

称其为"无过当之防卫"。[1]

称谓的问题其实需要考虑这个条款与《刑法》第 20 条前两款的关系。有人认为,第 3 款的规定是一种独立的防卫形式,与前两款联系不大;而另一种观点则认为,虽然第 3 款的规定有一定的特殊性,但是它与前两款的联系是十分紧密的。[2] 具体到司法实践,这两种观点的直接对立体现在第 3 款所规定的防卫权是否要受前款主观要件和时间要件的约束。

对于主观要件,就有人主张第 3 款所规定的防卫权与正当防卫的主观要件不同,如有人认为,"新刑法关于特别防卫权的规定是单纯地以特定的犯罪客观条件为前提的,而不是以防卫人的特定的主观心理状态作为特别防卫权的前提"。还有的则认为,对特别防卫权的主观条件"不可一概而论,要区别对待","不能过分要求其有制止不法侵害的决意"。有的虽然承认特别防卫权要有主观防卫意图,但又认为特别防卫是"允许防卫意图与义愤伤害不法侵害人的故意共同存在"。[3]

而另一种观点则认为,虽然《刑法》第 20 条第 3 款没有特别规定主观要件,但第 1 款与第 3 款是一般与特殊的关系,第 1 款所规定的正当防卫的主观意图是"为了使国家、公共利益、本人或者他人的人身、财产和其他权利免受正在进行的不法侵害",这一防卫意图的规定当然也适用于特别防卫权。如果对特别防卫采取客观主义,那必然导致互相斗殴、防卫挑拨等不具备防卫条件的情形被纳入特别防卫,这就有扩大特别防卫的危险。[4]

关于时间条件,有人认为特殊防卫并不需要特定的时间条

〔1〕 陈兴良:《论无过当之防卫》,载《法学》1998 年第 6 期。
〔2〕 参见李永升:《无限防卫问题研究》,载《法律科学》1998 年第 5 期。
〔3〕 参见张兆松:《论特别防卫权的若干问题》,载《人民检察》1999 年第 10 期。
〔4〕 张兆松:《论特别防卫权的若干问题》,载《人民检察》1999 年第 10 期。

件，[1] 但多数论者认为，该条款必须针对正在进行中的暴力犯罪。如果某种特定暴力犯罪行为还没有开始或者已经终止，就不能再进行防卫。[2]

笔者采取特殊防卫的称谓，这种特殊正当防卫，仍然必须具备正当防卫的四个前提条件，只不过在防卫限度要件上略有放宽。但是，如何理解"正在进行行凶、杀人、抢劫、强奸、绑架以及其他严重危及人身安全的暴力犯罪"的含义，在理论和实践中，有如下争论：[3]

第一，"行凶"的含义。"行凶"并非规范的法律术语，在理解上分歧很大。有学者认为，"行凶"的含义十分宽泛，难以界定，刑法采用"行凶"一词，存在一定的缺陷，因此应当对"行凶"的含义加以限制解释，限于使用凶器、对被害人进行暴力袭击，严重危及被害人的人身安全。[4] 还有学者认为，"行凶"是指严重危及人身安全的、以暴力手段实施的、构成犯罪的行为。对未严重危及人身安全的，非以暴力手段实施的，或者尚未构成犯罪的行凶进行防卫的，均不能适用《刑法》第20条第3款的规定。同时论者强调，行凶并不限于使用凶器，某些未使用凶器的行凶行为，比如在不法侵害人的人数、侵害能力与被害人或者防卫人的人数、防卫能力相差悬殊的情况下的行凶行为，同样也具有严重危及人身安全的性质，对之自然可以依法进行特殊防卫。[5] 还有学者认为，因为第3款列举的几种犯罪已把"杀人"专门列出，从法条文字排列看，"行凶"在前，"杀人"在后，无疑这里的"行凶"是指故意

---

〔1〕　参见姜伟：《新刑法确立的正当防卫制度》，载《法学家》1997年第3期。

〔2〕　周道鸾等主编：《刑法的修改与适用》，人民法院出版社1997年版，第95页

〔3〕　参见张兆松：《论特别防卫权的若干问题》，载《人民检察》1999年第10期。

〔4〕　陈兴良：《论无过当之防卫》，载《法学》1998年第6期。

〔5〕　赵秉志：《刑法学总论》，群众出版社2000年版，第170页。

伤害，包括故意伤害致死。[1] 还有观点认为"行凶"是一个可以涵盖多种暴力犯罪手段与多种暴力犯罪具体罪名的概念，作为犯罪手段，可以包括多种危及人身安全的暴力犯罪手段，如故意伤害、故意杀人、聚众斗殴等暴力犯罪行为。同时，这些犯罪手段也触犯了相应的不同暴力犯罪罪名。[2]

第二，"杀人、抢劫、强奸、绑架"的含义。1997 年《刑法》所明确列举的这四种犯罪，不应仅仅局限在这四个具体罪名之内，还应包括具有同类性质或者相同手段的各种犯罪罪名，这基本上没有争议。存在较大争论的是这四类犯罪是否要受"严重暴力犯罪"程度的限制。一种意见认为，这四种犯罪是一个统称，不论使用暴力还是非暴力都可以进行特别防卫。[3] 还有意见认为，对于杀人、绑架这两种犯罪来说，由于它们当然具有严重危及人身安全的性质和程度，应当允许对这两种犯罪在任何情况下都可实施特别防卫；对于强奸犯罪（包括奸淫幼女），不论其是以什么手段实施的，由于这类犯罪严重侵犯了被害人的性权利和身心健康，属于严重危及人身安全的暴力犯罪，也应当允许在任何情况下都可实施特别防卫；但是对于抢劫罪，如果是以非暴力手段和仅仅是以威胁或者其他强制手段实施的，并且财产标的也不是数额巨大，以及携带凶器抢夺而构成的抢劫，就不可实施特别防卫。[4] 还有学者认为，上述犯罪必须在严重危及人身安全时，才可适用特殊防卫的规定。这

---

〔1〕 高洪宾：《论无限防卫》，载《刑法问题与争鸣》编委会编：《刑法问题与争鸣》（第 2 辑），中国方正出版社 2000 年版，第 332 页。

〔2〕 王作富、阮方民：《关于新刑法中特别防卫权规定的研究》，载《中国法学》1998 年第 5 期。

〔3〕 黄明儒、吕宗慧：《论我国新刑法中的无限防卫权》，载《法商研究》1998 年第 1 期。

〔4〕 王作富、阮方民：《关于新刑法中特别防卫权规定的研究》，载《中国法学》1998 年第 5 期。

里的人身安全，应限于生命和重大的身体安全。[1]

第三，"其他严重危及人身安全的暴力犯罪"的含义。对于这个问题，多数论者认为，对于这个条款应当从这类犯罪的范围以及犯罪的程度两方面把握。1997年《刑法》对于以暴力手段所实施的犯罪，既包括明示以暴力的手段为构成要件的犯罪，又包括隐含以暴力的手段为构成要件的犯罪。另外，并非凡属于暴力犯罪皆可对之行使特殊防卫权，它要受到暴力犯罪程度的限制，也就是法条中规定的必须"严重危及人身安全"条件的限制。[2]

但是，对于"人身安全"的范围有一定分歧。有的人认为，人身安全包括生命、健康、自由、性、名誉等的安全；有的人则认为，人身安全应指生命、健康、行动自由或性自由的安全；还有的人认为，人身安全仅指生命、健康安全[3]。

第四，对于无责任能力人实施的暴力犯罪是否可以进行特殊防卫。对于这个问题有两种观点：一种观点认为，特别防卫只能对具有刑事责任能力的行为人实施，防卫人应该判明对方是否具有刑事责任能力，"如果明知行为人不具有刑事责任能力，即使其正在进行行凶、杀人，也只能采取紧急避险或一般意义上的正当防卫，而不能实行无限防卫"[4]。另一种观点认为，对无责任能力人可以实行特别防卫，只是应该有所限制。如有学者指出："严重危及人身安全的暴力犯罪是指具备客观构成要件的违法行为，而不要求不法侵害具有有责性。"[5]

在笔者看来，特殊防卫的实质条件是"严重危及人身安全的暴

〔1〕 张明楷：《刑法学》（第3版），法律出版社2007年版，第188页。

〔2〕 王作富、阮方民：《关于新刑法中特别防卫权规定的研究》，载《中国法学》1998年第5期。

〔3〕 参见赵秉志、肖中华：《正当防卫的适用（下）：特殊防卫权》，载《检察日报》2001年11月2日，第3版。

〔4〕 高洪宾：《论无限防卫》，载《政法与法律》1998年第4期。

〔5〕 张明楷：《刑法学》（第3版），法律出版社2007年版，第188页。

力犯罪"。首先，要从一般人的标准来判断，行为人是否面临了严重危及人身安全的暴力侵犯。对于轻微暴力犯罪或者一般暴力犯罪，不适用上述规定。只有对于严重危及人身安全的暴力犯罪进行正当防卫，才存在特殊防卫权的问题。这里的"行凶"，一般是指杀人与重伤界限不清楚的暴力犯罪。其次，并非对于任何正在进行的行凶、杀人、抢劫、强奸、绑架以及其他暴力犯罪都可以采取特殊防卫，只有当暴力犯罪达到实质标准，严重危及人身安全的，才适用上述规定。[1] 比如对迷药型抢劫，就不应该适用特殊防卫。最后，严重危及人身安全的暴力犯罪不限于刑法条文所列举的上述犯罪，还包括其他严重危及人身安全的暴力犯罪。如劫持航空器、组织越狱等。如果不法侵害人是精神病人，也应该从一般人立场来看，如果实施了严重危及人身安全的暴力侵犯，防卫人也可进行特殊防卫。

第三节　紧急避险

紧急避险，是指为了使国家、公共利益、本人或者其他人的人身、财产和其他权利免受正在发生的危险，不得已对另一较小合法权益造成损害的行为。

一、紧急避险的性质

紧急避险是一种"正对正"的行为，区别于"正对不正"的正当防卫。关于紧急避险的性质，在学说上主要有三种观点：①责任阻却事由说。该说认为，紧急避险侵害了第三者的法益，不能免除违法，只是因为面对急迫的危险，无法期待行为人做出适法行为，缺乏实施合法行为的可能性，所以阻却责任。②违法性阻却事

---

[1]　参见《李小龙等被控故意伤害案［第261号］》，载《刑事审判参考》（总第34集），法律出版社2004年版，第13页。

由说。该说认为，在法益发生冲突的时候，可以进行利益权衡，为了保护较大利益而牺牲较小利益的行为，阻却了违法性。③二元说。该说主张，为了挽救大的法益而牺牲小的法益的场合，可以成为违法性阻却事由，但是在被侵害法益与保全法益价值相同或者难以衡量的时候，就可以成为责任阻却事由。

责任阻却事由说与违法阻却事由说会导致许多问题的处理结论不同，比如能否对紧急避险进行正当防卫，如果紧急避险是一种责任阻却事由，那么它就是违法行为，因为正当防卫的本质是正对不正，所以是可以进行正当防卫的。但如果紧急避险是一种违法阻却事由，那么它就是正当行为，自然不能进行正当防卫。[1] 显然，责任阻却事由说的结论并不合理。

在法益发生冲突的时候，无非有三种现象：①保护较大利益而牺牲较小利益；②保护较小利益牺牲较大利益；③保护利益与牺牲利益相等或无法衡量。

违法阻却事由说能够很好地解决前两种现象，第一种现象是紧急避险，第二种现象属于避险过当，但是它无法对第三种现象作出说明。从这个角度来说，二元说具有相对的优势。在保全利益与牺牲利益相等的情况下，避险行为当然不能以正当化行为看待。但对此行为一律处罚也太过严厉，没有考虑软弱的人性，这可以看成是一种缺乏期待可能性的责任阻却事由。

在卡纳安德斯之板的事例中，二元说具有优势。航船沉没后，两人共争一板，在此无非存在以下几种可能：其一，两人互让同时死亡；其二，两人互争同时死亡；其三，一人舍己为人；其四，一人舍人为己。显然前两种情况是最不好的，因为没有任何生命保存下来；第三种情况则过于理想，显是强人所难，与人性明显相悖。第四种情况虽然不道德，但它符合人性。[2] 有学者把这种紧急避

---

〔1〕 参见黎宏：《紧急避险法律性质研究》，载《清华法学》2007 年第 1 期。

〔2〕 参见陈兴良：《本体刑法学》，商务印书馆 2001 年版，第 210 页。

险看成是正当化事由，这是错误的。因为正当化事由不是违法行为，对这种行为是不能再进行正当防卫或紧急避险的，这样的话，当一方在为保存自己的生命而把对方推下海的时候，对方是不能反抗的，这显然与常识不符。

基于规范违反说，为了保存自己的生命而牺牲他人的生命明显违背了社会规范，所以这种行为是不正当的，是违法行为。但并非所有违反规范的行为都是犯罪，只有严重违反规范的行为才应以犯罪论处。如果行为人的行为实是迫不得已，法律没有必要对这种迫不得已的行为进行打击。这种行为虽然不是正当的（就一般人而言它是违法的），但是却是法律可以宽宥的。因此，把这种行为解释为责任阻却事由可能更有说服力。

在我国刑法中，无论是防卫过当，还是避险过当，它的法律后果都是应当减轻或免除处罚。在性质上，防卫过当和避险过当都可以被视为责任减免事由。因此，如果将紧急避险区分为违法阻却的紧急避险和责任阻却的紧急避险，显然可以将责任阻却的紧急避险也视为避险过当，适用应当减轻或免除处罚的法律规则。

二、紧急避险的成立条件

（一）避险意图

紧急避险也必须具备正当化的意图，具备避险认识和避险意志，必须是为了使国家、公共利益、本人或者其他人的人身、财产和其他权利免受正在发生的危险，动机在所不论。如果是为了保护非法利益，则不成立紧急避险。比如，为了躲避公安机关抓捕，闯入民宅，仍然成立非法侵入他人住宅罪。

（二）避险起因

紧急避险要求合法权益必须存在危险。这里的危险范围要大于正当防卫中的不法侵害范围。它包括：

（1）不法侵害。比如在被杀人犯追杀的过程中将路人的摩托车抢走。对合法行为则不能够进行紧急避险。

（2）自然力的侵害。如台风、地震、海啸等。

（3）动物侵袭。这里需要注意的是，如果动物是他人犯罪的工具，对动物的打击行为不属于紧急避险，而是正当防卫。

如果不存在危险，而行为人误认为有危险，这属于假想避险，其处理结果与假想防卫相同。

比较复杂的是自招危险，如果危险是行为人自己导致的，那么他可否避险呢？笔者认为，在自招危险的场合，应当从社会相当性的角度分析是否可以进行避险。比如避险挑拨，行为人为了达到某种不法目的而故意招致危险，危险发生后借口实施紧急避险而损害第三人合法权益的，这样的行为就不能认定为紧急避险。[1]

（三）避险时间

正在发生的迫在眉睫的危险是紧急避险的时间条件。对于尚未到来或者已经过去的危险，都不能够进行紧急避险。

（四）避险客体

紧急避险是采取损害一个合法权益的方法保全另一个合法权益，它是"正对正"，区别于"正对不正"的正当防卫。因此，法律对紧急避险的限制要远远大于正当防卫。

需要注意紧急避险与义务冲突的区别，紧急避险是"权利"与"权利"的冲突，如果是"义务"与"义务"的冲突，则非紧急避险，而是另一种违法阻却事由——义务冲突。比如，律师在法庭上为了维护被告人的合法权益，不得已泄露他人隐私的，这就属于义务冲突。

（五）避险可行性

紧急避险必须是在迫不得已、别无选择的情况下才允许进行。紧急避险不适用于职务上、业务上负有特定责任的人，比如发生火灾时，消防队员就不能以有危险为由拒绝救火。当然，这个规定也

---

〔1〕　参见黎宏：《紧急避险法律性质研究》，载《清华法学》2007年第1期。

不能过于绝对，还是要考虑社会相当性的需要，比如消防队员于火灾中，为了逃生而将他人的窗户打碎。

（六）避险限度

紧急避险所保全的利益必须大于所损失的利益。在进行利益权衡的时候，应当根据社会规范，按照社会一般观念，进行相当性的衡量。如果无视社会道德规范的制约，单纯的利益权衡会得出许多荒谬的结论。比如为了不让自己身上名贵的西装被雨淋湿就夺过穿着破衣烂衫的穷人的雨伞，或者为了挽救重病患者的生命而强行从旁边经过的第三者身上采血的场合，纯粹按照优越利益衡量说，都会得出紧急避险的结论，而这明显是错误的。[1]

为了保全自己的生命而牺牲他人生命的行为，不能成立违法阻却的紧急避险。但在极为特殊的情况下，有可能属于缺乏期待可能性的责任阻却事由。

三、避险过当

紧急避险超过必要限度造成不应有的损害的，应当负刑事责任，但是应当减轻或者免除处罚。避险过当包括两种情况，一是保护较小利益牺牲较大利益；二是保护利益与牺牲利益相等或无法衡量。

避险过当和防卫过当都可以被视为是责任减免事由。所以，无论对防卫过当还是避险过当本身都可以进行正当防卫。

四、紧急避险与正当防卫的异同

紧急避险与正当防卫有相似之处，也有不同之处。

（一）两者的相同点

（1）行为人主观上都有正当目的，主观意图都是为了使国家、公共利益、本人或他人的人身、财产和其他合法权益免受损害。

---

〔1〕 参见黎宏：《紧急避险法律性质研究》，载《清华法学》2007 年第 1 期。

（2）形式上都会给他人或社会造成一定的损害，但实质上都被认为是有益于社会的行为。

（3）在法律性质方面，都是合法行为，不负刑事责任。

（4）二者起因相同，即存在现实的不法侵害或者危险。

（5）正当防卫与紧急避险都是针对正在进行的不法侵害或者正在发生的危险。

（6）两种行为都不能超过一定的限度，对于超过限度而产生的防卫过当或避险过当，应负刑事责任，但应当减轻或者免除处罚。

（二）两者的不同点

（1）危险来源不同。正当防卫的危险来源是不法侵害；而紧急避险的危险来源，可以是不法侵害，也可以是自然灾害、动物的侵袭。

（2）行为对象不同。正当防卫的行为必须针对不法侵害者本人实施，在遭遇到不法侵害时，如果行为人针对不法侵害人进行反击，属于正当防卫的范畴；如果为了躲避不法侵害，而损害第三人（不法侵害人之外的人）利益的，属于紧急避险的范畴。

（3）实施行为的条件不同，紧急避险必须是在迫不得已的情况下实施，而正当防卫则没有这一条件的限制。

（4）判断"过当"的标准不同。正当防卫只要没有明显超过必要的限度造成重大损害，就不算过当。正当防卫造成的损害可以等于甚至大于被保护的合法权益；紧急避险造成的损害必须小于所保护的利益，否则即为过当。

（5）对行为主体的要求不同。紧急避险不适用于职务上、业务上有特定责任的人员；正当防卫对于行为主体没有限制。

第四节　被害人承诺的行为

对于侵害个人法益的行为，被害人的承诺在特定条件下可以否定行为的违法性，比如经过女性同意的性行为就不是强奸。

一、被害人承诺行为的体系地位

在大陆法系某些国家的刑法理论中，得到被害人同意的行为在犯罪论体系中的意义并不完全一样。1954 年，德国刑法学家格尔茨（Geerds）提出，得到被害人同意的行为在犯罪论中具有不同的性质，一种是违法阻却事由，另一种是构成要件阻却事由。他把前者称为"同意"(Einwilligung)，后者称为"合意"（Einverständnis）。他认为，像强奸罪、侵入他人住宅这种以压制被害人意志为前提的犯罪，得到被害人同意的行为是一种"合意"，它是构成要件阻却事由。[1] 因为被害人的"合意"使得行为不具有犯罪性。但如果某种行为，即使得到被害人同意，其犯罪性也不消失，只是这种在对方同意之下实施的行为，按照国家和社会伦理的规范，可以认为是合法的，那么就是违法阻却事由。[2]

根据格尔茨的观点，违法阻却的"同意"与构成要件阻却的"合意"，所起的作用是不同的。

第一，在同意的场合，行为违反善良风俗时，同意不具有违法阻却的效力，由于法律只承认被害人起初意思具有决定意义，因此，基于欺骗或强制的同意也不阻却违法性；与此相反，在合意的

---

[1]　Geerds, *Einwillgung und Einverständnis des Verletzten im Strafrecht*, Goltdammer's Archiv für Strafrecht, 1954, S. 262 ff. 转引自 ［日］大塚仁：《刑法概说（总论）》（第 3 版），冯军译，中国人民大学出版社 2003 年版，第 355 页。

[2]　［日］大塚仁：《刑法概说（总论）》（第 3 版），冯军译，中国人民大学出版社 2003 年版，第 355~356 页。

场合，不存在违反善良风俗问题，基于欺骗或强制的合意都有效地阻却构成要件符合性。

第二，两者在错误问题上的意义也大不相同。对于同意的认识错误，常常是违法性的认识错误，而对于合意的认识错误则是构成要件的认识错误。

第三，对于同意问题采取意思表示说，即同意必须是被害人在行为之前明示或默示作出的，被害人的意思必须为行为人所知道；而对于合意，则采取意思方向说，即合意只要存在于被害人内心即可，不一定要表示出来。

第四，两者在可罚性未遂的可能性上也存在差异，在同意的场合下，完全不存在可罚未遂的可能性，而在合意的情况下则具有可罚未遂的可能性。[1]

这种分类在德国具有一定的影响力，甚至一度占据通说立场，[2] 而在日本，虽然这种学说很早就有介绍，但却基本上没有被学界所接受，[3] 日本学界的通说仍然将得到法益主体同意的行为视为一种违法阻却事由。

然而，在当前的德国刑法理论中，一种有力的见解认为，没有必要区分"同意"和"认定"，但是也不能将同意理解为违法阻却事由，法益主体的同意应当统一视为一种构成要件阻却事由。[4]

从体系性安排来看，将法益主体的同意看成构成要件阻却事由可能更为恰当。对于某些侵害个人法益的犯罪，同意是构成要件的一个消极要素，它排除的是构成要件本身，而不是构成要件的违法性。如罗克辛所说，在法益为了个人自由展开时，如果一个行为是

〔1〕 张明楷：《外国刑法纲要》，清华大学出版社1999年版，第177~178页。
〔2〕 ［德］汉斯·海因里希·耶赛克、托马斯·魏根特：《德国刑法教科书》，徐久生译，中国法制出版社2001年版，第450页。
〔3〕 张明楷：《外国刑法纲要》，清华大学出版社1999年版，第178~179页。
〔4〕 ［德］克劳斯·罗克辛：《德国刑法学总论（第1卷：犯罪原理的基础构造）》，王世洲译，法律出版社2005年版，第357页。

以法益承担者的处置为基础的，那么就不可能存在对法益的损害，因为这种处置并不损害他的自由展开，相反，这正是这种自由的表现。[1]

首先，如果法益是个人可以完全处分的，那么同意就直接导致行为没有侵害任何法益，根本就不符合构成要件，没有必要在违法阻却阶段重复讨论。比如，侵入他人住宅，如果居住者同意对方的进入，那么住宅的安宁权也就没有被侵犯，自然也就不符合非法侵入他人住宅罪的构成要件。性侵犯罪也是一样，如果个体同意行为人的性行为，这根本就不符合性侵犯罪的构成要件。

其次，如果个人不能完全处置某种超越个人的法益，那么同意本身是没有意义的，它不能否定构成要件，同时对违法性也没有影响。比如，得到配偶同意与他人重婚，由于婚姻家庭利益更多是一种公众利益，因此这种同意就不能排除重婚罪的构成要件，也不能排除重婚构成要件的违法性。又如，如果认为生命权和重大的身体健康权是社会中至关重要的利益，个人无权充分处分，那么经人同意的杀害和重伤行为，既不能排除故意杀人罪和故意伤害罪的构成要件，也不能排除行为的违法性。但是，如果认为个人对造成轻微身体损伤有处分权，那么得到法益主体同意的轻伤害行为就可以在根本上否定故意伤害罪的构成要件，而没有必要在违法性阶段重复评价。

二、被害人承诺行为的成立条件

被害人承诺行为成立排除犯罪事由须具备以下条件：

第一，承诺者对被侵害的法益有处分的权限。承诺者无权处分

---

[1] [德]克劳斯·罗克辛:《德国刑法学总论（第 1 卷: 犯罪原理的基础构造）》，王世洲译，法律出版社 2005 年版，第 358 页。

社会利益,[1] 也无权处分重大的人身权利,[2] 如生命权不得处分,因此对他人实施安乐死也构成故意杀人罪。一般认为,重大的身体健康权不得处分,但较轻的身体伤害(如轻伤)是可以处分的。个人放弃法益的范围只能根据社会相当性理论进行判断,重要的身体法益都不能放弃。

第二,承诺者必须有承诺能力。如不满 14 周岁的幼女就没有性承诺能力,即使得到她同意的性行为,也不能否定强奸罪的成立。

第三,承诺必须事先做出,事后承诺是无效的,否则国家的追

---

〔1〕 参见《周某某非法行医案〔第 316 号〕》,载《刑事审判参考》(总第 40 集),法律出版社 2005 年版,第 24 页。2002 年 10 月,被告人周某某在未取得医生执业资格和办理医疗机构执业许可证的情况下,在某市某区私设诊所擅自从事行医活动。2002 年 11 月 2 日 9 时许,周某某应孕妇蒋某某亲属之邀出诊为蒋接生。23 时许,周某某用手触摸检查后感到胎动,认为有生产迹象,遂给蒋肌肉注射催产素 1 支(1 毫升)。至次日凌晨,蒋仍未生产且腹部疼痛加剧并直冒冷汗,周又给蒋注射病毒灵 1 支,安乃静半支,蒋稍感平静。凌晨 6 时许,周某某用手触摸检查后告知蒋家胎儿孕妇均正常,可去医院作进一步检查并收取 80 元后离去。2002 年 11 月 4 日上午,蒋某某去重庆市红十字会医院检查,被诊断为:胎儿已死于腹中。该院随后对蒋某某进行了引产术。某市法医验伤所法医学尸体解剖鉴定结论认定,蒋某某的胎儿系在脐带、胎盘病变的基础上,因肌肉注射催产素 1 毫升引起强烈宫缩,导致胎儿在宫内窒息死亡。法院认为,周某某的行为构成非法行医罪。

〔2〕 参见《李邦祥拐卖妇女案〔第 229 号〕》,载《刑事审判参考》(总第 30 辑),法律出版社 2003 年版,第 69 页。1994 年 4 月间,"黄振仪"(在逃,真实姓名身份不详)在广西柳州市汽车站以介绍工作为名,将从某县农村出来找工作的妇女刘某某、黄某某妯娌二人拐骗到刘景胜(同案被告人,已判刑)家。刘景胜伙同他人将黄某某卖给了王某某为妻,在欲将刘某某卖给一名年龄较大的男人为妻时,由于刘某某哭闹不愿而未得逞。此后,刘景胜找到被告人李邦祥,商定以人民币 1700 元的价格将刘某某卖给李做小妾,并可随后付款。李邦祥将刘某某带回家中后,遭到了其妻的强烈反对,同时又得知刘某某已结婚,且已生育,遂表示要么将刘某某送回家,要么将其退回给刘景胜。刘某某因黄某某随其一道出来也被拐卖掉,既怕一人回家无法交代,又怕被送回刘景胜处遭刘殴打,故要求李邦祥将其再转卖他人。李遂将刘某某以人民币 1800 元转卖给刘振某为妻。所得款 1800 元除付刘景胜 1700 元外,剩余的 100 元自得。法院认为:被告人李邦祥明知刘某某系被拐卖的妇女,收买后又将其转卖他人为妻的行为,构成拐卖妇女罪,判处其有期徒刑 5 年,并处罚金人民币 1000 元。

诉权就会受到被害人意志左右。

在司法实践中，曾经有"先强（奸）后通（奸）不谓之强（奸）"这样的规则，1984 年最高院、最高检，公安部的《关于当前办理强奸案件中具体应用法律的若干问题的解答》（以下简称《强奸解答》）规定："第一次性行为违背妇女的意志，但事后并未告发，后来女方又多次自愿与该男子发生性行为的，一般不宜以强奸罪论处。"

2013 年 1 月 18 日《强奸解答》被最高司法机关废止，"先强后通不谓之强"的规则虽然不再有法律效力，但在司法实践中仍具有重要的影响力。

当然，即便按照《强奸解答》，这个规则的适用也有严格限定。它至少有两个限制：一是女方事后未告发，二是事后有多次性行为。另外即便符合这两个条件，也是"一般不宜以强奸论处"。有一般，自然有例外。

从法理的角度，该规则其实并不合理，学界诟病已久。先前的强奸行为是一个既存的独立犯罪行为，它无法改变之后的通奸行为，通奸行为也不可能消灭先前的强奸事实。正如故意伤害后道歉，与被害人重归于好，这根本无法改变初次伤害的犯罪性，只是在量刑时可酌情考量。事实上，《强奸解答》也规定："男女双方先是通奸，后来女方不愿继续通奸，而男方纠缠不休，并以暴力或以败坏名誉等进行胁迫，强行与女方发生性行为的，以强奸罪论处。"既然先前的通奸无法否定事后的强奸，那么事后的通奸又如何可以否认之前的强奸呢？

总之，女方的同意不包括对以往性事的追认，女性事后意志的改变不能影响前行为的犯罪性，否则犯罪与否就完全取决于被害人的意志，这不仅会导致国家的追诉权为被害人意愿所左右，也会出现大量用金钱收买被害人的现象。

因此，只要某次性行为符合强奸罪的犯罪构成，该次行为就构成强奸罪，而不论双方原先或后来的关系如何。当然如果女方在男方强奸后，出于某种原因主动积极与行为人再发生关系，这虽然不能否定前行为的犯罪性，但在量刑时可以酌情从宽。

第四，经承诺的行为不能超出承诺的范围。例如，李某同意丁砍掉自己的一个小手指，而丁却砍掉了李某的大拇指。丁的行为就成立故意伤害罪。

第五，承诺必须出于承诺者的真实意志，强迫下的承诺是无效的。比较复杂的欺骗与承诺的关系，笔者认为，只有在规范上具有实质意义的欺骗才可以否定承诺的效力。试想下列几组案件：①甲冒充某女丈夫与其发生性关系；②甲冒充有钱人与女方发生性关系；③甲冒充明星与某女粉丝发生关系；④甲冒充某女男友与之发生性关系；⑤甲假装能将某女被刑拘的丈夫"捞出"而与其发生关系；⑥甲医生欺骗女患者，以发生性行为是治疗的必备步骤与之发生性关系。

上述案件中，行为人是否构成强奸罪，这就涉及欺骗与同意。何种欺骗能够否定同意的有效性？法益侵犯说认为应该采取法益关系错误说，如果仅仅是关于同意动机的错误，该同意有效，如同意人对法益放弃的种类、范围或者危险性发生错误时，这种同意无效。[1]

严格按照这种观点，上述案例都属于同意动机的错误，因为女方对性利益的处分本身并不存在误解。但是，将案例 1 排除在强奸以外明显与常识不符，所以采法益关系错误说的论者也有的认为这属于强奸。[2] 究其原因，应该是考虑到夫妻之间性事具有经常性，冒充丈夫往往意味着让女方处分性利益。然而如果这种对法益关系错误说的补正是恰当的，那案例 2、3、4、5 就一定不构成强奸吗？

---

〔1〕　[德] 克劳斯·罗克辛：《德国刑法总论（第 1 卷：犯罪原理的基础构造）》，王世洲译，法律出版社 2005 年版，第 376 页。

〔2〕　张明楷：《刑法学》（第 4 版），法律出版社 2011 年版，第 218 页。

假定行为人知道女方特别拜金，一旦遇到有钱人就准备献身；或者行为人知道女方疯狂痴迷某明星，多次表示愿意为明星献身；或者男女朋友处于同居状态，经常发生性关系；或者行为人得知某女为了"捞出"其夫已多次献身，那么行为人的欺骗不也可以解释为是与法益有密切关系的欺骗吗？另外，按照法益关系处分说，将案例6排除在强奸罪以外，也不符合人们的常理，且与我国司法实践相左。

单纯考察法益，很难解决欺骗与同意的关系，只有放在道德规范的视野中，上述案件才能得到妥善的解决。如果一种欺骗按照社会一般人的生活经验能够高概率地让他人处分利益，这种欺骗一般就属于实质性欺骗，进而导致同意无效。但是，是否属于实质性欺骗还必须同时考虑道德规范的需要。法律要推行良善的价值观，不能和不道德的社会现实同流合污。法律一定要倡导正确的伦理价值，在法律中必须坚持只有在婚姻关系内的性行为才是正当的，其他一切的性行为都不正当，都应推定为低概率事件。因此，案例1属于强奸，案例2~5都不能认定为强奸。至于案例6，甲的行为破坏了医疗群体的职业道德操守，应以强奸罪论处。另外，被害人是否在伦理上应被谴责，从上述六个案件也能得到很好的说明，在案例2~5中，被害人在伦理上都是应该被谴责的，而案例1和案例6，被害人在伦理上没有可责性。

第六，行为人必须认识到承诺的存在。如果行为人没有认识到承诺的存在，也即缺乏正当化的意思，其行为不可排除违法性。

第七，承诺不是对风险的承诺，而是对结果的承诺。对风险的承诺与对结果的承诺是两个不同的问题，[1] 在互殴案件中，双方都知道打架有伤害的危险，但双方并未对结果有过承诺。女孩接受男子的邀请深夜去酒吧喝酒，也并不意味着对性行为的承诺。

---

〔1〕 有学者把此现象称为"自我答责"，参见冯军：《刑法中的自我答责》，载《中国法学》2006年第3期。

需要注意的是推定承诺，这是指被害人并没有现实的同意，但是推定被害人如果知道事实真相的话，就会同意的情形。推定的承诺与被害人现实的承诺有紧密的联系，但又有很大的区别。

一般认为，推定承诺的损害，必须具备以下条件：其一，被害人自身没有现实的承诺，否则就是被害人承诺了。其二，推定存在着被害人承诺的可能性。这种推定是以合理的一般人为基准，不以被害人的实际意思为基准。其三，必须存在现实的、需要立即处理的紧急事项。其四，必须出于救助被害人及其利益的目的。其五，推定承诺的损害，必须控制在社会相当性范围之内。[1]

第五节 其他违法阻却事由

一、自救行为

自救行为，这是指法益受到侵害之人，在公权力救济不可能或明显难以恢复的情况下，依靠自己的力量来救济法益。如行为人的车被盗，次日在路上发现，于是将车抢回。自救行为所采取的救济手段应当具有适当性，所造成的侵害与救济的法益应当具有相当性。

在普通法系，自救行为也被称为权利行使。比如《美国模范刑法典》对于财产性犯罪规定了"权利行使"这个一般性的辩护理由，"如果行为人真诚地认为他对某种财产或服务具有取得或处置的权利"，就可否定财产犯罪的存在。同时，在敲诈勒索型的财产犯罪中，《美国模范刑法典》具体列举了揭露犯罪、暴露他人隐私、损害商誉等各种威胁手段，同时也明确指出：如果行为人真诚地认

---

〔1〕 赵秉志主编:《外国刑法原理（大陆法系）》，中国人民大学出版社 2000 年版，第 136 页。

为采取上述行为，是为了索取相应的赔偿，那就属于积极的辩护理由。[1] 大陆法系也有相似的规定，如日本的主流观点认为，财产犯罪所侵害的法益是占有权，因此只要采取敲诈手段，取得他人财产，就符合敲诈勒索的构成要件。但在满足下列三个条件的情况下，可以排除行为的违法性：①处于权利范围之内；②有实力行使的必要性；③社会通常观念看来手段具备相当性。[2] 日本最高裁判所有判例都指出，"相对于他人而拥有权利的人，只要其权利的实行是在权利的范围内，而且其方法没有超过社会观念上一般认为应予容忍的程度，就不产生任何违法的问题。但是，脱离上述范围、程度，就是违法的，认为其成立恐吓罪是相当的。"[3]

在财产犯罪中，权利行使是一种重要的辩护理由。比如我国刑法学界普遍认为，敲诈勒索罪是一种侵犯财产法益的犯罪，如果行为人拥有正当的权利基础，那么行使权利的行为就不成立敲诈勒索罪，但是错误的行权方式可能构成其他犯罪。[4] 2005 年 6 月 8 日最高人民法院《关于审理抢劫、抢夺刑事案件适用法律若干问题的意见》中也规定了行为人为索取债务，使用暴力、暴力威胁等手段的，一般不以抢劫罪定罪处罚。构成故意伤害等其他犯罪的，依照《刑法》第 234 条等规定处罚。只要存在正当的权利基础，权利行使就可以排除财产犯罪成立的可能，当然，如果手段行为不正当，则可以构成其他犯罪。

但问题在于，如何判断权利基础是否正当呢？

---

〔1〕 The American Law Institute, Model Penal Code and Commentaries (Part II Definition of Specific Crimes §§ 220.1 to 230.5), Philadelphia, PA, p. 201.

〔2〕 [日] 西田典之：《日本刑法总论》，刘明祥、王昭武译，中国人民大学出版社 2007 年版，第 173 页。

〔3〕 [日] 大塚仁：《刑法概说（各论）》（第 3 版），冯军译，中国人民大学出版社 2003 年版，第 270 页。

〔4〕 张明楷：《刑法学》（第 5 版），法律出版社 2016 年版，第 1018 页。

（一）法定权利和道德权利

对于利益受损的行为人，他有权利向侵权人去主张赔偿，这种请求权如果为法律所认可，那么它就是一种法定权利，如果这种权利并不能合法有效地请求国家的强制执行，那它就是一种道德权利。法定权利与道德权利有交叉的部分，如果一种道德权利获得法律的认可，那它既是道德权利，也是法律权利。如果一种法定权利缺乏道德的支持，那它就是纯粹的法定权利，比如在历史上某些时代，奴隶主殴打奴隶的权利，[1] 领主对初夜权的主张。

比如，在敲诈勒索罪中，如果利益受损的行为人有法定的权利去主张赔偿，这自然不构成犯罪。当前，这种法定权利一般都有道德上的支持。复杂的是，如果利益受损的行为人仅有道德权利，而无法定权利去主张赔偿，这是否构成敲诈勒索罪呢？

具体而言，这又可以被细分为两类：

第一，超过法律规定行使权利。比如甲女曾遭名人乙猥亵，后甲要求乙向其赔偿100万，否则就要让此事路人皆知（猥亵索赔案）。甲作为被侵权人当然有权要求乙赔偿，但是赔偿100万似乎超过了法律限度。

第二，缺乏法律规定行使权利。比如行为人发现妻子与他人通奸，非常生气，要求对方赔偿自己5万元家庭关系维护费，否则就要痛殴对方，他人无奈遂赔款了事（通奸索赔案）。在这类案件中，妻子通奸，丈夫并无法定的权利向第三者主张赔偿。[2]

---

〔1〕［美］乔尔·范伯格：《刑法的道德界限（第1卷：对他人的损害）》，方泉译，商务印书馆2013年版，第121页。

〔2〕在普通法系国家，法律曾经规定配偶对第三人可以提起通奸索赔。参见孙维飞：《通奸与干扰婚姻关系之损害赔偿——以英美法为视角》，载《华东政法大学学报》2013年第3期。对于通奸索赔案，我国不少司法机关都认为构成敲诈勒索罪。参见周玉文、王超才：《强行索取通奸私了赔偿款行为的认定》，载《中国检察官》2012年第14期。

根据法益理论，法益是法律所保护的生活利益。[1] 严格按照这种理论，上述两类行为都有可能构成敲诈勒索罪。然而，权利的行使是一种私人自治的行为，法律没有必要过多干涉。如果正当权利仅限于法定权利的话，会有大量行使权利的行为都会被犯罪化，司法也不可避免地会走向机械和僵化。

首先，在逻辑上，如果不考虑道德权利，仅仅将利益受损等同于对于法定权利的侵犯，那么必然会导致循环论证：

问：如果拥有一种法律所保护的利益才可以提出合理的请求权，那么哪些利益是法律应该保护的呢？

答：法律选择去保护的利益。

问：法律为什么选择去保护这些利益？

答：因为这些利益对社会非常重要。

问：这些利益对社会为什么重要？

答：因为这是法律规定要保护的利益。

上述的一问一答形成了一种封闭的循环。如果不将利益受损视为对道德权利的侵犯，我们就无法跳出这个闭路循环。道德权利是一种先于并独立于国家法律而发出的对人们的普遍期待，道德权利决定了法定权利的合理性。法益论者也注意到这个问题，所以他们认为，法所保护的生活利益在实定法之前就已经存在，法对这种利益进行确认并加以保护，就使之上升为法益。问题在于，这种生活利益从何而来？它是凭空产生的吗？法律为什么要将这些生活利益上升为法益呢？如果不是道德规范的要求，生活利益根本无从产生，法律也就没有任何正当性的根据将其上升为法益。

其次，在实践上，法定权利的理论缺乏稳定性，最终会导致数

---

[1] 张明楷：《刑法学》（第5版），法律出版社2016年版，第62~63页。

额的滑坡。在猥亵索赔案中，如果行为人仅仅能够以法律规定的金额提出索赔，那么这个金额是多少呢？按照《中华人民共和国民法典》的规定，这种行为侵害了人格权，当事人可以提出精神赔偿，而精神赔偿的数额，法律并无明确规定，要根据具体情况加以确定。如果赔偿 10 万是合理的，那么 10 万多一块呢？如果 10 万多一块也合理，那么再多一块呢？按照这种逻辑，滑向 100 万也不能说不合理。

最后，在后果上，法定权利说会导致司法的机械和僵化。按照法定权利说，在权利行使这个问题上，司法机关只需考虑法律规定，而无需考虑道德规范的要求，司法也就沦为只会执行立法规定的机器人。这一方面会导致司法机关无法对立法的缺陷进行有效的制约，另一方面也使得司法机关会无视超法规违法阻却事由的客观存在。如前文所述，社会相当性的本质就是将道德规范作为违法阻却的实质根据，限制刑罚权的过分扩张，只有将道德规范作为违法阻却事由的实质根据，才能督促司法机关考虑社会生活的实际需要，顾及普罗大众的常情常感，避免司法的机械化与僵化。

总之，只要行为人的权利请求是道德上所认可的，具有道德上的合理性，这种行为就属于违法阻却事由，自然不构成敲诈勒索罪。

（二）主观权利或客观权利

权利本应是客观的，但在司法实践中，一种屡见不鲜的现象是，行为人真诚地相信自己利益受损，拥有索取赔偿的权利，但这种权利却在客观上缺乏相应的法律或道德基础。比如天价索赔案，行为人从燕京啤酒中喝出一块玻璃碴，来到北京总部提出 5000 万元的天价索赔，否则就向媒体或消协告发。[1] 在这类案件中，行为人索赔金额明显超过法律和道德限度，但如果行为人真诚地相信

---

[1] 参见杨猛:《一颗玻璃碴，一场 5000 万索赔风波》，载《南都周刊》2009 年 8 月 28 日。

自己可以提出这样的天价索赔，又该如何处理呢？

关于这个问题，英美法系历来存在主观主义与客观主义的争论。主观主义认为，应该根据行为人自身立场来衡量是否具备合理的权利基础，而客观主义则认为应该根据社会一般观念判断权利基础是否合理。英美两国主要采纳主观标准，而加拿大却采客观标准。1968 年《英国财产犯罪法》明确规定：如果行为人在主观上认为他有合理的理由主张权利，并且认为他所使用的威胁方法是强化其主张的适当方式，那就不构成敲诈勒索。比较著名的案例是1972 年的莱蒙波特（Lambert）案。该案被告威胁与妻子有奸情的甲，如果甲愿意给付 250 英镑，他就可以视而不见，否则就要告知对方的妻子和所在公司（丈夫揭发奸情案）。根据《英国财产犯罪法》，法院判决认为：权利主张是否合理应当根据行为人主观上是否真诚地认为可以主张这种权利，被告后被判无罪。[1]《美国模范刑法典》使用的"真诚"（honest）一词也表明其倾向于主观标准。但是加拿大却倾向于客观标准，以莱蒙波特案为例，学界普遍认为，甲的主张没有法律依据，故可入罪。[2]

英美法系的这种争论与其犯罪构成理论有关，英美法系的犯罪构成理论是一种双层结构，包括本体要件与辩护要件。正当化事由与可得宽恕事由的界限并不清晰，两者经常有模糊地带，这也是为什么《美国模范刑法典》干脆否弃了这种分类。正是因为界限的不清，英美法系在正当防卫、紧急避险等许多正当化事由都存在主观主义与客观主义的争论。以正当防卫为例，在普通法中，只有面临紧迫的人身危险，才可进行正当防卫。问题是危险的紧迫性如何判断，是按一般人的客观标准，还是按行为人的主观标准，一直都存

---

〔1〕 A. T. H. Smith, *Property Offences*, Sweet & Maxwell, London, 1994, p. 438.

〔2〕 Winifred H. Holland, *The Law of Theft and Related Offences*, Carswell, Ontario, 1998, p. 280.

在争论。[1]

在大陆法系的递进式的犯罪论体系中，权利行使可以被看成一种违法阻却事由。在大陆法系的三层次结构中，违法性与有责性的区分比较明确，因此基本不存在英美法系的类似争论。普遍认为违法性是一种客观的一般判断，而有责性则是一种个别化的主观判断。判断权利基础是否合理，一般应该根据客观标准来判断是否符合社会相当性，如果行为人真诚地认为存在正当的权利基础，但却缺乏相应的客观基础，那就是假想的正当化，应该在责任论中进行讨论。

二、义务冲突

义务冲突，是指同时存在二个或二个以上不能相容的义务，如果履行其中一个义务，就会导致无法履行其他义务。比如在海边浴场中，同时有二位顾客溺水，但只有一名救生员，不可能同时援救二人，救生员救了一人，另一人溺水而亡。对此情况，救生员不构成犯罪。

又如自己的孩子和邻居的孩子一起掉到河中，一次只能搭救一位。这就存在义务冲突，如果挽救自己的孩子，但邻居的孩子不幸

---

[1]　著名的如美国的郭茨案（People v. Goetz）。1984 年 12 月 22 日，郭茨在纽约的地铁中，遭遇四名黑人青年，一名青年向其索要五美元，当时他们并未显示任何武器，而郭茨却开枪向四人射击，四人后被抢救，三人康复，但有一人瘫痪，脑部功能受损。郭茨的辩护理由是四人抢劫，法院后查明，郭茨曾在数年前遭人抢劫，故购枪防身。在庭审中，郭茨辩称，他有合理的理由认为自己面临着紧迫的人身危险，对于年轻人的暴力攻击，一般人都会像他那样开枪自卫。纽约州当时的刑法规定，只有当行为人合理相信（reasonably believe）存在人身重大伤害的危险，才可以使用严重暴力手段进行防卫。本案的争论焦点就是郭茨面临紧迫危险的主张是否合理。显然，如何按照客观标准，这种主张并不合理，而如果按照主观标准，考虑到郭茨的特殊经历，行为人的主张则是合理的。法院最后倾向于主观标准，郭茨未被追究刑事责任。参见 John Kaplan, Robert Weisberg, Guyora Binder, *Criminal Law: Cases and Materials*, 5th edition, Aspen Publishers, 2004, pp. 521-524.

溺水而亡，这当然不具备违法性，因为救助自己的孩子是法律义务，而救助邻居的孩子是道德义务，法律义务是要优于道德义务的。但是如果挽救的是邻居的孩子，却造成自己的孩子溺水而亡，这是否是犯罪呢？从表面上看，为了道德义务而放弃法律义务，造成了法益侵害，但是这种行为却是伦理道德所认可的，因此也不具备违法性。

三、法令行为

法令行为，是指基于法律、法规而进行的行为。例如，有权机构发行彩票并不构成赌博罪，将犯罪分子扭送至司法机关并不成立非法拘禁罪。

特别说明的是，人民警察执行职务的行为，是法令行为，而非正当防卫，不可适用特殊防卫制度。正当防卫是一种权利，而非义务。但对于警察来说，执行职务是义务，而非权利。对于人民警察执行职务的行为应当严格限制。

四、正当业务行为

正当业务行为，这是指虽然没有法律、法规规定，但在社会生活中属于正当的业务行为，如体育竞技运动中对他人造成的伤害，再如医生进行必要检查的不构成猥亵犯罪。业务行为成立排除犯罪事由必须要求行为人遵守相关的业务规则，才得成立。

第十章 | 责任阻却事由

第一节 责任概说

若行为符合构成要件，就可以推定其具有违法性和有责性。构成要件该当性和违法性的判断是一种客观一般人的判断。如果行为具备构成要件该当性、违法性，那么就要深入行为人的内心深处，进行有责性的判断，如果责任被排除，自然也就不构成犯罪。因此行为人是否有责任阻却事由，这种责任判断显然是一种主观化的个别判断。这属于被告方所独知的事项，如果被告方提出这种抗辩，他必须承担优势证据的说服责任。

关于责任的本质，在刑法理论中也一直存在争论，不同的学说影响着对责任的理解。

一、心理责任论和规范责任论

心理责任论认为故意和过失只是行为人的一种心理状态，行为人与危害结果之间存在这种主观的心理联系，才可追究行为人的刑事责任。规范责任论则认为，责任并非一种单纯的心理事实，必须从规范的角度对心理事实进行评价。只有既具备故意、过失的心理要素，同时又能够期待行为人在具体情况下可以实施适法行为，才能够在责任上进行否定评价。规范责任论是当前的主流观点，根据这种观点，责任既要考虑作为心理要素的故意和过失，也要考虑作为规范要素的期待可能性等因素。[1]

规范责任论是比较合理的，故意和过失并非一种单纯的心理事实，必须从规范上进行理解。只有行为人具有实施适法行为的可能性，对其进行谴责才是有意义的。因此，当行为人无法避免法律上的认识错误、不具备实施合法行为的期待可能性时，都不能以犯罪论处。

二、道义责任论、社会责任论和法律责任论

关于责任非难的本质，另外一种重要的争论是道义责任论、社会责任论和法律责任论。

道义责任论是旧派的观点，这种立场认为人具有自由意志，除了未达一定年龄或精神残缺的人以外，都能够根据理性作出抉择，因此如果行为根据其自由意思实施犯罪行为，就应该受到道义的谴责。根据道义，国家可以对实施了犯罪行为的人进行惩罚，惩罚的轻重与犯罪行为应受道义谴责的程度相当。

社会责任论则是新派的观点，这种立场认为人并没有自由意志，犯罪人是环境或生理因素的产物，具有必然性，鉴于犯罪人对社会有危险，因此为了保护社会应当施加惩罚。这种思想很容易走向国家主义。按照这种观点，为了防卫，社会甚至可以惩罚仅有犯罪危险但没有犯罪的人。当前很少有学者主张此种观点。

法律责任论认为责任非难是一种法律上的责难，而不是道德审判和伦理评价，因此只能根据法律判断行为人是否具有责任。主张

---

[1] 我国还有学者主张功能责任论，具体可参考冯军：《刑法中的责任原则——兼与张明楷教授商榷》，载《中外法学》2012年第1期。

法益侵犯说的学者一般都采取这种观点。[1]

但是，法律责任论和法益一样很容易导致立法的独断和司法的机械。如果不考虑道德规范的制约，凭空产生的法律如何确保它的正当性呢？如果仅仅按照法律的规定来进行责任判断，司法也就无法对立法进行任何有效的监督。

基于规范违反说，道义责任论虽然古老，但却是一种合理的观点。犯罪在本质上是一种在道德规范上值得谴责的行为。因此，犯罪与否不再是一个单纯的专业问题，普罗大众都有发声的权利，刑法不能超越社会良知的约束。如果犯罪不再根据罪犯在道义上的应受惩罚性来判断，那么犯罪与否就会成为一个纯粹的专业问题，只有专家才能发表意见。然而，相比于民众，专家更容易被权力所收买。在纳粹德国时期，就有许多刑法学者打着人道主义的名义，试图将犯罪与道义上的可责性完全剥离，将犯罪视为一种"疾病"，罪犯也就成了"病人"，既然犯罪和疾病被等量齐观，那么专家可以将任何让政府不满的行为被冠以"疾病"的名义并对其实施强制性的"治疗"。对此，"病人"以及民众都无法质疑，因为专家使用的是"治疗""疾病"等专业概念。[2] 在某种意义上，如果脱离道德规范的制约，法律责任论在实际后果上可能与社会责任论没有区别。

第二节　责任能力的阻却

责任能力，是指主体构成犯罪和承担刑事责任所必需的辨认和控制自己行为的能力。不具备刑事责任能力的人不能被追究刑事责任，刑事责任能力减弱者，其刑事责任相应地适当减轻。

---

〔1〕　张明楷：《刑法学》（第5版），法律出版社2016年版，第242~243页。

〔2〕　参考 C. S. 路易斯：《论人道主义刑罚理论》，罗翔译，载《暨南学报（哲学社会科学版）》2013年第7期。

一、年龄与责任能力

（一）无刑事责任年龄阶段

未满 14 周岁的人不构成犯罪，一般不负刑事责任。

（二）相对刑事责任年龄阶段

已满 14 周岁而未满 16 周岁的人仅对故意杀人、故意伤害致人重伤或者死亡、强奸、抢劫、贩卖毒品、放火、爆炸、投放危险物质八种犯罪负刑事责任。这里需要注意的是八种犯罪是指具体犯罪行为而不是具体罪名。已满 14 周岁而未满 16 周岁的人实施《刑法》第 17 条第 2 款规定以外的行为，如果同时触犯了《刑法》第 17 条第 2 款规定的，应当依照《刑法》第 17 条第 2 款的规定确定罪名，定罪处罚。因此如果 15 岁的孩子绑架他人后杀死被绑架人的，可以直接定故意杀人罪。

在《刑法修正案（十一）》通过之前，已满 14 周岁不满 16 周岁的人对于投放危险物质罪是否应负刑事责任，一直存在争议。争议的焦点在于对补正解释的理解。《刑法修正案（三）》将刑法分则中的投毒罪修改为投放危险物质罪，其行为方式包括投放毒害性、放射性、传染病病原体等物质，但刑法总则部分第 17 条第 2 款所规定的相对刑事责任年龄人对八类犯罪负刑事责任的条款没有修改，仍然保留的是"投毒"。对此，有学者认为可以根据补正解释的原理，认为刑法总则中的投毒就等同于投放危险物质罪。[1]

笔者不赞同这种观点，补正解释的前提必须是法条文发生无法解决的矛盾，比如《刑法》第 63 条所规定的减轻处罚（"犯罪分子具有本法规定的减轻处罚情节的，应当在法定刑以下判处刑罚"）与《刑法》第 99 条的规定（"本法所称以上、以下、以内，包括本数"）。显然，如果按照第 99 条的规定，那么减轻处罚和第

---

〔1〕 张明楷：《刑法学》（第 5 版），法律出版社 2016 年版，314 页。

62 条规定的从轻处罚（"从轻处罚情节的，应当在法定刑的限度以内判处刑罚"）是无法区分的，因此需要进行补正解释，认为《刑法》第 63 条规定的减轻处罚是不含本数的。但是《刑法》第 17 条第 2 款和第 114 条（投放危险物质罪）之间并没有这种根本性的矛盾，不进行补正解释，法条文之间也没有任何的冲突。补正解释作为一种解释方法，它有扩张和缩小两种效果，但无论如何都不能超越法条文文字的最大射程，必须在形式解释论的基础上坚持实质解释，避免借补正之名突破罪刑法定原则的约束。

既然立法者将《刑法》第 114 条的投毒罪修改为投放危险物质罪，把投毒增加为投放毒害性、放射性、传染病病原体等物质，那么就必须考虑"投毒"一词能否包涵投放"毒害性、放射性、传染病病原体等物质"，如果无法包括，那么将《刑法》第 17 条第 2 款的投毒解释为投放危险物质罪显然就是超越语言极限的类推解释。显然，立法者之所以将投毒罪修改为投放毒害性、放射性、传染病病原体等物质，正是考虑到"投毒"一词无法包容这些现象，所以通过正当的立法程序对立法漏洞进行修改。因此，在法律没有修改之前，已满 14 周岁不满 16 周岁的人对于投毒行为以外的投放危险物质不承担刑事责任。这也是为什么《刑法修正案（十一）》将《刑法》第 17 条中的"投毒"改为了"投放危险物质"。

（三）完全刑事责任年龄阶段

已满 16 周岁的人犯罪，应当负刑事责任，无论是故意犯罪还是过失犯罪，都应当承担刑事责任。

（四）减轻刑事责任年龄阶段

已满 14 周岁而未满 18 周岁的人应当从轻或减轻处罚，同时不能适用死刑。《刑法修正案（八）》增加了对老年人犯罪的从宽规定，已满 75 周岁的人故意犯罪的，可以从轻或者减轻处罚；过失犯罪的，应当从轻或者减轻处罚。同时，《刑法修正案（八）》还规定，审判的时候已满 75 周岁的人，不适用死刑，但以特别残忍手段致人死亡的除外。

（五）恶意年龄补足制度

《刑法修正案（十一）》吸收了恶意年龄补足制度，作为刑事责任年龄的一种例外性下调。

已满 12 周岁不满 14 周岁的人，对于特定的犯罪，经过特定的程序，应当负刑事责任。这里的特定犯罪是犯故意杀人、故意伤害罪，致人死亡或者以特别残忍手段致人重伤造成严重残疾，同时要达到情节恶劣的程度。

未满 14 周岁的人不构成犯罪，一般不负刑事责任。

在刑事责任年龄中，还需要注意几个问题：

第一，《刑法》第 17 条规定的"周岁"，按照公历的年、月、日计算，从周岁生日的第 2 天起算。另外，在起算时应从行为时，而非结果时计算年龄。

第二，对于没有充分证据证明被告人实施被指控的犯罪时已经达到法定刑事责任年龄且确实无法查明的，应当推定其没有达到相应法定刑事责任年龄。相关证据足以证明被告人实施被指控的犯罪时已经达到法定刑事责任年龄，但是无法准确查明被告人具体出生日期的，应当认定其达到相应法定刑事责任年龄。

第三，行为人在达到法定刑事责任年龄前后均实施了犯罪行为，只能依法追究其达到法定刑事责任年龄后实施的犯罪行为的刑事责任。行为人在年满 18 周岁前后实施了不同种犯罪行为，对其年满 18 周岁以前实施的犯罪应当依法从轻或者减轻处罚。行为人在年满 18 周岁前后实施了同种犯罪行为，在量刑时应当考虑对年满 18 周岁以前实施的犯罪，适当给予从轻或者减轻处罚。

第四，未达刑事责任年龄之人，虽不负刑事责任，但必要时需依法进行专门矫治教育。《刑法修正案（十一）》与《中华人民共和国预防未成年人犯罪法》（以下简称《预防未成年人犯罪法》）保持一致，取消了收容教养制度，改为矫治教育制度。可见，这些人所实施的危害行为虽非犯罪行为，但系不法侵害，可以进行正当防卫。

第五，行为人主张实际年龄与身份证件年龄不符，实际年龄小于身份证件年龄，必须承担优势证据的说服责任。

（六）刑事责任年龄为什么下调？

之所以在刑法中规定刑事责任年龄，其理论依据在于未达责任年龄的孩子缺乏是非对错的辨认能力或控制能力，因此对他们的刑事惩罚没有意义。但是，这种理论是否成立，值得深思。那么，是否要降低刑事责任年龄呢？

在世界范围内，有关刑事责任年龄的规定，大致有乐观主义和现实主义两条道路。

乐观主义崇尚建构理性，对人类理性充满自信，认为法律应当设置一个标准化的责任年龄。标准之下就推定没有辨认能力或控制能力。这种立场认为孩童本性纯良，可塑性很强，因此对待未成年人的刑事政策应以矫正为主。

现实主义推崇的是经验主义，它认为设置一个标准化的责任年龄太过武断，整齐划一的法律理性并不能适应无穷变化的社会现实。同时，现实主义认为包括孩童在内的一切人内心都有阴暗角落，刑罚无力改造人性，它的第一要务是对罪行进行惩罚而非对犯罪人进行矫正，对待未成年人也是如此。

大陆法系倾向于乐观主义，其代表性国家是德国和意大利。这些国家的刑法和我国一样，认为不满 14 周岁的人没有刑事责任能力，对任何犯罪都不负刑事责任。不同的是，这些国家规定了完备的少年司法制度，对于 14 周岁以上的未成年人犯罪适用专门的少年司法审判制度。

普通法系则以现实主义居多。普通法最初有无责任能力的辩护理由（doli incapax），不满 7 周岁的儿童被推定没有犯罪能力，这个推定不容反驳。但 7 周岁以上不满 14 周岁的则要具体问题具体分析，其无犯罪能力的推定可以反驳，如果公诉机关可以提出足够的证据证明行为人能够理解自己行为的意义且知道是非对错，那就要承担刑事责任。

随后，许多普通法系国家抛弃了这种辩护理由，如美国有 35 个州没有设置任何刑事责任的最低年龄，从理论上来说，在这些地区，任何年龄的人犯罪都要负刑事责任。其他 15 个州，最低刑事责任年龄从 6 周岁到 10 周岁不等。

英国也放弃了这种辩护理由，在英格兰和威尔士这两个司法区，其最低刑事责任年龄是 10 周岁，不满 10 周岁的儿童不负刑事责任。但是在苏格兰司法区，最低刑事责任年龄则是 8 周岁。

2007 年联合国儿童权利委员会曾经建议各缔约方将最低刑事责任年龄至少规定为 12 周岁，但许多国家都没有听取该建议。有些国家甚至还准备下调刑事责任年龄，比如菲律宾的立法机关就考虑将最低刑事责任年龄从 15 周岁降至 9 周岁。

中国的刑事立法自觉向大陆法系靠拢，在许多的立法设计上都有乐观主义的倾向。以 14 周岁作为有无责任年龄的标准，整体划一、便于操作。在法律上推定不满 14 周岁的未成年人没有是非对错的辨认能力或控制能力，这种法律逻辑清晰明了。

咄咄逼人的逻辑论证自有一种蛊惑人心的力量，但是人类从未完全居住在逻辑论证之中，尘世中的万物，许多是无法为人造的逻辑所涵盖的。在人类历史中，削足适履的逻辑命题曾经给人类带来了灾难性的后果。正如霍姆斯大法官（Oliver Wendell Holmes，Jr.）所言："法律的生命是经验而非逻辑。"我们宁愿生活在前人经验积累的法律之中，而非强有力逻辑推导的法律命题之下。如果经验事实不断地证明法律逻辑存在问题，那么这种逻辑命题就值得修正。从当前多起孩子实施杀人等严重犯罪的案件来看，认为他们缺乏是非对错的辨认能力或控制能力的法律逻辑很难服众。

乐观主义和现实主义的道路选择还取决于对人类本性和刑罚本

质的看法。

乐观主义对人性的看法也过于乐观，他们相信人类要不断地进化下去，会有无限的可能性，而且有一天能够控制自己的发展。只要积极地改造社会，提升民众的教育水平，消除不平等的社会现实，就能创造一个美好的黄金世界。

因此，他们推崇人道主义的刑罚理论，认为传统的报应主义是一种复仇，是野蛮和不道德的。根据人道主义刑罚理论，罪犯只是一种病态，需要接受治疗与矫正。在他们看来，孩童天性纯良，他们实施犯罪行为时没有自由意志，并非出自本性，主要是由于糟糕的社会环境、家庭背景、缺少关爱等因素所致，因此没有必要对其进行过度的惩罚，扼杀天性纯良的幼苗。

乐观主义的代表人物是卢梭，在《爱弥儿》一书中，他特别讨论了个人如何在堕落的社会中保持天性中的善良。该书前言引用了古希腊哲学家塞涅卡（Seneca）的一段话："我们身患一种可以治好的病；我们生来是向善的，如果我们愿意改正，我们就得到自然的帮助。"全书基本上是根据这段话的展开。

《爱弥儿》中主张对儿童进行适应自然发展过程的自然教育，这对西方影响巨大，直到今日，许多人都推崇卢梭的孩童教育理念，认为教育要服从自然的永恒法则，听任孩童身心的自由发展。讽刺的是，作为教育学宗师的卢梭自己却把与女佣所生的五个孩子送去了孤儿院，他的辩护理由是，他忙着爱人类，以至没有时间来关心自己的孩子。

现实主义对人性的看法没有那么乐观，这种立场认为人性生来有阴暗角落，孩童也不例外，因此不能放任孩童自由发展，管束是必要的。一如古老的智慧所说的"不忍用杖打儿子的，是恨恶他；疼爱儿子的，随时管教。"

现实主义认为法律无力改造人性，它只能约束人性的阴暗面，让其不至泛滥成灾。因此，刑罚的首要目的是报应，是对犯罪的惩罚。即便未成年人犯罪，也应对其进行必要的惩罚，在惩罚的基础上才能去谈教育改造。

值得一提的是，乐观主义虽然容易激动人心，但它却可能导致灾难性的后果，理想主义往往会走向幻灭与绝望。乐观主义所持的人道主义刑罚理论抛弃了刑罚的报应观念，将惩罚看成改造罪犯的一种手段，这在客观上为权力的扩张开启了方便之门，使得权力可以披着科学的外衣我行我素。

按照传统的观点，报应是刑罚的根据，一个人是否应当接受惩罚，其核心在于道义上的应受惩罚性，普通民众有权对此发表意见。但一个人是否应该接受治疗，则是一个专业问题，普罗大众没有发言权，只有专家才有权决断。换句话说，如果一种行为让政府不满，那么即便这种行为与道德罪过无关，政府也可对其进行"治疗"，而人却无法辩解，因为专家根本不使用应受惩罚性这种概念，而是以疾病和矫正取而代之。在现代"矫正刑"的诞生之地——德国和意大利，法西斯政权就曾经利用这种"科学"大行残暴。

人道主义很容易因着对人类的抽象之爱，而放弃对具体之人的责任。主张未达法定责任年龄的孩子不负刑事责任，这看似是对儿童的关爱，但它却放弃了对被害人的保护之责。现实主义则基于对理性万能的警惕，对人性阴暗面的洞察，其立足现实的观点，虽然难以博人眼球，但却更加务实。

从理论上来看，对于故意杀人这种重罪，任何年龄阶段的人都应该承担刑事责任。刑罚无法改造人性，它只能遏制邪恶，对于儿童也是如此。对于犯下滔天罪行的儿童，即便可以教育矫正，也必须在惩罚的基础上进行改造。

有学者提出，普遍性地下调刑事责任年龄可能难度较大，但可以规定一项例外规定，由最高检察机关在特殊情况下对不满14周岁的未成年人的恶性犯罪进行追诉，这其实是在借鉴普通法系的恶意年龄补足制度，但又避免了地方司法机关拥有过于灵活的司法裁决权。比如在《刑法》第 17 条增加一款，对于 12 周岁以上不满 14 周岁的未成年人实施故意杀人、故意伤害致人重伤或者死亡、强奸、抢劫、贩卖毒品、放火、爆炸、投毒八种犯罪，如果有追诉必要的，可以报最高人民检察院核准，这种折中立场有一定的道理，也更容易实现。12 周岁的孩子对于是非对错已经存在基本的认识，很难说他们不知道杀人是一种严重的罪行。我国民法已经将无民事行为能力年龄从 10 周岁下调至 8 周岁，这正是考虑到社会生活的实际需要。刑法也不能固守法律的逻辑命题，而必须迎合社会生活的实际需要。

《刑法修正案（十一）》就借鉴了这种恶意年龄补足制度，它并未整体性下调刑事责任年龄，只是对刑事责任年龄作出了一种例外性下调，对于两种特定的犯罪经过特定的程序，可以追究刑事责任。对于已满 12 周岁不满 14 周岁的人，如果实施了故意杀人、故意伤害致人死亡或者以特别残忍手段致人重伤造成严重残疾的行为，同时达到情节恶劣的程度，对于特定的犯罪，经最高人民检察院核准追诉的，应当负刑事责任。

显然，立法机关对刑事责任年龄进行了非常谨慎地例外性下调，这种修补不仅回应了社会热点问题，也兼顾了民众的常情常感。法律在经验中不断走向完美。

当然，更为重要的是建立合理的少年司法制度。《刑法修正案（十一）》与《预防未成年人犯罪法》保持一致，取消了收容教养制度，改为矫治教育制度。随着劳动教养制度的废除，收容教养制度存在的空间越来越逼仄，在某种意义上，原《刑法》第 17 条有关收容教养的规定几乎形同虚设，这也是为什么《刑法修正案（十一）》取消了收容教养制度。

与收容教养制度类似的是工读学校，工读学校针对的是不够收容教养或刑事处罚条件的未成年人。根据《预防未成年人犯罪法》的规定，对有严重不良行为的未成年人，可以送工读学校进行矫治和接受教育。但工读学校的目的不是惩罚，而是矫正。从实践中反馈的信息来看，工读学校的矫正效果极其有效。同时，是否送往工读学校，家长具有决定权，如果家长不同意将违法少年送往工读学校，政府也无法强制执行。

在刑法理论中，无论是收容教养制度还是工读学校都属于保安处分的一种。保安处分是指为了防止对社会有危险性的人因其危险状态有犯罪可能，而采用的包括剥夺自由、强制劳动等一系列代替刑罚或作为刑罚补充手段的强制性的个人措施。保安处分是一种不同于刑罚的预防性措施，目的在于防止行为人将来实施犯罪。

传统的保安处分理论认为它仅仅是行政上的处罚措施，而非司法手段，因此它不应受罪刑法定原则的拘束。二战以后，出于对纳粹统治下的保安处分制度的反思，人们逐渐认识到，作为普遍采用剥夺自由措施的保安处分，它实质上与刑罚没有根本性的区别，即便打着"治疗"或"矫正"的名义，它们都应属于司法手段，须受罪刑法定原则的约束。正如法国刑法学家安赛尔（Mare Ancel）所言，"人身威胁性这一概念在以往的实证主义刑法学者那里被不恰当地理解，被泛化了，道义责任的概念又被彻底唾弃，结果是走向保安处分的随意运用，社会防卫也就成了纳粹分子践踏人权的口实……（现代的）社会防卫运动首先坚决维护罪刑法定原则，反对专断的行政处分……只有法官才有权宣布处罚，司法干预的同时要建立一种法定的诉讼程序"。

因此，有必要建立统一的少年司法制度，将收容教养、工读学校这些保安处分措施和对未成年人的刑事追诉统一纳入少年司法制度，由人民法院的少年法庭进行审理。如果将最低刑事责任年龄降低至 12 周岁，那么对于 12 周岁以下的未成年人所实施的不法行为，少年法庭可以将其收容教养或送往工读学校，但对于 12 周岁以上不满 18 周岁的未成年人所实施的犯罪，则应该采取特殊的刑事诉讼程序进行审理。

在这里，日本的少年司法制度值得我们借鉴。该法是 1948 年在美国占领军指导下参照美国芝加哥少年犯罪法制定的，受美国法影响很大，但也保留了日本的特色。少年法适用的对象是实施"非行"行为的不满 20 周岁的"非行"少年。"非行"少年包括三类：一是犯罪少年，这是已达刑事责任年龄实施犯罪的少年；二是触法少年，这是触犯刑律，但未达刑事责任年龄，日本国的最低刑事责任年龄也是 14 周岁；三是虞犯少年，是指具有虞犯事由，根据其性格和环境判断，将来有可能实施犯罪的少年。处理非行少年的程序分为保护程序和刑事程序，前者适用于少年的保护案件，后者适用于少年的刑事案件。所有的"非行"少年案件都有专门的家庭法院进行审理。

仁爱与公正相对，离开了公正，仁爱也不复存在。《纳尼亚传奇》的作者 C. S. 路易斯告诫说："仁爱只有当其生长于正义岩石的缝隙中，才能开花。若将其移至人道主义的泥沼，它将变成食人草，而其可怕之处更甚，因为它依然顶着可爱的绿植之名。"这段话，当引起我们足够的重视。

二、生理与责任能力

刑事责任能力，是指行为人对自己行为的辨认和控制能力。除了年龄要素，有些群体还可能由于生理等方面的特殊情况，导致刑事责任能力的丧失或减弱。

（一）精神病人

间歇性精神病人，在精神正常的时候犯罪，应当负刑事责任，而且从法律规定看，属于完全刑事责任能力人。实施行为时精神不正常，不具有辨认或控制能力，则不负刑事责任。如果在行为时尚未完全丧失辨认或控制能力的精神病人犯罪的，属于限制刑事责任能力人，应当负刑事责任，但是可以从轻或者减轻处罚。[1]

关于精神病人，还需注意以下问题：

第一，精神病人的鉴定必须由精神病专家经过法定程序确认，然后由司法工作人员进行最后判断。[2] 并非所有的精神病人都不负刑事责任，只有某种精神病导致行为人完全丧失辨认能力或控制能力时，才不负刑事责任。精神病人由于患病程度不同，他们并不必然缺乏辨认能力或控制能力。精神病人的成因很复杂，但一般可以归结为大脑某个部位的器质性损坏或发育不足。由于疾病成因和表现的复杂性，许多精神病人虽然在某些方面存在缺陷，但是在另外一些方面则完全可能是正常的，甚至还有可能优于一般人[3]。因此，不能一律认为精神病人就缺乏理解能力，更不能纯粹从医学上来看待责任能力问题。精神病人是否有责任能力不是一个单纯的

---

〔1〕 参见《李典故意杀人案［第49号］》，载《刑事审判参考》（总第7辑），法律出版社2000年版，第15页。被告人李典与被害人续某因经济纠纷对续某怀恨在心。1996年4月中旬的一天晚上9时许，被告人李典拿着尖刀来到续某家欲对续某实施报复，因续某不在家作罢。同年4月28日下午2时左右，被告人李典再次携带尖刀闯入续某家，向午睡刚起的续某腹部连刺两刀后逃离现场。续某被送往医院抢救，因腹主动脉被扎断致失血性休克抢救无效而死亡。另查明，被告人李典先后于1991年至1996年在河北省精神病防治院、解放军256医院被诊断为精神分裂症并住院治疗。1996年5月20日，市司法精神病鉴定委员会对李典进行了司法精神病鉴定，认定李典实施犯罪行为时为精神分裂症不完全缓解状态，有部分责任能力。一审法院以故意杀人罪判处李典死刑立即执行，二审法院改判为死缓。另请参见《阿古敦故意杀人案［第152号］》，载《刑事审判参考》（总第24集），法律出版社2002年版，第16页。

〔2〕 参见《李鹏盗窃案［第950号］》，载《刑事审判参考》（总第96集），法律出版社2014年版，第80页。

〔3〕 如学者症候群（Savant Syndrome），它指是个人存在主要的心理疾病或严重的智能障碍，但却拥有与他的障碍全然相对的、超过一般人的心理运作能力。依照其定义，又可包括白痴学者（Idiot Savant）和自闭学者（Autistic Savant）。前者［白痴学者一词系一百多年前由英国医师约翰·兰登·道恩（Dr. John Langdon Down）所创用］是指个人存在严重的智能障碍，但却拥有与他的障碍全然相对的、惊人的心理运作能力。而后者则是指个人存在主要的心理疾病或性格异常，或情感障碍（如自闭症），但却拥有与他的障碍全然相对的、惊人的心理运作能力。部分自闭症患者的认知能力甚至于超出常人，具有极强数字记忆能力、美术、音乐等特殊能力，即为自闭学者。

事实问题，而是一个需要规范判断的问题。

第二，注意精神病人在"不能辨认或者不能控制"自己行为的时候造成危害结果的，不负刑事责任，而非"不能辨认和不能控制"，因此，只要丧失辨认能力或控制能力中的任何一种能力均可导致无刑事责任能力。

第三，根据1994年5月，第一届中华医学会精神科学会通过的修订版《中国精神疾病分类方案与诊断标准》的规定，痴呆（智力残疾）属于精神发育迟滞，它是一种特殊的精神疾病。[1]

第四，精神病人在无刑事责任能力时的侵害行为虽非犯罪行为，但也是不法行为，因此应当责令他的家属或者监护人严加看管和医疗，在必要的时候，由政府强制医疗。这种行为也是不法行为，可以进行正当防卫。

第五，精神病人必须是在犯罪行为时无辨认能力或控制能力的才无刑事责任能力，如果在犯罪时是正常人，但在犯罪后成为精神病人的，不能免除其刑事责任。

第六，行为人（比如间歇性精神病人）在精神正常时犯罪，实行犯罪过程中精神病发作，丧失责任能力，该如何处理？关于这个问题，至少有三种学说：①原因自由行为：行为人属于自陷危险，一般都按照故意犯罪的既遂处理。②行为一体论：将具有责任能力时的实行行为与陷入无责任能力的实行行为作为一个行为来处理。③作为因果关系的错误来处理：在陷入无责任能力状态前，就已经存在犯罪的未遂，对行为人是否适用既遂的刑法，取决于无责任能力状态的出现是否对因果关系有重大偏离，如果有，那就不属于既遂，一般认为，在这类案件中，偏离不重大，所以一般都成立既遂。换言之，一般认为，对此类案件应追究故意杀人罪既遂的责任。[2]

---

〔1〕 参见中华医学会精神科学会、南京医科大学脑科医院编：《CCMD-2-R中国精神疾病分类方案与诊断标准》，东南大学出版社1995年版。
〔2〕 张明楷：《刑法学》（第5版），法律出版社2016年版，第306页。

第七，以精神病作为辩护理由，被告方必须承担优势证据的说服责任。

（二）醉酒

醉酒的人虽然辨认能力或控制能力可能有所减弱，但这属于自招危险，一般不能减轻其刑事责任。需要注意的是，醉酒有两种：一种是生理性醉酒，即我们通常说的喝醉酒，这应负刑事责任。但在特殊情况下，也可以作为酌定的从宽情节加以考虑。[1]另一种是病理性醉酒，这是一种精神病，如果非自愿地导致这种疾病发作，不负刑事责任；但如果明知自己有此精神病，仍然自愿醉酒，这属于下文要讨论的原因自由行为，即虽然在行为时无辨认能力或控制能力，但导致这情况的原因是可控的（自由的），属于自招风险，也要承担刑事责任。[2]

在英美法系，醉酒一般可以区分为自愿醉酒和非自愿醉酒，前

---

[1] 参见《房国忠故意杀人案［第554号］》，载《刑事审判参考》（总第68集），法律出版社2009年版，第1页。《侯卫春故意杀人案［第610号］》，载《刑事审判参考》（总第73集），法律出版社2010年版，第11页。

[2] 参见《彭崧故意杀人案［第431号］》，载《刑事审判参考》（总第55集），法律出版社2007年版，第1页。被告人彭崧因服食摇头丸药性发作，在其暂住处持刀朝同室居住的被害人阮召森胸部捅刺，致阮召森抢救无效死亡。当晚9时许，被告人彭崧到福建省宁德市公安局投案自首。精神病医学司法鉴定认为，彭崧系吸食摇头丸和K粉后出现精神病症状，在精神病状态下作案，评定为限定刑事责任能力。一审法院认为，被告人彭崧故意非法剥夺他人生命，并致人死亡，其行为已构成故意杀人罪，但鉴于其有自首情节，可以从轻处罚，判处其无期徒刑，剥夺政治权利终身。一审宣判后，被告人彭崧不服，提出上诉。其上诉理由和辩护人的辩护意见为：彭崧作案时属于无刑事责任能力人，即使构成犯罪，也只构成过失致人死亡罪，且具有自首情节，被害人本身有过错，应对其从轻、减轻处罚。二审法院认为，吸毒是国家法律所禁止的行为，上诉人在以前已因吸毒产生过幻觉的情况下，再次吸毒而引发本案，其吸毒、持刀杀人在主观上均出于故意，应对自己吸毒后的危害行为依法承担刑事责任，其吸毒后的责任能力问题不需要作司法精神病鉴定。因此，上诉人及其辩护人认为上诉人作案时是无刑事责任能力人，要求重新进行司法精神病鉴定，以及认为上诉人仅构成过失致人死亡罪的辩解、辩护意见不能成立，不予采纳。另请参见《叶丹以危险方法危害公共安全案［第919号］》，载《刑事审判参考》（总第94集），法律出版社2014年版，第141页。

者是指行为人知道饮用的酒或毒品、药物可能导致醉态仍主动饮用从而导致的醉态；后者则是指行为人没有意识到其所饮用的为酒类等物品及会导致的后果，在饮用后引起的醉态。比如遵照医嘱而引起醉态、被告人误将致人醉态物认为非致人醉态物而引起醉态、他人在被告人饮料中掺入酒精而被告人不知引起醉态的或未成年人被诱骗饮酒而致陷入醉态等。非自愿醉酒可以免责，而自愿醉酒一般都不能免责。

（三）又聋又哑的人、盲人可以从轻或减轻、免除处罚

这些人由于生理上的原因，无法像正常人一样形成辨别是非的观念，因此可以从宽。又聋又哑的人仅指既聋且哑的人，盲人仅是指双目失明的人，通常是天生的聋哑人、盲人或从小就失聪、失明的人。如果生理因素对其是非辨认能力没有影响，则不宜从宽处理。[1]

三、原因自由行为

原因自由行为是指行为人实施行为时，虽然没有辨认能力或控制能力，但是导致能力丧失的原因是自身罪过。原因自由行为与醉酒犯罪有密切的关系。

原因自由行为可以分为故意的原因自由行为和过失的原因自由行为。

（一）故意的原因自由行为

这是指行为人故意让自己陷入无责任能力状态，并决定利用自己的无责任能力状态，追求一个犯罪行为的发生（直接故意）或放任一个犯罪行为的发生（间接故意）。对于这种现象，应当直接以故意犯罪论处。

---

〔1〕 参见《苏同强、王男敲诈勒索案〔第469号〕》，载《刑事审判参考》（总第59集），法律出版社2008年版，第38页。

（二）过失的原因自由行为

这是指行为人故意或过失地陷入无责任能力状态，预见自己有可能在无责任能力的状态下实施犯罪，但轻信能够避免，或者应当预见而没有预见。前者如故意喝醉，但轻信自己不会去驾驶车辆，或者预见自己即便驾车，也不会出事；后者如因为身体状况不能喝酒，但疏忽大意喝酒，然后过失肇事。对此情况，应当以过失犯罪论处。

第三节　法律认识错误

行为人误认为自己的行为不是刑法所规定的犯罪行为，而实际上刑法规定该行为是犯罪行为，这系法律认识错误。

法律认识错误，历史上早已有之。《晏子春秋》记载：齐景公爱槐树，下令官吏派人严加看护，下达法令，如有犯槐树者，处刑，如果将槐树弄伤，罪当处死。有人不知此令，酒醉后在槐树旁呕吐，"冒犯"槐树被抓。宰相晏子为此事劝谏景公，认为此人不知道法令，是无辜的，"刑杀不辜，谓之贼"是国之大忌。景公接纳晏子的意见，将此人释放，并废除伤槐之法。

伤槐一事涉及刑法上的认识错误，行为人实施某行为时并不知行为构成犯罪的，在晏子看来就不能治罪，这其实也是"不知者无罪"观念的另一种体现。然而，古罗马却有一个古老的法谚，"任何人不能以不知法而免责"。

一、主要的学说观点

对于法律认识错误如何处理，存在争论。学说上有违法性认识不要说，自然犯、法定犯区别说，严格故意说，准故意说，限制性故意说（可能性说）及责任说之争。

（一）违法性认识不要说

违法性认识不要说认为，故意的成立不需要违法性的认识，因此，即使欠缺违法性的认识，只要存在对于犯罪事实的认识，就可以认定故意成立。这是从古罗马延续而来的一种古老学说。

（二）自然犯、法定犯区别说

该学说将犯罪区分为自然犯和法定犯，认为自然犯不以违法性认识为故意的必要条件，而法定犯必须以违法性的认识为必要条件。

（三）严格故意说

该学说认为，故意之成立，除需认识犯罪事实外，应以对于行为的违法性具有现实的认识为必要，只要欠缺违法性认识的，就不能追究故意责任。

（四）准故意说

准故意说认为，故意的成立以对于违法性的认识为必要条件，另外，如果缺乏对于违法性的认识是因过失所致，就应当对它和故意进行同样的处理。即认为法律过失本属于过失，应把它与故意同等看待，或把这种情况称为"法敌对性"。

（五）限制性故意说

限制性故意说主张故意的成立不以实际上具有违法性的认识为必要，只要有违法性的认识的可能性即可。

（六）责任说

责任说认为，违法性的认识以及违法性的认识的可能性是独立于故意之外的责任要素。因此，违法性的认识与故意的成立无关。当这种认识错误无法避免时，责任阻却。当这种错误可以避免时，则可减轻责任。《德国刑法典》第17条的规定（行为人行为时没有认识到其违法性，如该错误认识不可避免，则对其行为不负刑事责任；如该错误认识可以避免，则对其行为减轻刑罚）可以看成是这种学说的注脚。

二、责任说之提倡

传统的刑法理论大多采取古罗马立场——不知法、不免责。其理由在于：首先，公民有知法守法的义务，既然是一种义务，不知法本身就是不对，没有尽到一个公民应有的责任，岂能豁免其责？其次，如果允许这种免责理由的存在，任何人犯罪，都可能以不知法来狡辩，法盲犯罪层出不穷，会给司法机关认定犯罪带来极大困难。

上述论证有很强的功利主义和实用主义色彩，更直截了当地道出个中原委的是美国大法官霍姆斯：不知法不免责，是为了维护公共政策，因此可以牺牲个体利益。虽然有些犯罪人的确不知自己触犯法律，但若果允许这种免责理由，那将鼓励人们对法律的漠视，而不是对法律的尊重和坚守。[1]

这些辩解看似言之凿凿，但却与人们生活经验相抵触。如果说公民应当知悉法律，那法律一经颁布，就大功告成，任何人都应无条件服从，那为什么国家还要大张旗鼓开展法制教育，普及法律知识？

要求公民知法守法，是一种国家主义的立场，要求治下小民乖乖听话，无论是否知道，只要国家颁布法律，你就有知晓的义务。有观点甚至认为，对在道德上无辜的人定罪，就能够促使其他人更好地了解自己所承担的法律义务。[2] 显然，这和现代刑法所倡导的个人本位立场格格不入，怎能为了所谓的国家、社会利益，就完全牺牲无辜民众的自由。另外，人们之所以守法，更多是因社会习俗、道德规范的耳濡目染，不杀人、不盗窃、不奸淫，与其说是法律规定，还不如说是一种道德教化。

如果说在法律并不发达的古代社会，要求公民知法守法还有实现的可能性，那么在现代社会，如此繁杂多样、不断变化的法律，

---

〔1〕 Joshua Dressler, *Understanding Criminal Law*, 4th edition, Lexisnexis, 2006, p. 181.

〔2〕 ［美］乔治·P. 弗莱彻：《刑法的基本概念》，蔡爱惠等译，王世洲主译与校对，中国政法大学出版社2004年版，第200页。

要求公民一一知悉，这简直就是不可能实现的任务，即使是法律专业的学生，也不可能知道所有的法律条文。法律所规定的珍贵动物、植物的种类，即便专事刑法研究的学者也无法周知。更何况随着国际交流的增多，一国公民对另一国法律不太熟悉，也是常有之事。[1]

在法律认识错误问题方面，大陆法系的德国走的是最远的，也最为彻底。1975 年《德国刑法典》第 17 条明确表明自己的立场：行为人行为时没有认识到其违法性，如该错误认识不可避免，则对其行为不负刑事责任；如该错误认识可以避免，则对其行为可减轻

---

[1] 对待法律认识错误，英美法系最初基本上遵循古罗马传统，但后来有所松动。1949 年美国马里兰州的霍普金斯案（Hopkins v. State）是"不知法不免责"的经典案例，该案曾被广泛引证。当时，马里兰州出台法案，禁止牧师在旅馆、车站、码头、法院等地张贴主持婚礼的广告，变相攫取钱财，法律的目的是管束婚姻缔结，防止重婚的泛滥。但该法没有得到很好地实施。几位牧师贴广告之前，觉得不妥，特地咨询了当地司法部部长，部长回复他们说行为并不违法，于是牧师们放心大胆地张贴广告。后来这几名牧师因违反该法案被捕，在法庭上，他们以事先咨询过司法部部长，不知行为违法为由进行辩解，但初审法院和上诉法院都拒绝这种辩解，认为即便咨询了司法部部长，对法律的认识错误也不能免责。同年特拉华州也发生了一起相似的案件（Long v. State），法官却作出完全相反的判决。当时，特拉华州有位龙先生想和妻子离婚，然后与他人结婚，但特拉华州的离婚程序比较烦琐，他特意咨询了当地一位知名的婚姻法律师，律师建议，可以先去其他州离婚，然后再回来结婚。按照这个建议，龙先生迅速赶往阿肯色州办完离婚手续，又返回特拉华州准备结婚。为了稳妥，结婚之前，他再次向那位律师询问是否妥当，得到的答案是肯定的。为其主婚的牧师觉得事有不妥，又一次独自请教那位律师，得到肯定答案后才放心地为龙先生主婚。不幸的是，律师的建议是错误的，特拉华州法律不承认其他州的离婚判决，龙先生被诉重婚。此案经三次审理，前两次龙先生都被认为有罪，理由是"不知法不免责"，但特拉华州最高法院却推翻了前两次判决，认为龙先生重婚罪不成立。上述两个案件促发了人们对于传统规则的反思，人们开始觉得严格遵循"不知法不免责"的做法并不一定恰当，可能对被告太过严苛。1962 年美国法学会出台的《美国模范刑法典》给出了一些传统规则的例外，认为有两种情况可以免责：一种是"官方原因所导致的法律误解"（officially induced error of law），行为人之所以不知道法律，是因为听信了像司法判决、行政命令或者其他负有解释、执行法律职责的机关及其官员的意见。另一种是无从知晓法律，如法律尚未公布或者没有合理地生效。Hopkins v. State, 193 Md. 489, 69 A. 2d 456（Md. 1950）；Long v. State, 5 Terry 262, 65 A. 2d 489（Del. 1949）.

刑罚。

用可避免原则来处理法律认识错误可以最大限度防止情与法的冲突，让人合理安排行为。人们遵纪守法靠的是日积月累的道德教化，而不是空洞的法律说教，法律的指引功能最终要通过人类的日常行为规范来实现。人们不闯红灯，不是因为《中华人民共和国道路交通安全法》如是规定，而是因为经过多年的教育和实践，"红灯停、绿灯行"已经成为我们的行为准则，但如从小生长在边远山区，从未见过汽车，也没有见过红绿灯，很难想象此人初到城市会在红灯时停下脚步。

一般人的日常行为规则就是认识错误"可否避免"的判断标准。对于正常的城市人，如果乱闯红灯导致交通事故，然后说自己不知道这个交通规则，这说不过去，因为认识错误是可以避免的，但对从未见过红绿灯的人来说，初犯这种错误，可能是无法避免的，没有必要处罚。但是，犯过一次错误，经制止后再闯红灯，那就不能原谅。

哪些错误是可以避免的呢？对于杀人、抢劫、强奸等古老的传统犯罪，任何人都不应出现错误认识，这种犯罪都具有明显的道德过错，认识错误是可以避免的，父亲杖毙横行霸道的儿子，以"不知道杀人违法"作为辩护，无论如何也不能被接受，"禁止杀人"是人类最基本的行为禁忌，这个认识错误是任何人都应该避免的，否则社会秩序就会大乱。但是，对于一些新型的犯罪，尤其是缺乏明显道德过错的犯罪，如果普罗大众都很难避免出现认识错误，这种错误当然就可以否定行为人的罪责。

总之，根据本书的犯罪构成理论，责任说具有一定的合理性。根据规范责任论，违法性认识是独立于故意以外的概念。当行为人具备对构成要件的认识时，还应判断其是否具备对违法性的认识。当行为人具有违法性的认识，就应当实施合法的行为，否则就应追究其责任。因此，当行为人积极地认识违法性时，其责任当然也最大；在行为人没有积极地认识违法性，但可能认识到的情况下，要作出符合自己意愿的决定比起上述情况来说稍有困难，但毕竟具有了认识的可能性。虽不能免于追责，但其责任要轻一些。但如果行为人完全无法认识到其行为的违法性，对其归责是不公平的。

从证明责任的角度来看，一个符合构成要件的行为就推定其具备违法性和有责性，也自然推定行为人具备违法性的认识，因此以缺乏违法性作为辩护理由必须由被告人承担提出责任和优势证据的说服责任。这种做法可以防止这种辩护理由的滥用，一如德国学者罗克辛所言：如果把违法性意识作为处罚国民的一般条件，就等于国家为轻率者、梦想家、狂啈者和愚蠢者提供了违反法律的通行证，就等于国家放弃了自己的生存权。同时，这种做法也保障了被告人应有的合法权益，可以在国家追诉犯罪和保障公民自由两个价值中达到平衡。

三、常见的法律认识错误及其处理原则

（一）法律认识错误的类型

1. 误无罪为有罪

行为人误认为自己的合法行为是违法行为，这又被称为"幻觉犯"，这种错误不构成犯罪。

2. 对刑法概念的理解错误

行为人对于某种事实是否属于刑法上某个概念产生了错误认识。归类性错误（对事物法律归属的错误）一般可以认为属于这种错误，比如将他人汽车轮胎的气放掉，但却不认为这是刑法上所说的"毁损"财物。显然，行为人知道自己在干什么，也知道毁损财物是法律所禁止的，但却不认为自己的行为属于刑法上的"毁损"。对于这种认识错误，如果一般人可以避免发生这种错误认识，就不影响故意的成立。换言之，行为人只要知道自己在干什么，至于其行为的法律属性是由社会规范所决定的，而不取决行为人的自我

认识。

例如，某游戏厅早上8点刚开门，甲就进入游戏厅玩耍，发现游戏机上有一个手机，甲马上装进自己口袋，然后逃离。事后查明，该手机是游戏厅老板打扫房间时顺手放在游戏机上的，但甲称其始终以为该手机是其他顾客遗忘的财物。在这个案件中，甲知道自己拿了并非自己的手机，但却误认为是"遗忘物"，这种对于财物属性的误认是一种归类性错误。按照刑法规定，"遗忘"在刚开门的网吧中的手机，应该被推定为网吧管理者无因保管的财物，因此行为人的认识（即认为其他顾客遗忘在网吧中的财物属于"遗忘物"）与社会规范不符，该财物的性质属于"他人占有"，而非"遗忘物"，因此甲的行为应当以盗窃罪定罪。再如，甲以为生面粉加酒能致人死亡，欲在赵二的酒中投入生面粉，但却误拿了砒霜，赵二后因故没有喝酒，故没有出现死亡结果。甲主观上认为自己在用生面粉加酒毒杀他人，或许他主观上认为自己在实施"故意杀人"，但这种用生面粉加酒"杀人"的方法按照刑法规范并非法律上的"故意杀人"，故甲的行为不构成故意杀人罪，由于没有出现死亡结果，所以也无法成立过失犯罪，故甲的行为不构成犯罪。

日本有过类似判例，虽然法律对某种概念有过规定，但行为人却对事物的概念归属产生了错误认识，如著名的"狸、貉事件"和"鼹鼠事件"。在《日本狩猎法》中，狸和鼹鼠都是被禁止捕猎的保护动物，但行为人却对某种动物的归属产生了错误认识。在"狸、貉事件"中，行为人误认为当地通称为"貉"的动物与狸不同而加以捕获，但当地人大多都持这种见解。而在"鼹鼠事件"中，行为人不知道当地称为"貘玛"的动物就是鼹鼠，而当地人一般都知道"貘玛"就是鼹鼠。在第一个案件中，被告被判没有故意，不成立犯罪，而在第二个案件中，法官却认为被告成立故意犯罪。显然，这两个案件中的认识错误都是归类性错误，应当根据社会一般观念进行判断。在第一个案件中，行为人的认识没有偏离社会一般观念，故不成立故意，而在第二个案件中，行为人的认识有违社会一般观念，故不能排除犯罪故意的成立。

有学者认为，对于规范性构成要件要素的认识错误是一种事实认识错误，但这并不恰当。对于规范性构成要件要素必须区分是对事实基础和对评价事由的认识，对前者的认识是一种事实错误，而对后者的认识则是一种归类性错误。

3. 禁止错误

即违法性的认识错误，行为人误认为自己的行为不是刑法所规定的犯罪行为，而实际上刑法规定该行为是犯罪行为，这是对法律是否禁止某种行为出现了错误认识。这是一种主要的法律认识错误。

（二）处理原则

根据规范责任论，法律认识错误一般不影响故意的成立，但是对于归类性错误和禁止错误，如果认识错误是无法避免的，则可以阻却责任；如果认识错误可以避免，则可减轻责任。错误是否可以避免应当根据道义责任论进行判断，如果一种错误在道义上不值得谴责，那么这种错误就是无法避免的，系责任阻却事由，可排除责任故意；如果一种错误在道义上值得谴责，那么这种错误就是可以避免的，无法排除责任故意。

作为一种责任阻却事由，可否避免应当是一种行为人主观内心的个别化的判断，而非客观外在的一般人的判断。一般认为，可以从以下三个方面来判断可否避免：①行为人本来有机会去思考或者询问自己行为可能具有违法性；②行为人在存在这个机会时，没有努力去查明真相，或者没有进行充分的努力；③行为人在具备这个机会时，只是在非常狭窄的范围内来认识法（比如只是上网查阅资料），而未尽到足够的努力，如果他足够尽力是可以避免发生这种认识错误的。[1]

总之，法律认识错误一般不妨碍犯罪故意的成立，除非这种认识错误是无法避免的，即没有违法性认识的可能性。当然，这种抗辩理由必须由被告人承担优势证据的说服责任。例如，甲男明知乙女只有13周岁，误以为只要征得了乙女的同意，没有强迫，即使是与幼女发生性关系也不犯法，于是在征得乙女的同意后与乙女发生了性行为。甲的行为属于法律认识错误，这种认识错误是可以避免的，不能排除故意的成立，构成强奸罪。又如，甲在从事生产经营的过程中，不知道某种行为是否违法，于是以书面形式向法院咨询，法院正式书面答复该行为合法。于是，甲实施该行为，但该行为实际上违反刑法。行为人已经努力去询问行为的合法性，也已尽到最大努力，这种认识错误无法避免的。因此，甲不具备违法性认识的可能性，不成立故意犯罪。再如，甲发现其农田附近的山坡上长着类似兰草的"野草"，便在干完农活回家时顺手采了三株，被森林民警查获。经林业司法鉴定中心鉴定，甲非法采伐的兰草系兰属中的蕙兰，属于国家重点保护植物。如果甲不知道这属于国家重点保护植物，所在区域的一般人也不存在这种认识，那么就可以排除故意的成立。一段时间以来，类似案件屡见不鲜。自从天津老太摆射击摊被控非法持有枪支罪被报道以后，全国又有多起买卖仿真枪以非法买卖枪支罪被判重刑的案件。根据媒体描述的事实，这些判决都有一个共同的特点：当事人并不知道涉案的野草、枪支分别系法律上的珍贵植物、管制物品，但却仍以犯罪论处，相关判决结论都与民众的看法相距甚远。

法律是道德的载体，它永远不能忽视民众朴素的道德情感。无论是立法还是司法，如果缺乏道德的支持，其正当性都值得怀疑。对于道德所认可甚至鼓励的行为，法律没有必要穷追不舍。总之，

---

[1] [德]克劳斯·罗克辛：《德国刑法学总论（第1卷）犯罪原理的基础构造》，王世洲译，法律出版社2005年版，第625页。

如果一种法律上的认识错误民众无法避免，这种认识错误自然可以排除罪责，否则将是民众无法承受的法律重担。假如媒体的描述与事实没有出入，那么无论是采摘野草的农夫，还是摆射击摊的小贩，都不能以犯罪论处。

（三）认识程度

法律上的认识错误还涉及认识程度的问题，比如认识到行为违法，但却不知是犯罪的，该如何处理？1990 年 10 月，一位黄姓教授，嫖娼时被抓，此人身患梅毒，当时传播性病只是治安不法行为，而非犯罪，黄教授后被行政处罚，罚款 3000 元，行政拘留 15 天。1991 年 3 月，黄教授出国讲学三月。回国后仍旧恶习不改，同年 10 月 1 日嫖娼时又被公安机关抓获。黄教授所料不及的是，1991 年 9 月 4 日全国人大常委会出台了《关于严禁卖淫嫖娼的决定》，将传播性病规定为犯罪，后检察机关以此罪起诉黄教授。一审法院依据该决定，判处黄教授有期徒刑 4 年。黄教授提起了上诉，认为自己并不知道有性病嫖娼构成犯罪，二审法院采纳了他的辩解，撤销一审判决，判其无罪。

在这个案件中，黄教授知道其行为是违法行为，但却不知道它已升格为刑事不法行为。类似案件如何处理，学界颇多争议，有人认为行为人只要知道行为违法，就构成犯罪，还有人认为必须达到对刑事违法程度的认识，才可入罪。

从规范责任论的角度，前一种立场更为恰当。只要行为人认识到行为违法，那么就具备禁止性的认识，一般人就有义务不去实施这种行为，故不能排除故意的成立。

四、违法阻却事由的认识错误

违法阻却事由的认识错误，也被称为"容许构成要件错误"，应当如何处理，在学说上存在重大争议。消极构成要件理论认为，违法阻却事由是不法构成要件的消极要素，因此这种认识错误是对构成要件的错误，所以排除故意，而可能成立过失；严格责任论认为，这种错误不是构成要件错误，而是禁止错误，如果错误不可避免，可以排除责任，如果错误可以避免，则减轻处罚；限制责任论认为，这种错误可以类推适用构成要件错误，发生误认之人，"故意的不法"被排除，但可能成立过失犯罪；法律效果的限制责任论认为，这种错误既非构成要件错误，又非禁止错误，而是一种独立的错误类型。这种错误不影响构成要件故意，但可能排除故意的责任。[1]

我国刑法理论对假想正当化没有专门讨论，绝大多数学者只是在研究假想防卫问题上涉及此类错误。我国刑法通说认为假想防卫可以排除故意，在有过失的情况下，成立过失犯罪，如果没有过失，则为意外事件。因此，它和消极构成要件理论、限制责任论的处理结论是相似的。

但是这种一概排除故意的处理结论并不能说明所有的假想正当化案件，比如英国著名的摩根案。被告人摩根是一位皇家海军官员，一晚他与三位同事喝酒，酒后摩根邀请他们和自己妻子发生性行为。他说其妻对性很痴迷，但却喜欢假装正经，如果反抗便是装的，她的真实想法是同意，而且暴力会让她更加兴奋。于是这三位男性不顾摩根妻子的强烈反抗和她发生了性行为。最后这三位男性被控强奸，但他们坚称自己认为女方同意了。[2] 在摩根案中，三位男性出现了对同意的认识错误，这是一种典型的假想正当化。如果排除故意，由于强奸罪不能由过失构成，那么三位男性都不构成犯罪，这种处理显然与人们的常识相抵触。另外，根据消极构成要件理论和限制责任论，这种错误一般是在不法层面所讨论的问题，由于强奸不存在过失不法的现象，因此对男方的行为女方不能进行

---

〔1〕 林东茂：《刑法综览》（修订5版），中国人民大学出版社2009年版，第193~196页。

〔2〕 罗翔：《论对同意的认识错误——以性侵犯罪中的假想同意切入》，载《清华法学》2010年第1期。

正当防卫，这种结论显然是荒谬的。

笔者认为，违法阻却事由的认识错误也应该区分"事实错误"和"评价错误"。前者是对违法阻却事由的前提事实本身是否存在的错误认识，后者是对某种事实在法律上是否归属于（评价为）违法阻却的认识错误。

我国传统刑法理论所讨论的假想防卫一般都属于前者，比如毒贩误认为便衣警察是劫匪，对执法警察进行殴打，显然毒贩知道殴打警察是不对的，也知道警察的执法行为是正当的，但却误认为不存在警察的执法，显然，对于"劫匪"的不法侵害，是可以进行正当防卫的。这是一种违法阻却事由的前提，即是否存在不法侵害的认识错误，属于事实错误，可以排除故意，由于妨害公务罪没有过失犯罪，故不成立犯罪。

但是，如果毒贩知道便衣警察是警察，但却认为没有穿警服的警察没有执法权，这就属于对事实是否归属于违法阻却（正当防卫）的错误认识。行为人对事实本身没有错误认识，只是对事实的评价产生了错误认识，因此这是一种法律认识错误，如果这种认识错误是一般人可以避免的，那么就不能排除行为人的故意。

需要说明的是，在事实错误中，行为人与法律规范的价值观并无差异，根据法律规范，对"劫匪"的不法侵害当然是可以进行正当防卫的；但是在评价错误中，行为人与法律规范的价值观有明显差异，按照法律规范，便衣警察有执法权，但行为人的认识却与此有重大差异。

又如，如果不法侵害还没有进行，但行为人却误认为不法侵害已经开始，对其进行正当防卫，这也是典型的事实错误，可以排除故意；但如果行为人知道不法侵害还没有开始，但却误认为先下手为强属于正当防卫，这显然就是评价错误，属于法律认识错误。

在摩根案中，行为人知道女方正在反抗，但却误认为这种反抗不属于法律上的"不同意"，这就如同约会强奸中，男方认为女方没有强烈反抗就属于"半推半就",这都是一种价值观的错误认识,属于评价错误,应当按照法律认识错误来处理。[1] 但是,如果男方与"妻子"发生性行为,性事结束后发现是"妻子"的孪生妹妹,男方并没有出现价值观的误判,这只是一种事实错误,可以排除故意。

因此,法律效果的限制责任论是恰当的,[2] 这种错误是一种独立的错误类型,在处理上可以按照禁止错误的处理原则。这种错误首先无法排除构成要件故意,因此这种行为依然是违法的,可以对其进行正当防卫。但是如果错误不可避免,则可以排除责任故意;如果可以避免,则不能排除责任故意,但可减轻处罚。这种处理方式可以很好地解决利用假想正当化的共犯问题,假定有人知道行为人发生了假想正当化(如摩根案中的摩根,又或知道他人在假想防卫而予以帮助),而予以帮助和教唆。采取这种立场,帮助和教唆者也可以被处罚。但如果采取消极构成要件理论和限制责任论的立场,由于这些理论都是在行为不法层面认为成立过失,而对于过失的不法行为,一般是不能进行帮助或教唆的。[3]

至于错误是否可以避免,应当根据道义责任论进行判断,如果一种错误在道义上不值得谴责,那么这种错误就是无法避免的,系

---

〔1〕 法律错误无法排除构成要件故意,因此这种行为依然是违法的,可以对其进行正当防卫。

〔2〕 一般说来,法益论者由于不区分构成要件故意和责任故意,所以很少赞同这种观点。

〔3〕 参见林东茂:《刑法综览》(修订5版),中国人民大学出版社2009年版,第196页。个别学者认为,可以用间接正犯理论来解决这个漏洞,但是间接正犯必须起到实质的支配作用,在帮助犯的情况下,很少存在这种实质支配作用。至于有论者认为,成立帮助犯仅以正犯(假想防卫者)实施符合构成要件的不法行为为前提,而故意并非构成要素与违法要素。见张明楷:《刑法学》(第4版),法律出版社2011年版,第280页。对此立场,笔者无法赞同。因为我国刑法明确规定,共同犯罪是两人以上共同故意犯罪,因此上述立场与现行法相矛盾。另外,如果不认为故意是构成要素,也将导致过失不法与故意不法完全等同,那么对于过失杀人(如交通肇事)似乎也可实施特殊防卫,这显然是荒谬的。

责任阻却事由，可排除责任故意；如果一种错误在道义上值得谴责，那么这种错误就是可以避免的，无法排除责任故意。在摩根案中，行为人的行为在道义上值得谴责，故不能排除故意，三人的行为都构成强奸罪，但可减轻处罚。

关于责任非难的本质，历来存在道义责任论和法律责任论的争论。但是，法律责任论无法走出逻辑上的循环论证：一种行为为什么值得法律非难？因为这是法律规定的。法律为什么要如此规定呢？因为它值得法律非难。

同时，法律责任论也必然导致司法的机械和僵化，司法无法修补立法的缺陷，无法利用民众普遍遵守的道德规范来限制刑罚权。不断出现的气球射击摊主被控非法持枪、买枪案正是僵化的法律责任论导致的必然结论。总之，刑法不能对抗道德，对于道德所容忍、认可甚至鼓励的行为，都不能以犯罪论处。立法不是没有界限的，它不能违背道德规范的要求，司法也不能无所作为，必须用道德规则来纠正不当的立法，恢复民众对法律的尊重。

因此，对于假想正当化，只有这种行为在道义上值得谴责，才可以犯罪论处。如果这种行为在道义上不值得谴责，属于道德所容忍的行为，就可以排除责任故意。比如某人做某领导"小三"一年，领导后抛弃"小三"，"小三"非常生气，向领导索赔50万，否则就要向有关机关告发（"小三"索赔案）。对此案件，"小三"并无道德权利或法定权利进行索赔，"小三"的这种索赔行为也无法为道德所容忍，索赔行为在道义上值得谴责，因此这种行为就不能排除责任故意，故可成立敲诈勒索罪，但可减轻处罚。若"小三"怀孕，以怀孕为由向领导主张赔偿（怀孕"小三"索赔案），如果赔偿数额在社会一般人看来是合理的，系道德所认可的行为，那就属于违法阻却事由。如果数额过高，但以抚养孩子为由向男方索赔也是道德可以容忍的，在道义上不值得谴责，故系责任阻却事由。至于前文所提及的丈夫揭发奸情案和天价索赔案，这种行为都是道德上可以容忍的，在道义上不值得谴责，故属于责任阻却事由，可以排除责任故意。

第四节　责任过失的阻却

具备构成要件过失就应推定具备违法过失和责任过失，因此在责任过失中不宜考虑入罪要素，而应考虑责任阻却的除罪事由。在过失犯罪中，如果行为人的注意能力低于一般人，应当按照行为人的自身能力确定其注意义务。这是一种责任过失的阻却。比如，由于行为人是盲人或者偶然地在行为时非常疲劳等，而不具有一般人所具有程度的注意能力，因而现实地不能指望其遵守注意义务时，就可以否定其责任过失的存在。当然，这种情况是比较罕见的，所以被告人提出此抗辩，需要承担优势证据的说服责任。

当然，如果行为人的注意能力低于一般人是由其自身的不当行为所导致的，这不能作为责任过失的阻却事由。例如，眼睛近视的驾驶员在某日夜里驾驶汽车外出时忘记戴眼镜，又遇有薄雾，虽然非常小心地驾驶，但终因视力欠佳，没有看到穿越公路的行人而相撞，造成行人死亡。[1] 对于此案，行为人应当知道不戴眼镜达不到正常驾驶所要求的注意能力标准，因为自身的错误行为使得其驾驶时注意能力低于一般人，这不能否定过失的成立。

第五节　缺乏期待可能性

一、期待可能性的概念

期待可能性，是指根据具体情况，有可能期待行为人不实施违

---

〔1〕 林亚刚：《犯罪过失中的注意能力与注意义务之研究》，载《刑事法评论》2000 年第 1 期。

法行为而实施其他适法行为。如果完全缺乏期待可能性，则可以排除责任的成立，所以缺乏期待可能性可谓一种责任阻却事由。期待可能性的基本理念是建立在法律不强人所难的观念上的。德国帝国法院的癖马案可以算是此理论的第一次运用。被告是一位被雇的马夫，因马有以尾绕缰的恶癖，非常危险，故要求雇主换掉该马，雇主不允，反以解雇相威胁。后被告驾驶马车在行驶过程中，马之恶癖发作，被告无法控制，致马狂奔，将一铁匠撞伤。检察官以过失伤害罪提起公诉，但原审法院宣告被告无罪，德国帝国法院也维持原判，驳回抗诉。其理由是：违反义务的过失责任，不仅在于被告是否认识到危险的存在，而且在于能否期待被告排除这种危险。被告因生计所逼，很难期待其放弃职业拒绝驾驭该马，故被告不负过失伤害罪的刑事责任。

我国的司法实践中也有期待可能性理论的体现，例如在重婚罪中，有一些特殊原因引起的重婚行为，如遭受自然灾害外出谋生而重婚的，配偶长期下落不明，造成家庭生活困难又与他人结婚的，可不以重婚罪论，这就是考虑到在这种情况下妇女没有实施合法行为的期待可能性。

二、期待可能性的判断标准

第一，行为人标准说。该说认为，应当以行为人本人的能力为标准，判断在该具体行为情况下能否期待行为人采取其他的适法行为。

第二，平均人标准说。该说认为，要根据一般人处在行为人情形之下来判断有无期待可能性，如果通常一般人可以实施合法行为，就认为该行为人有期待可能性；反之，则认为没有期待可能性。

第三，国家标准说。该说立足于国家立场判断期待可能性的标准，认为必须依照国家意志的统一要求，由现今国家所实施的法规作为期待可能性的标准，以决定行为人能不能采取具体的适法行为。

笔者认为，期待可能性是一种责任阻却事由，应当深入行为人的内心作个别化的判断，但也应该考虑道德规范的容忍程度。因此，道德规范修正下的行为人标准说是基本恰当的。如果行为人的本人见解是道德规范所容忍的，可以采取行为人标准，但如果行为人的确信明显违背道德规范的要求，比如在确信犯的情况下，主张宗教极端组织的屠杀行为，这种确信明显违背道德规范，因此不能阻却责任。总之，缺乏期待可能性是一种非常罕见的现象，采取行为人标准说并不会破坏法秩序的统一。

第五部分　犯罪特殊形态

未完成罪

第一节　未完成罪概述

一、未完成罪的概念与特征

犯罪是一个纵向发展的过程，在内心存在犯意以至犯意流露后，从准备工具、制造条件的预备行为，到实施犯罪的实行行为，再到最终完成犯罪。虽然对于一些突发性的无预谋犯罪，这一过程显得极为短暂，从犯意流露到实行行为可能在一瞬间就已经完成，将此类情况拆分的确没有太大意义。但是，犯罪，尤其是有预谋的犯罪，往往呈现出极强的复杂性，其发展过程会基于内力、外力等不同影响因素形成各不相同的形态和结果。这些复杂的犯罪过程，虽然未充足刑法条文中基本的犯罪构成，但以纯粹的客观归罪来定义犯罪，显然很难达到预防犯罪的目的，因而也需要对这些"不完整"的犯罪进行规制，这也是未完成罪理论所要解决的问题。

（一）未完成罪的概念

我国刑法分则均以既遂为基本模式来规定犯罪构成。但是，同一种类型的犯罪，刑法并非只处罚完全具备犯罪构成要件要素的犯罪既遂，而是有条件地将处罚范围扩张到犯罪预备、犯罪未遂和犯罪中止，即未完成罪。因此，未完成罪，是指在故意犯罪发展进程中，未能完全实现犯罪构成而停顿下来的犯罪形态。其中，实现犯罪构成的为犯罪既遂，未实现犯罪构成的为未完成罪。

未完成罪的实质是犯罪既遂（完成罪）的反面，因此在讨论未完成罪之前，应当对犯罪既遂有所把握。犯罪既遂作为犯罪成立的一般形态，可以直接按照刑法分则的条文定罪处刑，因而刑法总则未予专门规定。关于犯罪的既遂标准，学界主要存在以下几种学说：一是"目的说"，主张犯罪既遂是指行为人故意实施犯罪行为并实现了其犯罪目的的行为，既未遂之间的界限在于行为人是否达到了犯罪目的；[1] 二是"结果说"，主张犯罪既遂是指故意实施犯罪行为并且产生了法律规定的犯罪结果的行为，既未遂的界限在于犯罪结果的发生与否；[2] 三是"构成要件齐备说"，主张犯罪既遂是指着手实行犯罪并充足犯罪构成全部要件要素的行为，既未遂的界限在于犯罪行为是否充足了全部构成要件要素；[3] 四是"权益侵害说"，主张犯罪既遂必须是给刑法保护的合法权益带来实际侵害的行为，既未遂的界限在于是否对法益造成实害。[4] 其中，"构成要件齐备说"为通说观点，本书也基本认同这一观点。根据不同犯罪类型构成要件的不同，又可以将刑法分则中的罪名划分为以下几种类型：①结果犯，发生犯罪构成要件规定的结果为既遂，例如故意杀人罪；②具体危险犯，发生犯罪构成要件规定的危险状态为

---

〔1〕 参见侯国云：《对传统犯罪既遂定义的异议》，载《法律科学》1997 年第 3 期，第 65~69 页。

〔2〕 参见刘宪权主编：《刑法学》（第 2 版），上海人民出版社 2008 年版，第 197 页。

〔3〕 参见高铭暄、马克昌主编：《刑法学》，北京大学出版社、高等教育出版社 2000 年版，第 149 页。

〔4〕 参见冯亚东、胡东飞：《犯罪既遂标准新论——以刑法目的为视角的剖析》，载《法学》2002 年第 9 期。

既遂，例如放火罪，采独立燃烧说；③抽象危险犯，危害行为完成为既遂，是法律拟制的危险，例如生产、销售假药罪；[1] ④举动犯，犯罪行为一经着手即既遂，例如煽动分裂国家罪。

（二）未完成罪的特征

1. 未完成罪的阶段性

故意犯罪行为，从计划实行到实行终了，需要一定的阶段性过程。犯罪阶段的划分，在刑法理论上是一个备受关注而又争议不断的问题，刑法理论大致存在以下五种学说：①二阶段说，认为犯罪行为可以分为预备及实行两个阶段；②三阶段说，认为犯罪行为可以分为预备、着手与完成三个阶段；③四阶段说，认为犯罪行为可以分为阴谋、预备、着手与实行四个阶段；④五阶段说，认为犯罪行为可以划分为犯意表示、阴谋、预备、着手与实行五个阶段；⑤六阶段说，认为犯罪行为可以分为决意、阴谋、预备、着手实行、完成行为、发生结果六个阶段。[2] 我国的通说认为，故意犯罪行为由预备阶段和实行阶段组成。预备阶段与实行阶段联系紧密，前者为后者提供必要的准备，后者是前者的进一步发展；并且一些学者将整个犯罪过程构建成一种两个"线段"和三个"点"的模式，由开始犯罪预备行为、着手犯罪实行行为和犯罪完成这三个"点"组成了前后相接的两段，即犯罪预备和犯罪实行。但本书认为，这样的划分使预备行为终了和着手、实行行为终了和既遂混为一谈，一定程度上歪曲了犯罪的演进过程。犯罪的整个过程应当是一种"两段"加"一点"的构造。"两段"，即两个完全封闭的时间段，分别为预备行为和实行行为阶段。其中，预备行为阶段以实行预备行为为起点，预备行为终了为终点；实行行为阶段则以着

---

〔1〕 与抽象危险犯概念相对应的行为犯，有观点将二者等同，实质上，行为犯较抽象危险犯而言，更体现出刑法的过度扩张，使得不具有抽象危险的行为也作为犯罪处理。

〔2〕 参见熊选国：《刑法中行为论》，人民法院出版社1992年版，第236页以下。

手为起点，实行行为终了为终点。"一点"，指的是犯罪完成的既遂形态，只是一个时间点而非时间段。这样划分的依据在于，犯罪虽然是阶段性的、不断向既遂状态推进的过程，但是不同阶段间的界限是十分明显的，一个阶段的终点绝非是另一个阶段的起点。行为犯实行行为终了之时，便是犯罪既遂之时，实行行为终了的点与犯罪既遂的点相互重合；但是在实践中还大量存在犯罪行为终了，却并未产生结果或者结果需要一段时间才可以产生的情况，这是"两线三点"理论所没有涵盖的，因此要予以修正。

2. 未完成罪的独立性

未完成罪的各种形态之间是相互独立的，即一个人若构成预备、未遂、中止中的任一形态，则绝不可能因同一行为再构成其他形态。未完成罪之所以具有独立性，是因为这些犯罪形态具有相对静止性，即就个案而言，犯罪形态会呈现出一种事后性，而非同步。犯罪阶段作为一种动态演进的过程，经历预备行为阶段、实行行为阶段，最终抵达既遂形态；而犯罪的停止形态，则属于一种案发形态，即犯罪行为已经终结，不会再继续发展的状态。这种终结的状态就使得未完成罪彼此之间相对独立，无法兼容。

3. 未完成罪的终局性

犯罪的未完成形态，是在犯罪过程中、没有到达既遂之前，由于某种原因停止下来所呈现的状态，这种停止不是暂时性的停顿，而是终局性的停止，即该犯罪行为由于某种原因不可能继续向前发展。作为独立性特征在整体层面的呈现，未完成罪不是就犯罪行为的某一部分谈论的，而是就整个基本犯而言的。

（三）未完成犯罪形态存在的范围

未完成罪形态只能出现在犯罪过程当中，在犯罪过程以外出现的某种状态，不是犯罪的特殊形态。例如，行为人仅具有犯意表示后放弃犯意的，当然不属于未完成罪评价的范畴。同样地，如果行为人在犯罪完成之后，幡然悔悟，采取恢复原状等措施，也只能作为量刑情节考虑，依旧不属于未完成形态。

1. 过失犯罪是否存在未完成罪

过失犯罪指的是违反注意义务，过于自信或者疏忽大意进而导致危害结果产生的犯罪，同时也必须是法律明文规定的。正因如此，过失犯罪人势必无法预谋犯罪，无法对结果完成前的行为进行规划，因而未完成罪理论对于过失犯罪是没有适用价值的。

2. 间接故意犯罪是否存在未完成罪

间接故意是指行为人明知自己的行为可能造成危害社会的结果，仍然放任结果发生的心理态度。可见在间接故意犯罪中，行为人对于完成犯罪即既遂形态的追求并不积极。而反观犯罪的未完成形态，无论是预备还是未遂，都能体现出行为人通过自身的行为，追求犯罪的心理态度；即便是迷途知返的中止形态，若仅仅中途退出而采取一种消极态度，并不会成立犯罪中止，也从反面说明行为人在未完成罪中必须是一种积极追求的态度。同时，从客观上讲，未完成形态是由于发生了主客观的障碍而使得犯罪停顿在某一阶段，这些主客观障碍造成犯罪的演进过程背离了行为人原先的计划。而在间接犯罪中，既然行为人对于犯罪的完成毫无追求，只是一种"事不关己高高挂起"的态度，那么行为人在放任心态支配下做出的行为，也就不是犯罪意义上的预备行为或实行行为了，更不存在未完成罪的问题。

3. 不作为犯罪是否存在未完成罪

有观点认为不作为犯罪本身是可以存在未完成罪的，因为不作为犯罪成立的重要条件之一是该不作为行为与作为行为具有同等的侵害性，因而仅因其行为方式的不同而使一些极具危险性的未完成罪逃避处罚是不合理的。不作为犯罪由于其构成要件的独特性，行为人是在负有作为义务的前提下，面对需要履行的义务采取一种消极态度。可见，不作为犯罪是缺少准备工具、制造条件的预备阶段的，但是在需要履行义务的阶段内，法益遭受侵害的可能性随着行为人不履行义务而逐渐加大，这一阶段便是不作为犯罪的实行行为阶段。本书认为，不作为犯罪成立的前提应当是发生了危害结果，继而再去考虑判断相当性、回避可能性的问题，在没有危害结果的情况下评价不作为犯罪会过度扩大刑法打击半径。因此，也不存在未完成罪的问题。

4. 举止犯等非预谋犯罪是否存在未完成罪

在一经行为即构成犯罪的举止犯或者激情犯罪中，行为人从犯意流露，到预备再到实行乃至结果的发生，可能只需要很短的时间便可完成。在这些案件中几乎不存在未完成罪理论适用的空间，因而不存在未完成罪。

5. 加重犯、结合犯是否存在未完成罪

对于结果加重犯是否存在未完成形态的问题，传统学说认为，在结果加重犯中，基本犯与加重情节是平行、并列关系，二者是两个不同层面的问题：加重情节只是一种量刑情节，只有成立与否或者说具备与否的问题，而不涉及既未遂问题。

二、未完成罪的意义

（一）未完成罪对定罪的意义

不同于德日刑法将未完成罪规定于分则的具体罪名中，我国刑法是在总则中统一规定未完成罪的犯罪预备、未遂和中止形态的。因而从理论上讲，任何一个故意犯罪都可能存在预备、未遂、中止和既遂形态。但是，一方面一些犯罪由于属于举动犯或具有突发性的情况，无法采用未完成罪理论进行评价；另一方面有的犯罪社会危害性较小，若非达到既遂状态，一般不认为是犯罪。因而也应当实质性地考察具体未完成罪的可罚性，反过来讲，这也是定罪对未完成形态提出的要求。除此之外，未完成罪也对区分此罪与彼罪有着重要意义，如强制猥亵罪的既遂和强奸罪的未遂，需要运用未完成罪理论进行甄别。

（二）未完成罪对量刑的意义

未完成罪对量刑的作用更为突出，我国刑法也对犯罪的未完成形态规定了不同的刑事责任。如对于预备犯，可以比照既遂犯从轻、减轻处罚或者免除处罚；对于未遂犯，可以比照既遂犯从轻或者减轻处罚；对于中止犯，没有造成损害的，应当免除处罚，造成损害的，应当减轻处罚。不同形态的未完成罪有着不同的法益侵害程度，罪责刑相统一的原则使得未完成罪对量刑有着极其重要的意义。

三、未完成罪负刑事责任的根据

故意犯罪的既遂形态需要承担刑事责任，其依据就在于犯罪既遂充足了刑法的构成要件。但是对于未完成形态为何也要承担刑事责任的现象，则必须进行说明。这一现象在一定程度上是风险控制理论的体现，如果按照严格的犯罪构成要件来判断，只有造成严重的实害才会受到刑罚处罚；还未造成实害的，只能通过一些行政手段、民事手段进行惩处，很多时候起不到防范作用。如此一来，风险将会处于一种无序的状态，人民生活的安定性也很难得到满足，因此必须予以控制。未完成罪的设置与行为犯、危险犯之间也有异曲同工之处，都是通过扩大刑法保护范围，将法益保护的时点向前推移，以实现刑法规范对社会更好地调控。

所以未完成罪，实际上是在犯罪成立意义上对构成要件进行了扩大解释，使犯罪成立既包括基本的犯罪构成，也包括修正的犯罪构成。如果案件充足了基本的犯罪构成，其法益侵害性、人身危险性已经达到了一个必须惩治的地步，自然需要刑法的规制；如果案件只充足了修正的犯罪构成，其危害性与前者相比虽然较小，但是也达到了一种需要采用刑法手段规制的地步，只需在量刑上予以一定程度的从轻、减轻甚至免除即可。当然，通过刑法手段对风险进行预防是十分必要的，但是也要注意过犹不及的问题，即避免陷入

"刑法万能主义"，只有对严格满足犯罪构成的行为才可以进行规制，不能过度扩大惩罚的范围，也只有这样，才能在管控风险的同时维持社会的和谐稳定，实现法与社会的良性互动。

第二节　犯罪预备

一、犯罪预备的概念

犯罪预备，是指行为人为实施犯罪而创造条件，但由于行为人意志以外的原因而未能着手实行的犯罪停止形态。正确理解犯罪预备的内涵，首先需要注意犯罪预备与以下概念之间的关系：

第一，犯罪预备不同于犯罪预备阶段。犯罪预备阶段是指从预备行为开始到开始着手实行之前的犯罪行为阶段，包括犯罪预备和犯罪中止。犯罪预备是犯罪预备阶段中的一种犯罪停止形态，另外，犯罪预备结束但尚未着手实施犯罪的这一时间仍属于犯罪预备阶段。

第二，犯罪预备不同于犯意表示和犯罪意图。犯罪预备是开始准备工具、创造犯罪条件，对法益已经产生一定程度的威胁；而犯意表示仅是犯罪意图的流露，或者只是单纯地宣泄内心情绪，其社会危害性还远远未到达值得刑罚处罚的程度。

第三，预备行为不同于实行行为。犯罪预备强调危害的可能性，实行行为强调危害的危险性。据此，犯罪预备可以分为普通犯罪的预备和预备行为的实行化，前者即为通常意义上的犯罪预备，刑法分则的罪名在理论上都存在犯罪预备的形态；而后者如准备实施恐怖活动罪，为实施恐怖活动准备凶器、危险物品或其他工具的行为，虽然也是预备行为，但法律将其拟制为一个单独罪名的实行行为，则只能按照《刑法》第120条之二单独定罪。

二、犯罪预备的特征

（一）已经实施了预备行为

这是犯罪预备的客观特征，是否已经实施了预备行为，是犯罪预备与犯意表示的主要区别。预备行为是整个犯罪行为的重要组成部分，一方面其已经对刑法所要保护的法益构成了威胁；另一方面预备行为只是为实行行为创造便利条件，不会直接造成构成要件中的法益侵害结果。预备行为主要表现为准备犯罪工具和制造条件的行为。所谓准备犯罪工具，通常包括购买、租借、制造、变造甚至采用非法手段来获取工具的行为。而在准备犯罪工具的预备行为中，要注意预备行为与另一犯罪的实行行为的竞合，例如，为了杀人而偷枪，作为故意杀人预备的盗窃枪支行为同样触犯刑法，应当以盗窃枪支、弹药罪与故意杀人罪（预备）实行并罚。所谓制造条件，通常包括为了排除客观障碍所进行的行为，如切断监控、毒害看门狗等行为；还有就是制造有利条件的行为，如详细调查犯罪对象的信息、熟悉犯罪场所、制定犯罪计划等行为。如果创造条件是为了帮助他人实施犯罪，还可能构成其他犯罪的共犯。

（二）目的是实施犯罪

刑法条文中的"为了犯罪"，是指为了"实行"和"实现"犯罪。因此，为了犯罪预备而实施的"准备"行为，不能认定为犯罪预备。例如，为了杀害他人，而购买刀具的行为是犯罪预备行为，但是为了购买刀具而打工挣钱的行为，不是预备行为。

犯罪预备是以实现特定的既遂犯罪为目的而进行的准备行为，因此要求犯罪人主观上必须具有实施犯罪的目的。根据主客观相一致原则，行为人准备工具、制造条件的行为，只有在特定主观意图支配下实施时，才能成为该犯罪的预备行为。因为单纯就客观行为而言，并不具有违法性质，只有结合具体的犯罪目的，才具有值得规制的社会危害性。例如，行为人购买鼠药的行为，如果其目的是杀害其妻子，则认定构成故意杀人罪的预备，但如果只是为了毒死家中的老鼠，则不属于犯罪行为。

（三）尚未着手实行犯罪

"着手"的判断是界定犯罪未遂与犯罪预备的关键，有不同的判断标准：按照形式标准，犯罪预备尚未开始实施构成要件的实行行为；按照实质标准，预备行为尚未对法益造成现实而紧迫的危险；此外还存在具体标准，按照刑法分则的规定，着手的判定因罪而异，核心在于实施了某一犯罪构成要件中所规定的行为。例如，脱逃罪中，为逃跑而挖洞的行为构成犯罪预备，而刚逃出去 50 米立刻被追回来则构成犯罪未遂。同时还要结合实质标准进行判断，例如，对盗窃罪着手的认定，应当根据行为是否具有使他人丧失财产的紧急危险来判断。因此，针对无人仓库实施盗窃，一般认为进入时才构成着手；而对于入室盗窃，着手的标准相对便要更宽松一些。

未能着手实行犯罪存在着两种情形：一种是预备行为未实行终了的情形，因为某些客观原因未能完成预备行为，更不可能达到着手的标准；另一种是虽然预备行为已经实行终了，但是由于某些客观原因只能停留在预备阶段，无法着手实行。上述两种情形都属于犯罪预备，只在行为时点上略有不同。

（四）尚未着手是由于行为人意志以外的原因引起

当行为停留在犯罪预备阶段而未着手实行犯罪时，必须是基于行为人意志以外的原因才可以构成犯罪预备，这也是区分行为构成犯罪预备还是犯罪中止（预备阶段）的依据。所谓意志以外的原因，即行为人意图通过完成预备行为着手实行犯罪，但出于违背其本人意愿的原因，客观上无法继续着手实施犯罪。在司法实践中，这些意志以外的原因包括：①被害人、第三人的反抗或阻止；②自然力的阻碍；③客观条件的阻碍；④犯罪人能力不足；⑤认识发生错误等。如果行为人基于主观原因自动放弃犯罪而未达到着手，则构成预备阶段的中止。例如妻子预谋杀死出轨的丈夫，在饭中放了毒药，之后又因担心法律的制裁，自己倒掉毒药的行为，应当认定为故意杀人罪在预备阶段的中止。

三、犯罪预备的类型

（一）自己预备罪与他人预备罪

为了自己犯罪所实施的预备行为，称作自己预备罪；为了他人实行犯罪进行犯罪预备的，称为他人预备罪。自己预备罪属于典型的犯罪预备，但是关于他人预备罪能否成立犯罪预备的问题，刑法理论上存在一定的争议。国外刑法理论上存在肯定说、否定说和二分说。肯定说认为，为了他人实行犯罪而实施的准备行为，完全符合预备罪的特征。否定说认为，为了他人实行犯罪而实施的准备行为，只不过是对预备的帮助，且行为的危险性很小，不应当被作为预备犯处理。二分说认为，只有当刑法条文特别承认为了他人实行的预备行为时，才成立他人预备罪；此外的情形则不成立预备罪。[1] 我国的通说采用肯定说的观点，认为刑法规定的是"为了犯罪"，并不局限于为行为人自己犯罪，也包括第三人。但是，由于刑法对于预备行为的处罚具有特殊性，故在为他人犯罪准备工具、创造条件时，只有他人至少实施了预备行为时，行为人才成立犯罪。

【案例解读】山东省济宁市中级人民法院二审裁定书：被告人崔坤忠虽未参与第二次殴打被害人的行为，但其参与犯罪预谋，在犯罪预备过程中参与指认被害人，为犯罪准备条件，后虽退出犯罪，但未能有效阻止犯罪结果的发

---

〔1〕 参见张明楷：《未遂犯论》，中国·法律出版社、日本国·成文堂 1997 年版，第 451 页。

生，对整个共同犯罪所造成的结果，均应承担相应刑事责任。[1]

（二）从属预备罪与独立预备罪

一般来说，刑法将准备行为作为实行行为之前的行为予以规定的情形，就属于从属预备罪；当刑法将预备行为规定为独立的犯罪类型时，就属于独立预备罪。关于从属预备罪，一般认为，只要实行行为开始，从属的预备行为具有可罚性的，就应当按照刑法总则关于预备犯的规定进行处罚。而独立预备罪，则由于刑法分则的明文规定，具备了定型化的特征，具有独立的犯罪构成要件，不再适用刑法总则中关于预备犯的处罚规定，即刑法理论中常说的"预备行为实行化"或"预备犯的既遂犯化"。我国刑法分则也存在一定的独立预备罪，将一些社会危害性较大的预备行为规定为单独的犯罪行为，如《刑法》第 120 条之二规定的"准备实施恐怖活动罪"、《刑法》第 287 条之一规定的"非法利用信息网络罪"等。

为预备行为做准备的行为，一般不认为是预备犯，但是为了实行独立预备罪而实施的准备行为，能否适用刑法总则关于从属预备犯的规定？本书认为，既然刑法已经将某些具有较为严重社会危害性的预备行为进行了定型化的规定，那么就可以对于此类预备行为的从属预备行为进行处罚。当然，要根据案件事实，判断具体行为是否值得作为预备犯进行处罚，即只有当行为具有侵害法益的危险时，才可认定为预备犯。

四、犯罪预备的处罚

（一）犯罪预备的处罚范围

我国刑法虽然在原则上处罚预备犯，但在司法实践中，对预备犯的处罚却并不多见，甚至可以说具有一定的例外性。综观外国刑

---

[1] 参见"马洪魁、黄兆刚等故意伤害案"〔（2014）济刑终字第 248 号〕。

事立法，绝大多数国家都规定只处罚少数甚至极少数犯罪的预备行为。例如，在《德国刑法典》中，处罚预备行为的犯罪仅有第83条第1款规定的预备针对联邦的叛乱罪等五种；而《日本刑法典》中，规定处罚预备行为的犯罪也只有第78条规定的预备或阴谋内乱罪等八种。[1]

之所以将预备行为的处罚作为一种例外，主要基于以下几点：首先，预备阶段不同于实行阶段，其行为并不直接威胁法益，更多是犯罪的前期准备工作，通常并不值得刑罚处罚。其次，犯罪预备行为在客观样态上，多表现为日常生活行为，如购买菜刀、老鼠药的行为等，证明其存在主观犯意十分困难；况且一旦大量处罚预备犯，会扩大刑法的打击面，许多生活行为也将被纳入侦查视野，给侦查机关和公民带来不必要的麻烦。最后，在犯罪预备阶段中，行为人的犯意通常会出现摇摆反复等特征，中途放弃犯罪的可能性非常大，若加强对预备犯的处罚，很可能会变相加速其犯罪进程。因此，对于预备犯，应当以不处罚为原则，以处罚为例外；即便进行处罚，也可以比照既遂犯从轻、减轻处罚或者免除处罚。

（二）犯罪预备的处罚原则

《刑法》第22条第2款规定："对于预备犯，可以比照既遂犯从轻、减轻处罚或者免除处罚。"同时，在处罚预备犯时，要注意以下几个问题：

第一，"可以比照"作为授权性的法律规范，意味着当预备犯的行为特别恶劣时，也可以不从轻、减轻处罚或者免除处罚。

【案例解读】最高人民法院公布八起侵害未成年人合法权益典型案例之四：霍霖祯强奸案——2006年7月至2011年4月间，被告人霍霖祯以虚假身份通过网络聊天、

---

〔1〕　参见黄开诚：《关于犯罪预备和预备犯若干问题的再思考》，载《武汉大学学报（人文科学版）》2004年第6期。

手机短信息聊天等方式，以公开经其引诱进行的有淫秽内容的聊天记录、利用被害人头像合成的裸体照片等方式相威胁，或者以帮助安排工作、教绘画为由，逼迫、诱骗被害人见面，共对 25 名被害人实施了强奸犯罪，强奸既遂16 人，其中聋哑残疾人 3 人、幼女 5 人；强奸未遂 3 人；犯罪预备 6 人，其中幼女 2 人。虽然霍霖祯部分犯罪系未遂、部分犯罪处于预备阶段，亦不对其从轻处罚。

第二，为了实行加重犯而进行犯罪预备，由于意志以外的原因未能着手实行的，要区分加重犯的类型选择法定刑。对于量刑规则性质的加重犯而言，只需根据基本犯的法定刑适用《刑法》第 22 条规定的处罚原则即可。例如，行为人出于盗窃巨大财物的目的进行盗窃，因意志以外的原因未能得逞，则只能依据盗窃罪基本犯的法定刑，再结合未遂犯的量刑原则进行处罚。对于犯罪构成性质的加重犯而言，则需要以加重的法定刑为基础，再进行未遂情节的考量。例如，行为人持枪抢劫银行未遂的，应当比照加重的法定刑适用关于未遂犯的处罚原则。

第三节　犯罪未遂

一、犯罪未遂的概念与特征

关于犯罪未遂的概念，当代各国的刑事立法例和学说主要有两种规定和主张：一是已经着手实行犯罪，但由于主客观等原因未能完成犯罪的情形，德国即采用这种模式；二是已经着手实行犯罪，但由于行为人意志以外的原因，使得犯罪没有完成的，法国即采用此种模式。而根据我国《刑法》第 23 条的规定，犯罪未遂是指行为人已经着手实施犯罪，但因其意志以外的原因而使犯罪未能达到既遂的一种犯罪停止形态。可见，我国采取的是第二种模式。

（一）已经着手实行犯罪

根据我国刑法通说，着手是实行行为的起点。因此，犯罪"着手"与否是区分未遂犯与预备犯的关键。"着手"包括实行行为的着手和非实行行为的着手，后者主要是指教唆、帮助行为的着手，其中要排除一部分帮助行为正犯化的罪名，因其具有独立性，属于另一罪名中实行行为的着手。

把握"着手实行"，必须判断其对构成要件结果的实现是否具有实质的危险性。客观说主张从客观事实出发来确定着手的概念，是否属于实行行为的着手，不应以行为人的主观意思为标准，而应以行为自身的客观性质为依据。客观说中又分为形式的客观说和实质的客观说。形式的客观说（也称"定型说"）认为，实行的着手以实施一部分符合构成要件的行为（显示构成要件特征的行为）为必要，而且以此为已足。日本学者团藤重光指出："只有根据定型说才能使着手时期得以明确。'实行'是指符合基本构成要件的行为，这种行为的开始正是实行的着手。要有实行行为的开始，其一，必须就基本的构成要件存在构成要件的故意，如果一开始就有使犯罪不完成而告终的意思，也不成立未遂犯。其二，必须至少实施了符合基本构成要件的一部分行为，而且仅此就足够了。关于什么行为是符合构成要件的行为的问题，常常产生难题，这是各论的课题。"德国学者乌尔斯·金德霍伊泽尔（Urs Kindhäuser）也认为，在专业鉴定中，需要从两个步骤来考察是否成立着手：首先，需要从行为人角度来确定行为情况是怎样的（个别的视角）。其次，需要从客观的角度判断，（基于这里确定的行为情况）是否已经可以将行为人的举止认定为直接着手实施构成要件。[1] 实质的客观说认为应以实质标准认定着手。实质的客观说又分为实质的行为说与实质的结果说。实质的行为说认为，开始实施具有实现犯罪的现

---

[1] ［德］乌尔斯·金德霍伊泽尔：《刑法总论教科书》（第6版），蔡桂生译，北京大学出版社2015年版，第297页。

实危险性的行为时就是实行的着手。实质的结果说认为，当行为发生了作为未遂犯的结果的危险性时，即法益的危险性达到了一定程度时，才是实行行为的着手。如日本学者前田雅英认为，实行行为并不意味着只是形式上符合构成要件的行为，其应当是具有"发生结果的一定程度以上的危险性"的行为。

主观说认为，犯罪是行为人危险性格的体现，后者也是刑事责任的基础，而客观行为只具有揭示危险性格的意义，不可能完全凭客观面来认定责任，也应进行主观面的考察。因此，实施行为的着手应当以行为人意思的危险性或者说犯罪意义被发现时为分界。但是，主观说在着手的认定中并非完全排除客观因素。其特征在于，虽然在确定实行行为的着手方面以行为人的犯意为标准，但是为了明确犯意，它仍然以外部行为实施之时作为实行行为的着手时间。不过，这一外部行为并不是像客观说那样事先预定，而仅仅是作为犯意的认定资料。客观说存在的最大问题，在于其把着手视为完全脱离行为人主观心理状态的纯客观法律事实，其具体主张又多由于模棱两可而在实践中难以明确把握。这就容易导致客观归罪的错误，并且在实践中难以将着手实行行为与预备行为、犯意表示甚至既遂形态科学区别开来。[1] 而主观说，虽然在理论上以犯意为基础，但在具体判定时仍然无法与客观方面分割，在认定上易出现混淆。对此，又出现了将二者加以调和的折中说。

主张折中说的学者认为，着手具有主客观两个方面的意义，两个方面是互相印证的，客观的着手实施犯罪要能证实行为人主观犯意的确定性和遂行性，主观的犯意要得到客观着手行为的证实。折中说与客观说中危险说的不同之处在于：危险说仅仅是对行为作一般的客观评价，以此来判定行为有无危险性，即是否属于犯罪实行的着手；而折中说是从行为人的全部计划来考察其主观并加以个别

---

[1] 参见赵秉志：《论犯罪实行行为着手的含义》，载《东方法学》2008 年第 1 期。

评价，以此来判定危险性是否迫切，即是否属于犯罪实行的着手。折中说与主观说的不同之处在于：主观说仅仅以外部行为是否足以确认行为人具有犯意来认定犯罪实行的着手；而折中说是将外部的行为具有某种程度的客观危险作为犯罪意思存在的标志，以此判定行为人的犯意是否足以确切认定或是否足以使刑法保护的客体发生危险。[1] 但是，折中说并不是主客观方面的有机统一，而是一种简单的混合，因此，折中说也有着不可避免的弊端。首先，折中说所讲的"危险性是否迫切"，仍然是一个不明确且难以把握的概念，以此作为着手实行犯罪的标准，无法避免法官的主观臆断。其次，折中说据以查明"危险性是否迫切"并进而认定着手实行犯罪的依据，是行为人的"全部计划"而不是客观方面的实行行为。但是，预备行为有时就可以表明行为人的全部计划。这样，折中说就仍然带有混淆犯罪预备与犯罪未遂、把预备行为认定为着手行为的弊端。[2]

有学者认为，我国刑法关于着手概念属于形式客观说，即着手是指开始实行刑法分则所规定的某一犯罪构成客观要件的行为。但是，所谓"行为人已经开始实施刑法分则规定的具体犯罪构成客观方面的行为"，只是通说对于着手的一个概括性表述，实行的着手包含着丰富的内容。首先，着手是实行具体犯罪构成客观行为要件的起点，是区别犯罪未遂形态与犯罪预备形态的主要标志。其次，我国刑法理论认为，着手实行犯罪体现了主客观方面的有机统一。着手不仅只是一种纯客观的行为举止，其也表明了行为人实行犯罪的主观意图，从而使主观犯意及其展开程度可以被查明和把握。着手是客观实行行为与主观实行犯罪的意图相结合的产物和标志。我

---

〔1〕　参见陈朴生、洪福增：《刑法总则》，五南图书出版公司1982年版，第147~149页。

〔2〕　参见赵秉志：《论犯罪实行行为着手的含义》，载《东方法学》2008年第1期。

国通说强调犯罪实行行为的着手乃是主观与客观的统一，即行为人通过着手所体现出的不同于之前预备行为的犯罪意志以及在客观行为方面对刑法保护的法益所造成的实际的和迫切的危险的统一，而并非仅仅认为着手是客观行为与刑法分则的具体构成客观要件相符合。所以，我国刑法理论中的通说关于犯罪实行行为着手的认定标准，与德日刑法理论中的形式的客观说存在着本质上的不同。

（二）犯罪未得逞

犯罪是否得逞是区别未遂犯与既遂犯的标志，未得逞是指犯罪行为未按照行为人的犯罪意图达到既遂，即未实现其犯罪意图所追求的犯罪构成的全部内容。对于结果犯而言，未得逞意味着实行行为没有完成或者虽已完成但是没有实现犯罪构成中的结果，如故意杀人罪没有剥夺被害人的生命的情形；对于行为犯而言，未得逞意味着行为人预想实施的行为没有实施完毕，如聚众斗殴罪中，行为人只实行了聚众行为便被接到举报的公安机关抓获；对于危险犯而言，未得逞意味着犯罪构成中的危险状态没有具备，如放火罪中，行为人想要焚毁居住着众多住户的居民楼，刚划着火柴便被居民发现并制止。当然，以上几类未得逞并不等于没有发生任何危害结果，例如，以杀人为目的实施暴力行为的，却只造成被害人重伤结果，也属于故意杀人罪的未遂。

（三）犯罪分子意志以外的原因而致犯罪未得逞

行为未达到既遂的原因，是行为人意志以外的原因，还是行为人自动放弃犯罪，这是区分犯罪未遂与犯罪中止的关键点。所谓"意志以外的原因"，包括违背犯罪分子本意和违背犯罪分子追求的目标的客观因素或者主观认识错误。原因类型具体包括：本人意志以外的原因，如被害人反抗、第三人介入、自然力、环境、条件等；自身障碍，如能力、力量、身体状况等；主观上的认识错误，如盗窃时以为有人来而逃跑，而实际没有人的，按照盗窃未遂处理。

二、犯罪未遂的类型

（一）实行终了的未遂与未实行终了的未遂

根据行为人是否实行了达到犯罪既遂所需要的全部行为，可以将犯罪未遂分为实行终了的未遂与未实行终了的未遂。例如，行为人杀人后离开，被害人被路人送医院救活，经查被害人的心脏长在右边，行为人构成故意杀人未遂，属于实行终了的未遂。例如，行为人欲杀人，但在扣动扳机时发现子弹卡住无法射击，则行为人构成故意杀人未遂，属于未实行终了的未遂。区分实行终了的未遂与未实行终了的未遂的意义在于，通过衡量犯罪行为距离犯罪既遂的远近，可以判断行为社会危害程度的大小，而行为的社会危害性大小，则直接影响对行为人的量刑。

（二）能犯未遂与不能犯未遂

根据未遂行为是否具有达到既遂的可能性，可以将犯罪未遂分为能犯的未遂与不能犯的未遂。能犯的未遂，是指行为具有实现犯罪既遂的可能性，但由于行为人意志以外的原因而未达到最终既遂的情形。不能犯的未遂，是指犯罪人自以为所实施的行为可以实现预期结果，但根本不可能实现既遂因而未得逞。不能犯的未遂具有两大特征：一是犯罪既遂结果不具有发生的可能性；二是不能发生是由行为人对犯罪事实的认识错误引起的。

三、不能犯

【案例引入】甲为上厕所，将不满 1 岁的女儿放在外边靠着篱笆站立，刚进入厕所，就听到女儿的哭声，急忙出来，发现女儿倒地，怀疑是站在女儿身边的 4 岁男孩乙所为。甲一手扶起自己的女儿，一手用力推乙，导致乙倒地，头部刚好碰在一块石头上，流出鲜血，并一动不动。甲认为乙可能死了，就将其抱进一个山洞，用稻草盖好，正要出山洞，发现稻草动了一下，以为乙没死，于是拾起一块石头猛砸乙的头部，之后用一块磨盘压在乙的身上后离去。案发后，经法医鉴定，甲在用石头砸乙之前，乙已经死亡。

根据传统观点认为，甲的行为构成过失致人死亡罪与故意杀人罪（未遂）数罪。但根据不能犯理论则出现分歧，即行为人在用石头砸乙之前，乙已经死亡，此种情况是否还具有可罚的必要性，即是否可以将其认定为不可罚的不能犯。不能犯本身虽然不是一个独立的未完成形态，但是其可以在一定程度上从反面对未遂犯的处罚根据进行说明。因此，本书将不能犯放在犯罪未遂的章节里进行专门说明。

（一）不能犯的类型

根据原因划分，不能犯包括手段不能的不能犯和对象不能的不能犯。手段不能，是指使用工具有误或者对工具的作用发生认识错误，即实际所实施的与本期望实施的工具不同。迷信犯虽然也使用了错误的手段从而使危害结果不能发生，但一般不将迷信犯认定为未遂犯，而是作为无罪处理。对象不能，是指行为人犯罪行为针对的对象不存在，包括相对的对象不能与绝对的对象不能。

根据程度划分，不能犯包括相对不能的不能犯和绝对不能的不能犯。相对不能，是指对象存在但地点错误，或者犯罪使用的方法不当，例如，将白糖误以为是毒药用来杀人。绝对不能，是指犯罪对象不存在，例如射击的对象是木头，或者手段无效，例如误以为白糖可以杀人。通常情况下，绝对不能犯未遂的社会危害性小于相对不能犯。

（二）不能犯的可罚性标准

关于不能犯是否具备刑事可罚性的问题，结果无价值论认为，刑法的目的在于保护法益，并在法益遭受侵害时对相应行为予以处罚。类似误将白糖当作毒品贩卖的行为，并未对现实法益造成侵害，因而无需刑法的介入。而行为无价值论则认为，行为虽未对法益造成侵害，但违反了国家对麻醉药品、精神药品的管理制度和抵制毒品的社会观念，是对规范的违反，依然应当受到处罚。本书主要采行为无价值论的观点。

（三）绝对不能犯与相对不能犯的区分

绝对不能犯与相对不能犯的本质区别在于，绝对不能犯不会发生危害结果，且客观上根本无法益侵害的危险。在具体的区分上，注意以下几种情形：①误认。绝对不能犯针对事物的普遍性质，误认自然法则，而非错认事实情状。例如，误认白糖可以杀人，属于绝对不能犯；而错将白糖当成砒霜的误认，属于相对不能犯。②对象不能。绝对不能犯针对恒常、终极的不存在，而相对不能犯针对偶然的不存在。例如，对床上人睡的位置开枪，如果房子久无人居，属于绝对不能犯；如果对象只是凑巧去卫生间，属于相对不能犯。③手段不能。绝对不能犯是手段恒常无用，相对不能犯只是手段偶然失效。例如，使用麝香香水堕胎，是绝对不能犯；而开枪时枪里面没子弹或者枪支出现故障，是相对不能犯。

四、未遂犯的处罚

在对未遂犯的处罚中，近代各国的刑法理论和刑法法规中主要存在必减主义、同等主义和得减主义三种学说和立法例。其中，必减主义，是指如果存在犯罪未遂的情况，无论具体案情如何，都必须参照既遂犯减轻处罚；同等主义，也叫作"不减主义"，是指将未遂犯与既遂犯一视同仁，均按照基本的法定刑进行惩处；得减主义，是指可以参照既遂犯减轻处罚，也可以结合具体案情不予减轻，由案件具体情况而定。当然，还有一些国家采用混合制的模式，通过刑法分则的具体规定，对不同罪名适用不同的未遂犯处罚方法。

我国采用的是得减主义，《刑法》第 23 条第 2 款规定，"对于未遂犯，可以比照既遂犯从轻或者减轻处罚。"同时，在适用这一处罚原则的过程中，应当着重注意以下几点内容：其一，在对未遂犯处罚原则的理解上，可以比照既遂犯从轻或者减轻处罚中的"可以"，虽然是一种授权性规范的表达方式，给予法官一定的自由裁量权，但也表明了我国刑事立法的一种倾向性，即对于一般罪名的未遂犯，是要比照既遂犯从轻或者减轻处罚的。如果遇到一些特殊的案情，即便行为人的犯罪行为没有达到既遂，但其危害程度却远远高于通常案件，适用从轻、减轻处罚无法做到罪责刑相统一，在这种情况下，便可以例外地采用"不可以"来量刑。其二，在对未遂犯从宽处罚的前提下，如何衡量从宽的程度，也应当结合多方面来进行考量，例如，是否为实行终了的未遂、是能犯未遂还是不能犯未遂、犯罪人犯罪意志的坚定程度、犯罪性质的严重程度等。

【案例解读】北京市西城区人民法院刑事判决书：被告人在某酒店某手机新品发布会体验区内，窃取一款价值为4000人民币的手机，后被当场抓获。其辩护人认为，由于被告人尚未将手机带出发布会现场，所以构成盗窃罪未遂。经查，手机发布会现场分为体验区与会议区，体验区系封闭区域，会议区系开放区域，被告人将手机带出体验区，已占有手机且可以随时自行离开发布会现场，因此认定被告人具有非法占有目的，秘密窃取公司财物，且数额较大，依法构成盗窃罪的既遂。

第四节　犯罪中止

一、犯罪中止概述

（一）犯罪中止的概念

根据《刑法》第24条的规定，犯罪中止，是指行为人已经着手实施犯罪，但在犯罪达到既遂之前，自动放弃或者自动有效防止结果发生的一种犯罪停止形态。

（二）减轻、免除处罚的依据

根据刑法总则的规定，对于中止犯，根据其是否造成了损害，减轻或者免除处罚。如此处罚的依据是什么，理论上存在以下争议:[1]

第一，持褒奖理论（恩惠理论）的学者认为，行为人主动返回到社会正确举止的轨道上来，应当予以褒奖。由于行为人的这一返回，不需要再对其行为不法及该不法对法秩序造成的损害施以惩罚。

第二，金桥理论则强调法益的保护，李斯特指出:"在跨越不可罚的预备行为与可罚的实行行为的界限的瞬间，为未遂所规定的刑罚就具体化了。这种事实已经不能变更，也不允许废弃与抹杀。但是，立法基于刑事政策的理由，可以为应当被科处刑罚的行为人架设返回的金桥。"[2] 也即，鉴于可以预见到相应的不予刑罚，行为人出于趋利避害的本能而返回，进而避免结果的发生，以不被处罚。

第三，刑罚目标理论。这是当前德国刑法中的主流学说，该理论认为，针对主动中止的行为人，刑法所承担的任务已经实现，没有必要再加以处罚。从积极的一般预防的角度看，这意味着行为人通过其中止已经表示出他想认可规范，因而公众对规范效力的信任并未落空，也就不需要加以处罚。

褒奖理论与金桥理论具有相似性，刑法之所以对中止犯减轻或免除处罚，是为了在行为人开始实施犯罪后，通过期待、奖励中止

---

〔1〕 ［德］乌尔斯·金德霍伊泽尔:《刑法总论教科书》（第6版），蔡桂生译，北京大学出版社2015年版，第301页。

〔2〕 转引自［日］香川达夫:《中止未遂的法的性格》，有斐阁1963年版，第40~41页。

来保护法益。但这两种学说有着一些明显缺陷：行为人主动返回社会规范的行为，只能说明行为人的不法性与有责性有所减少，可以对此类行为减轻处罚，但为何能达到免除处罚的地步？为何同样减少了不法性与有责性的犯罪未遂却不能免除处罚？显然这两种理论的论证并不充分。此外，实践中多数犯罪人可能并不了解法律对于中止犯处罚的规定，刑事政策并不能说明行为人中止犯罪的动机。"想要对不知道政策的人也给予中止犯的恩惠，有必要提供相应的理论依据。"显然，恩惠理论或者金桥理论都无法提供。

刑罚目标理论有其存在的合理性，因为德国刑法规定了中止犯免除处罚，又由于中止犯在终止之前所形成的不法与责任是客观存在的，不可能消除，所以只能从缺乏预防目的的角度讨论中止犯免除处罚的依据。[1] 不过，其内部也存在着一些不能自洽的地方，即不论犯罪发生与否，积极的一般预防总是有其存在的必要性。对于任何犯罪的量刑，公众都期待实现刑罚的教育、信赖效果，其事实上也会产生这样的效果，但它绝对不能成为决定量刑内容的原理，否则，任何犯罪都需要判处刑罚，又如何为中止犯免除处罚提供依据呢？德国刑法对于中止犯一律规定免除处罚，我国对于中止犯的减轻处罚的规定有异于德国，但是，对于没有造成危害结果的中止犯免除处罚的做法，则与德国刑法相同。因此，本书可以借鉴德国关于免除处罚的依据。不过，要注意的是，不能割裂我国刑法对于中止犯规定的减轻和免除处罚这两种法律后果，要在此基础上说明其免除处罚的依据，进而思考造成损害后果的中止犯减轻处罚的依据。

根据刑法理论，刑罚的目的包括一般预防与特殊预防，一般预防包括积极的一般预防与消极的一般预防。在法定刑的制定方面，可以说是一般预防优于特殊预防；在量刑与行刑阶段，则是特殊预

---

〔1〕 参见张明楷：《刑法学》（第5版），法律出版社2016年版，第362页。

防优于一般预防。因此，就特定案件而言，决定是否免除处罚是一种量刑活动，所以，应当围绕量刑目的讨论中止犯免除处罚的根据，即本书应当立足于特殊预防的缺失为中止犯免除处罚提供理论支持。中止犯的自动中止行为表明，不需要借助他人与国家机关，行为人就自动地回到了合法轨道，因而没有特殊预防的必要性，所以免除处罚。应当注意的是，如果仅以缺乏特殊预防的必要性作为对中止犯免除处罚的根据，就会得出这样的结论：当行为人实行终了后基于悔悟而为防止结果的发生作出了真挚努力，即使未能避免结果发生时，也应当免除处罚。这显然与我国刑法的规定不符，根据《刑法》第 24 条的规定，这样的行为依然成立犯罪既遂，不能认定为中止犯。因此，中止犯免除处罚的根据必须包括违法性与有责性的减少，也就是说客观上没有发生构成要件的结果。总之，中止犯违法性与有责性的减少，使得中止犯与既遂犯相比，具有减轻处罚的理论基础；且中止犯具有自动回到合法性轨道的主观意愿，导致了特殊预防必要性的丧失，所以能够对于中止犯免除处罚。

二、犯罪中止的成立条件

第一，时间性要求。具体是指：①犯罪中止必须发生在犯罪过程中，包括预备阶段的中止、实行阶段的中止，其中实行阶段的中止又可分为未实行终了的中止和实行终了的中止。例如，盗窃罪既遂后返还赃物的行为，属于认罪悔罪；而盗窃行为实施完毕但未离开现场，又将财物放回的行为属于中止。而对于自动放弃重复侵害的行为，我国一般也认定为中止。②犯罪中止具有排他性，因为停止形态之间是相互排斥的，犯罪过程的任何一个停止状态的实现就意味着其他形态的终结，如成立犯罪预备后就不可能再成立未遂。

第二，自动性要求。中止的自动性是指犯罪分子自认为可以继续实行犯罪，但出于本人的意愿而自动停止。对于"自动放弃"的判断，如果客观上不存在继续实施犯罪的可能性，但行为人误认为可以继续实施，而根据自己意思自动放弃实施的，因行为人的人身危险性减小，故行为的违法性降低，应当认定为犯罪中止。

第三，客观性要求。犯罪中止不仅需要行为人犯罪心态的转变，还要求行为人实施一定的中止行为：在犯罪未实行终了时，自动放弃犯罪；在犯罪已经实行终了时，要求采取积极措施防止危害结果的发生，同时该中止行为必须是足以避免结果发生的真挚努力。例如，行为人在放火后大喊救火后离开，仍构成放火罪既遂；但如果及时拨打119或者共同一起扑灭，且没有造成严重损害的，仍能成立中止。

第四，有效性要求。犯罪中止要求必须有效防止结果发生，即没有发生行为人所追求的犯罪结果。例如，甲欲杀乙，但见乙患癌症顿觉可怜而放弃杀意，却不料手枪走火致乙死亡，甲构成故意杀人的中止与过失致人死亡的想象竞合犯。如果中止行为与犯罪结果发生之间没有因果关系，即出现了因果关系的中断，也应当认定成立犯罪中止。例如，行为人捅伤人后，心生悔意而将被害人送往医院，但因车速过快而发生车祸致被害人死亡。如果可以查明被害人是死于车祸的，则成立犯罪中止；如果死于之前的暴力行为的，则成立犯罪既遂。

三、犯罪中止的类型

（一）客观上不可归属之结果的中止

根据犯罪中止成立的有效性要求，成立犯罪中止，不能存在既遂结果发生。所谓没有既遂，通常情况是指，行为人的行为根本不能引发犯罪结果的发生。但是，在例外情况下，行为人采取了积极的行为避免结果发生，且其行为本可以避免犯罪结果的发生，若是中途介入了一些异常的因素（例如受害人的自我答责行为），能否认为结果无法归属于行为人，行为人成立免除处罚的犯罪中止呢？

本书认为，当行为人采取了足以避免犯罪结果发生的积极努力后，介入其他原因导致结果发生的，不能将结果归责于行为人，应当认定行为人成立犯罪中止。行为人在犯罪过程中采取了积极的努力，使得既遂结果的发生向着不可能转化，其效果基本等同于不能犯；而结果的最终发生是由于偶然因素的介入，既遂结果也当归责于偶然因素，行为人之前的行为被评价为犯罪中止即可。例如，甲以杀人故意对乙进行伤害，但在对乙造成伤害后心生悔意，将乙送到医院救治，乙却因为想自杀而拒绝医生的救治最终死亡，仍然应当认为甲成立故意杀人罪的犯罪中止。

（二）结果加重犯的中止

本书在前面的章节中论述过结果加重犯存在未完成形态，因此，结果加重犯当然存在犯罪中止。也就是说，行为人意图实现较重的犯罪结果，但是在犯罪过程中由于自身的意志因素停止犯罪，避免了结果的发生，应当成立犯罪中止。同时，还存在这样一种情况，行为人在意图实现基本犯的过程中，出现了加重结果，此时，行为人针对基本犯罪的中止，能否涵摄加重结果，使得加重结果也减轻处罚呢？例如，行为人以单纯的抢劫故意劫取被害人财物，在强力压制被害人反抗的过程中，不慎导致被害人重伤，行为人随即自动放弃了抢劫行为，并且将被害人送医救治。对此，德国刑法中存在少数观点与主流观点的分歧。少数观点认为，该严重结果说明基本犯的危险已经出现，故行为人对于基本犯的中止不能使结果加重犯也成立中止。因此，应当对行为人按照结果加重犯的未遂进行处罚。主流观点认为，因为结果加重犯成立的前提是基本犯的实施，在基本犯成立中止的情形下，不能对其结果加重犯处以相应的刑罚。当然，若加重结果同时触犯其他罪名的，应当依照其他罪名进行处罚。

德国的主流观点有其合理性，可以加以借鉴，但是由于我国刑法对于造成危害结果的中止犯规定的是减轻处罚，所以行为人的基本犯的中止应当适用减轻处罚的规定。同时，行为造成的加重结果又触犯了其他罪名，行为人的一个行为便触犯了基本犯的中止以及另外的犯罪，符合想象竞合的情形，可以从一重罪处罚。

（三）部分的中止

部分的中止，是指行为人在犯罪过程中，自动放弃了部分除结果加重要素外的客观加重要素，只成立基本犯罪的情形。例如，甲在公共场所强迫一名妇女与其发生性关系，经过妇女求饶，甲将妇女带到一隐秘的私人场所进行奸淫的，甲当然成立加重情形的中止，而成立基本强奸罪的既遂。要注意的是，本书承认部分的中止，但是对于部分中止的认定要严格遵守中止犯的成立标准。也即，关于加重要素的自动放弃，要满足以下四个条件：①放弃应当发生在犯罪过程当中；②犯罪行为人出于意志内的原因放弃了加重要素；③行为人必须采取真挚的努力，放弃加重情节或结果的实施，或者避免其发生；④行为虽然发生了基本犯罪构成的结果，但是并没有产生行为人原本希望的加重的构成要件结果。

四、犯罪中止的处罚原则

《刑法》第 24 条第 2 款规定："对于中止犯，没有造成损害的，应当免除处罚；造成损害的，应当减轻处罚。"

【案例解读】《中华人民共和国最高人民法院公报》2015 年第 1 期（总第 219 期）最高人民法院发布依法惩治侵犯儿童权益犯罪典型案例：被告人陈孔伍因与前妻存在经济纠纷未能解决，以杀人故意，采取倒拎女儿陈某某的手脚，使其头部撞击路面的手段，致使陈某某重伤。法院认定陈孔伍的行为构成故意杀人罪，定罪准确。其法定刑本为死刑、无期徒刑或者 10 年以上有期徒刑，但因陈孔伍具有犯罪中止情节，依法应当减轻处罚……故在 3 年以上 10 年以下有期徒刑的法定刑幅度内，判处被告人陈孔伍有期徒刑 8 年，量刑适当。

第十二章

共同犯罪

第一节　共同犯罪概述

一、共同犯罪的概念与性质

（一）共同犯罪的概念

我国刑法中涉及共同犯罪部分的概念相对比较混乱，在不同的语境下，可能具有不同的含义，需要具体情况具体分析。

1. 共同犯罪

共同犯罪具有狭义与广义之分，广义的共同犯罪包括任意的共同犯罪与必要的共同犯罪，而狭义的共同犯罪仅指任意的共同犯罪。任意的共同犯罪要求单独或由二人以上实施均可，例如，两人以伤害故意对第三人实施加害行为的，两行为人就构成故意伤害罪的共同犯罪。必要的共同犯罪则是刑法分则规定的只能由二人以上实施才成立的犯罪。

关于任意共同犯罪的成立条件以及量刑、处罚规则，我国刑法总则部分第26~29条针对不同共犯人的类型，进行了较为详细的规定。必要的共同犯罪由刑法分则加以明确规定，必须由二人以上共同实行。根据我国刑法的规定，必要的共同犯罪包括以下几类：

（1）聚众犯，即聚众共同犯罪，是指刑法中规定的由首要分子组织、策划、指挥众人所实施的共同犯罪。一般认为，聚众犯罪有以下特点：①参与人数多，要求三人以上才成立犯罪；②具有法定性，一般以法律的明文规定为处罚依据；③参与聚众犯罪的主体都具有主观的故意性。[1] 刑法对于聚众犯罪的处罚主要有两种原则：①处罚首要分子和积极参加者，如聚众扰乱社会秩序罪、聚众哄抢罪、聚众斗殴罪；②只处罚首要分子，如聚众扰乱公共场所秩序、交通秩序罪。

（2）对向犯，又称对合犯，是指二人以上的、以行为人实施对向行为为要件的犯罪。对向犯主要有三种表现形式：①对向犯的双方罪名和法定刑可能相同，如重婚罪、非法买卖枪支罪；②双方罪名和法定刑不同，如贿赂类犯罪、买卖妇女儿童类犯罪、假币类犯罪；③处罚时可能只处罚一方的为片面的对向犯，如贩卖淫秽物品罪，对于购买者不处罚。

（3）集团犯罪，是指三人以上为了共同实施犯罪而组成较为固定的犯罪组织所开展的犯罪。在司法实务中，认定集团犯罪的关键在于认定犯罪集团。犯罪集团的特征是：①参加人数必须为三人以上；②具有比较明确的犯罪目的，犯罪集团的成员往往为了反复实施一种或几种犯罪行为而组织起来；③具有一定的稳定性，犯罪集团的成员必定不是偶然或临时聚集的团体，而是为了在较长时间内反复多次实施犯罪而组成的较为固定的组织；④具有很强的组织性，犯罪集团区别于普通的共同犯罪，很大程度上就在于组织性的高低。犯罪集团是一个极其严密的组织，有着严苛的组织纪律、明确的组织宗旨和一定的组织层级；集团内部层级性很强，通常规定了不同的人员级别，上下级之间也有着上命下从的关系。而普通的

---

[1] 参见吴仁碧：《论我国刑法中的聚众犯罪》，载《西南政法大学学报》2009年第6期。

共同犯罪，犯罪人之间即便有着极其细致的分工，成员之间的地位大多还是平等的，不存在领导与被领导的服从关系。对于特殊犯罪集团即刑法分则有明确规定的犯罪集团，如恐怖活动组织、黑社会性质犯罪组织实施的犯罪行为，对组织、领导犯罪集团的首要分子，按照集团所犯的全部罪行处罚。对于一般犯罪集团所实施的犯罪，适用刑法总则关于共犯的规定进行处罚。值得一提的是，要注意区分"犯罪集团"与日常生活中所提到的"犯罪团伙""团伙犯罪"概念上的差异。作为一个较为生活化的表达，犯罪团伙或者说团伙犯罪并不具有法律意义，司法机关在办理团伙犯罪案件的过程中，发现该团伙符合犯罪集团的特征时，应当按照犯罪集团处理；反之，按照一般共同犯罪的规定进行处罚即可。

2. 共犯与正犯

（1）概念。共犯也可以从广义和狭义上进行理解。广义上的共犯，是指两人以上故意共同实现犯罪。因为共犯人在共同犯罪中的地位和作用具有差别，为了进行区分，刑法理论和实务中会对共犯人进行分类。德日刑法对于共犯采取分工分类法，分为正犯和共犯，正犯是以犯罪实行说为依据的实行犯，包括单独正犯和共同正犯，也包括直接正犯与间接正犯；共犯指非实行犯，属于广义上的共犯。狭义的共犯，仅指与正犯相对的共犯，包括了教唆犯和帮助犯。我国刑法的立法体例中，虽然没有明确使用正犯与狭义的共犯的概念，但是，一般认为刑法分则条文规定的具体犯罪，就是正犯，而刑法总则中规定的教唆犯与帮助犯就是指狭义的共犯。在认定共同犯罪的过程中，必须坚持以正犯为中心，也即狭义的共犯的认定依赖于正犯的认定。[1] 关于正犯的概念，理论上也存着以下争议：

第一，单一正犯的概念。持此观点的学者认为，对于参与犯罪

---

〔1〕 参见张明楷：《刑法学》（第5版），法律出版社2016年版，第389页。

的行为人不必进行区分，均认为是正犯。有学者认为："我国刑法在犯罪参与体系的问题上，采取不区分正犯与共犯的单一正犯体系"。[1] 但是，这种学说是存在较大缺陷的：首先，在处理帮助犯与教唆犯的未遂时，单一正犯说认为应当直接按照正犯未遂的规定处理，这样必然不适当地加重了部分行为人的处罚；其次，当无身份者教唆或者帮助有身份者实施真正身份犯时，由于教唆或者帮助者欠缺构成要件身份，就不对其定罪处罚，这样显然是不合理的。

第二，扩张正犯的概念。该观点认为，凡是同犯罪的结果实现有条件关系的，都是该犯罪的正犯。对于教唆犯和帮助犯而言，刑法只是将其作为刑罚限制事由，例外地规定为狭义的共犯。本书认为，这种观点归根结底还是将教唆和帮助行为等同于实行行为，存在不当扩张，故此种观点也具有不合理性。

第三，限制正犯的概念。此观点认为，只有以自己的行为（身体动静）直接完成了相关犯罪的构成要件的才是正犯，其他的都是共犯。因此，刑法对于教唆犯与帮助犯的处罚，是基于刑法规定的刑罚扩张事由。本书认为，限制正犯的观点比较符合社会的一般观念，而且符合罪刑法定原则，严格遵循了构成要件的符合性。因此，本书主要采限制正犯的概念。

（2）共犯行为正犯化。共犯行为正犯化是近年来刑法比较流行的一种立法趋势，是指行为原本构成某罪的共犯，但随着罪名的增设，被直接作为新罪的实行行为单独对待，以至于不必再考虑原来的实行行为是否构成犯罪，甚至不再套用原先实行行为的构成要素。近年来，由于一些共犯行为的可罚性较高，刑法将一些共犯行为正犯化，使其成立不再依赖于正犯的成立。例如，组织卖淫罪，提供伪造、变造的出入境证件罪，帮助犯罪分子逃避处罚罪，引诱、教唆、欺骗他人吸毒罪，等等。

---

[1] 参见刘明祥：《间接正犯概念之否定——单一正犯体系的视角》，载《法学研究》2015 年第 6 期。

（二）共同犯罪的认定标准

关于共同犯罪的认定，我们要讨论的是共同犯罪人的行为在哪些方面是共同的，才能成立共同犯罪。对于"共同实施犯罪"中"共同"的理解，学界存在犯罪共同说和行为共同说两种观点。其中，犯罪共同说又分为全部犯罪共同说、部分犯罪共同说。共同犯罪的认定，旨在解决结果归属问题，可以为"部分行为全体责任"原则的适用提供更加合理的依据。

1. 全部犯罪共同说

全部犯罪共同说认为，二人以上实施的犯罪必须属于同一犯罪，即犯罪性质完全相同时，才能成立共同犯罪。此种理论就必然包含着共同犯罪需要具备共同行为以及共同意思联络的要求。基于此，全部犯罪共同说一般不承认共同过失犯罪的存在，因为过失犯不可能有相同的犯罪故意，过失犯与故意犯也同样不能成立共同犯罪。但是，此种学说存在明显缺陷，会导致许多案件处理结果不公正，因而被许多学者诟病。例如，甲、乙二人分别以杀人的故意和伤害的故意对丙施暴致丙死亡，但无法查清是谁的行为造成了死亡结果。如果认为甲、乙二人没有共同的犯罪故意就不能成立共同犯罪的话，根据存疑有利于被告人原则，就会导致甲只构成故意杀人未遂，乙仅成立普通的故意伤害罪甚至不构成犯罪，而无法适用"部分行为全体责任"原则。这显然违背一般的法感情，存在不合理之处。

2. 部分犯罪共同说

部分犯罪共同说不要求成立共犯必须属于同一犯罪，如果二人以上行为主体分别触犯不同罪名，在犯罪重合的范围内也可以成立共犯。例如，在复合型犯罪绑架罪中，甲为绑架丙而让乙将丙拘禁，但乙并不知甲具有绑架目的，二人在非法拘禁罪的范围内仍可成立共同犯罪。部分犯罪共同说目前是我国的通说，但是在故意与过失同时存在的情况下，处理结果会不尽合理。比如，甲、乙二人共同在树林里练习射击，甲突然发现其仇人丙出现在靶子附近，便准备借机杀掉丙。乙也发现了丙的存在，但是轻信不会打到丙，两人同时开枪，丙死亡，但是不能够确定是谁的子弹打中了丙。此时，由于结果无法查清，不能适用"部分行为全体责任"原则，无法将丙的死亡结果归属于任何一个人，甲只成立故意杀人未遂，乙不构成犯罪，这样的处理结果似乎也有一定的不合理之处。

3. 行为共同说

行为共同说在共同正犯认定的问题上，考虑的不是犯罪的共同，而是行为与因果关系的共同。所以，成立共同犯罪不要求罪名同一性与共同的犯罪故意。如果正犯、共犯与犯罪结果之间存在因果关系，那么该结果便应当归责于正犯、共犯。行为共同说主张共同犯罪是在违法性层面的共同，而非有责性层面。例如，20 岁的乙帮助 10 岁的甲运输毒品，后二人被抓，虽然甲不可罚，但二人共同实施了运输毒品的违法行为，因此成立运输毒品罪的共同犯罪，乙构成帮助犯。德国刑法关于共同犯罪成立的标准，并没有犯罪共同说或者行为共同说之争。德国主流观点认为，"共同正犯的必要主观部分是共同的行为故意"。[1] 但此处的行为故意不同于犯罪故意，只需"诸参加者中的任一参加者都必须基于共同行为决意（相互代表地）为自己也为他人做出行为贡献，至于对诸参加者的各行为的详细认识，则并非成立共同的行为决议所必要"[2]。因此，德国的学说偏向于行为共同说。

（三）共犯的本质

对于正犯与共犯关系的理解，有共犯从属性说和共犯独立性说。共犯独立性说，认为共犯的成立不以正犯成立犯罪为前提。根

---

〔1〕 ［德］汉斯·海因里希·耶赛克、托马斯·魏根特：《德国刑法教科书》，徐久生译，中国法制出版社 2017 年版，第 920 页。

〔2〕 ［德］乌尔斯·金德霍伊泽尔：《刑法总论教科书》（第 6 版），蔡桂生译，北京大学出版社 2015 年版，第 430~431 页。

据共犯的成立应以正犯具备何种程度的要素为必要，共犯从属性说又可分为：①极端从属性说，从属于正犯的构成要件该当性、违法性、有责性；②限制从属性说，从属于正犯的构成要件该当性、违法性；③最小从属性说，从属于正犯的构成要件该当性。我国对于帮助犯的认定，采共犯从属性说；对于教唆犯的认定，采共犯独立性说。共同犯罪的责任形式为部分行为共同责任。在既未遂的认定方面，共犯人应当对最终的犯罪形态负责。例如，甲、乙共谋杀丙，乙因与女朋友吵架没去，甲按照计划杀害了丙，甲、乙成立共谋共同正犯，乙也构成故意杀人既遂。在犯罪数额的认定方面，共犯人也应当对累计的数额负责。例如，甲、乙一起盗窃，甲盗窃 1 万元，乙盗窃 2 万元，最终甲乙均分别对 3 万元的盗窃数额承担刑事责任。

二、共同犯罪成立的条件

（一）二人以上

共同犯罪的犯罪主体，要求为两人以上，既可以是自然人，也可以是单位。其中，包括自然人与自然人之间的共同犯罪、单位与单位之间的共同犯罪，以及自然人与单位之间的共同犯罪。根据行为共同说，此处的二人仅作形式上的解释和要求，不需要实质内容的判断，即无责任能力和责任年龄的要求。共同犯罪人只要共同实施了特定的行为即可，无需满足有责性的要求。而根据犯罪共同说，倘若行为人不满足责任年龄和责任能力的要求，便不能满足犯罪构成主体要件的一致，进而无法成立共同犯罪。

（二）共同的犯罪行为

共同的犯罪行为，是指共同实行、参与犯罪的行为整体，既可以是作为，也可以是不作为。其中，包括共同的作为、共同的不作为，以及作为与不作为相结合。例如，丈夫给 2 岁的孩子下毒，妻子说句"你真狠心"后便离开，妻子的行为构成不作为的故意杀人罪的帮助犯。共同的犯罪行为，分为共同实行行为、教唆行为和帮助行为。共同实行行为是共同正犯的客观条件，是指共同实现犯罪所描述的行为，例如，甲、乙二人共谋抢劫，甲负责暴力压制，乙负责取财，甲、乙二人的行为是抢劫罪的共同实行行为。共同实行行为还包括在预备阶段具有决定意义的作用，如参与共谋的行为。

（三）存在共同的犯罪故意

第一，共同犯罪故意，必须具备故意的两个要素，即认识因素和意志因素，部分或全部相同都可，即不同故意也可成立共犯，不要求罪名一致。例如，甲、乙共谋走私，甲走私毒品，乙走私光盘，在走私犯罪的范围内构成共犯；如果甲、乙共雇船，甲偷渡，乙走私，由于不存在犯罪重合部分，因此不是共犯。除了具有犯罪故意以外，还要有共同的意思联络，即认识到对方与自己一起犯罪。

第二，共同犯罪故意的形式，包括：①共同正犯的故意，是共同的行为决意，为自己也为他人做出贡献，至少有默示的合意；②教唆犯的故意，要求教唆者认识到自己教唆行为的危害性，而被教唆者认识到自己实行犯罪的危害性即可，不需认识到对方在教唆；③帮助犯的故意，要求帮助者认识到他人在实行犯罪，且认识到自己行为可使对方顺利实现。如果共同故意成立的要件欠缺，一方不具备责任能力或未到责任年龄，此时，共同犯罪不成立，但在责任认定上，根据限制从属性说，帮助犯依然成立犯罪，教唆犯独立认定，正犯按单独犯罪认定。

第三，共犯故意中，如果缺乏意思联络，可能成立片面的共同正犯、片面的共犯。通说否定片面的共同正犯的存在，而对于片面的共犯，即片面的教唆、片面的帮助，通说认为应当有区别地成立，即对犯罪没有作用的不成立，对犯罪有促进作用的则成立。

三、与共犯理论相关的特殊情形

（一）共同过失犯罪

《刑法》第 25 条第 2 款规定，"二人以上共同过失犯罪，不以共同犯罪论处；应当负刑事责任的，按照他们所犯的罪分别处罚。"即行为人分别承担过失责任。在二人以上共同过失犯罪中，因为行为主体之间缺乏共同犯罪所必需的意思联络，所以不成立共同犯罪，只作为单独犯罪对各行为主体进行分别处罚。在这里，我们要区分"共同过失犯罪"与"过失共同犯罪"。过失共同犯罪，是指共同犯罪人负有防止结果发生的共同义务，但是都因为疏忽大意或轻信可避免而导致结果的发生。共同过失犯罪则是指二个以上的过失行为共同造成了一个结果，但是行为人之间不存在共同违反注意义务的意思联络。一般来说，"过失共同犯罪应当以共同犯罪论处，但是应当将其限制在过失共同正犯。"[1]

（二）同时犯

同时犯，指行为人不约而同地实行同一行为并对同一对象造成损害，包括一般同时犯和特殊同时犯。一般同时犯或都无罪，或各自定罪。例如，甲、乙二人不约而同地去博物馆盗窃，应当分别处罚。特殊同时犯，是指二人同时对某一具体法益进行侵害。区分的意义在于认定犯罪数额和判断既未遂。例如，甲、乙、丙各偷窃5000 元，如果按共犯处理，盗窃数额为 1.5 万元；按同时犯处理，数额为 5000 元。又如，甲、乙不约而同杀丙，打了两枪其中一枪致死，如果按共犯处理，为故意杀人既遂；如果按照同时犯处理，不知是谁开了致命的一枪，按照存疑有利于被告人原则，二者均为故意杀人未遂。

---

〔1〕　参见冯军：《论过失共同犯罪》，载《西原春夫先生古稀祝贺论文集》，中国·法律出版社、日本国·成文堂 1997 年版，第 165 页。

（三）间接正犯

间接正犯，是以他人为犯罪工具，实现自己的犯罪目的，或者通过强制或欺骗手段支配直接实施者，从而支配构成要件的实现进程。关于间接正犯成立正犯的理论学说，主要有以下几种：①工具理论，即正犯将被利用者当作工具，以达到自己的犯罪目的。②犯罪事实支配说，该观点认为处于被利用地位的是实实在在有意识的人，而工具没有任何主观能动性。因此，对于案件事实起到支配作用，有决定影响的关键人物是正犯，而正犯也非必须出现在犯罪现场或者协助被利用者实施犯罪。间接正犯对被利用者造成的法益侵害结果承担责任，而被利用者主要包括有以下几种类型：

①利用欠缺犯罪故意的行为，这种就是我们通常所说的利用不知情者的情况。最常见的例子就是医生为了杀害患者，而将毒药交给不知情的护士注射给病人。也就是说，被利用者对于构成要件要素欠缺完整的认识，进而被利用者的责任被阻却。但是，值得注意的是，当构成要件要素是选择性要素时，不能成立间接正犯。比如，甲骗乙运输冰毒，实则为海洛因的，甲不成立间接正犯，甲、乙成立共同直接正犯。②利用欠缺特定犯罪目的的行为。这种情形主要是针对目的犯而言的，在目的是构成犯罪的责任要素时，欠缺目的的行为就阻却责任，利用者利用此种行为就成立间接正犯。比如，甲以非法占有为目的，利用无非法占有目的者乙使用虚假的证明材料进行银行贷款的，甲构成贷款诈骗罪的间接正犯。③利用无责任能力者的行为，如利用精神病患者或者未达到法定年龄的人实施伤害行为等。由于无责任者不具有非难可能性，缺乏必要的辨认控制能力，所以可以认为利用者起到了支配作用，成立间接正犯。④利用他人正当防卫、紧急避险等正当化事由的行为。⑤利用他人特定身份实施的犯罪。要注意的是，应严格把握对被利用者缺乏违法性认识的认定，只有其违法性认识可能性极低时，才能排除被利

用者的责任，利用者才成立间接正犯；否则，应当按照一般共犯处罚。[1]

间接正犯并不排斥共同犯罪。德国著名刑法学者克劳斯·罗克辛曾指出，间接正犯同直接共同犯罪之间不是绝对的相互排斥关系。此种论断，主要针对的是利用者之强支配力压制被利用者之弱支配力的情形。例如，上文利用被支配者欠缺犯罪目的的案例中，乙虽然不具有贷款诈骗罪的主观目的，但乙的行为已经符合了骗取贷款罪的构成要件，且具有骗取贷款的主观目的时，甲、乙仍然构成共同犯罪，只是罪名不同而已。

（四）共犯的过限行为

共犯的过限行为，是指共同犯罪人的行为与结果超出了共同正犯、教唆犯、帮助犯的故意内容的情形。对于过限行为，行为人独自承担相应的责任。若实行犯超出教唆内容，则采取"就低不就高"的原则。例如，教唆抢劫结果却实施了盗窃，认定构成盗窃既遂；如果未成功窃取财物，则认定构成盗窃未遂。如共同正犯超出共谋范围，只在共谋范围内担责。例如，甲、乙约定盗窃，乙盗窃后又实施强奸的，由于甲对此不知情，故对乙的强奸行为不承担责任。

但是在实践中还存在另一类情况，即一部分行为人的行为导致同一罪名的加重结果出现，那些未对加重结果产生原因力但实施了基本犯罪的行为人是否需要承担责任呢？这在实践中存在很大争议。一种观点认为，共同犯罪人只要都实施了基本犯罪行为，那么他的认识范围就应当包含了对加重结果的认知，不属于实行过限，应当与直接实施加重行为的共犯一同对加重结果承担责任。另一种观点认为，未参与加重行为的共犯不应当对加重结果承担责任，即属于共犯过限行为。如在共同抢劫中，一部分行为人在已经控制行

---

〔1〕 参见张明楷：《刑法学》（第 5 版），法律出版社 2016 年版，第 403~404 页。

为人后转而搜寻财物，而负责看管的人却因受害人的挣扎而实施了杀人行为。主观上，前一部分行为人并没有杀人的故意，看管人员的杀人行为显然超出了共同故意的范畴；客观上，前一部分行为人只实施了最初的控制行为和之后劫取财物的行为，对于杀人行为没有提供任何帮助力。主观无罪过，客观没有施加帮助，因而看管人员的杀人行为属于共犯过限行为。

本书认为，对于过限行为的理解应当注意以下几点：其一，主观上，过限行为必须是由共同犯罪故意之外的心理支配的。如果部分行为人临时起意实施了一定的行为，但是只要在共同犯罪故意的大致范围内，仍然无法逃避责任。如前段的案件中，看管人员虽然临时实施了杀人行为，但是都是在控制被害人的共同故意下实施的，主观上并不能脱罪。其二，客观上，过限行为应当独立于实行行为，如果某一行为能够包含于实行行为或者只是其具体的实现方式之一时，该行为就不属于过限行为。其三，如果出现了共同犯罪过失导致的结果，则不在过限行为讨论范围之内，过失的结果也只有量刑的意义，并无定罪的意义。

（五）事前无通谋的行为

通常的共同犯罪，行为人在实施犯罪前会有所通谋，但是如果事前并未有过交流，而在事中或事后参与进来，即一种事前无通谋的行为，是否还成立共同犯罪呢？理论上认为，除了承继的共犯外，是不存在共同犯罪的。如在事后进行窝藏或者销赃通谋的，不成立共同犯罪。在处罚上，事前无通谋的行为可能构成独立的犯罪行为，例如掩饰、隐瞒犯罪所得、犯罪所得收益罪，窝藏罪，洗钱罪等。

（六）承继的共犯

承继的共犯，是指先行行为人的部分行为实行终了之后未达既遂之前，后行行为人以共同的犯罪故意中途参与犯罪的形态。有学者认为，承继的共犯是事前无通谋的共同犯罪的一种类型。[1] 根据后行行为人参与作用的方式，可以分为承继的共同正犯和承继的帮助犯。由于此类犯罪时间的特殊性，新加入犯罪的人不可能对先行行为人进行教唆，因而不存在承继的教唆犯。

在承继的时间范围问题上，有人提出了"实质性完结"标准，也就是说在行为人行为"实质性完结"之前加入犯罪的都成立承继的共犯。但是"实质性完结"过于抽象，比如盗窃得手后摆脱被害人追捕的过程是否属于"实质性完结"？可能难以得出较为合理的结论。因此，本书认为只有在犯罪既遂之前加入的，才成立承继的共犯。通常情况下，既遂之后加入的不成立共犯，但是对于一些复行为犯、继续犯，仍可能成立共犯。对于继续犯存在共同犯罪的问题，理论上达成了一致，如在非法拘禁过程中加入的，成立非法拘禁罪的共犯。但是对于复行为犯的处理意见，理论上存在较大争议，不妨以抢劫罪为例来说明不同理论针对复行为犯的观点。一种观点认为，抢劫罪侵犯的是一种复杂客体，如果先行行为人已经实施完毕控制甚至伤害、杀人行为，后行行为人只是参与进来帮助前者取得财物，此时后行行为人的行为虽然属于抢劫罪的内容，但是行为人的主观方面缺乏了实施暴力行为的故意，因而只能单独构成盗窃罪。另一种观点认为，后行行为人主观上虽然没有抢劫的故意，但是一方面其知晓前行行为人正在实施抢劫行为，另一方面其实施取得财物的行为也属于抢劫行为的延续阶段，因而认定这是一种事中共犯，以抢劫罪定性。

本书比较认同第二种观点。相较于个人犯罪而言，共同犯罪由于犯罪人数的增加，故犯罪行为的方式、过程等方面自然更为多样，不能按照单独犯罪的逻辑来理解。对于事前并未共谋的犯罪应当区分两种情况，第一种情况是行为人毫不知情，即后行行为人对

---

〔1〕　张明楷：《刑法学》（第 5 版），法律出版社 2016 年版，第 430 页。

于先行行为人所实施的犯罪不甚了解。此类情况下就应当单纯考虑后行行为人自身的行为，主客观相一致来定罪处罚。第二种情况是后参与者十分明确先行者的犯罪意图，于犯罪途中参与进来。此类情况下，行为人主观上明知自己的参与行为会帮助犯罪目的的实现，客观上实施了相应的帮助行为，主客观相一致并按照共同犯罪论处。关于承继的共犯的另一个争议焦点是责任承担问题，也即行为人对参与之前的前行行为人的行为产生的结果是否要承担责任。例如，甲以抢劫故意对被害人实施暴力，致使被害人死亡之后，乙参与进来夺取财物的，乙是否应当对致死的加重结果承担责任。持肯定说观点的人认为，后行行为人基于对前行行为人意图及行为的了解参与犯罪，可以理解为具有整体的故意，而且后行行为人也利用了前行行为人提供的便利，理应对所有结果承担责任。但是，持否定说的人认为，后行行为人参与进来的时候，其对前行行为人已经造成的结果没有原因力，也没有事前的故意，因此无法将结果归属于后行行为人。本书同意否定说的观点，即承继的共犯对先前行为导致的加重结果不承担责任，例如上述案例中，甲、乙构成共犯，但乙不对重伤的抢劫加重结果负责。

【案例解读】大理市人民法院刑事判决书（2009）大刑初字第 55 号：被告人陈某为大理市林业局旅游度假区分局局长，被告人杨某为大理市林业局旅游度假区分局临时工，负责苗圃的日常管理工作。被告人陈某利用其负责采购大理市旅游度假区管委会所需 1000 棵大青树的职务之便，事先安排杨某以 50 元/棵的价格购买了 1000 棵大青树，共计支付价款 50 000 元。其后陈某编造了大理市林业局旅游度假区分局购买大青树的种植协议，将每棵树的定价从 50 元/棵提高到 180 元/棵，从中套取公款 121 306 元。法院认为，被告人杨某（不具有国家工作人员身份）与国家机关工作人员陈某相勾结，贪污公款 167 万余元，并从中分得 5 万元。根据《刑法》第 382 条第 3 款"与前两款所列人员勾结，伙同贪污的，以共犯论处"的规定，国家工作人员与非国家工作人员勾结，利用国家工作人员的职务之便，非法占有公共财物的，成立贪污罪的共犯。因此杨某与陈某构成贪污罪的共同犯罪。

四、共犯理论与其他理论结合的考量

（一）共同犯罪的因果关系

共同正犯要求共犯行为的有机整体与犯罪结果之间存在因果关系，即"部分行为全体责任"。对于帮助犯的成立与否，要判断该帮助行为是否提供了物理、心理方面的帮助力和原因力。帮助犯既未遂的标准为帮助行为与结果之间是否存在因果关系。如果帮助行为仅在客观上提高了正犯行为的危险性，但该帮助行为与犯罪结果之间既缺乏物理性因果关系，又缺乏心理性因果关系，则该帮助犯不可罚。

（二）共犯与错误

与单独犯罪认识错误的处理规则相同，共同犯罪中的认识错误问题也采用法定符合说。

1. 共同正犯的认识错误

按照法定符合说，根据共同正犯认识错误是否属于同一犯罪构成内的错误，犯罪的认定和处罚存在不同：①共同正犯的认识错误如果在同一构成要件范围内，如对于结果加重犯的错误，只要其对基本犯有认识，便应对加重结果承担责任。②共同正犯的认识错误如果超出了同一构成要件范围，如甲、乙共谋对丙实施抢劫，但乙在使用暴力的过程中产生强奸的犯罪意图，由于超出了二人共同故意的范围，因此甲只对抢劫罪承担刑事责任，而乙则构成抢劫罪与强奸罪，应当数罪并罚。

2. 帮助犯的认识错误

当帮助犯对犯罪性质、内容的认识与实行犯不一致时，结合因果共犯论，同时根据部分犯罪共同说，如果帮助犯所认识的犯罪与正犯实施的犯罪存在重合部分时，认定在轻罪的范围内成立帮助犯。

3. 教唆犯的认识错误

对于同一构成要件内的教唆错误，如甲教唆乙杀丙，结果乙错杀成丁，甲仍然成立故意杀人罪既遂。教唆犯认识错误如果发生在不同构成要件内，在主客观一致范围内，一般应成立较轻犯罪的共同犯罪。例如，主观上本欲进行心理帮助，实际上却产生了教唆效果的，宜认定为帮助犯；不知对方已有犯意而进行教唆的，同样应认定为帮助犯。

（三）共犯与未完成罪

1. 共犯与犯罪未遂

共同正犯的未遂，按照"部分行为全体责任"原则处理。例如，甲、乙共谋杀丙，甲没去，乙按照原计划将丙杀害，甲仍构成故意杀人罪既遂。如果甲、乙共同杀害丙，甲以为丙已经死亡便离开，乙无意返回现场后发现丙没死，便又再次实施暴力行为将丙杀死，因为本案中丙的死亡与甲的犯罪行为之间没有因果关系，因此甲构成故意杀人罪未遂，乙为故意杀人罪既遂。而对于其他共犯的未遂，帮助犯的未遂主要按照共犯从属性说处理，教唆犯的未遂则按照共犯独立性说处理。

2. 共犯与犯罪中止

共同正犯的中止，包括全部中止和部分中止。全部中止要求所有共犯人都自动中止；部分中止要求部分共犯人自动停止犯罪，并阻止其他共犯继续实施犯罪，一般只适用于中止者本人，其他人认定为未遂犯或者预备犯。成立共犯的中止要求有效避免犯罪结果，如果部分共犯人中止，其他共犯人犯罪得逞或导致结果发生，则一概认定为犯罪既遂。

教唆犯和帮助犯成立中止与否，在犯罪着手之前和着手之后的要求不同。在犯罪着手之前，教唆犯的中止要求消除被教唆者的犯意，并采取措施阻止其实施犯罪；帮助犯的中止要求消除其之前行为已经造成的物理、心理影响，即要回工具或让对方知道自己撤回了帮助。例如，如果甲欲盗窃，乙提供钥匙但随后又要回的，甲以其他方式完成盗窃，乙成立犯罪预备阶段的中止；如果在乙要回钥匙以前，甲已经配好一把新的钥匙，并使用该钥匙完成了盗窃，则乙构成犯罪既遂。在犯罪着手之后，帮助犯或教唆犯的中止要求阻止结果的发生，消除帮助行为或者教唆行为的影响。例如，甲、乙非共谋犯，甲帮乙放风时电话通知被害人后离开，但是乙仍然完成了盗窃取财，对甲应当认定成立帮助中止。

3. 共犯关系的脱离

共犯关系的脱离，是指共谋犯或帮助犯，在犯罪未完成之前自动表示不再继续参与该犯罪并得到其他人认可，而其他人继续实行犯罪的情况。共犯脱离的成立必须切断其行为与犯罪结果之间的因果关系，包括心理性因果关系和物理性因果关系。脱离者首先要使其他共犯者了解其脱离的意思，但是单凭脱离的意思表示不一定就能够消除其参与的心理性因果关系。例如，在共谋共同正犯作为脱离者的情况下，还要求其对于其他共犯停止犯罪进行更加积极的劝说活动，在其他共犯仍没有消除犯意的情况下，有必要通过向被害人或政府机关通报等方式阻止犯罪继续实行，如果不能够恢复到共谋关系不存在的状态，就不能承认共犯关系的消解。[1]

着手前和着手后脱离共犯关系的要求不同。着手实行前的脱离，未阻止他人犯罪的，不成立中止，只是对脱离以后他人实行行为不承担未遂或既遂责任。着手实行后的脱离，原则上不承认，除

---

[1]〔日〕西田典之：《共犯理论的展开》，江溯、李世阳译，中国法制出版社2017年版，第308页。

非阻止犯罪。例如，甲、乙共谋盗窃，甲望风时溜走，则甲、乙均盗窃既遂。共谋共同正犯的脱离，要根据所谋划的内容判断，例如，甲、乙共谋盗窃，约定甲负责望风，但当日甲没去，甲成立盗窃罪的预备。

（四）共犯与不作为

不作为与共犯的结合有多种形式：①不作为形式的共同正犯，正犯均为不作为。例如，孩子溺水，父母都不救，构成不作为的共同正犯。②作为与不作为的共同正犯。例如，甲、乙共谋对丙实施强奸，但在共同将被害人捆绑后，甲独自进行了强奸，而乙在一旁观看，本案中就强奸行为而言，乙由于先前的捆绑行为使被害人处于危险状态，故有义务阻止甲的强奸，因此乙为不作为的强奸共犯。③不作为犯的教唆犯，是指行为人（教唆犯）以作为的方式教唆具有作为义务的人（正犯），使其不履行作为义务。④不作为形式的帮助犯，是指行为人（帮助犯）以作为方式对不作为犯（正犯）提供物质和心理帮助，导致其不履行作为义务。[1]

（五）不同身份的共犯如何定罪

在共同犯罪中，如果是不具有特定身份的人和具有特定身份的人共同犯罪，在利用了有特殊身份之人的职务便利的情况下，应当按照特殊身份者所犯罪名定罪。如普通公民与国家工作人员勾结，利用后者的职务便利窃取其管理的财物，均应当认定为贪污罪。如果未利用特殊身份者的便利而只是共同盗窃，构成盗窃罪即可，与特定身份无关。

但是在法律和司法解释中却没有规定这样的情况，如果遇到具有两种不同身份的人实施犯罪的行为时，应当如何定罪量刑？理论界对此有不同的看法：有的学者认为应当根据主犯的罪名来定罪；有的学者认为应当按照实行犯实行行为的性质来定罪。

---

〔1〕 张明楷：《刑法学》（第5版），法律出版社2016年版，第438~439页。

　　根据主犯的罪名来定罪的观点，在相对简单的案情中具有可行性，能够很好地避免认定的困难。但是这种做法的不合理性在于，主犯和从犯只是根据共同犯罪中发挥作用或者所处地位来认定的，而罪名之间的划分则是要看行为符合何种犯罪的构成要件。而且在一些较为复杂的案件中，可能同时存在几个主犯，倘若不同主犯的罪名不同，对其余从犯定罪也会出现困难。

　　按照实行犯实行行为的性质来定罪的观点，能够反映犯罪的主要行为特征和危害性程度。但是这样的认定方式，却没有考虑到不同主体身份背后所蕴含的内容。同样是侵占类犯罪，如果行为人具有国家工作人员的身份，那就意味着他有更高的注意义务，犯罪不仅侵害财产权益，更反映出对公职行为廉洁性的侵害；如果行为人仅具有公司高管的身份，那么他将触犯财产权益和职务行为的廉洁性。二者的不同也应当反映到具体罪名中，而不能混同。

　　因而本书赞同以共同犯罪人各自的职务便利和身份的不同来定罪量刑，以便更好地反映犯罪特征。[1] 这样判断有着以下几点理由：其一，身份犯本身便是对具有特定身份的人规定的犯罪。它所蕴含的，除了一些犯罪由于自身的特殊性，仅能由特定人实行，如强奸罪的实行犯；但更多的则是能体现出犯罪行为的社会危害性，如受贿罪与商业受贿罪，贪污罪与职务侵占罪。其二，这样的认定方式也是基于对案情的考量，即具有不同特殊身份的犯罪人是利用各自的职务便利进行犯罪的。倘若只利用了一方的便利，那么还是应当按照不具有特定身份的人与具有特定身份的人共同犯罪的处理方式来认定。其三，这一认定方式符合罪责刑相统一的原则，不同身份人的注意义务程度不同，违反规范的后果自然也不同。

---

　　〔1〕　最高人民法院刑事审判一至五庭主办：《中国刑事审判指导案例》（01 刑法总则），法律出版社 2017 年版，第 523 页。

第二节 我国共同犯罪人的分类与处罚

在共同犯罪原理的支配下，共同犯罪人要相应地被定罪量刑以承担刑事责任。而各个犯罪人在共犯中所担任的角色、所发挥的作用很难做到完全一致，为了妥善处理各共同犯罪人的刑事责任，真正践行罪责刑相统一的原则，有必要按照一定的标准对共同犯罪做一个分类。

根据世界各国的立法现状，对于共同犯罪人的分类，主要有分工分类法和作用分类法两种。第一种分工分类法，这种区分方式以共同犯罪人在共同犯罪中的分工（是否实行行为）为主要标准，对共犯人进行分类。有的国家和地区采取两分法，将共同犯罪分为正犯和从犯，法国和我国香港地区便采用这种分类方法。有的采用三分法，将共同犯罪分为实行犯、教唆犯和帮助犯，如苏联的刑法典曾这样划分；或者分为正犯、从犯、教唆犯，以《德国刑法典》为典型。有的则采用四分法，即又增添了组织犯作为实行犯、帮助犯、教唆犯的补充，《俄罗斯联邦刑法典》即采用这种模式。分工分类法能够清楚地表明共犯人在共同犯罪中的分工和联系，能够对各共犯人的定罪提供便利。但是分工的不同并不能揭示各行为人所发挥的作用力或者所处的地位，因而难以妥善地解决量刑问题。第二种作用分类法，是以共同犯罪人在共同犯罪中所起作用的大小为标准而进行的划分。实行这种区分方式的国家中，有的采用二分法，将共同犯罪人分为主犯和从犯；有的采用三分法，将共同犯罪人分为首要分子、从犯和胁从犯；有的采用四分法，对共同犯罪人进行一级主犯、二级主犯、事前从犯和事后从犯这样更细致的划分。作用分类法很好地反映出各共同犯罪人在犯罪中所起的作用以及相应的社会危害程度，解决了量刑的问题。但是未能反映各共犯人的分工和联系情况，对于一些特殊的定罪问题未能提供指导。

面对这种困境，我国在制定刑法典时，充分借鉴各国经验，并结合我国国情，采用了一种以作用分类法为主、分工分类法为辅的方式。具体而言，首先规定了主犯、从犯、胁从犯这几种作用分类法下三分法的类型，符合我国历来对犯罪分子区别对待的刑事政策，很好地解决了量刑问题；同时，单独规定作用可大可小的教唆犯，规定了教唆犯在不同情况下的处理方式。还应当注意到，《刑法》第 26 条第 3 款对主犯的规定，暗含了组织、领导犯罪集团的首要分子即组织犯的处罚原则；《刑法》第 27 条第 1 款对从犯的规定，暗含着在共同犯罪中起辅助作用即帮助犯的处罚原则。

可见，我国刑法对于共同犯罪人的分类借鉴了两种分类方法，实行了两种分类方法的结合。在实践中，这种结合在利用作用分类法区分共同犯罪人罪责的同时，又能利用分工分类法解决共同犯罪人定罪以及其他方面的特殊问题，为应对共同犯罪这一复杂的犯罪形式提供了有效途径。

一、主犯

《刑法》第 26 条第 1 款："组织、领导犯罪集团进行犯罪活动的或者在共同犯罪中起主要作用的，是主犯。"

（一）类型

从《刑法》第 26 条的规定来看，主犯包括以下两种情况：

第一，组织、领导犯罪集团进行犯罪活动的犯罪分子，也就是犯罪集团的首要分子。其中包含了两点内容：①必须是实施了组织、领导行为的犯罪分子，即属于一种组织犯。组织，指的是犯罪人通过联合、招募等方式成立犯罪集团；领导，则指犯罪人在犯罪集团中居于核心地位，指挥、调度集团中其他犯罪分子进行相关犯罪活动。②必须是在犯罪集团中从事上述行为。关于犯罪集团的概念和特征，本书在本章第一节的"必要的共同犯罪"中有过阐释，在此不再赘述。这种类型的主犯具有极高的社会危害性，历来是我国刑法打击的重点，犯罪集团的首要分子不仅对自身的行为承担责任，对于集团所犯的全部罪行，即集团其他成员按照集团意志所实施的所有犯罪也要承担相应责任。

第二，在共同犯罪中起主要作用的犯罪分子。这一部分主犯，也可以说是犯罪集团首要分子以外的其他主犯。具体包括：①犯罪集团中起主要作用的骨干成员。在犯罪集团中，除了进行组织领导的首要分子和普通集团成员外，其余那些积极参与犯罪活动的、直接实行犯罪的、罪行严重的其他犯罪分子，也构成主犯。②在聚众犯罪中起组织、策划、指挥作用的犯罪分子，即聚众犯罪中的首要分子。但是应当注意，聚众犯罪的首要分子并非都是主犯。这里需要对聚众犯罪进行一定的解读，其分为三类：第一类为只有首要分子才构成犯罪的聚众犯罪，如《刑法》第 291 条规定的聚众扰乱公共场所秩序、交通秩序罪；第二类为只处罚首要分子和积极参加者的聚众犯罪，如《刑法》第 292 条规定的聚众斗殴罪；第三类为处罚全部犯罪分子的聚众犯罪，如《刑法》第 317 条第 1 款规定的组织越狱罪等。在第一类聚众犯罪案件中，倘若只有一名首要分子，犯罪主体也只局限于一人，就无所谓主从犯的区分了。③集团犯罪和聚众犯罪以外的在一般共同犯罪中起主要作用的犯罪分子。通常是一般共同犯罪中起主要作用的实行犯或教唆犯，他们或在犯罪中直接实施犯罪并造成严重后果，或参与谋划并起到关键作用，或在犯罪中有着十分严重的情节。

认定共同犯罪中的主犯，应当全面综合考量案情，根据共同犯罪人在犯罪中发挥的作用、所处的地位等因素来判断。在某些复杂案件中，一些底层人员虽然地位不高，却积极主动地实施了大量犯罪行为，而一些所谓的领导、头目却根本不参与案件，有名无实。因此要具体问题具体分析，因案而异，以作用为标准进行判断，准确定罪量刑。

（二）主犯的刑事责任

我国刑法对于主犯的刑事责任是分别加以规定的：

第一，犯罪集团首要分子的刑事责任。我国《刑法》第 26 条第 3 款规定："对组织、领导犯罪集团的首要分子，按照集团所犯的全部罪行处罚。"其中集团所犯的"全部罪行"，不仅包括犯罪集团在首要分子直接组织、领导下实施的犯罪，还包括那些虽未经组织、领导，但按照犯罪集团意志实施的犯罪活动。而对于犯罪集团成员独立实施的、与集团意志无关的个人犯罪，则由其单独承担责任。

第二，犯罪集团首要分子以外其余主犯的刑事责任。《刑法》第 26 条第 4 款规定："对于第 3 款规定以外的主犯，应当按照其所参与的或者组织、指挥的全部犯罪处罚。"其中分为两种情况：一是针对可以构成主犯的聚众犯罪的首要分子，按照其组织、指挥的全部犯罪进行处罚；二是针对犯罪集团、聚众犯罪中除首要分子外的主犯以及一般共同犯罪的主犯，针对其参与的全部犯罪进行处罚。

二、从犯

《刑法》第 27 条第 1 款："在共同犯罪中起次要或者辅助作用的，是从犯。"

（一）类型

从《刑法》第 27 条的规定看，从犯主要包括以下两种情形：

第一，在共同犯罪中起次要作用的犯罪分子。所谓在共同犯罪中起次要作用，是指虽然实施了刑法分则规定的具体犯罪行为，但是其所起的作用相对于其他犯罪人较小，如在犯罪集团或聚众犯罪中，接受首要分子的组织、领导，或在一般共同犯罪中，虽直接参与实施，但情节轻微、所起作用不大、未造成危害结果等。由此也从侧面反映出，实行犯并非都是主犯，也有可能是发挥作用较小的从犯，从犯也并非都是帮助犯，也可能是实行犯或者教唆犯，不同分类法下的概念是没有一一对应的关系的。

第二，在共同犯罪中起辅助作用的犯罪分子。所谓共同犯罪中起辅助作用，其本质上虽然也是一种次要作用，但是更符合帮助犯的特征：①帮助行为的性质，可以是有形的帮助，也可以是无形的帮助。②事前通谋、事后帮助的行为是帮助犯。这里的"事前"指的是着手前，如果事前无同谋，事后提供帮助，也可能独立构成犯罪，例如掩饰、隐瞒犯罪所得罪。③帮助犯的因果性。根据因果共犯论，促进、强化实行行为的实现，促进法益侵害的为帮助犯，可以根据心理强化和物理帮助认定，如提供犯罪工具、挑选犯罪对象、勘查犯罪地点、清理犯罪障碍以及事前允诺对窝藏赃物、隐匿罪犯、毁灭证据进行帮助等行为。

在共同犯罪中，可能存在只有主犯没有从犯的情况。例如，甲和乙商量好一同抢夺刚从银行取钱出来的人，甲、乙开着摩托在银行附近徘徊，甲负责开车，乙负责抢夺，之后按照原定计划成功抢夺了被害人李某的钱包，并迅速逃离现场。此案中，甲、乙两人从共同预谋到分工实施抢夺行为（特定情形的飞车抢夺可认定为抢劫行为），均发挥了主要作用，因而都是主犯并按照基准刑处罚。但是共同犯罪中却不可能只有从犯而没有主犯，否则犯罪是无法完成的。对于从犯的认定，应当综合考虑其在共同犯罪中地位、积极程度、犯罪情节和危害结果的大小等因素。

（二）从犯的刑事责任

对于从犯的刑事责任，理论上存在三种观点：一是必减主义。这种观点认为刑罚的裁量应当根据行为人在共同犯罪中的作用而定，作用的不同反映出背后社会危害性以及人身危险性的不同，因而从犯在量刑上一定要有别于主犯，参照主犯减轻刑罚。二是得减主义。这种观点认为量刑应当遵循刑罚个别化的原则，一些犯罪中即便行为人属于从犯，但是其主观恶性极大或者具有其他严重情节，因而在从犯的刑事责任上赋予法官更大的自由裁量空间，通常情况下减轻，但也允许与主犯同等处刑的情况。三是同等处罚主义。这种观点认为无论是主犯还是从犯都实施了符合构成要件的犯罪行为，主观上也具备了实现犯罪的故意，应当视为一个整体而承担同等的责任。

根据《刑法》第27条第2款的规定："对于从犯，应当从轻、减轻处罚或者免除处罚。"可见我国采用的是必减主义，不仅规定了"应当"，还规定了大幅度的减刑空间，甚至可以免除处罚，很好地贯彻了罪责刑相统一的原则。

【案例解读】杭锦旗人民法院刑事判决书（2012）杭刑初字第113号：杭锦旗农机局领导甲、乙、丙三人，经局长会议多次研究，将单位公款借给他人从事营利活动，且数额较大，其行为已经构成挪用公款罪。甲、乙在挪用公款犯罪中起主要作用，系主犯；丙作为该单位纪检员，未履行好纪检监督职责，在主管财务期间参与研究并认可违法行为，在挪用公款犯罪中起次要辅助作用，系从犯。

三、胁从犯

《刑法》第28条规定"对于被胁迫参加犯罪的"，是胁从犯。

（一）概念

所谓胁从犯，是指在共同犯罪中被胁迫参加犯罪的人。胁从犯是我国刑法独特的体例，考虑到其在实施犯罪时的特殊性，故将其单独规定。它具有主客观两个方面的特殊性：客观上，行为人虽然与从犯一样，也实行了犯罪或者提供了帮助，但是其犯罪行为一定是一种消极怠慢的行为；倘若其在被迫参与犯罪后，积极主动地参与犯罪，则性质发生了变化，转化为从犯甚至是主犯。主观上，行为人对于自己参与的犯罪行为是明知的，只是基于他人物理或精神上的强迫才参与了共同犯罪，反映出自由意志受到干涉的心理状态。

（二）认定

对胁从犯的认定，会受到有无胁迫、胁迫程度、参与犯罪过程的变化等诸多因素的影响，因而需要具体判断。首先，胁从犯必须受到胁迫，如果仅仅是受到"诱骗"或者轻微的胁迫，则其自由意志并未受到干涉，不构成胁从犯；其次，胁从犯所受到的强制不能超越一定界限，在身体或者意志受到绝对强制的情况下，为了避免国家、公共利益，本人或者他人利益受到侵害，不得已损害了第三人的较小利益，行为人可以主张紧急避险，而不构成胁从犯；最后，只有相对强制才是典型的胁从犯，指虽被胁迫参与犯罪，但仍具有选择是否参与犯罪的余地。胁从犯一般在共同犯罪中处于从犯的地位，但如果胁从犯一开始是因受威胁而被动参加犯罪，后来却积极主动参与犯罪并起到主要作用的，则按主犯处理。

（三）刑事责任

《刑法》第 28 条规定："对于被胁迫参加犯罪的，应当按照他的犯罪情节减轻处罚或者免除处罚。"可见，对于胁从犯，较主犯、从犯有着更轻的量刑规则，根据其犯罪情节作出减轻或免除处罚的判决。判断其量刑情节应当考虑以下几个角度：一是受到强制的程度。程度越深，反映其主观恶性越小，人身危险性越小；反之，则反映出其具有一定的主动性，人身危险性也随之增大。二是要考虑其发挥作用的大小。如果从始至终以一种消极怠慢的方式进行辅助犯罪的行为，则倾向于免除处罚；如果在共同犯罪中发挥了必不可少的作用，则倾向于减轻处罚。

四、教唆犯

（一）概念

教唆犯是指使没有犯罪意图的人产生犯意并实行犯罪行为，或者故意唆使并引起他人实施符合构成要件的违法行为的人。

（二）成立条件

1. 教唆对象

首先，教唆对象必须是事先无犯罪意图的人。如果被教唆者已经产生了该犯罪的决意，行为人的教唆行为只可能起到强化犯意的作用，即只能构成帮助犯而非教唆犯。其次，教唆的对象必须具有特定性。如果行为人教唆的对象不特定，那么其行为符合"煽动"的特性，一般具有较大危害性，如煽动分裂国家罪。当然，这里的"特定"并不局限于一人，也可以对特定的多人进行教唆行为。最后，对于教唆对象是否需要具有刑事责任能力的问题，理论上存在不同的观点。传统的极端从属说认为，共同犯罪中各主体必须均达到刑事责任年龄、具有刑事责任能力，只有这样才可能成立共同犯罪并进一步构成教唆犯。而限制从属说认为，应当具体考虑被教唆者的规范意识，如果其具有规范意识，即便是未达刑事责任年龄的人也可以构成共同犯罪。本书同意后一种观点，因为教唆对象是事先没有犯罪意图的人，只有具备规范意识，才能使教唆犯的教唆行为有针对性，否则应当按照间接正犯来认定。

2. 教唆行为

首先，教唆的内容应当具有特定性，即教唆他人实施特定的犯罪行为。行为人教唆他人实施的一定是犯罪行为，如果仅仅是违法行为或者违背公序良俗的行为，便不能评价为教唆犯。同时，教唆的犯罪行为应该相对特定，如果仅仅教唆他人实施不特定的犯罪，则很难评价为教唆行为。其次，教唆方式、方法具有多样性。行为既可以是口头形式，也可以是书面形式，甚至肢体动作示意也可以构成教唆。具体方法上可以且不局限于下列行为，如请求、怂恿、指使、鼓吹、挑拨、威胁、劝诫、引诱、激将、命令等行为。最后，教唆行为是否需要具备独立性。按照我国刑法的规定，行为人只要实施了教唆行为，无论被教唆者是否接受教唆或者实行相应犯罪，都成立教唆犯。

3. 教唆故意

行为人在主观上必须具备认识到自己的教唆行为会引起他人的犯罪意图，他人在犯罪意图的支配下会实施相应的犯罪行为，并且希望或放任他人犯罪的心理状态。在认识因素上，行为人不仅要对自己的教唆行为有所认识——会引起他人的犯罪意图，同时还要对他人在犯罪意图支配下将要实施的犯罪行为有所认识，如果其没有认识到自己使他人产生了犯罪意图，则不构成教唆犯。如果教唆者本欲教唆实则起到间接正犯作用的，例如，不知对方为精神病，进行了教唆实则为间接正犯的行为，按照教唆犯处理。[1] 在意志因素上，行为人对因自己的教唆行为引起他人产生犯罪意图并在该意图支配下实施特定犯罪持希望或者放任态度。

在刑事诉讼中，有一种特殊侦查手段常常引起人们的争议，即诱惑侦查。它指的是侦查人员及其协助者为了破获一些较为隐蔽的案件，通过提供机会或者设置情景等形式，待犯罪嫌疑人暴露时将其抓获的一种特殊侦查手段。[2] 很多学者认为侦查机关的这种行为也属于一种教唆行为，突破了打击犯罪的底线，有陷人入罪的嫌疑，故应当受到法律的禁止。本书认为，应当分情况讨论。对于"犯意诱发型"的诱惑侦查，这种形式使得本无犯意的犯罪嫌疑人产生了犯罪意图，并进一步实施相应犯罪，符合教唆犯的成立条件，法律应当予以禁止。但是对于"提供帮助型"的诱惑侦查，犯罪嫌疑人本身就有进行犯罪的意图，侦查人员提供特定条件或机会，只是一种使隐蔽犯罪浮出水面的侦查手段，并不符合教唆犯的情形。

（三）教唆的错误

行为人只对自己教唆的犯罪承担责任，如果被教唆人产生误解实施其他犯罪，按照教唆罪的未遂处理。例如，因发音不清，甲教

---

[1] 参见阮齐林：《刑法》，中国人民大学出版社 2013 年版，第 86 页。

[2] 参见吴丹红、孙孝福：《论诱惑侦查》，载《法商研究》2001 年第 4 期。

唆乙抢劫，实际乙实施了强奸，甲成立抢劫罪的未遂。如果被教唆人实施的犯罪超出了被教唆之罪的范围，根据罪责自负原则，教唆人只在轻罪范围内成立教唆的既遂。

（四）教唆的未遂与未遂的教唆

教唆的未遂，是指被教唆人没有被教唆成功或者虽然被教唆成功但最终并未完成的情形，包括：①失败的教唆，即教唆对象没有理解教唆内容，没有产生犯罪决意；②无效果的教唆，即教唆对象产生了犯意但没实施犯罪行为；③没有发生犯罪结果的教唆，指教唆对象产生犯罪意图并有实行行为，但没达到既遂结果。

未遂的教唆，指欺诈教唆，即教唆者在实施教唆行为时就认识到被教唆行为不可能达到既遂。对于未遂的教唆是否应当处罚的问题，首先要从客观上根据行为有无具体危险性，判断究竟是属于不能犯还是未遂犯。对于绝对不能犯，如明知保险柜中无钱，仍教唆他人盗窃保险柜的，因不可能实现取财结果，因此不具有法益侵害的现实危险，故不具有刑事可罚性。但如果教唆者以为被害人出差不在家，于是指使他人在被害人家中放火，但实际上被害人提前回家而被火烧死，这种情况下因犯罪结果具有发生的可能性，所以不属于绝对不能犯，应追究其教唆犯罪的刑事责任。

（五）刑事责任

根据《刑法》第 29 条的规定，教唆犯的刑事责任有如下三种情形：

第一，教唆他人犯罪的，应当按照他在共同犯罪中所起的作用处罚。根据体系解释，该条文暗含了被教唆人也实行了相应的犯罪，即被教唆人已经实施了预备行为或实行行为，或已经达到既遂。对教唆犯的处罚，与被教唆人的行为无关，而是依据教唆犯在共同犯罪中实际发挥的作用来处罚。如果教唆犯起到了主要作用，则按照主犯来处罚；反之，则按照从犯来处罚。通常讲，由于教唆犯引起了他人的犯罪故意，主观恶性和社会危害性都较大，一般是按照主犯来处理的，但是也存在一些特殊情况，如教唆他人实施帮助行为、教唆犯本身属于胁从犯等情形。

第二，教唆不满 18 周岁的人犯罪的，应当从重处罚。此类犯罪必须从重打击，未成年人心智尚未成熟，对于事物的看法还不成熟，因而各个法律均对未成年人有着特殊的保护。犯罪分子明知对象是未成年人，还对其进行教唆，促使其走上违法犯罪的道路，因而需要加强惩治，间接体现对未成年人的保护。需要注意的是，条文中"不满 18 周岁的人犯罪"在不同学说下有着不同的理解。根据犯罪共同说，这一表述应当分为三种情况：一是教唆已满 16 周岁未满 18 周岁的人犯任何罪，都属于教唆犯并从重处罚。二是教唆已满 14 周岁未满 16 周岁的人犯罪。如果属于故意杀人、故意伤害致人重伤或死亡、强奸、抢劫、贩卖毒品、防火、爆炸、投放危险物质罪的情况，则构成教唆犯并加重处罚；如果属于其他犯罪，由于被教唆人不具备犯罪主体资格，对于行为人应当按照间接正犯处理。三是教唆未满 14 周岁的人犯罪，直接按照间接正犯来处理即可。而根据行为共同说，构成共同犯罪只要考虑行为人的行为即可，因而上述情形一律可以构成教唆犯并加重处罚。

第三，如果被教唆的人没有犯被教唆的罪，对于教唆犯，可以从轻或者减轻处罚。可见我国在教唆犯中采用的是共犯独立性说，无论被教唆人是否实施了犯罪，对于教唆犯都要进行处罚，教唆犯由于其教唆行为而单独受到刑法的否定评价。具体包括以下几种情形：一是被教唆人拒绝了教唆犯的教唆，即根本未使其产生犯意；二是被教唆人当时接受了教唆，但是并没有进行任何犯罪活动或者已经打消犯意；三是被教唆人接受了教唆，但是所犯罪行与教唆之罪没有任何重合关系。这几种情形同样需要进行惩处，考虑到未造成实际后果，因而可以从轻或者减轻处罚。

第三节 帮助行为的正犯化

随着时代变迁与犯罪类型的不断异化，帮助行为的社会危害性日益突显，其在犯罪中的地位逐渐由附属性演变为独立性、由从属性演变为主导性，在犯罪中的地位和性质发生了根本变化。例如，为网络犯罪提供技术帮助的行为，尽管表象上属于正犯行为的帮助犯，但本质上已经具备了独立的社会危害性和类型化特征，有必要将其提升为实行行为，通过刑法分则设定罪名进行刑法评价，而无需再依赖于共犯理论。有鉴于此，世界各国不断推进刑罚处罚的早期化，……处罚对预备、未遂的教唆、帮助成为重要的立法方向。[1] 无论是既往的立法经验，还是逐渐增多的司法解释，都在探索帮助行为正犯化的有效路径，确立了片面共犯正犯化、帮助行为正犯化、帮助违法行为犯罪化的应对思路。本书通过梳理与反思现有刑法分则中有关帮助行为的入罪化思路，为共犯理论的研究寻求立法基础，在全面承认片面共犯、共犯限制从属性的基础上，短期内实现大部分帮助行为的正犯化，[2] 此为帮助行为正犯化最为便捷有效的解决路径。同时，对于具有严重社会危害性的帮助违法行为，以及共犯理论无法涵盖的非共犯帮助行为，[3] 应当实现积极的入罪化。

---

〔1〕 参见姜敏：《法益保护前置：刑法对食品安全保护的路径选择——以帮助行为正犯化为研究视角》，载《北京师范大学学报（社会科学版）》2013年第5期。

〔2〕 严格来讲，片面共犯、共犯限制从属性所解决的帮助行为的刑法评价问题，并非帮助行为的正犯化，但在我国目前理论界尚未普遍引入上述理论的背景下，暂且将此种评价思路称之为"正犯化"。

〔3〕 非共犯帮助行为主要包括帮助违法行为、事后帮助等没有正犯、不存在共犯形态的帮助行为。

一、帮助行为正犯化的基本范畴与立法梳理

帮助行为作为共犯论体系中的概念，一般只有在共犯论中才有刑法学上的价值。但是，鉴于某些帮助行为逐渐从原来的共犯形态中获得了独立性甚至主导性，同时伴随大量具有严重社会危害性的帮助违法行为的出现，刑法与司法解释不断将其犯罪化。因此，有必要在明确帮助行为及其正犯化模式内涵的基础上，对于以往立法经验进行梳理，以期服务于共犯理论研究。

（一）帮助行为正犯化的内涵明确

共犯理论体系下，帮助行为依托于实行行为方能产生危害结果，脱离了实行行为则无法独立地对法益造成侵害。换言之，帮助行为需要参与实行行为、与实行行为搭配方能具备刑法上的意义。[1] 因此，所谓帮助行为的入罪化，一般是指提升的实行行为，将原本属于其他犯罪的帮助行为予以犯罪化，使其独立成罪，成为新的犯罪的实行行为。[2]

1. 刑法中的帮助行为

从刑法层面上讲，帮助行为是指实行行为以外的行为，是使正犯更易实施的行为。换言之，帮助意味着对正犯予以加功、对其构成要件该当行为予以促进之事实。但是，并不要求帮助行为是正犯实施必不可少的行为，只是属于一种加功行为。[3] 因此，根据刑法意义上帮助行为的概念，帮助行为成立犯罪的，需要满足如下两个条件：①帮助行为者实施了帮助正犯的行为；②根据该种帮助，被帮助人实施了实行行为。[4]

---

〔1〕 参见江溯：《论刑法中帮助行为的结构》，载《法学论坛》2015 年第 4 期。

〔2〕 参见张小虎：《犯罪实行行为之解析》，载《政治与法律》2007 年第 2 期。

〔3〕 参见［日］山口厚：《刑法总论》（第 2 版），付立庆译，中国人民大学出版社 2011 年版，第 34 页。

〔4〕 参见［日］大谷实：《刑法讲义总论》（新版第 2 版），黎宏译，中国人民大学出版社 2008 年版，第 378 页。

由上可以看出，在一般情况下，帮助行为本身不会侵害刑法所保护的法益，不单独具有刑法评价的意义。但是，其一旦具备侵害法益的可能，则进入刑法的评价范围之内。主要包括两种情况：其一，与实行行为相结合，对法益形成侵害，此为典型的帮助犯；其二，帮助行为在共犯中逐渐获得独立性和主导性，具备独立的类型化特征和法益侵害性，刑法对其予以入罪化，又称之为"帮助行为的正犯化"。整体上讲，根据行为类型的不同，可以将其划分为提供工具的帮助、资助型帮助、介绍型帮助、容留型帮助、事后的帮助等。同时，根据帮助类型的差异及其在共犯中的地位，不同的帮助类型亦具有不同的入罪化标准。

2. 帮助行为正犯化的范畴界定

根据共犯理论，帮助行为须依托于实行行为方具有刑事可罚性，帮助犯与实行犯适用同一法条定罪量刑。但是，随着帮助恐怖主义犯罪等帮助行为独立性与社会危害性的增强，刑法不断将其实行行为化，将一些帮助行为独立为具体的犯罪，并设定独立的罪名和法定刑，强化对于重大法益的保护。[1] 关于帮助行为的正犯化，从狭义的角度一般指帮助犯的正犯化，即刑法将原本属于刑法分则条文规定的正犯的帮助行为，直接规定为正犯行为，并设置独立法定刑的一种立法模式。广义上来讲，帮助行为的正犯化泛指刑法分则中所有正犯帮助行为的入罪化，即对于违法、犯罪行为的帮助行为，通过新增罪名或者罪名修正的形式予以入罪化的一种立法模式。

（1）基于狭义的范畴：帮助犯的正犯化。根据共犯理论，帮助行为可罚性的前提在于通过正犯间接威胁或者侵害到了法益，不存

---

〔1〕 参见赵秉志、杜邈：《刑法修正案（九）：法益保护前置织密反恐法网》，载《检察日报》2015年9月28日，第3版。

在没有正犯的共犯。[1] 因此，共犯的成立须以正犯为前提，并要求共犯之间存在共同的意思联络。在被帮助方未实施实行行为的情况下，根据共犯从属性说很难认定帮助行为的刑事责任。同时，根据限制从属性说，成立共犯仅需要他人作为正犯故意且违法地实现构成要件，无论他人是否应当承担罪责。[2] 换言之，共犯的可罚性根据源于正犯，但罪责却是独立的，这就克服了狭义的共犯从属性说对于共犯刑事责任认定的困境。但是，即使在限制从属性说下，帮助犯的成立仍然需要以正犯的存在为前提，这就使部分已经具有独立类型化特征和独立法益侵害性的帮助行为难以得到有效评价。因此，刑法将此类帮助犯提升为正犯，相关的帮助行为上升为实行行为。

（2）基于广义的范畴：帮助行为的入罪化。除了典型意义上的帮助犯的正犯化之外，刑法分则还对不存在共犯形态、不存在正犯行为的帮助行为予以入罪化，例如，容留卖淫行为、容留吸毒行为等。对于此类帮助违法行为或者为不特定多数人提供违法犯罪便利的行为，很难根据共犯理论进行评价。详言之，从行为人本身来讲，卖淫、吸毒等违法行为作为一种自损行为，对于他人和社会秩序的损害相对较小，尚未达到严重危害社会的程度。[3] 但是，部分违法行为，随着帮助行为的介入，不再局限于违法行为人单独或者双向之间，而是具备了无限扩张的可能性。此种情况下，刑法对其予以犯罪化，并非是对共犯理论的背反，而是刑法犯罪圈扩张的一种新模式。为了全面探讨帮助行为的入罪化模式，本书采用广义的概念，作为帮助行为入罪化思考的前提基础。

---

〔1〕 参见张伟：《帮助犯概念与范畴的现代展开》，载《现代法学》2012 年第 4 期。

〔2〕 参见［德］乌尔斯·金德霍伊泽尔：《刑法总论教科书》（第 6 版），蔡桂生译，北京大学出版社 2015 年版，第 232 页。

〔3〕 参见宋宁华：《吸毒在我国为何不构成犯罪?》，载《新民晚报》2008 年 1 月 29 日，第 A14 版。

（二）帮助行为正犯化的立法概览

1997 年《刑法》出台以来，帮助行为正犯化的立法探索从未停止，从 1997 年《刑法》确立的资助型犯罪、运输型犯罪、协助型犯罪以及帮助违法行为的入罪化，到历次刑法修正，均体现了立法对于具备独立的类型化、法益侵害性的帮助行为正犯化的探索和尝试，逐步形成了刑法分则中帮助行为正犯化的立法模式和罪名体系。

从刑法分则罪名体系来看，帮助行为正犯化的罪名主要集中在"妨害社会管理秩序罪"一章之中，数量为 25 个，占到了罪名总数的近 60%，足见刑法对于社会法益的重视。其中，关于扰乱公共秩序罪，走私、贩卖、运输、制造毒品罪，妨害司法罪，组织、强迫、引诱、容留、介绍卖淫罪等罪名在妨害社会管理秩序罪中占有主要数量，这也成为今后刑法修正中共犯正犯化的关注方向之一。

但需要明确的是，"妨害社会管理秩序罪"一章中的罪名，大多并非狭义的帮助行为正犯化，而是刑法根据相关行为的社会危害性直接将其入罪，并不属于刑法理论界所争议的帮助行为正犯化的问题。但是，出于对帮助行为入罪化的整体思考，本书将其统计在内。实际上，帮助行为正犯化逐渐呈现出立法对于链条化、产业化犯罪的重点制裁，在妨害社会管理秩序罪中尤为明显。

二、刑法分则中帮助行为正犯化的类型解读与罪名审视

关于帮助行为的正犯化，一如前文所述，本书采广义的概念，不仅包括帮助犯的正犯化，还涵盖了诸如帮助违法等非共犯帮助行为的入罪化。以此更加全面地探究帮助行为的正犯化思路，为共犯理论的研究提供立法经验支持，并为今后帮助行为的正犯化立法提供理论支持。

（一）狭义的解读：关于帮助犯的正犯化

刑法分则中关于帮助犯正犯化的立法表述，可以被划分为典型

的帮助犯正犯化和有限的正犯化，前者对于正犯行为没有任何要求，真正实现了帮助行为的"独立化"，如帮助恐怖活动罪；后者的成立，则须要明知正犯存在，或者基于正犯的存在产生侵害法益的危险，如协助组织卖淫罪。

1. 典型的帮助犯正犯化：被刑法独立提升为实行行为

典型的帮助犯正犯化，又称"帮助犯的绝对正犯化"，即刑法将帮助犯通过分则条文直接提升为正犯，具备同其他正犯一样的犯罪构成和法定刑。[1] 从行为类型上看，刑法分则中帮助犯的绝对正犯化罪名主要包括资助型犯罪、介绍型犯罪以及提供特殊内容型犯罪。

（1）类型之一：资助型犯罪。资助行为并不是一种新的不法行为，考虑到恐怖主义犯罪、危害国家安全犯罪的严重危害性，世界各国普遍将资助恐怖主义犯罪的行为纳入刑法半径之内。例如，联合国《制止向恐怖主义提供资助的国际公约》《安理会第 1373 号决议》均规定了本国国民或在本国领土内，以任何手段直接或者间接提供、筹集资金，并意图将这些资金用于恐怖主义犯罪或知晓资金将用于恐怖主义犯罪的行为，应当认定为犯罪。[2]

我国刑法分则中，典型的资助型犯罪包括两个罪名，即《刑法》第 107 条的资助危害国家安全犯罪活动罪、第 120 条之一的帮助恐怖活动罪。根据帮助对象，刑法将资助危害国家安全犯罪和恐怖活动犯罪的行为直接予以入罪化，较共犯的限制从属性说更进一步，实现了原有共犯的独立化，即无须正犯的存在便可直接予以入罪化。这一模式在德国刑法中同样得到了体现，其中，《德国刑法典》第 129a 条第 5 款第 5 项规定：行为人支持恐怖组织实施本条第 1 款和第 2 款规定的犯罪行为，处 6 个月以上、10 年以下有期徒

---

〔1〕 张明楷：《论帮助信息网络犯罪活动罪》，载《政治与法律》2016 年第 2 期。

〔2〕 参见皮勇：《网络恐怖活动犯罪及其整体法律对策》，载《环球法律评论》2013 年第 1 期。

刑；行为人支持恐怖组织实施本条第 3 款规定的犯罪行为，处 5 年以下有期徒刑或判处罚金；行为人为了帮助恐怖组织实施本条第 1 款和第 2 款的犯罪而招募成员和支持者的，处 6 个月以上、5 年以下有期徒刑。

此外，我国立法在资助行为入罪化的基础上，更进一步实现了资助行为向帮助行为入罪化的一体化、类型化设置。《刑法修正案（九）》对资助恐怖活动罪进行了修正，将恐怖活动犯罪的帮助行为予以类型化，使其从单一的资助行为扩张为类型化的帮助行为。根据《刑法》第 120 条之一的规定，帮助恐怖活动成立犯罪的类型化行为包括：其一，资助恐怖活动组织、实施恐怖活动的个人；其二，资助恐怖活动培训；其三，为恐怖活动组织、实施恐怖活动或者恐怖活动培训招募、运送人员。从类型化表述上看，尽管刑法增设帮助恐怖活动罪，但其行为类型所涵盖的内容仍然相对简单，整体上可以归结为资助恐怖活动组织和实施恐怖活动的个人行为、资助培训行为、招募、运送行为。

（2）类型之二：介绍型犯罪。典型的介绍型犯罪为我国《刑法》第 392 条规定的介绍贿赂罪，即向国家工作人员介绍贿赂，情节严重的行为。对于介绍贿赂这一贿赂犯罪的帮助行为是否入罪，曾有意见认为，完全可以根据刑法总则的规定对介绍贿赂人以行贿罪或受贿罪的共犯处罚，没有必要单设一个介绍贿赂罪。[1] 但是，介绍贿赂已经具备了不同于行贿或受贿共犯的特性，具备了类型化特征。例如，以介绍贿赂为业的职业掮客，其一对多的帮助行为俨然已经超越了贿赂犯罪共犯所能评价的范畴。因此，介绍贿赂罪仍然以独立罪名的形式出现在刑法分则中。此外，《刑法》第 205 条规定的虚开增值税专用发票罪中，介绍他人虚开增值税专用发票的行为，第 359 条中介绍卖淫的行为，同样直接构成本罪，并未设置

---

〔1〕 参见高铭暄：《中华人民共和国刑法的孕育诞生和发展完善》，北京大学出版社 2012 年版，第 614 页。

"情节严重"这一入罪门槛。

（3）类型之三：提供特殊内容型犯罪。提供帮助行为在刑法分则中数量相对较多，根据提供内容类型的不同，刑法对于帮助者的主观要件设置了不同的规定。例如，《刑法》第 285 条提供侵入、非法控制计算机信息系统程序、工具罪，根据提供的计算机信息系统程序、工具的不同，将提供专门用于侵入、非法控制计算机信息系统的程序、工具的行为直接予以入罪，对于被帮助方及其行为无任何要求；对于提供程序、工具的一般中立行为，则要求帮助者明知他人实施侵入、非法控制计算机信息系统的违法犯罪行为而为其提供帮助。因此，同一条文中出现了两种不同的入罪模式。除此之外，《刑法》第 284 条之一非法提供试题、答案罪，第 320 条提供伪造、变造的出入境证件罪，第 355 条非法提供麻醉药品、精神药品罪，第 375 条非法提供武装部队专用标志罪都属于提供特定对象的行为，此类行为因具备了独立的类型化和可罚性，刑法直接予以入罪化。其中，对于第 253 条之一侵犯公民个人信息罪，违反国家有关规定，向他人提供公民个人信息，情节严重的行为即构成犯罪，无论被提供者是否利用相关信息实施了具体的犯罪，这在某种程度上亦属于绝对的正犯化。

2. 有限的正犯化：以帮助行为具备独立的法益侵害性为前提

有限的正犯化，也可称为"帮助犯的相对正犯化"，即帮助犯根据其本身是否侵害法益及其侵害法益的程度，被有条件地正犯化。例如，通过主观明知、情节严重等入罪条件的设置，将不存在正犯、但已经具有严重法益侵害性的行为予以正犯化处置。

（1）类型之一：提供型帮助行为的正犯化。提供特定帮助行为的入罪一般都以情节严重、明知存在正犯或者提供特定对象为要件，因此，关于提供型帮助行为的入罪化，立法设置了较高的门槛条件，避免刑法过度介入中立帮助行为。以帮助信息网络犯罪活动罪为例，当前较具权威性和代表性的关于《刑法修正案（九）》

的立法解读中，对于第 287 条之二，明确指出其遵循了理论界多次倡导的共犯正犯化的立法思路：一方面，通过正犯化可以解决正犯不能到案无法追究帮助犯的被动；另一方面，鉴于网络帮助行为所呈现出的一对多关系，使其成为网络犯罪的关键环节，传统共犯理论对其在缺乏正犯的情况下要么无法评价、要么评价不足。因此，《刑法修正案（九）》规定了网络帮助行为的正犯化规则。[1] 相关的立法例主要包括：《刑法》第 285 条提供侵入、非法控制计算机信息系统程序、工具罪，第 287 条之二帮助信息网络犯罪活动罪，第 363 条为他人提供书号出版淫秽书刊罪，均以明知他人实施犯罪为前提，在正犯未实施犯罪的情况下，判定其是否成立犯罪，需要判断其自身是否具备独立的法益侵害性。

（2）类型之二：协助型帮助行为的正犯化。协助型帮助行为主要包括为犯罪实施接送、中转、招募或者运送人员等协助行为，大多以被协助行为构成犯罪为前提。例如，《刑法》第 191 条洗钱罪中协助"将财产转换为现金"入罪化的前提，为明知该财产为特定犯罪所得；第 244 条强迫劳动罪中的"为其招募、运送人员或者有其他协助强迫他人劳动行为的"，以明知他人实施强迫劳动犯罪行为为前提；第 358 条协助组织卖淫罪中的"招募、运送人员或者有其他协助组织他人卖淫行为的"，以存在组织卖淫的人为前提。对于帮助违法行为独立入罪的正当性，有学者指出：专门为卖淫场所招募、运送人员的组织和个人，他们虽不参加组织卖淫、强迫卖淫活动，但为了牟利，致使许多女性陷入不幸境地，对这种"帮凶"应追究刑事责任。基于同样的道理，1997 年《刑法》颁布之后，出现了专门为强迫劳动场所招募、接送、转运人员的组织和个人，虽然这些人不直接参与强迫他人劳动的犯罪，但正是这些招募、接送行为，使劳动者落入悲惨境地，社会危害性巨大，必须予以

---

〔1〕 参见胡云腾：《谈〈刑法修正案（九）〉的理论与实践创新》，载《中国审判》2015 年第 20 期。

惩戒。

（二）广义的解读：关于帮助行为的入罪化

除了狭义的帮助犯正犯化，刑法分则中还存在大量帮助行为入罪化的立法例，主要体现为帮助违法行为、中立帮助行为、事后帮助行为以及一系列特殊帮助行为的入罪化。

1. 帮助违法行为入罪化：容留型犯罪

帮助违法行为是指，明知他人实施违法行为而依然提供帮助的行为。刑法分则中，帮助违法行为入罪化的典型罪名包括：第354条容留他人吸毒罪、第359条容留卖淫罪。尽管诸如卖淫、吸毒等违法行为本身作为一种自损行为或者违反公序良俗的行为，社会危害性相对较小，但帮助违法行为作为一对多的帮助，直接或者间接促成了违法行为的发生，成为诱发违法行为高发的助推力量，推进了社会危害面的扩张，对社会秩序造成了大范围的、潜在的危害，有必要进入刑法的打击半径之内。因此，1997年《刑法》分别将容留他人吸毒和容留、介绍卖淫行为予以入罪化，并且未设置定量因素，即容留行为将直接构罪，体现了刑法严厉打击帮助吸毒、卖淫行为的立法态度。此外，值得注意的是，《刑法修正案（九）》增设的资助非法聚集罪确立了多次帮助违法行为、情节严重行为的入罪模式，使得帮助违法行为入罪化具备了独立的定量标准，也为帮助违法行为的入罪化提供了新的立法模式与路径。

2. 中立帮助行为入罪化：运输型犯罪

严格意义上讲，运输行为属于一种中立行为，但刑法分则所设置的运输型犯罪大多具备了刑事可罚性与类型化的特征。此类行为本质上并非属于帮助犯的正犯化，但由于具备帮助行为的特征，其立法模式仍然具备一定的借鉴价值。对于大部分犯罪而言，以运输方式为实行行为提供帮助的，一般以帮助犯论处，其罪名的成立以存在正犯为前提。例如，明知他人生产、销售伪劣产品而为其提供长期的运输服务，明知他人实施杀人行为、抢劫行为而为其运送作案工具的，如果正犯不存在，则以上运输行为不构成犯罪。但是，对于运输特殊物品，如枪支、弹药、爆炸物，无论是帮助他人运输，还是为自己实施犯罪而运输，只要对运输对象明知，刑法直接对运输行为予以单独评价。从对象上看，主要包括了枪支、弹药、爆炸物、危险物质，假币，伪造的空白信用卡，珍贵、濒危野生动物，珍贵、濒危野生动物制品，国家重点保护植物，国家重点保护植物制品，盗伐、滥伐的林木，毒品，毒品原植物种子、幼苗。因此，运输此类物品的行为本身独立具备了社会危害性，刑法将其独立入罪。

3. 事后帮助行为入罪化：事后帮助犯

正犯行为实施终了之后，不可能再实施帮助行为。因此，一般不存在事后帮助犯。事后帮助行为，一般是指帮助行为人在正犯实施实行行为之后再参与其犯罪的情况。例如，《刑法》第310条规定的窝藏罪，对于明知是犯罪的人而为其提供隐藏处所、财物，帮助其逃匿的行为单独认定为犯罪。本质上讲，尽管行为人客观上给予犯罪人财物或者物质上的帮助，但其并非帮助犯罪人实施犯罪，而属于一种事后的帮助。对于此类行为，刑法将其作为独立的犯罪形态予以评价。

除了以上类型化的帮助行为，还存在某些特殊帮助行为入罪化的立法模式，其中，帮助毁灭、伪造证据罪就是典型的代表。此外，《刑法》第417条帮助犯罪分子逃避处罚罪具备独立侵害的法益，是对国家有关机关查禁活动的侵犯，并非是正犯的帮助行为。其本身具备了独立的法益侵害性，是对于国家机关工作人员职能的侵犯，尽管罪名中含有"帮助"一词，但是，其实质并非帮助行为的正犯化。

三、帮助行为正犯化的理论纷争与反思

关于帮助行为正犯化，无论是狭义的帮助犯的正犯化，亦或者

广义的帮助行为的入罪化，都面临着理论界的诸多质疑。客观讲，帮助行为的正犯化作为刑法在新的时代背景、新的犯罪情势下对犯罪的一种立法反击，是一种罪名严密化与犯罪化的过程，并不会造成共犯理论的颠覆，更不会引发刑罚圈的无限度扩张。

（一）关于帮助行为正犯化的理论质疑

随着《刑法修正案（九）》帮助恐怖活动罪等罪名的增设，帮助行为正犯化与预备行为实行化的正当性根据及其限度再次成为学界关注的热点，并引发了部分学者的质疑，认为是对传统共犯理论的反对，容易造成正犯概念与共犯概念的混淆。

1. 质疑之一：动摇刑法总则共犯理论体系

对于帮助行为的正犯化，有学者从共犯理论体系的完整性指出：共犯正犯化"就这样动摇了共同犯罪的根基"，以协助组织卖淫罪为例，此种立法模式造成协助组织卖淫罪的共同犯罪中不存在主犯，组织卖淫罪的共同犯罪中不存在从犯，颠覆了刑法总则关于共同犯罪的规定。[1] 另有学者持相似观点，认为主从犯分别设置罪名的立法模式使得刑事立法的科学性大打折扣，导致刑法总则关于共同犯罪人的划分失去意义，模糊了共犯界限。[2]

本书认为，刑法关于帮助行为正犯化的立法确认，不仅没有破坏共犯理论体系，反而从立法层面捍卫了正犯与共犯的界限，是对限制的正犯概念的立法维护，避免司法解释过度扩张正犯的处罚范围。例如，资助型犯罪、帮助介绍行为的正犯化、提供特殊对象的正犯化，通过刑法对相关行为的明确，避免了实践中过度扩张帮助行为范围的可能。同时，坚持共犯从属性原则，并不排斥帮助犯的正犯化。由于刑法分则是具体或特别的规定，所以，它完全可能在

---

〔1〕 参见郑伟：《就这样动摇了共同犯罪的根基——论组织卖淫罪与协助组织卖淫罪的怪异切分》，载《法学》2009 年第 12 期。

〔2〕 参见刘鹏：《共犯异罪的立法研究——谈刑法中的独立从犯与独立教唆犯》，载《贵州大学学报（社会科学版）》2001 年第 4 期。

总则要求之外另设特定或例外的规定。所以，不能要求分则规定完全"符合"总则规定。[1] 因此，帮助行为实行化，是刑法犯罪化的一种手段和模式，对于共犯理论并未产生影响。

2. 质疑之二：以量刑合理性舍弃构成要件定型性

对于帮助犯正犯化后的罪名设置，有学者指出："实质客观说之下形成所谓'共犯行为正犯化'的逻辑结论存在明显的体系性弊端，为求得量刑的合理性而舍弃构成要件的定型性、类型性的路径并不可取。"[2] 换言之，帮助犯正犯化思路将实行行为的外延不断扩大，削弱甚至消除了实行行为的类型化功能。[3] 本书认为，帮助犯的正犯化，不仅不是为了取得量刑合理性而舍弃构成要件定型性，反而推动和保障了构成要件定型性。从量刑方面来讲，我国刑法总则对于共犯刑事责任的划分主要采取作用分类法，因此，帮助行为在共同犯罪中未必就是起次要作用的，其同样可以发挥主要作用而成立主犯。[4] 既然帮助行为亦可成立主犯，这就谈不上为了量刑合理性而舍弃构成要件定型性。另外，刑法通过帮助犯的正犯化，严密罪名体系、扩大犯罪化的范围，其本质上属于构成要件定型性的一个过程。

3. 质疑之三：帮助违法行为入罪化引发犯罪范围的过度扩张

除了关于帮助犯正犯化的质疑外，理论界还对帮助违法行为入罪化是否过度扩张了刑罚圈存在争议。换言之，作为实行行为的违法行为都不作为犯罪处理，一般的违法行为的帮助反而要处罚，而且是作为实行犯处罚。同样的质疑还产生于预备行为实行化的立法

---

〔1〕 参见张明楷：《刑法分则的解释原理》（第 2 版·上），中国人民大学出版社 2011 年版，第 379 页。

〔2〕 参见阎二鹏：《共犯行为正犯化及其反思》，载《国家检察官学院学报》2013 年第 3 期。

〔3〕 参见阎二鹏：《扩张正犯概念体系的建构——兼评对限制正犯概念的反思性检讨》，载《中国法学》2009 年第 3 期。

〔4〕 参见张明楷：《刑法的基本立场》，中国法制出版社 2002 年版，第 362 页。

实践中，例如，根据《刑法》第 120 条之二的规定，将恐怖活动的预备行为入罪化，带来了入罪口袋毫无边际的质疑。对此有学者指出：可以尝试同类解释的方法，将违法行为限制解释为同犯罪行为具有相近的犯罪性质、相当的社会危害性的行为。[1] 对于此种建议，从短期来讲，在无法立刻实现入罪化的情况下，将部分违法行为限制解释为犯罪行为有着必要性，但是对于"限制"的把握却成为拷问司法解释是否坚守罪刑法定原则的又一难题。

（二）帮助行为正犯化的正当性解读

一般来讲，被帮助的实行行为不成立犯罪，帮助行为当然亦不具备可罚性，帮助行为的可罚性源于正犯行为。因此，对于具有严重社会危害性的帮助行为的定性，最为稳妥的思路，是将其认定为具体犯罪的共犯（帮助犯）。但是，尽管此种解决思路最为恰当，对于帮助者的主观故意却难以查证，尤其在被帮助者未实施犯罪或者不构成犯罪的情况下，难以得到有效评价。鉴于此，帮助犯的正犯化成为解决这一问题的首选路径。

1. 直接原因：通过犯罪化严密刑法罪名体系

关于帮助行为的正犯化，最早可溯源至最高人民法院和最高人民检察院于 1992 年 12 月 11 日印发的《关于执行〈全国人民代表大会常务委员会关于严禁卖淫嫖娼的决定〉的若干问题的解答》，该文件将协助组织卖淫首次独立成罪。客观讲，从刑罚功利角度来看，刑法对帮助行为予以正犯化设置，是严密刑事法网、严厉制裁具有严重社会危害性帮助行为的立法努力。

（1）解决定性问题：突出重点打击。帮助行为与违法犯罪行为相结合，形成具有更大影响力和破坏力的综合形式的帮助型犯罪，间接推动了违法犯罪行为的高发，严重危害了社会秩序。因此，为了严厉打击组织犯罪集团、危害严重的首要分子和起主要作用的人

---

[1] 参见车浩：《刑事立法的法教义学反思——基于〈刑法修正案（九）〉的分析》，载《法学》2015 年第 10 期。

员，应对具有严重社会危害性的帮助行为予以重点制裁。[1] 例如，帮助网络犯罪活动行为成为网络犯罪链条中的关键环节，甚至成为很多网络犯罪的经济资助和技术根基，有鉴于此，《刑法修正案（九）》明确将网络犯罪资助行为和技术帮助行为，独立提升为正犯行为，严密网络犯罪刑法罪名体系的同时，首次确立了网络犯罪共犯行为正犯化的立法模式。此次刑法修正为网络犯罪共犯行为的制裁思路，为今后网络犯罪的刑法评价确立了参考模式。

（2）解决刑事责任问题：避免刑罚畸轻。尽管帮助行为亦可成立主犯，但鉴于其在犯罪中作用大小的难以认定以及司法实践存在的漏洞，立法根据部分帮助行为的严重社会危害性，将部分行为单独规定为犯罪，避免司法实践将其作为从犯量刑出现刑罚畸轻的问题。[2] 因此，帮助犯的正犯化正是罪责刑相适应原则的体现。根据刑法总则的规定，对从犯从轻处罚，但是鉴于其已经具备严重的社会危害性，并具有了特定的类型化特征，为避免司法实践中作为从犯予以从轻处罚，违反罪责刑相适应原则，在认定为帮助犯无法实现刑法全面评价的情况下，通过立法的入罪化，实现刑法的全面评价。

2. 本质原因：帮助行为正犯化的深层次考察

除了立法的功利目的之外，从本质上讲，帮助行为的正犯化源于其自身的独立性和类型化，更源于其自身独立的严重的社会危害性。

（1）帮助行为具备了类型化特征。共犯与正犯的界限，在于是否实施了实行行为。帮助行为正犯化，本质上是具有刑法独立评价意义和类型化特征的部分帮助行为，被赋予新的实行行为的内涵，并与以往被帮助的实行行为并列。此种情况，并未打破共犯与正犯

---

[1]　参见茹士春：《论帮助行为单独定罪——以协助组织卖淫罪与组织卖淫罪的切分为例》，载《中国刑事法杂志》2011年第1期。

[2]　参见张明楷：《刑法学》（第4版），法律出版社2011年版，第18页。

的划分，而是在罪名扩张之后，出现了新的罪名，不同罪名之间各自存在主犯与从犯之分，存在帮助行为与实行行为之分。

帮助行为本身具有法益侵害的可能性，受外界条件变迁的影响，曾经不具备独立的社会危害性或者居于从属地位的行为类型，在技术变革、社会分工等因素的影响下，自身具备了独立的社会危害性，或者在共犯中开始发挥主导作用。因此，帮助行为的社会危害性是否一定小于实行行为，不可一概而论。以伪造证照犯罪为例，在网络背景下证照信息均已实现了全国联网，仅依靠证件造假在多数情况下并无实际意义，此时进入信息系统增加或者窜改信息数据，对犯罪的主导性超越伪造证照这一实行行为本身。因此，帮助行为与实行行为的界限不是一成不变的，对社会的危害程度也是随着犯罪的异化而不断变化的，并逐渐具备独立的类型化特征。因此，刑法分则在帮助行为正犯化的立法例中，均设置了较为严谨的类型化内容，帮助行为的正犯化正是为了实现构成要件的类型化和定型性。

（2）帮助行为具备了独立的法益侵害性。一般而言，大多数的帮助行为本身并不具备社会危害性，在性质上大多属于中立行为，某种程度上讲，社会生活中几乎所有的行为都可以成为犯罪的帮助行为。但是，如果帮助的对象属于不特定的多数人，促使其实施违法犯罪行为，或者放任自己对不特定多数人的帮助行为的危害后果，尽管被帮助者可能根本不实施犯罪行为，但是却为公民人身财产安全、社会公共秩序带来了严重威胁，产生了社会危害性，此时便具备了刑法介入评价的必要性。例如，甲与乙吵架后，丙以为甲欲杀乙，便将一把长刀交给甲，结果甲未实施杀害行为。此时一般认为，丙的帮助行为不可罚。但是，在网络空间中，假设丙向 1000 人提供了可以侵入计算机信息的破坏性程序，但以上 1000 人均未实施相关犯罪，此时的帮助行为是否可罚值得商榷。[1] 根据抽象的危险说理论，在正犯实行之际实施便利正犯的行为，便对法益产生了危险，成立帮助犯，而无论正犯是否存在，尽管此种观点被通说所否定。但是，在面对具有紧迫法益侵害性而根据现行刑法、理论均无从处置的帮助行为时，有必要通过入罪化的模式予以解决。

四、帮助行为的刑法评价思路与正犯化路径

无论是既往的立法经验，还是逐渐增多的司法解释，鉴于某些帮助行为逐渐从原来的共犯形态中获得了独立性甚至主导性，同时大量具有严重社会危害性的帮助违法行为的出现，此类行为不断被入罪化。在此背景下，刑法学界有必要重新梳理我国共犯理论与立法、司法之间的距离，通过片面共犯、共犯限制从属性说的引入完善我国共犯理论，短期内实现大部分帮助行为的正犯化。同时，对于具有严重社会危害性的帮助违法行为，对于共犯理论无法涵盖的此类帮助行为应当实现积极的入罪化。

（一）短期评价思路：片面共犯理论与共犯限制从属性说的全面提倡

从短期来讲，对于具备独立法益侵害性的帮助行为无法通过立法入罪化的情况，通过共犯理论体系的扩张，实现有罪能罚不失为一项明智之举。对此有学者指出，共犯制度的拓展，从"主体间"向"单方化"，即对于参与犯的处罚根据应摒弃传统"共同（犯罪）关系"的范畴，对部分帮助行为予以单方化、类型化的设定和思考。[2]

1. 主观意思联络问题的解决：片面共犯的积极认可

理论界对于是否承认片面共犯有着一定的争议，否定论者认为

---

〔1〕 参见张明楷：《共同犯罪的认定方法》，载《法学研究》2014年第3期。

〔2〕 参见王志远：《共犯制度的根基与拓展——从"主体间"到"单方化"》，法律出版社2011年版，第269页。

片面共犯不成立共犯,[1] 肯定论者认为片面共犯亦应认定为共犯,折中观点则仅承认片面的帮助犯或者片面教唆犯。[2] 一般认为,片面共犯包括片面的帮助犯、片面的教唆犯以及片面的正犯,而这些观点已经被立法和司法解释所认可。根据片面共犯理论,只要帮助犯对正犯的行为存在认识,并具有帮助正犯的意思即可成立帮助犯,并不以二者相互之间存在意思联络为必要。同时,根据因果共犯论的观点,即便仅有物理因果性,也可以为片面帮助犯的处罚提供理论根据。[3] 因此,无论被帮助者是否知情,都不应影响帮助犯的成立,[4] 这就使得我国共犯理论中"共同故意"的设置稍显尴尬。实际上,刑法分则中大量的罪名已经确认了片面共犯的成立。例如,根据《刑法》第 350 条的规定,明知他人制造毒品而为其生产、买卖、运输醋酸酐、乙醚、三氯甲烷或者其他用于制造毒品的原料、配剂的,以制造毒品罪的共犯论处。梳理刑法分则中的共犯条文,诸如第 156 条、第 310 条、第 349 条的共犯化设置均以事先通谋为要件,而第 350 条仅要求行为人明知他人制造毒品而实施特定帮助行为即成立共犯,实质上超越了共犯的成立条件,某种程度上体现了立法对于片面共犯的确认。

需要强调的是,尽管片面共犯的立法认可的确解决了不存在意思联络帮助行为的定罪问题,但又无法全面涵盖所有此类问题,即使根据下文所要讲的共犯限制从属性说,依然无法解决特定帮助行为的刑法评价问题。例如,明知他人实施网络犯罪,而向其提供网络技术帮助,如果他人获得帮助后未能完成犯罪,帮助者依然成立犯罪,且应当既遂,此便是共犯的外延所触及不到的,这样恰恰证

---

〔1〕 参见 [日] 曾根威彦:《刑法总论》,成文堂 2000 年版,第 329 页。

〔2〕 参见张明楷:《刑法学》(第 3 版),法律出版社 2007 年版,第 574 页。

〔3〕 参见 [日] 西田典之:《日本刑法总论》,刘明祥、王昭武译,中国人民大学出版社 2007 年版,第 179 页。

〔4〕 参见林东茂:《刑法综览》(修订五版),中国人民大学出版社 2009 年版,第 245 页。

明了在扩充共犯理论体系的同时，积极实现具有独立性、社会危害性严重的帮助行为入罪化的必要性。尤其在当前信息时代背景下，随着网络空间中帮助行为"一对多"模式的确立，共犯之间的紧密性、同盟性已经极大淡化，尤其行为人之间的意思联络几乎不复存在，传统共犯理论中的共同犯意也被弱化。因此，鉴于诸如网络帮助行为等自身往往具备较高的独立性，同正犯行为之间的"共同性"特征趋于淡化，无论是刑事立法，还是刑法理论，都应当确立片面共犯的存在及其正犯化路径。

2. 共犯责任确立的基本原则：共犯限制从属性说的全面引入

根据共犯的成立是独立于正犯还是从属于正犯，存在共犯从属性说和共犯独立性说。共犯从属性说认为，需要正犯者实施了一定的实行行为，方可成立共犯；共犯独立性说则认为，由于共犯者的固有行为而成立狭义的共犯并带有可罚性。[1] 有学者针对共犯独立性说指出，此种理论视野下的"共犯"名不副实，实行行为不存在或者不构成犯罪，就不可能存在帮助犯，此种思路必然会造成逻辑的混乱，即帮助犯是谁的帮助犯、与谁一起构成共同犯罪？[2] 因此，共犯从属性说，尤其共犯限制从属性说逐渐成为德日刑法的理论通说。例如，根据《德国刑法典》第 29 条的规定，任何一种参加者，均不需考虑他人的罪责，而依照自己的罪责加以处罚，以此确立了罪责独立性的基本原则，而这应当为我国理论界所深思和借鉴。

共犯限制从属性说主张"个别责任原则"，即在各犯罪参与者之间，"违法连带作用、责任个别作用"。共犯限制性从属说仍然立足于共犯理论，以存在正犯为前提，解决共犯责任的认定问题，对

---

〔1〕 参见［日］大塚仁：《刑法概说（总论）》（第3版），冯军译，中国人民大学出版社2003年版，第348页。

〔2〕 参见夏勇：《定罪与犯罪构成》，中国人民公安大学出版社2009年版，第169页。

于不存在正犯的帮助行为仍然无法评价。因此，有必要对帮助违法、事后帮助等欠缺正犯的帮助行为予以独立入罪化。以帮助信息网络犯罪活动罪为例，有学者指出，《刑法修正案（九）》所增设的帮助信息网络犯罪活动罪，并非共犯行为的正犯化，而仅仅是一种特殊的量刑规则，即对此类行为不再以从犯进行处罚。换言之，帮助信息网络犯罪活动罪的成立，以明知他人利用信息网络实施犯罪为要件，以正犯实施符合犯罪构成要件的实行行为为前提，此种立法模式依然属于共犯从属性说。笔者虽不赞同此种解释思路，但对共犯限制从属性说理论的确认必将解决大部分帮助行为的入罪化问题。

（二）问题的根本解决：帮助行为的整体入罪化与犯罪范围的扩张

无论是共犯限制从属性说，还是片面共犯的立法确认，都是在共犯理论体系下解决帮助行为正犯化的问题，对于帮助违法行为、中立帮助行为等的入罪化均难以有效解决。因此，完善共犯理论解决帮助行为正犯化难题的同时，还需要刑法积极地实行犯罪化，将具备类型化、法益侵害性的帮助行为予以积极的入罪化，不断完善刑法的罪名体系与评价半径。

1. 刑罚圈的扩张：对于"链条化"帮助行为的一体化制裁

从刑法的机能在于保护法益的观点出发，任何犯罪都能在引起对法益的侵犯或者危险这一点上找到刑事可罚性的根据。对于共犯，仅有对法益的侵害或者危险尚不能进入刑法的打击半径之内，必须通过正犯行为引发法益的侵害或者危险。"正犯与共犯之所以有区别，乃由于实定法之规定有差异而已。如此之共犯规定，亦称为'限缩刑罚事由'。"[1] 因此，在共犯理论无法延伸到的领域，尤其对于已经具备完整犯罪链条的帮助行为，应当积极扩大刑法的

---

〔1〕 陈子平：《刑法总论》（2008 年增修版），中国人民大学出版社 2009 年版，第341 页。

打击半径。例如，在网络安全日益受到重视的社会背景之下，在打击网络犯罪罪名体系愈加完备的趋势之下，应当说，以刑法手段来制裁网络犯罪中的帮助行为已经越来越有必要。当然，帮助行为是否需要独立入罪化，面临的一个理论怀疑之一是，究竟是否有必要运用刑法来评价和制裁此类行为？面对逐渐高发的网络犯罪及其帮助行为，再强调刑法的谦抑性和最后性便稍显不合时宜。因此，扩张帮助行为的打击半径，一方面可以有效严密刑法罪名体系，同时更为重要的，也可以避免非类型化的一般违法行为被以共犯的名义进行处罚，进而实现司法上恣意地出入人罪。

进而言之，被予以正犯化的帮助行为并非一般共犯范畴中的帮助行为，而是具备了一定的类型化特征，这在某种程度上成为帮助行为正犯化的事实前提。从本质上讲，帮助行为的正犯化是从立法层面将其设定为具有刑法意义的类型化行为。例如，刑法对于考试作弊行为进行了体系化的入罪，同时对组织作弊行为、非法提供试题及答案行为、代替考试行为予以入罪化。这体现了刑法在犯罪逐步产业化、链条化、精细化的背景下，对于特定犯罪整个链条式的制裁模式，也是对于帮助行为具备了类型化特征和独立法益侵害性之后的立法回应。

2. 限度的把握：中立帮助行为的可罚性边界

关于中立帮助行为的入罪化，刑法在定性上，设定了主观"明知"这一构成要件要素；在定量上，普遍设置了"情节严重""造成严重后果"为入罪门槛，通过刑法定量因素和入罪门槛的设置，限制中立的帮助行为可罚边界，将大部分中立性的帮助行为、不具备主观明知的帮助行为排除在了刑罚圈之外。

某种程度上讲，帮助行为的正犯化推进了刑法罪名的法定化和体系化，将帮助行为类型化的同时确立了帮助行为的可罚性边界，本质上是对于刑罚圈的限制。诚如李斯特所言，刑法既是善良人的大宪章，也是犯罪人的大宪章。帮助行为的入罪化解决了司法实践中关于部分帮助行为定罪的司法难题，同样为帮助行为的定罪量刑设定了刑法框架，为司法权设置了不可逾越的藩篱。从立法、司法解释实践来看，根据帮助的行为类型，对于社会生活中较为常见、普遍存在的日常行为，将其认定为帮助犯均需与实行犯有通谋才能成立犯罪。反之，对于国家管制、特许的行为，例如，生产、买卖、运输醋酸酐、乙醚、三氯甲烷等需要国家许可，明知他人实施毒品犯罪而依然帮助他人实施上述行为的即具备了刑事违法性，而不要求帮助行为人具有帮助的故意。但是，对于大部分的中立行为而言，成立犯罪仍然需要依托于实行行为。以望风行为为例，如果甲站在某小区门口看风景，无需刑法评价，但如果帮助盗窃犯罪人观察周围情况发布信号，则成立犯罪。在此种情况下，帮助行为本身在刑法层面上不具有独立性和类型性，其是否进入刑法的评价范围之内，需要依托于被帮助一方的行为是否构成犯罪。

概言之，对于对结果的发生不具有重要影响的中立帮助行为，不宜作为犯罪处理。明知他人行骗而制作虚假的宣传手册或者名片，此种情况不宜作为帮助犯罪处理。对结果的发生具有重要影响的中立帮助行为，属于国家管控、可替代性低的行为，如明知他人实施犯罪，而为其提供网络技术支持等帮助的此类行为能够增加犯罪既遂的可能，增加被害人的被害危险，[1] 例如行为人开发出某种软件，使用该软件可以实施侵犯著作权的行为，并将该软件置于网上传播，任何人均可下载使用的，在此种情况下，行为人应当成立概括性帮助犯，即行为人对于帮助他人实施犯罪具有概括的故意。但是，恰如"快播案"，行为人的概括故意和主观明知须要完整的证明体系。因此，司法解释有必要对成立犯罪的中立帮助行为的主观"明知"作出进一步界定。当然，在严厉打击具有法益侵害性的帮助行为的同时，也应避免犯罪圈的过度扩张。

---

〔1〕 参见黎宏：《论中立的诈骗帮助行为之定性》，载《法律科学》2012 年第 6 期。

罪数与竞合

第一节　罪数概述

一、罪数的概念及意义

　　未完成罪理论解决的是犯罪纵向发展过程中出现停止状态的问题，共同犯罪理论解决的是复杂犯罪形式下犯罪人数确定的问题。那么，在犯罪行为已经实行、犯罪结果已经发生后，如何确定犯罪人所触犯的罪名、触犯几种罪名时，就需要罪数形态理论来解决。概言之，罪数就是犯罪的数量、犯罪的个数，即行为人实施的行为是构成一个犯罪还是数个犯罪的问题。

　　区分一罪和数罪，看似是一个简单数字统计的问题，但是由于刑法自身规定的抽象概括性以及现实案件的纷繁复杂性，罪数问题便成为刑法理论与司法实践时常面临且众说纷纭的问题。因而需要细致地厘清，给出一罪与数罪的区分办法以便指导实践。

　　正确区分罪数，有助于准确定罪。准确定罪是刑事审判的基本要求之一，包括认定行为人的行为是否构成犯罪、构成何种犯罪、处于何种犯罪形态等。这其中就蕴含着要认定罪数的问题。无论将数罪认定为一罪，还是将一罪认定为数罪，都会导致犯罪罪名与性质的混乱，影响定罪的准确性。例如，行为人在盗窃他人数额较大的财物后又对该财物进行毁坏。如果认定为一罪，就是盗窃罪；认定为数罪，就构成盗窃罪与故意毁坏财物罪。

正确区分罪数，有助于合理量刑。罪数虽然是犯罪论中的内容，但是根据罪责刑相统一的原则，罪数对于定罪的影响必然折射在量刑上。定罪是量刑的前提，对一罪只能科处一刑，数罪虽然可能处以一刑，但通常都按照数刑论处同时并罚。犯一罪和犯数罪的刑事责任是完全不同的，一般而言，若将一罪认定为数罪，会加重犯罪人的刑事责任；反之，则会减轻犯罪人的刑事责任，轻纵犯罪。当然也存在一些例外，即定一罪的罪责反而高于定数罪的罪责。例如，行为人为了索要数额较大的钱财而非法拘禁他人，如果按照数罪处理，敲诈勒索罪与非法拘禁罪数罪并罚的最高刑期也不过 6 年有期徒刑；但若是认定为绑架罪一罪，法定最低刑也要 5 年有期徒刑。总之，只有正确区分罪数，才会避免罪刑失衡，合理量刑。

正确区分罪数，有助于与刑法中的一些重要制度相配套。我国刑法规定的连续犯、继续犯、牵连犯等罪数，与刑法的时间效力、空间效力、追诉时效等制度息息相关。正如《刑法》第 89 条第 1 款规定："追诉期限从犯罪之日起计算；犯罪行为有连续或者继续状态的，从犯罪行为终了之日起计算。"对于连续犯、继续犯的认定，会影响追诉时效开始日期的确定，进而影响追诉时效制度的正确适用。

正确区分罪数，还有助于刑事诉讼程序的衔接适用。刑事诉讼程序中，无论是地域管辖、级别管辖的确定，还是诉讼范围、审判要求等内容的明确，都需要首先厘清是一罪还是数罪的问题。

二、区分罪数的标准

区分罪数的标准，基本包括：

（一）犯意标准说

犯意标准说也称"意思标准说""主观说"，是以犯罪意思的个数为标准区分一罪与数罪，行为人出于一个犯罪意思实施的犯罪为一罪，出于数个犯罪意思实施的犯罪为数罪。例如，以一次下毒毒死一家人的意思下毒，最终导致一家人全部中毒身亡的结果，构成一罪；若在毒死一人后，又另起犯意毒死被害人的其他家属，则构成数罪。这种学说认为，犯罪是行为人犯意的外在表现，行为只是犯意的一种表象而已，因而判断罪数要以犯罪意思的个数为标准。

犯意标准说是主观主义刑法观的一种体现。主观主义刑法认为，刑法之所以惩罚犯罪，在根本上并非取决于犯罪行为或犯罪结果，而是源于行为人的主观恶性，源于其人身危险性；而这种人身危险性借助犯罪行为表现于外，又进一步体现出社会危险性。因而，区分罪数应当按照行为人犯意的个数来决定。这种区分标准简单明确，不会受到其他因素的干扰，同时能够反映犯罪的本质，的确有一定可取性。但是在司法实践中，犯意往往要借助于行为来判断，一种行为背后可能蕴含着多种犯意，一种犯意也可能呈现出多种行为。这就使得犯意的认定，必将包含大量建构在经验和逻辑之上的主观推测，极可能导致定罪的不合理以及刑罚的滥用，因而不予提倡。

（二）行为标准说

行为标准说是以行为人行为的个数区分一罪还是数罪，行为人实施了一个犯罪行为的，认定为一罪；实施了数个犯罪行为的，认定为数罪。这种学说认为犯罪的本质在于行为的规范违反性，判断罪数自然要以犯罪人行为的个数为标准。行为作为客观的外在呈现，看似十分清晰、易于把握，但其实不然，因为不同人对于行为的理解是不同的，究竟是仅指人类的身体动作，还是要夹杂行为人意图的行为，亦或是刑法意义上的行为，都需要取舍。在这里主要对比两种主要的学说，即自然行为说和法律行为说。

自然行为说是一种自然意义上的行为，把行为看作一种纯粹的物理过程，无需考虑行为人的主观意图。这种主张是按照二阶层的体系提出的，将行为人的主观意志排除在不法层面之外，而放入有责部分讨论，只考虑客观的行为数量，以便为罪数提供准确的认定标准。而法律行为说则认为，行为的认定如果只考虑人的客观动作将毫无意义，将使刑法的评价范围无限扩大；行为人的行为必须被置于刑法意义之下，将人类的正常活动与纳入刑法评价的行为区别开来。针对上述两种学说，本书认为应当以法律行为说为准。自然行为说将行为细致化、扩大化，如一个持刀杀人行为会被评价为持刀、举刀、挥刀等一系列动作；而法律行为说只会删繁就简地认定为一个杀人行为，避免不必要的行为细化。

但整体上而言，行为标准并不可取，它未将犯罪结果考虑在内，对于行为人主观方面的考虑也显得缺失。罪数是对犯罪的整体考量，应当将犯罪构成的要件作通篇审视，只按一个要件区分明显欠妥。

（三）法益标准说

法益标准说是以犯罪所侵害的法益数量来区分一罪与数罪，若行为人侵犯的只有一个法益，则构成一罪；若侵犯的是数个法益，则构成数罪。法益标准说认为犯罪的本质在于对法益的侵害，集中体现为法益背后蕴含着的社会危害性，以法益的数量来判断行为人的社会危害性是有合理依据的；同时，法益数量的计算较犯意、行为有着更明确的认定方式，得出的结论也比较统一。值得注意的是，罪数的确定只考虑法益，忽视行为以及行为人主观方面的考量是欠妥的。法益的侵害只是社会危害性的表现之一，还应当结合其他因素进行综合评价。况且，将法益作为标准与我国的刑法体系现状并不吻合，构成要件中的客体与法益并不能做到一一对应。例如，抢劫罪侵犯的是复杂客体，如果按照法益标准说，生命健康法益和财产法益的侵犯意味着，抢劫罪要分为两个犯罪，显然是不妥当的。

（四）构成要件标准说

构成要件标准说在日本理论界已经成为通说，其认为应当以构成要件符合性为认定标准，犯罪事实用一个构成要件就能充分评价时，则构成一罪；需要进行多次评价时，就成立数罪。[1] 构成要件包含着行为、犯意、法益侵害等诸要素，考虑到了主客观两方面的内容，与前述学说相比具有一定的合理性，但其中仍存在不足之处：首先，我国的刑法理论与大陆法系的刑法体系建构不同，三阶层与四要件的差别在罪数领域同样存在；其次，即便按照大陆法系的体系来衡量，构成要件符合性的充足并不等价于构成犯罪，还需要具备违法性和有责性。可见，将充足构成要件的次数作为认定罪数的标准并不可取。

（五）犯罪构成标准说

犯罪构成标准说认为应当以犯罪构成的个数来作为区分一罪与数罪的标准，行为满足一种犯罪构成的为一罪，满足数种犯罪构成的为数罪。犯罪构成是犯罪客体、客观方面、犯罪主体、主观方面四个要件的统一，不仅满足刑法分则具体罪名中的犯罪构成，还需要符合刑法总则中对于犯罪共性问题的抽象规定。与以上学说相比，犯罪构成标准说具有很大的优越性：其一，犯罪构成理论是我国刑法理论的核心，贯穿于全部刑法体系。无论是未完成罪、共同犯罪，还是刑法分则的具体规定，都以这一理论为基础，罪数理论也应如此。其二，犯罪构成标准说实现了主客观要件的统一，将各

---

[1]　参见赵丙贵：《想象竞合犯研究》，吉林大学 2006 年博士学位论文。

要素统一为一个整体，避免了其他学说将要素割裂的缺陷。因而，这一学说获得较广泛的支持，处于通说地位。

三、罪数的类型

（一）竞合论

根据《德国刑法典》总则第三章"行为的法律后果"第三节"触犯数法规的量刑"第52~55条的规定，[1] 德国的竞合理论主要是根据行为个数，将行为分为行为单数和行为复数，以此为出发点，所有问题均可以由法条竞合、想象竞合和实质竞合进行调整。其中，仅适用一个法条的，为法条竞合，法条竞合又分为特别关系、补充关系、吸收关系等。[2] 行为单数触犯数个刑法法规或者数次触犯同一刑法法规的，为想象竞合。前一类型称作不同类的想象竞合，后一类称作同种类的想象竞合。此外，如果数行为同时触犯数个刑法法规的，则为实质竞合。

德国的竞合理论是建立在行为标准说之上的，关于行为单复数的区分，判例和主流理论以自然的生活观念为基础。一般来说，行为单数存在四种表现形式：①自然意义下的一行为，即行为人出于一个意思表示，实行了一个行为；②自然的行为单数，行为人即使存在多个动作，但是根据日常生活观念，这些动作之间是紧密结合的，就视为一个行为，比如连续反复殴打他人；③构成要件的行为单数，构成要件规定的行为即使存在复数情形或者复数动作，也理应视为刑法上的行为单数，比如抢劫行为既包含了暴力压迫，又包括了劫取财物；④法的行为单数，[3] 此种情形只能限定在很小的范围内，要严格遵守一人且只有一人多次为同一行为的标准。只有

---

〔1〕 徐久生、庄敬华译：《德国刑法典》，中国法制出版社2000年版，第19页。

〔2〕 参见［德］汉斯·海因里希·耶赛克、托马斯·魏根特：《德国刑法教科书》，徐久生译，中国法制出版社2017年版，第1001~1007页。

〔3〕 柯耀程：《刑法竞合论》，中国人民大学出版社2008年版，第70~75页。

在完全排除了这四种情况时，才可认定为行为复数。

（二）罪数论

日本的罪数理论与我国的罪数分类有相似之处，关于罪数的分类，日本刑法学说存在着三分法[1]与四分法[2]，但是总的来说，这两种分类方法并无本质差异。在日本刑法教科书中，最常见的是将罪数形态分为本来的一罪、科刑的一罪以及并合罪三种。本来的一罪可以细分为单纯的一罪（一罪性和评价上的一罪）、法条竞合（包括了特别关系、补充关系、择一关系与吸收关系）、包括的一罪（继续犯与集合犯等）、不可罚的事前行为和不可罚的事后行为等。科刑的一罪是指一个行为触犯两个以上的罪名，或者作为犯罪的手段或结果的行为触犯其他罪名的，按照其最重的刑罚处断，包括了想象竞合和牵连犯等情形。《日本刑法典》第45条规定了并合罪，即未经确定裁判的数罪，称为"并合罪"。如果某罪已经确定判决处以禁锢以上刑罚时，则该罪只与其裁判确定前所犯的罪是并合罪。关于并合罪的处断，有并科主义、吸收主义、加重单一刑主义、综合刑主义几种方法。

（三）我国的分类

我国的罪数理论同日本的罪数论大体相似，罪数可以分为一罪和数罪，一罪即构成的是一个犯罪，数罪构成的是数个犯罪。但是，也有自己的特色，中国罪数体系中的结果加重犯、转化犯等种类，在德日体系中并未作为罪数形态（竞合形态）专门讨论。在我国刑法理论中，一罪和数罪又可以进一步划分：

1. 一罪的类型

（1）实质的一罪，与形式的一罪相对应，是指从形式上看存在

---

〔1〕　［日］大塚仁：《刑法概说（总论）》（第3版），冯军译，中国人民大学出版社2003年版，第413页。

〔2〕　［日］前田雅英：《刑法总论讲义》（第6版），曾文科译，北京大学出版社2017年版，第390页。

多个犯罪行为的外观，但是行为人只实施了一个危害行为，侵害了一种法益（复杂客体下可能是多种法益），符合一个犯罪构成，实际上仅构成一罪的情况。实质的一罪包含继续犯、想象竞合犯、结果加重犯。

（2）法定的一罪，是指行为人基于多个罪过，实施了多个危害行为，侵害了多种法益，完全满足多个犯罪构成，构成数罪，但是立法者由于某些特定的理由，通过立法将其规定为一罪的情形。[1] 法定的一罪包含转化犯、结合犯、惯犯。

（3）处断的一罪，同样是行为人基于数个罪过，实施了多个危害行为，侵害了多种法益，但是由于数罪之间存在着一定的紧密联系，司法机关在处断案件时将此类数罪按照一罪认定的情形。处断的一罪包含连续犯、吸收犯、牵连犯。

2. 数罪的类型

按照不同的标准，数罪可以划分成不同的类型：

（1）同种数罪和异种数罪。同种数罪是指行为人出于数个相同的犯意，实施了数个性质相同的行为，侵害同种法益，触犯同一罪名的罪数形态。相对应地，异种数罪则指行为人出于数个不同的犯意，实施了数个性质不同的行为，侵害数种法益，触犯数个不同罪名的罪数形态。

（2）并罚数罪和非并罚数罪。并罚数罪是指需要对数罪分别定罪量刑，然后根据刑法的规定实行并罚的情形。[2] 非并罚数罪则无需对数罪分别定罪量刑，只需要按照一罪处罚即可，如想象竞合犯、牵连犯等。

（3）判决宣告以前的数罪和刑罚执行期间的数罪。通常的数罪是一并发现的，按照《刑法》第 69 条的规定进行处罚。但是由于

---

〔1〕 曲新久主编：《刑法学》（第 5 版），中国政法大学出版社 2016 年版，第 175 页。

〔2〕 张明楷：《刑法学》（第 5 版），法律出版社 2016 年版，第 491 页。

犯罪的隐蔽性，一些犯罪可能在判决之后，刑罚执行期间才被发现；或者犯罪人并未被彻底改造，在刑罚执行期间又触犯了新罪。之所以这样划分是由于它们刑罚执行的规则不同，分别按照《刑法》第69、70、71条处理。

第二节　实质的一罪

一、继续犯

（一）概念

继续犯又称"持续犯"，是指出于同一罪过，针对同一法益，从着手实施到犯罪终了的一段时间内，犯罪行为一直处于持续状态的犯罪。《刑法》第89条第1款规定："追诉期限从犯罪之日起计算；犯罪行为有连续或者继续状态的，从犯罪行为终了之日起计算。"该条文虽然没有直接规定继续犯，但是对追诉时效的规定体现出继续犯的存在。非法拘禁罪是公认且最为典型的继续犯，也有学者认为持有型犯罪和窝藏、窝赃类犯罪也属于继续犯。[1]

（二）基本特征

1. 一定时间内犯罪行为与不法状态不间断地持续存在

一是犯罪行为在时间上的连续性，以此区分继续犯与行为犯。行为犯是指犯罪行为实行终了，犯罪即宣告完成的犯罪，因此行为犯的犯罪行为不具有可持续性。继续犯持续时间的长短不影响其成立，但是太短的行为，比如一瞬间的身体动作，不能构成继续犯。此外，对于继续犯的认定，犯罪继续过程中是否有中断并不重要，但是，这又涉及连续犯或者同种数罪的认定，比如行为人非法拘禁他人，因为特殊原因将他人放走，过几天之后重新实施拘禁行为

---

〔1〕　王作富主编：《刑法》（第6版），中国人民大学出版社2016年版，第147页。

的，构成两次继续犯。二是犯罪行为与不法状态必须同时继续，以此区分继续犯与状态犯。状态犯如盗窃罪，虽然犯罪行为造成的不法状态在犯罪既遂后仍在持续进行，但犯罪行为已经实行终了。继续犯强调犯罪行为也要持续存在，如非法拘禁罪，在被害人被拘禁的一定时期内，非法拘禁行为和非法拘禁的状态均持续存在。也就是说，继续犯强调构成要件符合与法益侵害的持续性。

2. 犯罪行为出于一个故意

继续犯的实质是在一个犯意支配下实施的一个实行行为，并且在犯罪行为持续的过程中，行为人自始至终只有一个犯罪故意。如果行为人另起新的犯意，则应当构成数罪并实行并罚，例如，行为人在非法拘禁他人的过程中，又另起杀心将被害人杀害的，构成非法拘禁罪与故意杀人罪，数罪并罚。

3. 犯罪侵犯同一犯罪构成内的法益

继续犯强调法益侵害的单一性，而非犯罪对象的唯一性。如果行为针对不同的对象进行侵害，但都可以评价为同一构成要件内的法益的，应认为行为人仅实行了一个犯罪行为，符合继续犯的特征。例如，行为人入户盗窃，既偷走了被害人的手机，也拿走了金项链等首饰，还有银行卡、现金等，因为手机、金项链等都属于财产法益，因此行为只侵害了一个法益，属于实质的一罪。

（三）类型

从是否有法律明文规定角度进行划分，继续犯可以分为两大类：①法定的继续犯，即满足犯罪构成要件的行为必须持续发生，比如非法拘禁罪；②事实的继续犯，也就是说，刑法分则没有明文规定该构成要件行为必须持续不断地发生，但是行为人事实上没有中断过实行行为，不法侵害状态也持续存在。比如非法持有枪支罪，行为人持有的行为可能一直持续，并且始终危害着枪支管理秩序。

根据刑法分则规定的犯罪类型，常见的继续犯又可以分为以下几种：①侵犯自由的犯罪，如拘禁、拐卖、绑架；②持有型犯罪，如枪支类、重婚、窝藏包庇、掩饰犯罪所得；③不作为犯罪，如遗弃罪以及拒不执行判决、裁定罪。

（四）处罚原则

按照犯罪构成标准说，继续犯只符合一个犯罪构成，自始至终只有同一实行行为，针对同一犯罪对象，侵害了同一法益，无论在事实层面亦或是规范层面都属于实质的一罪。刑法分则对于继续犯设置了专门的规定，按照分则规定直接定罪处罚，只要在量刑时根据行为时间持续长短酌情考量即可。

（五）司法适用

第一，追诉时效。根据《刑法》第89条的规定，犯罪行为有连续或继续状态的，追诉期限从犯罪行为终了之日起计算。并且，在继续犯持续时间跨越新旧两法时，适用新法。

第二，正当防卫。因为继续犯在一段时间内对法益进行持续侵害，因此在犯罪行为存续期间，不法侵害仍在进行的，针对该不法行为都可以进行正当防卫。

第三，承继的共犯。因为继续犯的既遂时间与终了时间并不一致，因此在犯罪行为存续期间其他行为人加入的，成立事中共犯。

【案例解读】王某绑架案判决书写道："对继续犯而言，即使犯罪已达既遂状态，也有成立共同犯罪的可能。以非法拘禁罪为例，根据有关司法解释的规定，一般情况下，非法拘禁持续时间超过24个小时的，即可构成非法拘禁罪。假设甲先行单独将丙非法拘禁25个小时，之后，乙加入，与甲一起继续对丙实施非法拘禁行为。对于该案，虽然甲先行的独自实施的非法拘禁行为已达犯罪既遂状态，但这显然并不妨碍乙与甲构成非法拘禁罪的共犯。类似地，在绑架案件中，如果行为人在他人完成绑架行为后、人质被释放前，也即在绑架行为仍处于持续状态的过程中参与进来，实施看管人质、打勒索电话或者收取赎金等行为的，也可成立、也应成立绑架罪的共犯。在刑法理论上，此种共犯形态属于事中通谋的共同犯罪（也可称承继的共同犯罪）。"

二、想象竞合犯

（一）概念

想象竞合犯也称"想象的数罪""一行为数法"，是指行为人实施一个犯罪行为并触犯数个罪名的犯罪形态。对此种罪数形态，有一种较为经典的案例：行为人意图持枪杀人，在子弹射杀被害人之后同时击碎了后面的花瓶。对于想象竞合犯，我国刑法没有直接规定这一概念，但是这一概念一直被刑法理论所承认，比如在《刑法》第329条第3款中规定了"有前两款行为，同时又构成本法规定的其他犯罪的，依照处罚较重的规定定罪处罚"。这一规定便是典型的想象竞合犯的表述，我国刑法理论中也一直存在着这一理论的论述。

想象竞合的存在具有重要的机能。其一，其可以在全面评价犯罪行为的同时避免重复，有利于实现刑法的保护机能。其二，肯定想象竞合，也有利于实现刑法特殊预防与一般预防的目的。比如，在判决过程中通过说理明确了行为人的犯罪行为，虽然最后只按一个罪名论处，但是肯定了其行为的不同危害性，排除了民众对于犯罪行为的误解，更有利于刑法预防目的的实现。

（二）成立要件

成立想象竞合犯，需要满足以下条件：

1. 行为人只实施了一个犯罪行为

实质的一罪，强调只存在一个犯罪构成行为，数个行为不是实质的一罪，因此也不成立想象竞合犯。例如，甲欲向人贩子乙买老婆，给乙钱和毒品。本案中甲有两个构成要件行为，即收买被拐卖的妇女的行为和贩卖毒品的行为，应当实行并罚。从形式上看，想象竞合犯的行为可以是单一的行为也可以是一系列的行为，但是行为的单复数不能按照自然意义来衡量，应当按照法律意义结合一般社会观念来进行规范判断。如同本章第一节中行为标准说的判断标准，此处的行为应当是符合刑法意义的行为。

某一行为是否可以被细分为更多行为是判断多个行为是否属于一行为的判断标准。在理论上存在着德国的一部重合说和日本主流的主要部分重合说。本书认为，主要部分重合说更具有合理性，考虑到了行为之间的实质联系，不会随意扩大想象竞合的范围。主要部分重合说的观点是，符合构成要件的各自然行为至少其主要部分重合时，才是一个行为。[1] 比如，行为人参加黑社会性质组织之后，作为该组织成员又实施了故意杀人行为，虽然行为有一部分重合，但是主要部分并不一致，因此不能认定为想象竞合，而应该以参加黑社会性质组织罪与故意杀人罪数罪并罚。

2. 同时触犯数个罪名，即一行为数结果

一行为触犯数个罪名，只是一个行为与数个结果相组合，可以符合数个犯罪构成。但是由于行为人只实施了一个行为，最终只能满足一个犯罪构成，因而还是实质的一罪。例如，甲不知对方的包里有枪和财物，进行盗窃的，虽然造成了财产利益的损失以及枪支管理秩序的破坏，但是由于行为人只在一个犯意下实施了一个行为，因而依旧按照盗窃罪处罚。

（三）处罚原则

想象竞合犯从一重罪论处，即按照所触犯数个罪名中法定刑较重的罪名来定罪量刑，这在我国刑法理论中并没有太大争议。同时《刑法》第329条中抢夺、窃取国有档案罪与擅自出卖、转让国有档案罪竞合的处理办法，也印证了我国对于想象竞合犯的处理方式

---

〔1〕　张明楷：《刑法学》（第5版），法律出版社2016年版，第482页。

是从一重处罚。

（四）想象竞合与法条竞合

1. 法条竞合概述

法条竞合，是指数个刑法条文所规定的数个构成要件之间存在包容或者交叉关系，当一个行为同时符合数个条文规定的构成要件时，只能适用其中一个条文，而排除适用其他条文的情况。也就是说，法条竞合是刑法条文之间本身具有的重合关系，而不是犯罪行为的竞合。法条竞合关系，不仅包括了不同条文之间的竞合，也包括了同一条文不同款项之间的重合，比如《刑法》第263条关于抢劫罪与加重情形的规定之间就构成了法条竞合。

法条竞合的特征主要有：①只存在一个满足构成要件的行为；②该行为只侵犯了一个刑法所保护的法益；③犯罪行为形式上符合多个刑法条文规定的构成要件；④上述多个刑法条文本身存在着逻辑上的重合关系；⑤最终只能按照其中一个法条定罪量刑。这样规定的原因是避免对于行为的重复评价，否则将会损害行为人的合法权利。

关于法条之间的逻辑关系，本书认为，对立关系（或称"排他关系"）与中立关系当然无法成立法条竞合。其一，对立关系属于一种是 A 则绝对非 B 的关系，一个行为只能适用其中一个法条，不存在同时触犯两条的情形，比如诈骗罪与盗窃罪就属于异质关系。其二，在排除了法条本身的对立关系、交叉关系与包容关系之后，两个法条之间可能存在中立关系。比如上文提到的一行为同时构成故意杀人罪与故意毁坏财物罪，此时这两个条文之间就属于中立关系。由此也可以看出，在法条存在中立关系的情况下，虽不能构成法条竞合但是可能成立想象竞合。

在成立法条竞合的逻辑关系中，对于不同的关系也有不同的处罚原则。对于包容关系的竞合，按照特别法优于普通法处理，例如诈骗罪与合同诈骗罪，虐待罪与虐待被监管人罪。对于交叉关系的竞合，按照重法优于轻法处理，例如诈骗罪与招摇撞骗罪。

2. 想象竞合与法条竞合的区别

想象竞合与法条竞合都是一行为触犯了两个法条，最后都只构成一罪。在某些问题上可能存在重合，既构成想象竞合犯，又构成法条竞合犯，此时从一重罪处理。比如，对于正在执行公务的国家机关工作人员采取暴力阻碍执法的，同时构成妨害公务罪与故意伤害罪，成立想象竞合，但是这两个法条本身又存在交叉关系，此时，不论按照想象竞合还是法条竞合的处理原则，结果通常都是一样的。

想象竞合犯与法条竞合犯之间又存在明显的区别：①想象竞合犯是偶然的竞合，而法条竞合犯是一种必然的竞合。②前者解决的是罪数问题，是观念评价，后者解决的是法条关系问题，是规范评价。③在适用上，想象竞合同时适用数个法条，按最重的法条定罪量刑，但是法条竞合只适用其中一个法条。

三、结果加重犯

（一）概念

结果加重犯，是指实施了基本犯罪行为，由于发生了严重结果而加重其法定刑的情况。例如，《刑法》第257条第1、2款规定，"以暴力干涉他人婚姻自由的，处2年以下有期徒刑或者拘役。犯前款罪，致使被害人死亡的，处2年以上7年以下有期徒刑。"暴力干涉婚姻自由致使被害人死亡便是结果加重犯。

（二）成立要件

首先，在客观上，要求行为人实施了基本犯罪构成内的行为，发生了基本构成要件以外的加重结果以及行为与结果之间存在因果关系。例如，甲在故意伤害乙后，因心生悔意而将乙送往医院，但因路上发生车祸事故致乙死亡，在本案中被害人乙的死亡结果与行为人甲的故意伤害行为之间没有因果关系，因此不构成故意伤害罪致人死亡的结果加重犯。

其次，在主观上，要求行为人对加重结果具有罪过，对基本犯有故意或过失，对加重结果至少有过失。例如，抢劫致人死亡这一加重情节，如果是抢劫时持刀砍死被害人，行为人对该加重结果有罪过；如果是被害人逃跑时被突然驶来的车撞死，行为人对该结果没有过失，不属于抢劫致人死亡的结果加重犯。

最后，只有刑法对该加重结果明确规定了加重的法定刑，才能构成结果加重犯。例如，非法拘禁致人轻伤或者致人重伤，前者不构成非法拘禁的结果加重犯而后者构成，这是根据非法拘禁罪的条文得出的结论。

（三）处罚原则

从我国刑法看，结果加重犯由于其加重的结果，都有单独的、较重的法定刑档次。应当将其认定为一罪，并根据加重的法定刑量刑。

（四）认定

结果加重犯不同于结果犯。结果犯是以危害结果为犯罪构成要件，只有具备该构成要件才可能构成犯罪既遂；而结果加重犯则属于加重的犯罪构成，它的基本犯可以是结果犯，也可以是危险犯、行为犯。同时，在基本犯是结果犯的情况下，基本犯中结果的发生与否，并不阻碍结果加重犯的成立，但加重结果一旦出现，基本犯也当然成立。[1]

结果加重犯也不同于结果型的转化犯，结果型的转化犯以法定结果的发生为转化犯的要件，并且按照转化后的犯罪定罪量刑。例如，《刑法》第 247 条中规定的司法工作人员对犯罪嫌疑人、被告人实行刑讯逼供或者使用暴力逼取证人证言的，致人伤残、死亡的，依照《刑法》第 234 条、第 232 条的规定定罪从重处罚，属于

---

[1] 曲新久主编：《刑法学》（第 5 版），中国政法大学出版社 2016 年版，第 180 页。

结果型的转化犯，而非结果加重犯。结果加重犯与结果型的转化犯的相似点在于都发生了特定的加重结果；而二者的区别点在于结果加重犯按照本罪定罪，量刑按照加重的法定刑；转化犯则按照转化后犯罪定罪量刑。

【拓展阅读：常见的故意犯罪的结果加重犯】

常见的故意犯罪的结果加重犯：①故意伤害致人重伤、死亡的；②抢劫致人重伤、死亡的；③强奸致人重伤的、死亡的；④非法行医、非法进行节育手术致人重伤、死亡的；⑤非法拘禁致人重伤、死亡的（不包括故意杀害、伤害被害人）；⑥虐待致人重伤、死亡的；⑦暴力干涉婚姻自由致人死亡的；⑧绑架致人死亡的（不包括杀害被绑架人）；⑨拐卖妇女、儿童造成被拐卖的妇女、儿童或者其亲属重伤、死亡或其他严重后果的；⑩放火、爆炸、投放危险物质、破坏交通工具、破坏交通设施、破坏电力设备等造成人身伤亡或者重大财产损失的；⑪生产、销售假药严重危害人体健康的；⑫生产、销售劣药后果特别严重的。

【拓展阅读：常见的过失犯罪的结果加重犯】

常见的过失犯罪的结果加重犯：①危险物品肇事后果特别严重的；②工程重大安全事故罪后果特别严重的；③交通肇事后因逃逸致人死亡的。

第三节　法定的一罪

一、转化犯

（一）概念

转化犯，是指实施较轻的犯罪，因具备法定条件，刑法规定以较重的犯罪论处的情况。

（二）基本特征

第一，轻罪转化为重罪，是质变而非量变。转化犯是不同性质犯罪之间的转化，是由一种犯罪向另一种犯罪的转变。如果只是同一犯罪的犯罪情节、犯罪结果的加重，只是量变，构成结果加重犯，而非转化犯。

第二，具备特定条件。罪名之间是不可以随便转化的，而是要满足一定的条件。换言之，因为具备了特定的客观条件，按照原来的轻罪处罚已经不能完全评价犯罪行为。

第三，刑法分则明文规定，由于转化犯是一种反逻辑的法律拟制，只能以刑法明文规定为限。例如，《刑法》第247条规定了刑讯逼供罪、暴力取证罪向故意伤害罪和故意杀人罪的转化，在这里，只要致人伤残、死亡的，不论行为人主观上是故意还是过失，均以故意伤害和故意杀人论处。

【拓展阅读：常见的转化犯】

根据刑法分则规定，常见的转化犯有：①非法拘禁罪转化为故意伤害罪、故意杀人罪（使用暴力致伤、死）；②刑讯逼供罪、暴力取证罪转化为故意伤害罪、故意杀人罪（致伤、死）；③虐待被监管人罪转化为故意伤害、故意杀人罪（致人伤残、死）；④聚众斗殴罪转化为故意伤害罪、故意杀人罪（致人重伤、死亡的）；⑤抢夺罪转化为抢劫罪（携带凶器抢夺的）；⑥盗窃、诈骗、抢夺罪转化为抢劫罪（实施盗窃、诈骗、抢夺犯罪行为之际，为窝藏赃物、抗拒抓捕或毁灭罪证而当场使用暴力或以暴力相威胁的）；⑦非法组织卖血罪、强迫卖血罪转化为故意伤害罪（造成他人伤害的，限于重伤害）；⑧私自开拆、隐匿、毁弃邮件、电报罪转化为盗窃罪（条件是当邮政工作人员私自开拆、隐匿、毁弃邮件、电报而从中窃取财物时）；⑨挪用特定款物罪转化为挪用公款罪（挪用的虽然是《刑法》第273条所规定的救济、救灾等七项特定款物，但归个人使用）；⑩收买被拐卖的妇女、儿童罪转化为拐卖妇女、儿童罪（收买后又出卖的）；⑪妨害公务罪转化为聚众阻碍解救被收买的妇女、儿童罪（仅针对首要分子，对该聚众犯罪的其他参加者则不是转化问题，仍定妨害公务罪）。

（三）处罚原则

转化犯按转化后的重罪论处，不实行并罚。例如，非法拘禁中实施暴力致人死亡，按照故意杀人罪定罪量刑，而非数罪并罚。

【案例解读】最高人民法院对于刘建华等故意杀人、非法拘禁案的（2009）刑三复04105397号死刑复核书中写道："被告人龚福勤以帮人索取债务为目的与同伙非法拘禁他人，使用暴力致人死亡，其行为已构成故意杀人罪。"

二、结合犯

（一）概念

结合犯，是指数个各自独立的犯罪行为，根据刑法的明文规定，结合而成为另一个独立的新罪的形态。比如日本刑法中就将同时实施了强盗和杀人行为的规定为强盗杀人罪一罪，而不以强盗罪和杀人罪并罚。关于结合犯，我国刑法并没有明文规定，有观点认为《刑法》第 239 条规定了结合犯，即以勒索财物为目的绑架他人的，或者绑架他人作为人质的，致使被绑架人死亡或者杀害被绑架人的，处死刑，并处没收财产。本书认为，在我国刑法体系下讨论结合犯的概念没有必要性。

（二）特征

第一，所犯数罪原为数个独立的犯罪。结合犯所结合的数个罪名，应当是刑法规定的数个独立的异种数罪。所谓独立，是指每个犯罪均不以其他犯罪行为的存在为前提，满足了构成要件的犯罪行为。而且必须限制在异种数罪，同种数罪没有结合的必要性。

第二，结合成另一个独立的新罪。数个犯罪行为结合为新的犯罪之后，就失去了评价原来犯罪行为的意义，成了新罪的一部分。

第三，刑法具有明文规定。结合犯之所以被称为法定的一罪，就是因为其本身各行为之间原本独立，但是因为相互之间联系紧密或实施条件相同等而通过法律的规定直接认定为一个处罚较重的罪名。

（三）处罚原则

结合犯依刑法规定的结合之后的新罪定罪处罚。通说认为，我国无相关规定，只有类似的处罚原则。

三、惯犯

（一）概念

惯犯包括常业惯犯与常习惯犯，是指以犯罪为业或者以犯罪为习惯的犯罪形态。以犯罪为业，是指以犯罪所得为主要的生活来源。

（二）基本特征

第一，犯罪时间长、次数多，反复多次实施。这是惯犯的外在特征，长时间内反复、多次实施，说明行为人主观恶性较大，没有悔改之意，对于社会的危害程度高。

第二，犯罪行为人主观恶性大，人身危险性程度高。这是惯犯的行为人特征，行为人在不断的实践中积累了犯罪经验，形成习性。

第三，法定性，即惯犯为刑法明文规定。

（三）类型

惯犯分为常业惯犯和常习惯犯。常业惯犯，是指以犯罪为常业，以犯罪所得为主要生活来源或者腐化堕落的来源，如赌博罪、非法行医罪。常习惯犯，是指以某种犯罪为习性，在较长时间内反复多次实施，如惯窃、惯骗，这是 1979 年《刑法》中的规定，目前刑法中无常习惯犯的规定。但是在司法实践中，可以将行为人反复多次的情况作为量刑情节加以考虑，进行从重处罚。

（四）处罚原则

惯犯作为法定的一罪，根据刑法的规定，按照一罪处理。

第四节　处断的一罪

一、连续犯

（一）概念

连续犯，是指基于同一或概括故意，连续实施数个独立的性质相同的行为，并触犯同一罪名的犯罪形态。我国《刑法》通过总则和分则的相关规定，承认了连续犯的存在。

（二）成立要件

第一，行为人实施了数个独立的性质相同的行为。所谓"性质相同"是指数个行为符合同一犯罪构成。区别于继续犯只存在一个犯罪行为，连续犯中行为人实行数次犯罪行为。关于数个行为是否均需构成犯罪，理论上有不同的争议。但具体到我国刑法的规定，数个行为既包括各行为分别独立构成犯罪的情况，数个行为有的单独构成犯罪、有的单独不构成犯罪的情况，也包括各行为单独都不构成犯罪但累加构成犯罪的情况。比如，每次盗窃几百元财物，单看每个盗窃行为都不能构成盗窃罪，但多个盗窃行为就能够以盗窃罪定罪处罚；再如，多次贪污，贪污数额累计计算，只认定为贪污罪一罪。我国刑法作此规定的优点是有利于正确计算追诉时效，避免漏掉对犯罪人的处罚。

第二，基于同一或概括的犯罪故意。犯罪行为人为连续实施同一类型的犯罪而制定具体的犯罪计划，对于每个犯罪行为的内容都存在明确的认识。

第三，数个行为具有连续性，具体表现为在一定时间内多次实施数个性质相同的犯罪行为。判断连续性要从主客观两方面进行，主观上要看行为人是否具有数次实施犯罪行为的故意，客观上要注重行为的连续性。

第四，数个行为触犯同一罪名。这里的同一罪名是指数个具体的罪名。不过，如果同一法条规定的是选择性罪名，即行为人实施了数个行为，但符合同一选择性罪名，如行为人制造毒品，同时又将该毒品走私、贩卖或者进行运输的，构成走私、贩卖、运输、制造毒品罪。

（三）处罚原则

连续犯按照刑法分则规定的一罪处理。要注意的是，我国刑法分则关于"多次"的表述不仅指连续犯，有时也指同种数罪，但是由于我国司法实践中一般对于同种数罪以同一罪名论处，因此区分连续犯与同种数罪不具有现实意义。不过，当某些同种数罪存在并罚情况时，还是要将两者加以区分。

（四）连续犯的相关问题

1. 连续犯与继续犯

连续犯与继续犯不同。继续犯只有一个行为，针对一个对象，在时间上没有间隔；而连续犯有数个行为，可能针对不同对象，且数行为在时间上有一定的间隔。例如，甲对乙一家怀有仇恨，欲杀乙一家，在一星期内分三次分别将乙家人从家中骗出并予以杀害。表面上看，甲实施了三个杀人行为，构成三个杀人罪，但是甲的三个杀人行为是基于同一个概括故意而实施的，并且这几个行为在时间上间隔很短，具有连续性，触犯的是同一罪名，因此，甲的行为是连续犯。

2. 连续犯与结果加重犯

在实施数个行为被作为法定刑升格条件的情况下，不宜认定为连续犯。例如，多次抢劫属于抢劫罪的加重情节，因此属于结果加重犯，而非连续犯。

3. 连续犯的追诉期限

《刑法》第 89 条第 1 款规定了犯罪行为的追诉期限从犯罪之日起计算；犯罪行为有连续状态的，从犯罪行为终了之日起计算。

二、吸收犯

（一）概念

吸收犯，是指行为人实施数个犯罪行为，由于在法律规范上数个行为间存在紧密联系，一行为吸收其他行为，仅成立一罪的犯罪形态。本书认为，吸收犯实际仍然属于数罪并罚的问题，其适用范围往往仅限于理论界、实务界公认的若干犯罪类型，很大程度上没有存在的必要性，依靠数罪并罚可以解决。

（二）基本特征

第一，有数个独立的犯罪行为。这里的数个行为必须均构成犯罪，如果只有一个行为构成犯罪，其他行为不构成犯罪的则不成立吸收犯。但是关于此处罪名是否必须一致，理论上存在争议。本书认为，根据吸收犯的设立目的，主行为可以吸收从行为，不用过分强调罪名的前后一致性。

第二，数行为之间具有吸收关系，前行为是后行为的必经阶段，后行为是前行为的自然结果。根据行为特点与我国刑法通说，吸收犯可以分为以下三种：①重行为吸收轻行为。也就是社会危害性大、情节严重、法定刑高的行为吸收社会危害性小、情节较轻、法定刑低的行为。例如，制造毒品、盗窃枪弹、伪造货币后持有，持有行为被前行为吸收。②实行行为吸收预备行为。换言之，行为人着手实行犯罪之后，即使其预备行为也侵害了其他法益的，对预备行为不单独定罪。例如，故意杀人既遂可以吸收前期为杀人而购买枪支、弹药的预备行为。③主行为吸收从行为，即起主要作用的行为吸收次要行为，仅以主行为定罪量刑。例如，共同犯罪中实行行为吸收帮助行为、教唆行为。

（三）处罚原则

吸收犯按照刑法规定以吸收一罪定罪，或吸收一罪从重处罚。例如，伪造货币后出售、运输的，按照伪造货币一罪从重处罚。

（四）与事后不可罚行为的比较

事后不可罚行为，是指行为人实施某一犯罪行为后，继而又实施另一不同的犯罪行为，基于事前行为（主行为）与事后行为（辅行为）之间的关联关系，对其实施的事后行为，不再单独予以定罪处罚的情况。

事后不可罚行为有几大特征：①在罪名条件方面，前后行为均可单独构成犯罪，且前后行为构成的罪名有明显的主从轻重差别；②在主体与时间条件方面，后行为发生在前行为违法状态尚未消失时，且前行为与后行为的实施主体为同一人；③后行为没有侵害新的法益，指前后行为的犯罪对象具有同一性，且前后行为侵害的法益具有同一性；④缺乏期待可能性，或者说不具有苛责性，这是事后不可罚行为的实质特征。

事后不可罚行为的外延大于吸收犯，事后不可罚行为不一定是吸收犯。事后不可罚行为包括：①实施财产犯罪之后针对赃物的持有、处分、毁坏行为；②犯罪之后毁坏证据的行为；③非法取得违禁物品之后对违禁物品的使用、持有行为；④非法取得财产凭证、单据、票据之后的兑现行为。

三、牵连犯

（一）概念

牵连犯，是以某种犯罪为目的实施的实行行为，与其手段行为或者结果行为分别触犯不同罪名的犯罪形态。常见的牵连关系包括手段行为与目的行为之间的牵连、原因行为与结果行为之间的牵连。前者最常见的就是为了招摇撞骗而伪造国家机关公文证件的情况，后者的例子比如盗窃他人信用卡并冒用他人信用卡的。本书认为，牵连犯比吸收犯更应被限制适用范围，大多数情况下也属于数罪并罚的问题，很大程度上没有存在的必要性，同样依靠数罪并罚可以解决。

（二）基本特征

第一，行为人出于一个犯罪目的，如果行为人出于多个犯罪目的，则不构成牵连犯。

第二，行为人实施了数个独立行为，数个独立行为必须分别构成不同的罪名。

第三，数行为之间存在某种必然的牵连关系。具体而言，这种行为之间的牵连关系，主要是指目的行为与手段行为，或者原因行为与结果行为的关系。例如，入室强奸、抢劫、盗窃与非法侵入住宅的行为；为招摇撞骗而伪造证件的行为。

（三）处罚原则

牵连犯须为刑法类型化的行为，不宜过度扩大。因为刑法没有在总则中规定牵连犯的概念，所以对于牵连犯的处罚，如果刑法分则有明文规定的，按照刑法分则规定处理，如果刑法没有明文规定的，应当从一重罪处罚。

（四）牵连犯的特殊问题

1. 牵连犯与并罚

牵连犯的处罚原则是从一重罪处罚，但对于一些存在牵连关系的犯罪，应当并罚。例如，受贿后出卖国家秘密的，抗拒缉私又构成妨害公务的，为骗保而故意犯罪的，挪用公款进行非法活动的，以及恐怖组织实施犯罪活动，等等。

2. 牵连犯与吸收犯

牵连犯与吸收犯的相同点在于，两者都是数行为，都构成了不同种的数罪，都不实行数罪并罚。但是，两者之间也存在不同点：吸收犯是法律规范预设一罪是另一罪的必然结果，有更必然的关系；而牵连犯更强调事实上的手段与目的关系或者原因与结果关系。

3. 牵连犯与想象竞合犯

牵连犯与想象竞合犯都是行为人出于同一目的实施行为，结果触犯了多个罪名。但是两者最大的不同之处在于：想象竞合犯只有一个行为，因而是实质的一罪；牵连犯有数个行为，只是出于各行为之间的紧密联系而作为一罪论处。

第六部分　刑罚论

第十四章

刑罚裁量

第一节　责任刑与预防刑关系辨析

　　刑罚的正当化根据与刑罚目的的关系，报应与预防的关系，责任刑与预防刑的关系，以及其他相关概念的内涵及彼此之间的关系，长期以来纠缠不清、莫衷一是，原因固然很多，但其中一个重要原因在于方法论的陈旧，即仅仅从本体论意义上抽象地谈论上述概念的内涵及彼此之间的关系，缺乏目的理性的引导[1]，仍然属于"物本逻辑"。刑罚论基本理论应当跟上哲学发展与进步的步伐，实现从本体论向认识论与实践论的转变。应当认识到，在规范意义上，并不存在一个绝对的客观真理等待我们去发现。刑罚论理论研究应当以现代刑事法治观念为指导，应然地界定上述各种概念的含义及其相互之间的关系，实现从本体论上探讨所谓事物的客观存在，转向建构我们所需要的规范存在，实现从"物本逻辑"向"法治逻辑"和"人本逻辑"的转变，建构现代刑事法治所需要的刑罚论基本概念含义及彼此之间的关系。

---

　　[1]　这里的"目的理性"是广义的概念，指以一定的目的为引导进行理性建构，不限于罗克辛的犯罪预防意义上的"目的理性"内涵与外延。

一、刑罚正当化根据意义上的报应与预防的关系

刑罚正当化的根据，是指刑罚存在的正当理由以及国家对公民适用刑罚的正当理由。它是从积极的方面为刑罚的存在寻找理由，如是报应还是预防等。刑罚正当化根据的反面是刑罚的人道化，它在消极的意义上为刑罚的废除或者减轻提供根据。刑罚的人道化，不能成为刑罚的正当化根据。[1]

一般认为，刑罚的正当化根据有三种理论：①报应刑论，认为对犯罪进行惩罚本身就是正当的。其经典表述是，"因为有犯罪而科处刑罚。"②预防刑论，认为惩罚本身并没有意义，只有在预防犯罪的意义上，刑罚才是正当的。其经典表述为，"为了没有犯罪而科处刑罚。"③并合主义，认为单纯的报应或单纯的预防犯罪，都不能全部说明刑罚的正当化根据，应当综合考虑刑罚的报应和预防，其经典表述为，"因为有犯罪，并且为了没有犯罪而科处刑罚。"目前最有力的学说是并合主义，当然并合主义内部对报应与预防两个要素有各种不同的安排，并因此又分为众多不同的学说。

"核心价值是任何有生命力的理论体系的精华，也是这个理论体系的'哲学承诺'。没有哲学承诺的理论是没有方法论的理论，它其实也就不能称之为理论。"[2] 刑罚（刑法）理论也不例外。缺乏哲学承诺的刑罚（刑法）理论将成为"无根的浮萍"，方向飘忽不定，难以担当起指导刑事立法和刑事司法的大任。刑罚的正当化根据属于刑罚（刑法）理论体系的核心价值，也就是刑罚（刑法）理论体系中的"哲学承诺"。一般认为，作为刑罚正当化根据的报应刑论的哲学承诺是正义，正义代表了公正、公平，是人类永

---

[1] 参见陈金林：《刑罚的正当化根据与刑罚的人道化——老人死刑适用限制的批判性分析》，载《刑事法评论》2014 年第 2 期。

[2] 参见李怀胜：《域外刑罚民粹主义的模式、危害与启示》，载《国家检察官学院学报》2015 年第 4 期。

恒的追求，刑罚作为对犯罪的惩罚，不可能脱离正义的约束，否则就没有正当性可言。预防刑论的哲学承诺是功利，功利主义追求大多数人的最大幸福，体现了趋乐避苦的自然主义人性论。[1]

以目前学术界的研究现状，如果对其他因素不予考虑，在本体论意义上，并合主义应当是最站得住脚的。就像经济学中公平与效率、政治哲学中的公正与功利关系一样，主要是侧重哪一方面，以及两者关系如何处理的问题，不可能是只顾一点不及其余。刑罚的正当化根据也是一样，只能是在并合主义的旗帜下施展腾挪其细微差别，而不可能顾此失彼，只是报应或者只要预防。

但如果我们深入刑法和刑法学内部就会发现，这种一般意义上的综合与折中会遇到障碍。现在的通说是，刑罚目的是预防犯罪，包括一般预防和特殊预防。而刑罚的正当化根据是并合主义，虽然不全是但包含了犯罪预防这一部分内容。这就出现了一个问题：犯罪预防既是刑罚正当化的根据（虽然是部分的），也是使用刑罚（包括制定刑罚和适用刑罚）的目的，两者发生重叠（至少是部分重叠）。这种重叠首先是形式逻辑上的，它造成正当化根据和刑罚目的不分或者混同，但更重要的问题是法学意义上的、刑事法治意义上的。犯罪预防既是刑罚正当化根据，也是使用刑罚的目的，这使刑罚正当化根据和刑罚使用目的纠缠在一起，交叉同质，或者界限模糊。故造成了刑罚正当化根据的设定对刑罚使用（包括制定刑罚和适用刑罚）的检验与批判效果丧失，至少是部分丧失，使人权保障的制度性安排缺失或者不当。因此，不管是基于刑罚（刑法）理论的体系性思考，还是基于刑罚（刑法）理论的问题性思考，为了合理地处理打击预防犯罪和保障人权之间的关系，这种安排都是不妥的。

解决上述困境的战略性思考是转变思维方式，实现方法论的创

---

[1]　参见李怀胜：《域外刑罚民粹主义的模式、危害与启示》，载《国家检察官学院学报》2015 年第 4 期。

新，从本体论自然存在意义上抽象地谈论刑罚正当化根据是什么，转变为我们需要什么样的刑罚正当化根据，即从本体论转为认识论和实践论。在这里，现代刑事法治观念的引导是极其重要的，要在现代刑事法治观念的引导下，进行刑罚正当化根据及其与刑罚目的关系的建构。

现代刑事法理论已经发展为一套精致发达的理论体系，不论各国刑事法的理论体系、知识结构、司法传统、思维模式、文化观念、意识形态等有多么大的差异，它们大致都共享一套价值信念：公平、正义、人权。人权保障是现代刑事法治的理论底色，在此基础上才能演绎出罪刑法定主义、责任主义、罪刑均衡原则、正当程序等刑事法基石性的原则和制度。只有接受了上述刑事法治观念的刑法才能被称为文明、人道的刑法。[1] 刑罚正当化根据的设定必须接受这些刑事法治观念的指导。

在政治哲学意义上，刑罚虽然对预防犯罪必不可少因而有用，但它本身也是一种"恶"。我们既要用好"刑罚"（但无需用足），也要尽量避免其负面效果（也只能是避免而不可能全部消除）。在这种背景下，刑罚正当化根据设定的具体思路是，如果我们假定刑罚的目的为预防犯罪是正确的话（这一前提假设很重要），刑罚的正当化根据只能设计为"报应"，而不是并合主义，更不能是"预防"。这不仅是为了在内容上与刑罚目的区分开来（当然这也是需要的），更重要的，在刑事法治意义上，一方面是为刑罚权的发动（包括制定刑罚和适用刑罚）提供道德基础，另一方面又为其设定界限，使刑罚正当化根据对刑罚使用的保障、检验、批判功能得以实现，既是刑罚使用的"演出证"，又规定其只能"按着套路和规矩演出"，最终使刑法的目的和刑法的任务得以顺利实现。

---

〔1〕 参见李怀胜：《域外刑罚民粹主义的模式、危害与启示》，载《国家检察官学院学报》2015 年第 4 期。

二、刑罚适用层面的责任刑与预防刑的关系

刑罚适用层面的责任刑与预防刑的关系，应当受到刑罚的正当化根据与刑罚目的关系的全面关照，应当从定罪和量刑的司法实践、从犯罪论和刑罚论的学科建构等多重视角去理解和把握，仅仅从定罪、犯罪论，或者仅仅从量刑、刑罚论的视角去理解都是片面的、欠妥的。

各国刑法典一般不规定刑法的目的，我国刑法典也是一样，但我国刑法规定了刑法的任务。我国大多数刑法教科书或者将刑法的任务直接等同于刑法目的，或者认为刑法目的可以直接从刑法任务中推导出来，但并没有作出解释，至今仍是一笔糊涂账。[1] 实际上，两者应当有显著的区别。有学者指出，在中国，根据刑法典的规定，刑法任务包含"为了惩罚犯罪"的内容，警察、检察官甚至法官以及他们背后的组织系统，将惩罚犯罪视为他们自己的工作、职责和任务。而刑法目的仅限于保护法益，不应当包含"为了惩罚犯罪"的内容。"刑法目的的意义在于表明：包括刑法在内的法律是理性的实体，而不是政府为了维护秩序以及保护自身的利益而加以利用的工作。"[2] 因此，刑法的任务与刑法的目的应当有别。

另外，刑法的目的与刑罚的目的也应当有别。刑法的目的应当是保护法益，而刑罚的目的是预防犯罪（通说观点）。预防犯罪的目的最终是保护法益，在此意义上，保护法益是最终目的，预防犯罪是手段。两者角度不同，位阶更是不同。在犯罪论体系的早期阶段，在不法层面，将不法的设定理解为更高层面的保护法益，即是为了实现刑法的目的，是妥当的。虽然其自然地会带出预防犯罪的

---

〔1〕 参见曲新久：《刑法学》（第4版），中国政法大学出版社2017年版，第13页。

〔2〕 参见曲新久：《刑法学》（第4版），中国政法大学出版社2017年版，第13页。

实际功效，但预防犯罪的专门制度安排是在刑罚论阶段完成的。因此，将犯罪论领域不法层面涉及的刑罚轻重理解为预防犯罪意义上的预防刑，是欠妥的。

在中国，责任刑与预防刑的关系，比较有力的学说是，先确定责任刑，然后在责任刑的范围内确定预防刑，即预防刑受责任刑的制约。具体分为三个步骤：首先是确定法定刑，即确定罪名后根据案件的不法与责任事实确定法定刑。其次是在法定刑的基础上，根据影响责任刑的情节确定责任刑。最后是在责任刑的点之下（或者一定幅度范围内）根据预防必要性的大小确定预防刑，进而确定宣告刑。[1]

可以看出，虽然刑罚裁量是定罪以后的事，在学理上也属于刑罚论的内容，但对责任刑大小起作用的全部要素，都属于犯罪论领域的内容。因此，从刑法知识形态上讲，责任刑是由犯罪论领域的内容决定的，预防刑是由刑罚论领域的内容决定的。在这种意义上，犯罪论与刑罚论的界限和分工是十分明显的，也是十分必要的。我们赞成这种界限和分工，它有助于厘清刑法目的和刑罚目的之间的位阶关系、责任刑与预防刑之间的位阶关系，以及彼此之间关系的处理。

"李斯特鸿沟"的实质，本来是要阻止预防刑进入犯罪论领域，从而造成预防刑与责任刑不分，乃至预防刑取代责任刑，使犯罪论体系的人权保障功能丧失。预防刑十分必要，但只能在刑罚论领域发挥作用。因为刑罚论位于犯罪论之后，预防刑位于责任刑之后，预防刑受到责任刑的节制，使人权保障得以体现。经过责任刑过滤之后的预防刑，在刑罚论领域可以大显身手，从而起到既保障人权，又预防犯罪的作用。在此意义上，我们认可所谓的"李斯特鸿沟"的存在，这是现代刑事法治在刑法内部合理分工的需要。本来

---

[1] 参见张明楷：《责任刑与预防刑》，北京大学出版社 2015 年版，"前言"第 3 页。

就应当存在，当然就无需填平，只要有渠道保持相互"贯通"即可，但两者不可没有界限，不能随意穿梭。在此意义上，我们对罗克辛教授将"预防犯罪必要性"引入犯罪论的责任部分，并且逐步向纵深发展进入不法论领域，由此造成责任刑与预防刑界限与关系的混乱，表示一定程度的担忧，不知能否将"预防犯罪必要性"的追求退回到刑罚论领域。作为一种思路的清理，犯罪论体系的重新建构，确有必要在一定意义上"回归贝林"[1]，以贝林理论为起点重新出发。[2]

第二节　刑罚裁量概述

一、刑罚裁量的概念

刑罚裁量，简称"量刑"，是指人民法院在确认被告人的行为构成犯罪的基础上，依法决定对犯罪人如何适用刑罚的审判活动。刑罚裁量具有以下特征：

（一）量刑的主体是人民法院

量刑权是刑罚权的有机组成部分，隶属于刑事审判权。根据我国宪法和有关法律的规定，刑事审判权由人民法院统一行使，故量刑的主体是人民法院，其他任何机关、团体或者个人都不得行使量刑权。根据《中华人民共和国刑事诉讼法》（以下简称《刑事诉讼法》）的规定，基层人民法院不得作出无期徒刑、死刑的判决。

（二）量刑是人民法院刑事审判活动的一个基本环节

量刑在人民法院的刑事审判活动中占有十分重要的地位。定罪

---

〔1〕　参见邓子滨：《回归贝林》，载《法治现代化研究》2017年第3期。

〔2〕　陈兴良教授曾指出："我国犯罪论体系的转型，除了应当对特拉伊宁的犯罪构成一般学说进行批判性反思，还必须重新审视贝林的构成要件论，甚至在一定意义上回到贝林，并以贝林为理论起点重新出发。惟有如此，才能实现我国犯罪论的拨乱反正。"详见陈兴良：《构成要件论：从贝林到特拉伊宁》，载《比较法研究》2011年第4期。

是解决被告人的行为是否有罪和构成何罪的问题；量刑则是在定罪的基础上，解决对犯罪人应否判处刑罚、判处何种刑罚以及刑期长短等问题，是人民法院刑事审判活动的一个基本环节。定罪是量刑的基础和前提，量刑是定罪的基本归宿。没有定罪，量刑无从谈起；定罪不准，量刑必然不当。但定罪准确，量刑未必适当。司法实践中，定罪准确而量刑不当的案件时有发生。因此，法院在刑事审判活动中，不仅要重视定罪，也要重视量刑。

（三）量刑是实现刑罚目的的重要途径

刑罚的目的是预防犯罪，但这一目的能否实现在很大程度上取决于量刑质量的优劣。如果量刑适当，使犯罪分子罪有应得，罪犯心服，社会满意，对于实现一般预防和个别预防都将十分有利。如果量刑失当，无论是过宽还是过严，都会妨碍刑罚目的的实现。因此，正确量刑是实现刑罚目的必不可少的环节。只有切实做到定罪准确，量刑适当，才能维护法制的尊严，最终实现刑罚的目的。

二、刑罚裁量的原则

量刑是刑事审判活动的核心内容之一，必须在一定的原则指导下进行。《刑法》第 61 条规定了量刑的一般原则："对于犯罪分子决定刑罚的时候，应当根据犯罪的事实、犯罪的性质、情节和对于社会的危害程度，依照本法的有关规定判处。"这一量刑原则可以概括为，以犯罪事实为根据，以刑法规定为准绳。

（一）以犯罪事实为根据

犯罪事实是量刑的客观根据，没有犯罪事实，量刑就失去了赖以存在的基础。根据《刑法》第 61 条的规定，以犯罪事实为根据应包括以下几点：

1. 查清犯罪事实

犯罪事实有广义和狭义之分。广义的犯罪事实是指《刑法》第 61 条规定的"犯罪的事实、犯罪的性质、情节和对于社会的危害程度"四个方面的事实。这里所说的犯罪事实仅指其中的"犯罪的事实",是指犯罪构成的基本事实,即具体的犯罪行为,造成的危害结果,危害行为与危害结果之间是否存在因果关系,行为人是否具备刑事责任能力,主观上是否存在故意或过失等,就是表明行为的社会危害性及其程度是否符合刑法规定的犯罪构成要件的各种主客观事实,属于狭义的犯罪事实。审判人员在量刑时首先要考虑的即是犯罪构成的基本事实是否存在,这是确定犯罪性质、分析犯罪情节和评价对社会的危害程度的前提和基础。

2. 正确认定犯罪性质

所谓犯罪性质,是指行为人构成何种犯罪,应定什么罪名。在查清犯罪构成基本事实的基础上,明确犯罪的性质,是量刑适当的必要前提。审判人员只有正确地认定了犯罪的性质,准确地区分了此罪与彼罪,明确了应当适用的刑法条文,基本确定了与该犯罪的性质相对应的法定刑,才能谈得上正确量刑。

3. 掌握犯罪情节

犯罪情节有两种:①影响犯罪性质的情节,是构成犯罪的必备因素,是定罪情节;②犯罪构成基本事实以外的其他情节,这些情节,一般不属于犯罪构成要件,不影响犯罪性质,但影响犯罪的社会危害程度,因而影响刑罚的轻重,是量刑情节。这里所说的犯罪情节,即指量刑情节。同一性质的犯罪,犯罪情节不同,其社会危害程度也就不同,因而处刑也就有轻有重。所以,确定了犯罪性质之后,人民法院还需要全面考虑量刑情节,以便对犯罪分子具体裁量适用轻重不同的刑罚。

4. 正确评价行为对于社会的危害程度

行为对于社会的危害程度,是指行为给国家、社会和公民个人造成了多大的危害。行为的社会危害性是犯罪的最本质的特征,是区分罪与非罪、重罪与轻罪的依据,也是决定对犯罪人是否判刑以及判刑轻重的依据。犯罪的事实、性质、情节都从不同方面、不同程度上反映着行为的社会危害程度，因此，需要从行为的各方面加以全面考察。此外，国家的政治、经济、特别是社会治安等方面的形势，也是影响行为的社会危害程度的相关因素。人民法院应当正确地判断犯罪的社会危害程度，以便正确地决定刑罚的轻重。

刑法把犯罪的事实、犯罪的性质、情节和对于社会的危害程度规定为量刑时必须考虑的四个因素，是对刑事案件审理客观规律的科学概括，审判人员在审理刑事案件、适用刑罚的时候，应当对上述四个既相互联系又相互区别的因素进行全面考虑。

（二）以刑法规定为准绳

《刑法》第 61 条规定，对于犯罪分子决定刑罚的时候，应当"依照本法的有关规定判处"。我国刑法对什么犯罪配置什么法定刑，应当或者可以适用什么具体量刑幅度，如何适用量刑情节，都作了相应的具体规定，因此，量刑要以刑法规定为准绳，依法裁量，这是罪刑法定原则在量刑活动中的体现。量刑以刑法规定为准绳的具体内容如下：

1. 依照刑法典总则规定的有关原则和制度量刑

刑法典总则规定的是犯罪与刑罚的一般原则，是关于犯罪与刑罚的共性问题。在量刑时要依据刑法典总则有关刑罚种类和刑罚方法的适用条件、各种刑罚制度、数罪并罚的规则等规定裁量刑罚。例如，犯罪的时候不满 18 周岁的人和审判的时候怀孕的妇女，不适用死刑；再如，对于被判处死刑、无期徒刑的犯罪分子，应当剥夺政治权利终身，等等。

2. 依照刑法典分则的规定量刑

以刑法规定为准绳，要求在刑法典分则规定的量刑幅度内选择适当的刑罚。我国刑法采用的是相对确定的法定刑，每一个犯罪的法定刑都有一个轻重不等的幅度。人民法院在确定对犯罪人适用刑罚之前，都有一个根据犯罪的社会危害性程度和犯罪人的人身危险性大小进行选择的过程。但无论怎样选择，都必须限定在刑法典分则条文规定的法定刑幅度内，即便是从重、从轻、减轻处罚，也要以选定的法定刑为标准。例如，《刑法》第 243 条第 1 款规定："捏造事实诬告陷害他人，意图使他人受刑事追究，情节严重的，处 3 年以下有期徒刑、拘役或者管制；造成严重后果的，处 3 年以上 10 年以下有期徒刑。"第 2 款规定："国家机关工作人员犯前款罪的，从重处罚。"这里的"从重处罚"，是指符合第 1 款规定的基本构成要件的，以"3 年以下有期徒刑、拘役或者管制"的法定刑为标准"从重处罚"；符合第 1 款规定的加重构成要件的，以"3 年以上 10 年以下有期徒刑"的法定刑为标准"从重处罚"。

以犯罪事实为根据，以刑法规定为准绳，是我国刑法规定的量刑原则的两个相辅相成、不可分割的组成部分，忽视其中任何一个方面，都会导致偏离量刑原则，造成量刑失当。因此，刑事审判活动应当忠于事实、忠于法律，真正做到罪刑法定、量刑适当。

三、刑罚裁量的内容

（一）决定是否判处刑罚

根据有罪必罚的原则，犯罪人被判定有罪一般都要判处相应的刑罚。但我国刑法还规定有免除处罚制度，对于犯罪人具有法定的免除处罚情节的，应当或可以免除刑罚处罚，这也是一种刑事责任的承担方式。此外《刑法》第 37 条规定，犯罪人虽然不具有法定的免除处罚情节，但是属于"犯罪情节轻微不需要判处刑罚的"，也可以免于刑事处罚。

（二）决定判处何种刑罚和多重的刑罚

对于没有免除刑罚处罚的犯罪人，判处刑罚是必然的结局。由于各种犯罪的社会危害性程度不同，每个犯罪人的人身危险性和再犯可能性不同，审判机关应当针对每个犯罪人的不同情况判处相应不同的刑罚。我国刑法规定了较为完善的刑罚体系，对不同的犯罪规定了轻重和幅度不同的法定刑，对不同的犯罪情节规定了不同的处罚原则。这就为人民法院根据犯罪的事实、犯罪的性质、情节和对社会的危害程度判处犯罪人相应的刑罚提供了充分的自由裁量空间，有利于保证罪刑相适应原则和刑罚个别化原则的双重实现。实际判处刑罚包括两方面：①判处何种刑种，如判处何种主刑，是否需要判处附加刑。②判处某一刑种当中多重的刑罚。我国的刑罚体系当中，有期徒刑、拘役、管制和剥夺政治权利，都有刑期长短之分；罚金、没收财产，都有数量多少之分。因此判处刑罚，不仅要决定判处何种刑罚，还要决定具体判处多重的刑罚。

（三）决定刑罚实现的替代措施

我国刑法规定有死刑缓期 2 年执行制度和缓刑制度，这是在决定判处何种刑罚和多重刑罚的基础上，对刑罚实现替代措施的规定，即不是立即执行所判处的刑罚，而是缓期执行，以观后效，再作决定。[1]此外，在一人犯数罪的情况下，人民法院要根据刑法关于数罪并罚的规定，决定最终应当执行的刑罚。

---

〔1〕 根据我国刑法规定，我国的死缓制度、假释制度和缓刑制度，分别是作为死刑、长期监禁刑和短期监禁刑的替代措施加以规定的：死刑、无期徒刑、有期徒刑和拘役作为独立的刑罚种类规定在《刑法》第3章，而死缓制度、假释制度和缓刑制度是作为其相应的替代措施规定在刑法的刑罚具体适用的相关章节中（主要是《刑法》第4章）。死缓制度、假释制度和缓刑制度，具有一定的依附性，依附于前者，但它们本身也是一种刑罚制度，是刑罚具体运用的制度。它们与刑罚种类一样都是我国刑罚制度的有机组成部分，对特殊情形的犯罪分子适用。其作为死刑和监禁刑的替代措施，其适用要比直接适用前者更为轻缓和人道，两者相互配合共同为实现刑罚的目的服务。由于死缓和缓刑制度是在量刑时直接适用，假释制度是在刑罚执行过程中对符合条件的罪犯适用，因此，通常将死缓和缓刑制度作为量刑制度，将假释理解为刑罚执行制度。

第三节　量刑情节及其适用

一、量刑情节概述

量刑情节，即刑罚裁量的情节，是指犯罪构成基本事实以外的，人民法院对犯罪分子裁量刑罚时予以考虑的，据以决定刑罚轻重或者免除刑罚处罚的各种事实情况。量刑情节具有如下特征：

（一）量刑情节是犯罪构成基本事实以外的其他情节

量刑情节是在某种行为已经构成犯罪的情况下，在量刑时予以考虑的表明行为的社会危害性程度或者行为人人身危险性程度的各种情况。如果某种事实情况是犯罪构成必不可少的，就不是量刑情节而是定罪情节。定罪情节是确定罪之有无以及区分此罪与彼罪的界限；而量刑情节只对判处何种刑罚、刑罚之轻重以及是否需要判处刑罚产生影响。如《刑法》第 260 条第 1 款规定："虐待家庭成员，情节恶劣的，处 2 年以下有期徒刑、拘役或者管制。"这里的"情节恶劣"属于定罪情节，不是量刑情节，没有这一情节，虐待罪就不能成立。该条第 2 款规定："犯前款罪，致使被害人重伤、死亡的，处 2 年以上 7 年以下有期徒刑。"这里的"致使被害人重伤、死亡"属于量刑情节，是在虐待罪已经成立基础上的从严量刑情节，是加重法定刑的情节。[1] 正确地区分定罪情节和量刑情节，对于杜绝重复评价，防止将已经用于定罪的犯罪构成事实再作为量

---

〔1〕 需要注意的是，有些事实情况如"情节严重""情节恶劣"等，既可能是定罪情节，也可能是量刑情节，这要根据刑法的规定予以区分。在刑法典分则条文中，对于性质较轻的犯罪，"情节严重"一般具有犯罪构成要件的意义，也就是具有划分罪与非罪的作用，如侮辱罪、诽谤罪、侵犯少数民族风俗习惯罪、传播淫秽物品罪等；对于性质严重的犯罪，"情节严重"一般是量刑情节，通常是作为加重法定刑的情节，如传授犯罪方法罪，盗窃、抢夺枪支、弹药、爆炸物、危险物质罪，非法持有、私藏枪支、弹药罪等。

刑情节使用，具有重要意义。

（二）量刑情节不仅包括案中情节，还包括案外情节

定罪情节只限于案中情节，而量刑情节的外延比定罪情节的外延广泛，不仅包括案中情节，还包括案外情节。案中情节，是行为人在实施犯罪过程中表现出来的影响量刑的各种情况，它在量刑中所起的作用最直接、最明显，如手段是否残忍、情节是否严重等，一般是影响行为本身的社会危害性程度的情节。案外情节，是在犯罪行为实施之前或之后出现的情况。案外情节也能在一定程度上影响量刑，例如是否有前科，是否构成累犯；犯罪后的态度，是坦白交代还是拒不认罪等，案外情节一般是反映行为人的人身危险性程度的情节。

（三）量刑情节是能够影响刑罚轻重的各种事实情况

所谓量刑情节，当然是对量刑能够产生影响的情节，但不是所有与犯罪及犯罪人有关的事实情况都是量刑情节，只有当某种事实情况能够反映罪行的轻重程度及行为人的人身危险性程度时，才是量刑情节。

二、量刑情节的分类

（一）刑法典总则中的法定量刑情节

按照有无明确的法律规定，量刑情节可以分为法定量刑情节和酌定量刑情节两大类。法定量刑情节简称"法定情节"，是指刑法明文规定，在量刑时必须予以考虑的情节。它既包括刑法典总则规定的对各种犯罪共同适用的情节，也包括刑法典分则、单行刑法规定的对特定具体犯罪适用的情节。

刑法典总则中的法定量刑情节如下：

1. 犯罪主体方面

未成年人。《刑法》第 17 条第 4 款规定：对依照前三款规定追究刑事责任的不满 18 周岁的人，应当从轻或者减轻处罚。

老年人。《刑法》第 17 条之一规定：已满 75 周岁的人故意犯罪的，可以从轻或者减轻处罚；过失犯罪的，应当从轻或者减轻处罚。

限制刑事责任能力人。《刑法》第 18 条第 3 款规定：尚未完全丧失辨认或者控制自己行为能力的精神病人犯罪的，应当负刑事责任，但是可以从轻或者减轻处罚。

又聋又哑的人或盲人。《刑法》第 19 条规定：又聋又哑的人或者盲人犯罪，可以从轻、减轻或者免除处罚。

2. 正当化事由方面

防卫过当。《刑法》第 20 条第 2 款规定：正当防卫明显超过必要限度造成重大损害的，应当负刑事责任，但是应当减轻或者免除处罚。

避险过当。《刑法》第 21 条第 2 款规定：紧急避险超过必要限度造成不应有的损害的，应当负刑事责任，但是应当减轻或者免除处罚。

3. 故意犯罪未完成形态方面

预备犯。《刑法》第 22 条第 2 款规定：对于预备犯，可以比照既遂犯从轻、减轻处罚或者免除处罚。

未遂犯。《刑法》第 23 条第 2 款规定：对于未遂犯，可以比照既遂犯从轻或者减轻处罚。

中止犯。《刑法》第 24 条第 2 款规定：对于中止犯，没有造成损害的，应当免除处罚；造成损害的，应当减轻处罚。

4. 共同犯罪方面

从犯。《刑法》第 27 条第 2 款规定：对于从犯，应当从轻、减轻处罚或者免除处罚。

胁从犯。《刑法》第 28 条规定：对于被胁迫参加犯罪的，应当按照他的犯罪情节减轻处罚或者免除处罚。

教唆未成年人犯罪。《刑法》第 29 条第 1 款规定：教唆不满

18 周岁的人犯罪的，应当从重处罚。

教唆未遂。《刑法》第 29 条第 2 款规定：如果被教唆的人没有犯被教唆的罪，对于教唆犯，可以从轻或者减轻处罚。

5. 犯罪前后的表现（案外情节）

累犯。《刑法》第 65 条第 1 款规定：对累犯，应当从重处罚。

自首。《刑法》第 67 条第 1 款规定：对于自首的犯罪嫌疑人，可以从轻或者减轻处罚。其中，犯罪较轻的，可以免除处罚。

坦白。《刑法》第 67 条第 3 款规定：对于坦白的犯罪嫌疑人，可以从轻处罚；因坦白避免特别严重后果发生的，可以减轻处罚。

立功。《刑法》第 68 条第 1 款规定：犯罪分子有立功表现的，可以从轻或者减轻处罚；有重大立功表现的，可以减轻或者免除处罚。

6. 其他方面

在域外犯罪已经受过刑罚处罚。《刑法》第 10 条规定：在外国已经受过刑罚处罚的，可以免除或者减轻处罚。

犯罪情节轻微。《刑法》第 37 条规定：对于犯罪情节轻微不需要判处刑罚的，可以免予刑事处罚。

（二）酌定量刑情节

酌定情节，是指刑法未作明文规定，仅是根据刑事立法精神和有关刑事政策，由人民法院在审判经验中总结出来的，在刑罚裁量时应当灵活掌握酌情适用的情节，包括从重情节和从轻情节两种类型。酌定量刑情节虽然刑法未作规定，但是由于这些情节从不同的侧面反映着犯罪行为的社会危害性和犯罪人的人身危险性，因而审判人员在对犯罪人适用刑罚时，一般也予以考虑。[1] 常见的酌定量刑情节包括以下几个方面：

---

〔1〕 一般认为，司法解释与其他规范性文件中所规定的影响量刑的情节也应属于酌定量刑情节，但其与一般酌定情节有所不同，其对司法机关具有约束力，法院在进行刑罚裁量时一般需要遵守，实际上具有准法定量刑情节的性质。

1. 犯罪动机

犯罪动机不同于犯罪故意与犯罪过失，但在特定情况下会有善恶之分，不同的动机反映出行为人主观恶性程度上的差异。同样是故意杀人罪，大义灭亲、义愤杀人与奸情杀人，在一定程度上反映出行为人人身危险性和再犯可能性的不同，在量刑时应予以考虑。

2. 犯罪手段

除个别情形外，犯罪手段一般不是犯罪成立的要件，不影响定罪，但有时会对量刑产生影响。如以特别残忍的手段杀人并碎尸，就比以一般手段杀人的社会危害性大，也表明行为人的主观恶性程度更深，在量刑时一般会酌情从重处罚。

3. 犯罪对象

在刑法没有将犯罪对象作为犯罪构成要件的情况下，犯罪对象会对量刑产生影响。有些是作为法定量刑情节，如《刑法》第236条第2款规定，奸淫不满14周岁的幼女的，以强奸论，从重处罚；其他是作为酌定量刑情节予以考虑，如强奸孕妇、高龄老人的，应酌情予以从重处罚。

4. 危害结果

当危害结果不是作为犯罪构成要件的内容时，危害结果的轻重对说明社会危害性的大小仍然起重要作用，是量刑时予以考虑的重要情节。这里的危害结果，既包括直接的危害结果，如强奸致使被害人怀孕；也包括间接的危害结果，如强奸犯罪发生后，被害人精神失常、羞愤自杀等。

5. 犯罪的时间、地点

在通常情况下，犯罪的时间、地点也不是犯罪构成的要件，但同样的犯罪行为，发生在不同的时间、地点，其社会危害性程度会有所差异，因而影响量刑。有时是作为法定的量刑情节，如《刑法》第426条规定，战时犯阻碍执行军事职务罪的，从重处罚。但更多的是作为酌定量刑情节适用，如在光天化日之下强奸、抢劫、寻衅滋事、趁火打劫，其社会危害性应当比通常环境下的强奸罪、抢劫罪、寻衅滋事罪更为严重，一般应当判处较重的刑罚。

6. 犯罪之后的表现

行为人犯罪之后的表现，如有无悔改之意，是否积极退赃退赔，是否主动投案、坦白交代等，能够在一定程度上反映出行为人的人身危险性和再犯可能性，除有些作为法定情节外，其他应作为酌定量刑情节加以考量。

7. 犯罪之前的表现

行为人犯罪之前的一贯表现一般不是定罪的根据，也不是量刑的主要依据，但与犯罪行为有密切关系的一贯表现，却是量刑时应当予以考虑的因素。如果行为人一贯遵纪守法，表现良好，属于初犯、偶犯，应予从宽处罚；如果行为人一贯表现不好，横行乡里，劣迹斑斑甚至有前科，表明其人身危险性和再犯可能性较大，即使可能不构成累犯，一般也应处以较重的刑罚。

三、量刑情节的适用

在正确定罪的前提下，量刑情节是对犯罪人处以适当刑罚的主要根据。量刑过程，在很大程度上就是对各种量刑情节适用的过程。因此，量刑情节的适用十分重要。

（一）应当型情节、可以型情节与酌定情节的适用

在法定情节中，以法律规定量刑情节是否必然对量刑起作用为标准，可以将量刑情节分为应当型情节与可以型情节。应当型情节，是指刑法明文规定的，审判人员在量刑时必须予以考虑并适用的情节。可以型情节亦称"授权性情节"，是指刑法明文规定的，审判人员在量刑时应予考虑并有权决定是否适用的情节，是对量刑的结果产生或然性影响的情节。酌定情节，是指刑法没有明文规定，由审判人员根据具体情况，酌情处理的情节，选择的余地更大。

审判人员应当正确区分三者不同的地位和作用。当一个案件既有应当型情节、可以型情节，又有酌定情节时，应是应当型情节优于可以型情节，可以型情节优于酌定情节。但是，对此不能绝对化，亦即有些可以型情节对量刑的影响可能大于应当型情节，有些酌定情节对量刑的影响可能大于法定情节，例如，在故意杀人罪案件中，杀人动机既不是构成要件要素，也不属于法定量刑情节，但其在某些情况下比刑事责任年龄对量刑的影响更大。

（二）从宽情节与从严情节的适用

以量刑情节对量刑起作用的方向为标准，可以将量刑情节分为从严情节和从宽情节。从严情节，是指对犯罪人的量刑结果具有从严作用或者会使犯罪人受到从严处罚的情节。在我国刑法中只有从重处罚的情节。从宽情节，是指对犯罪人的量刑结果具有从宽作用或会使犯罪人受到从宽处罚的情节，我国刑法中的从宽情节包括从轻处罚、减轻处罚和免除处罚三种情节。[1]

1. 从重、从轻处罚

《刑法》第 62 条规定："犯罪分子具有本法规定的从重处罚、从轻处罚情节的，应当在法定刑的限度以内判处刑罚。"《刑法》第 99 条规定："本法所称以上、以下、以内，包括本数。"依据上述规定，从重、从轻处罚，是指在法定刑的限度内判处刑罚，可以包括最高刑和最低刑本身在内，但不能超出最高刑或最低刑的限度判处刑罚。

从重处罚，是指判处较重的刑罚，既在刑法规定的几个刑种中选择一个较重的刑种，或者在刑法规定的某一刑罚幅度内判处较长的刑期。需要注意的是，不能将从重处罚理解为在法定刑内一律判处最重或刑期最长的刑罚或者接近最重、刑期最长的刑罚，也不能

---

　　[1]　由于我国刑法理论通常不承认加重或减轻的构成要件为加重或减轻的法定量刑情节，因此我国刑法中的从严处罚情节，只有从重处罚情节，没有加重处罚情节；减轻处罚情节也不是指与减轻的构成要件相对应的减轻处罚情节，而是另有所指。

理解为一律应当在法定刑的"中间线"以上判处刑罚，而且对许多犯罪的法定刑来说，也很难划出一条"中间线"来。例如，《刑法》第 103 条第 2 款前段规定，"煽动分裂国家、破坏国家统一的，处 5 年以下有期徒刑、拘役、管制或者剥夺政治权利"，这种包含有主刑、附加刑等不同刑罚方法的法定刑，就不可能划出一条"中间线"。正确的理解应当是，对于具有法定从重处罚情节的犯罪分子，在量刑时，要在法律规定的法定刑限度内，相对于不具有这一情节的犯罪判处较重的刑种或较长的刑期，可以是在"中间线"以上，也可以是在"中间线"以下。同理，从轻处罚，也应当理解为在法律规定的限度内，相对于不具有这一情节的犯罪判处较轻的刑种或较短的刑期，可以是在"中间线"以上，也可以是在"中间线"以下。如果以"中间线"为标准，则可能出现重罪轻判或轻罪重判的结果，导致罪刑失衡。[1]

2. 减轻处罚

《刑法》第 63 条第 1 款规定："犯罪分子具有本法规定的减轻处罚情节的，应当在法定刑以下判处刑罚；本法规定有数个量刑幅度的，应当在法定量刑幅度的下一个量刑幅度内判处刑罚。"依据该规定，减轻处罚是指判处低于法定最低刑的刑罚。对于"法定刑以下"应作如下理解：

（1）由于从轻处罚已经包括最低刑本身在内，根据体系性解释，法律虽然规定减轻处罚是"在法定刑以下"判处刑罚，但不能包括法定最低刑本身在内，只有低于最低刑本身才属于减轻处罚。

---

〔1〕 学术界存在"中间线论"与"基准刑论"两种观点：前者认为法定刑中间线是从重与从轻处罚的分界线；后者主张从重与从轻处罚的分界线是偏离中间线另行确定的基准刑。有学者指出，"基准刑"不但是主观臆断的产物，而且是量刑偏差的源泉。"中间线"具有恒定性、客观性、合法性、合理性、公正性、公平性，且操作简便，能够适用于我国一切地区、一切时期、一切罪行和一切犯罪人的量刑，不失为成本最低的量刑改革方案。详见赵廷光：《法定刑中间线是量刑公正的生命线》，载《中国刑事法杂志》2010 年第 12 期。本书赞同"基准刑论"。

（2）由于我国刑法典分则采用的主要是相对确定的法定刑，有些罪名刑法规定的量刑幅度非常大，因此"在法定刑以下判处刑罚"，应当有所限制，以保证罪刑均衡与量刑的统一。故刑法明确规定，"有数个量刑幅度的，应当在法定量刑幅度的下一个量刑幅度内判处刑罚"，不能跨越一个或数个量刑档次量刑直至免除处罚。

（3）如果该量刑幅度内有多种主刑，最轻的主刑就是法定最低刑；如果最轻主刑还有不同幅度之分的，条文中规定的最轻主刑的最低限度就是法定最低刑。不能把同一量刑幅度内由适用较重刑种降低为适用较轻刑种当作减轻处罚。

（4）减轻处罚有两种情况：①法定减轻处罚，即犯罪人具有法律规定的减轻处罚情节的减轻处罚，如自首、坦白、立功、未遂犯、预备犯、未成年犯等。②酌定减轻处罚。《刑法》第63条第2款规定："犯罪分子虽然不具有本法规定的减轻处罚情节，但是根据案件的特殊情况，经最高人民法院核准，也可以在法定刑以下判处刑罚。"减轻处罚通常都是法律明文规定的，法官无权酌情适用减轻处罚。只有在极特殊的情况下，经最高人民法院核准才可以适用，学理上称为"破格减轻"。

3. 免除处罚

免除处罚是指对犯罪分子作有罪宣判，但免除其刑罚处罚。对于"免除处罚"应作如下理解：

（1）免除处罚以有罪判决为前提，适用的对象是被判决有罪的犯罪人，与无罪判决不同；不对犯罪人实际判处刑罚，与既定罪又实际判处刑罚不同；犯罪人可以其他非刑罚方法承担因犯罪而产生的刑事责任。依据《刑法》第37条的规定，这些非刑罚方法包括：予以训诫、责令具结悔过、赔礼道歉、赔偿损失以及由主管部门予以行政处罚或行政处分。

（2）适用免除处罚包括两种情况：①犯罪人具有法定的免除处罚情节，如没有造成损害的中止犯、犯罪较轻且自首、防卫过当、避险过当、胁从犯等。对于这些具有法定的免除处罚情节的案件，人民法院如果认为需要对有罪的被告人不实际判处刑罚，可以直接援引相关法律条文，判决免除处罚。②根据《刑法》第37条的规定，犯罪人虽然不具有法定的免除处罚情节，但是属于"犯罪情节轻微不需要判处刑罚的"，也可以免除刑罚处罚。[1]

（三）单功能情节与多功能情节的适用

以同一量刑情节对量刑结果所能起作用的程度为标准，可以将量刑情节分为单功能情节和多功能情节。单功能情节，是指对量刑的影响仅有一种可能性的情节。例如，刑法规定的累犯应当从重处罚，即累犯只能对量刑产生从重影响，就属于单功能情节。多功能情节，是指对量刑的影响具有两种以上可能性的情节。例如，根据《刑法》第23条的规定，犯罪未遂对量刑具有从轻处罚和减轻处罚两种可能性的影响，所以犯罪未遂属于多功能情节。在我国刑法中，由于理论上不承认加重处罚情节的存在，因此凡是从严处罚情节，只能是从重处罚情节，都是单功能情节；而从宽情节，则大多属于多功能情节。

对于多功能情节，适用时首先应当根据犯罪的客观危害程度和犯罪人的主观恶性程度，决定具体适用哪种功能情节，做到罪责刑相适应；其次，应当注意多种功能在法律条文中排列的先后顺序，一般情况下，排在前面的功能应当优先予以考虑。

四、刑罚裁量的步骤与方法

为进一步规范量刑活动，落实宽严相济刑事政策和认罪认罚从

---

[1] 我国刑法理论通说和相关司法解释，一般将《刑法》第37条理解为独立的免除处罚情节或事由，但有学者对此持反对意见。张明楷教授认为，《刑法》第37条不是独立的免除处罚情节或事由，只是其他具体的免除处罚情节的概括性规定，不宜直接根据本条的规定免除处罚，只有当行为人具有刑法规定的其他具体的免除处罚情节时，才能免除处罚。详见张明楷：《刑法学》（第5版），法律出版社2016年版，第633～635页。

宽制度，增强量刑的公开性，实现量刑公正，根据刑法、刑事诉讼法和有关司法解释，结合司法实践，2021 年 6 月，最高人民法院、最高人民检察院联合印发了《关于常见犯罪的量刑指导意见（试行）》（以下简称《量刑指导意见》），于 2021 年 7 月 1 日起实施。《量刑指导意见》明确了量刑的指导原则、量刑的基本方法、常见量刑情节的适用和常见犯罪的量刑，将 23 种常见犯罪判处有期徒刑的案件纳入规范范围。该意见指出在量刑时，应当以定性分析为主，定量分析为辅，依次确定量刑起点、基准刑和宣告刑。

（一）量刑步骤

（1）根据基本犯罪构成事实在相应的法定刑幅度内确定量刑起点。

（2）根据其他影响犯罪构成的犯罪数额、犯罪次数、犯罪后果等犯罪事实，在量刑起点的基础上增加刑罚量确定基准刑。

（3）根据量刑情节调节基准刑，并综合考虑全案情况，依法确定宣告刑。

（二）调节基准刑的方法

（1）具有单个量刑情节的，根据量刑情节的调节比例直接调节基准刑。

（2）具有多个量刑情节的，一般根据各个量刑情节的调节比例，采用同向相加、逆向相减的方法调节基准刑；具有未成年人犯罪、老年人犯罪、限制行为能力的精神病人犯罪、又聋又哑的人或者盲人犯罪，防卫过当、避险过当、犯罪预备、犯罪未遂、犯罪中止、从犯、胁从犯和教唆犯等量刑情节的，先适用该量刑情节对基准刑进行调节，在此基础上，再适用其他量刑情节进行调节。

（3）被告人犯数罪，同时具有适用于个罪的立功、累犯等量刑情节的，先适用该量刑情节调节个罪的基准刑，确定个罪所应判处的刑罚，再依法实行数罪并罚，决定执行的刑罚。

（三）确定宣告刑的方法

（1）量刑情节对基准刑的调节结果在法定刑幅度内，且罪刑相适应的，可以直接确定为宣告刑；具有应当减轻处罚情节的，应当依法在法定最低刑以下确定宣告刑，有数个量刑幅度的，应当在法定量刑幅度的下一个量刑幅度内确定宣告刑。

（2）量刑情节对基准刑的调节结果在法定最低刑以下，具有法定减轻处罚情节，且罪责刑相适应的，可以直接确定为宣告刑；只有从轻处罚情节的，可以依法确定法定最低刑为宣告刑；但是根据案件的特殊情况，经最高人民法院核准，也可以在法定刑以下判处刑罚。

（3）量刑情节对基准刑的调节结果在法定最高刑以上的，可以依法确定法定最高刑为宣告刑。

（4）综合考虑全案情况，独任审判员或合议庭可以在20%的幅度内对调节结果进行调整，确定宣告刑。当调节后的结果仍不符合罪责刑相适应原则的，应当提交审判委员会讨论，依法确定宣告刑。

（5）综合全案犯罪事实和量刑情节，依法应当判处无期徒刑以上刑罚、拘役、管制或者单处附加刑、缓刑、免予刑事处罚的，应当依法适用。

（四）罚金刑的适用

判处罚金刑，应当以犯罪情节为根据，并综合考虑被告人缴纳罚金的能力，依法决定罚金数额。

（五）缓刑的适用

适用缓刑，应当综合考虑被告人的犯罪情节、悔罪表现、再犯罪的危险以及宣告缓刑对所居住社区的影响，依法作出决定。

《量刑指导意见》指出，量刑应当以事实为根据，以法律为准绳，根据犯罪的事实、性质、情节和对于社会的危害程度，决定判处的刑罚。既要考虑被告人所犯罪行的轻重，又要考虑被告人应负刑事责任的大小，做到罪责刑相适应，实现惩罚和预防犯罪的目的。应当贯彻宽严相济的刑事政策，做到该宽则宽，当严则严，宽严相济，罚当其罪，确保裁判政治效果、法律效果和社会效果的统一。要客观、全面把握不同时期、不同地区的社会经济发展和治安形势的变化，确保刑法任务的实现；对于同一地区、同一时期案情相似的案件，所判处的刑罚应当基本均衡。量刑时应当充分考虑各种法定和酌定量刑情节，根据案件的全部犯罪事实以及量刑情节的不同情形，依法确定量刑情节的适用及其调节比例。对黑恶势力犯罪、严重暴力犯罪、毒品犯罪、性侵未成年人犯罪等严重危害社会治安的犯罪，在确定从宽的幅度时，应当从严掌握；对犯罪情节较轻的犯罪，应当充分体现从宽。具体确定各个量刑情节的调节比例时，应当综合平衡调节幅度与实际增减刑罚量的关系，确保罪责刑相适应。

《量刑指导意见》虽然仅将23种常见犯罪判处有期徒刑的案件纳入规范范围，但其明确指出，其他判处有期徒刑的案件，可以参照《量刑指导意见》规定的量刑的指导原则、量刑的基本方法和常见量刑情节的适用来规范量刑。

第四节 刑罚裁量制度

如前文所述，刑罚裁量的情节简称"量刑情节"，是指犯罪构成基本事实以外的，人民法院对犯罪分子裁量刑罚时予以考虑的，据以决定刑罚轻重或者免除刑罚处罚的各种事实情况，包括法定情节和酌定情节，法定情节包括刑法总则规定的量刑情节和刑法分则规定的量刑情节。刑法总则规定的量刑情节包括犯罪主体方面、正当化事由方面、故意犯罪未完成形态方面、共同犯罪方面、犯罪前后的表现（案外情节）等内容。其中特殊犯罪主体、正当化事由、故意犯罪未完成形态、共同犯罪在知识形态上属于犯罪论的内容，由此导致的刑罚轻重的变化对犯罪论而言具有附属性或者说依附性。犯罪前后的表现（案外情节）对量刑的影响在知识形态上属于刑罚论的内容，由此导致的刑罚轻重的变化对犯罪论而言具有很大程度上的独立性。因此，这里的刑罚裁量制度，仅指刑法总则规定的量刑情节中涉及犯罪人犯罪前后的表现（案外情节）的内容，包括累犯、自首、坦白、立功等。[1]

一、累犯

累犯，是指因犯罪受过一定刑罚处罚，在刑罚执行完毕或者赦免以后，在法定期限内又犯一定之罪的犯罪分子。我国刑罚的目的是预防犯罪，希望通过刑罚处罚，使犯罪人改恶从善，回归社会以后遵纪守法，不再违法犯罪。但是有的犯罪分子受过刑罚处罚以后，由于没有得到很好的教育改造，或者其他主客观因素，在刑罚执行完毕或者赦免以后的一定时间内，又实施了性质比较严重的犯罪行为，从而构成累犯。累犯较之初犯、偶犯具有更深的主观恶性和更大的人身危险性，因此，累犯是我国刑法规定的从重处罚情节。我国刑法规定的累犯，分为一般累犯和特殊累犯两种。

（一）一般累犯

一般累犯，亦称"普通累犯"，根据《刑法》第 65 条的规定，是指因犯罪被判处有期徒刑以上刑罚，在刑罚执行完毕或者赦免以后，在 5 年以内再犯应当判处有期徒刑以上刑罚之罪的犯罪分子。一般累犯的构成条件是：

第一，前罪和后罪都是故意犯罪。这是构成累犯的主观方面要件。一般累犯所犯的前后罪从罪过形式看，都必须是故意犯罪；行为人实施的前罪与后罪均为过失犯罪，或者前罪与后罪之一是过失

---

〔1〕 因此，量刑情节与量刑制度经常在同一个意义上使用，只是不同的论著基于行文安排有不同的选择。比如张明楷教授独著的《刑法学》（第 5 版），将"从重与从轻处罚、减轻处罚、免除处罚"称为"量刑制度"，将"累犯、自首、坦白、立功"称为"量刑情节"，与本书表述正好相反，但实质内容没有区别。详见张明楷：《刑法学》（第5 版），法律出版社 2016 年版，第 553、578 页。

犯罪，都不构成累犯。我国刑法将过失犯罪排除在累犯之外，体现了我国刑法对累犯的范围是从严控制的，刑罚制裁的重点是故意犯罪。

第二，前罪被判处的刑罚和后罪应当判处的刑罚均是有期徒刑以上。这是构成累犯的刑种条件。"有期徒刑以上"刑罚包括有期徒刑、无期徒刑、死刑缓期 2 年执行。如果前罪被判处的刑罚和后罪应当判处的刑罚均低于有期徒刑，或者前罪被判处的刑罚和后罪应当判处的刑罚中有一个是低于有期徒刑的，比如被判处拘役、管制或单处罚金，则不构成累犯。《刑法》第 65 条规定的"应当判处有期徒刑以上刑罚"，是指根据后罪社会危害性的大小，实际上应当判处有期徒刑以上刑罚，而不是说该罪的法定刑中包含有有期徒刑以上的刑罚。否则会无限制扩大累犯的范围，因为我国刑法规定的犯罪的法定刑几乎都包含有期徒刑。

第三，后罪发生在前罪刑罚执行完毕或者赦免后的 5 年以内。这是构成累犯的时间条件。这里的"刑罚执行完毕"，是指主刑执行完毕，不包括附加刑在内。主刑执行完毕但附加刑在执行中的犯罪分子又犯新罪的，不影响累犯的构成。被判处有期徒刑宣告缓刑的犯罪分子，在缓刑考验期满以后又犯罪的，不构成累犯。因为缓刑是附条件的不执行刑罚，考验期满原判刑罚就不再执行，而不是原判刑罚执行完毕。宣告缓刑的犯罪分子，在缓刑考验期内又犯罪的，也不构成累犯，因为原判刑罚尚未执行，也不存在执行完毕问题，应当撤销缓刑，实行数罪并罚。所谓"赦免"，根据我国宪法规定，是指特赦。"5 年以内"的期限，应从刑罚执行完毕之日或者赦免之日起计算。如果后罪发生在前罪执行完毕或者赦免 5 年以后，则不构成累犯。如果后罪发生在前罪刑罚执行期间或假释期间，也不构成累犯，属于数罪并罚的一种特殊情形。

第四，行为人实施前罪和后罪时均已满 18 周岁。这是构成累犯的主体要件。《刑法修正案（八）》规定，不满 18 周岁的人犯罪不构成累犯，即行为人在实施前罪或者后罪时不满 18 周岁不以累犯论处。行为人审判时虽然已满 18 周岁但犯罪时不满 18 周岁，不得以累犯论处。

（二）特殊累犯

特殊累犯，又称"特别累犯"，根据《刑法》第 66 条规定，是指原先实施了危害国家安全犯罪、恐怖活动犯罪、黑社会性质的组织犯罪的犯罪分子，在刑罚执行完毕或者赦免之后，在任何时候再犯上述任一类罪的犯罪分子。特殊累犯的构成要件是：

第一，前罪和后罪都是危害国家安全犯罪、恐怖活动犯罪、黑社会性质的组织犯罪当中的任一类罪。如果前后两罪或者有一个罪不是上述任一类罪，则不能构成特殊累犯。

第二，前罪和后罪被判处或者应当判处何种刑罚及其轻重，均不影响特殊累犯的成立。即使两罪或者其中有一罪被判处或应当被判处低于有期徒刑的刑罚，如拘役、管制等，也构成特殊累犯。

第三，后罪发生在前罪刑罚执行完毕或赦免以后，但后罪的发生不受两罪间隔时间长短的限制，既可以是在 5 年以内，也可以是在 5 年以后。

我国刑法对特殊累犯构成要件的限制比一般累犯要宽松得多，这是因为危害国家安全犯罪、恐怖活动犯罪、黑社会性质的组织犯罪都是极其严重的犯罪，应当予以更严厉的惩罚，以达到有效预防犯罪的目的。

（三）累犯与相关概念关系辨析

1. 累犯与惯犯的关系

惯犯是指在较长时间内反复实施同种犯罪，以此为常业或者以犯罪所得作为生活或者挥霍的主要来源，并养成恶习的犯罪分子。累犯与惯犯虽然都是多次实施犯罪行为，且主观上都是故意犯罪，但存在明显的差别：其一，累犯一般只能由受过一定的刑罚处罚并且刑罚已经执行完毕或者赦免以后的犯罪分子构成，而构成惯犯没有此方面的限制条件。其二，累犯一般是在前罪刑罚执行完毕或者赦免以后的法定期限内又犯一定之罪，而惯犯则是在一定时间内反复多次实施犯罪行为，且所犯之罪多是未经过处理的。其三，构成累犯，行为人前后数个犯罪行为不一定是同种犯罪。而构成惯犯，行为人实施的数个犯罪则须为同种犯罪。其四，累犯是法定的从重处罚情节。惯犯或者属于酌定的量刑情节，或者直接依照刑法分则有关条文规定的法定刑处罚。

2. 累犯与再犯的关系

所谓再犯，是指再次（两次或两次以上）实施犯罪的犯罪分子。累犯都是再犯，但再犯未必都是累犯。两者的差别表现在：①累犯之前罪与后罪必须都是故意犯罪，而再犯之前后罪均没有此限制；②累犯必须是前后罪均被判处和应判处一定的刑罚，而再犯不要求前后两罪必须被判处和应判处一定刑罚；③一般累犯所犯之后罪，必须是在前罪刑罚执行完毕或赦免以后的法定期限内，而再犯的前后罪之间没有时间间隔上的限制。

再犯不是我国刑法典总则规定的从重处罚情节，但《刑法》第356条有特别再犯从重处罚的规定："因走私、贩卖、运输、制造、非法持有毒品罪被判过刑，又犯本节规定之罪的，从重处罚。"如果行为人实施的犯罪，既符合累犯成立的条件，又符合第356条之规定的，就会产生法条竞合问题。例如，甲犯走私毒品罪被判处5年有期徒刑，刑满释放后在5年以内又犯运输毒品罪，应当判处有期徒刑以上刑罚，甲符合累犯条件同时也符合本条"再犯"的条件。根据2008年《全国部分法院审理毒品犯罪案件工作座谈会纪要》的规定，对同时构成累犯和毒品再犯的被告人，应当同时引用刑法关于累犯和毒品再犯的条款从重处罚。2015年最高人民法院发布的《全国法院毒品犯罪审判工作座谈会纪要》规定，对于因同一毒品犯罪前科同时构成累犯和毒品再犯的被告人，在裁判文书中应当同时引用刑法关于累犯和毒品再犯的条款，但在量刑时不得重复予以从重处罚。[1] 2010 年 2 月 8 日，最高人民法院发布的《关于贯彻宽严相济刑事政策的若干意见》第 11 条指出，要依法从严惩处累犯和毒品再犯。凡是依法构成累犯和毒品再犯的，即使犯罪情节较轻，也要体现从严惩处的精神。尤其是对于前罪为暴力犯罪或被判处重刑的累犯，更要依法从严惩处。

（四）累犯的法律后果

我国《刑法》第 65 条规定，对于累犯应当从重处罚。即无论是一般累犯还是特殊累犯，都要从重处罚。对于从重处罚的原则，应当把握好以下几点：

第一，对累犯"从重"处罚，即在刑法规定的某一刑罚幅度内判处较长的刑期，或者在刑法规定的几个刑种中选择一个较重的刑种。2021 年 7 月 1 日起施行的《量刑指导意见》规定，对于累犯，应当综合考虑前后罪的性质、刑罚执行完毕或者赦免以后至再犯罪时间的长短以及前后罪罪行轻重等情况，应当增加基准刑的 10%～40%，一般不少于 3 个月。

第二，对累犯"应当"从重处罚，即无论普通累犯，还是特殊累犯，都必须在法定刑的限度以内对其判处相对较重的刑罚即适用较重的刑种或较长的刑期，没有灵活的余地。

第三，根据《刑法》第 74 条的规定，对于累犯不适用缓刑。

第四，根据《刑法》第 81 条的规定，对于累犯不得假释。累犯屡教不改，具有较大人身危险性，若对其适用缓刑、假释，不能保证社会的安全，也不利于对累犯的教育改造。

第五，根据《刑法》第 50 条的规定，对被判处死刑缓期执行

---

[1] 刑法中的法条竞合通常只引用其中一个法条定罪量刑，但上述两个会议纪要均规定，对同时构成累犯和毒品再犯的被告人，应当同时引用刑法关于累犯和毒品再犯的条款从重处罚。这样规定可能是为了更直观地体现从严惩治毒品犯罪的立法精神，以示充分评价。但也带来刑法竞合理论上的困惑，即在这种情况下，累犯和毒品再犯的条款之间究竟是法条竞合关系，还是想象竞合关系，因为想象竞合可以在裁判文书中同时引用想象竞合的两个条款。

的累犯，人民法院根据犯罪情节等情况可以同时决定对其限制减刑。

二、自首

根据我国《刑法》第 67 条第 1 款及第 2 款的规定，犯罪以后自动投案，如实供述自己的罪行的，是自首；被采取强制措施的犯罪嫌疑人、被告人和正在服刑的罪犯，如实供述司法机关还未掌握的本人其他罪行的，以自首论。

我国刑法规定的自首制度，是宽严相济刑事政策的具体体现，既给犯罪人提供了悔过自新、重新做人的机会，又便于司法机关及时侦破案件，减少司法成本的投入，有利于刑罚目的的实现。根据《刑法》第 67 条的规定，自首分为一般自首和特别自首两种情况。

（一）一般自首

一般自首，亦称"普通自首"，是指犯罪分子犯罪以后自动投案，如实供述自己的罪行的行为。一般自首成立的条件如下：

1. 自动投案

所谓自动投案，是指犯罪分子在犯罪之后、归案之前，出于自己的意志而向有关机关或个人承认自己实施了犯罪，并自愿将自己置于有关机关或个人的控制之下的行为。这是自首成立的前提条件。认定自动投案应从以下几个方面把握：

（1）自动投案的时间必须发生在犯罪人尚未归案之前。投案行为通常是发生于犯罪分子犯罪以后、犯罪事实未被司法机关发现以前。根据 1998 年 4 月 6 日最高人民法院发布的《关于处理自首和立功具体应用法律若干问题的解释》、2010 年 12 月 22 日最高人民法院发布的《关于处理自首和立功若干具体问题的意见》等司法解释，自动投案的时间还可以包括以下几种：犯罪事实虽然已被发现，而犯罪分子尚未被发觉以前；或者犯罪事实和犯罪分子均已被发觉，但司法机关尚未对犯罪人进行讯问或者采取强制措施以前。

此外，犯罪分子犯罪后逃跑，在被通缉、追捕过程中主动投案的，经查实犯罪分子确已准备去投案，或正在投案途中，被公安机关抓获的，均应被视为自动投案。

（2）自动投案的对象是办案机关，一般指公检法机关和监察委员会。对于犯罪人向所在单位、城乡基层组织或者其他有关负责人投案的；犯罪分子因病、受伤或者为了减轻犯罪后果，而委托他人先代为投案，或者先以信电投案的，也应视为自动投案。至于犯罪分子将犯罪事实告知了根本不可能向办案机关转告的人，甚至可能是帮助其掩盖罪行的人的，则不构成投案自首。[1]

（3）投案行为必须是基于犯罪分子本人的意志。投案必须是自动的，即犯罪分子的归案并不违背其本意，而是出于本人的意志。投案的动机不影响投案的自动性。自动投案的动机是多种多样的，有的是出于真诚悔罪，有的是为了争取宽大处理，有的是慑于国家法律的威严，有的是经朋友规劝而醒悟等。不同的动机不影响投案行为的自动性，都应视为自动投案。根据有关司法解释，并非是犯罪人主动投案，而是经亲友规劝、陪同投案的；公安机关通知犯罪人亲友，或者亲友主动报案后，将犯罪人送去投案的，也视为自动投案。[2] 犯罪人被亲友采用捆绑等手段送到司法机关，或者在亲友带领侦查人员前来抓捕时无拒捕行为，并如实供认犯罪事实的，虽然不能认定为自动投案，但可以参照法律对自首的有关规定酌情

---

〔1〕 有观点认为，在自诉案件中，如果行为人向被害人承认犯罪事实并愿意接受司法处理，可以成立自首。在公诉案件中，行为人向被害人承认犯罪事实，大致分为两种情况，一是愿意接受司法处理，这种情形构成自首；二是希望私了，不愿接受司法处理，不能成立自首。参见陈兴良主编：《刑法总论精释（下）》（第3版），人民法院出版社2016年版，第824~825页。本书认为，上述观点作为学理探讨确有合理之处，但需要注意的是，除非有明确的司法解释，或者有相应的指导性案例，否则上述观点不宜在实务中运用，因为其与现行相关司法解释的规定不一致。在刑罚论领域，这种政策性比较强的刑罚裁量制度，其适用灵活性、弹性空间较大，法官有较大的裁量余地，但其适用仍然不能超出法律文本含义的范围，即使这种解释对行为人有利，也不能例外。

〔2〕 这种解释对犯罪人有利，但没有超出法律文本含义射程的范围。

从轻处罚。

（4）犯罪人必须自愿置于有关机关或个人的控制之下。"投案"应当既包括犯罪嫌疑人向有关机关或者个人承认自己实施了特定的犯罪，也包括将自己置于有关机关或个人的控制之下。如果犯罪嫌疑人虽然向有关机关或者个人承认自己实施了特定犯罪，但不愿意将自己置于有关机关或个人的控制之下，从而接受国家办案机关的审查与裁判，那么，将这种情况认定为自首，就违背了刑法设立自首制度的宗旨。衡量投案并交代罪行的犯罪分子是否接受国家办案机关的审查和裁判的标准，并不是看其是否有主观表示或某些积极的行动，而是看其是否有翻供或逃脱办案机关控制的行为。基于此，根据有关司法解释，下列情形被不能认定为自首：犯罪以后匿名把赃款、赃物寄给办案机关，本人没有自动投案的；犯罪嫌疑人自动投案后又逃跑的；犯罪嫌疑人自动投案并如实供述罪行后又推翻供述，意图逃避制裁的；委托他人代为自首而本人拒不到案的；用电话、书信等匿名方式向办案机关报案或指出赃物所在的；等等。

2. 如实供述自己的罪行

犯罪分子自动投案之后，只有如实供述自己的犯罪事实，才足以证明其认罪服法，为司法机关追诉其犯罪行为提供客观根据，使追究犯罪人刑事责任的诉讼活动得以顺利进行。认定如实供述自己的罪行应从以下几个方面把握：

（1）必须"如实"供述。行为人按照自己的记忆进行供述，而其记忆与客观事实有冲突时，只要犯罪人出于真诚悔悟的动机进行交代，就应当承认供述的如实性。所以，这里的如实供述主要是指供述符合犯罪人的记忆。反过来，如果犯罪人不是出于真诚悔悟的动机进行交代，而是作虚假供述，即使交代的有偶然符合客观事实的内容，也不能认定为如实供述。[1]

（2）供述的必须是"犯罪事实"，即投案人所供述的是根据刑法的相关规定，其行为已经构成犯罪的事实。无论行为人主观上是否认为自己供述的是犯罪事实，只要根据刑法的规定并结合其供述的事实，能够认定其行为构成犯罪的，就应当认定其供述的是"犯罪事实"。投案人因法律认识错误而误认一般违法行为或违反道德的行为为犯罪行为而自动投案并如实供述的，因其行为根本不是犯罪，故不成立自首；若投案人误认犯罪行为为一般违法行为或违反道德的行为而自动投案并如实供述的，若其在得知其行为根据刑法规定属于犯罪的情况下，能够自愿置于有关机关或者个人的控制之下，并等待接受国家办案机关的审查与裁判的，应当认定为自首。

（3）供述的必须是"自己的"犯罪事实。自己的犯罪事实也就是自己实施并应由本人承担刑事责任的罪行。其所供述的犯罪，既可以是犯罪分子单独实施的，也可以是与他人共同实施的；既可以是一罪，也可以是数罪。犯有数罪的犯罪人仅如实供述所犯数罪中的部分犯罪的，只对如实供述的部分犯罪行为认定为自首，对于尚未如实供述的其他罪行，不能认定为自首。共同犯罪案件中的犯罪分子，除了如实供述自己的罪行以外，还应当供述本人所知的其他同案犯的共同犯罪事实，才能认定为自首。大包大揽，替他人顶罪，有意掩盖其他同案犯的犯罪事实，欺骗办案机关的，不能认定为如实供述。

（4）供述的必须是自己的"主要犯罪事实"。只要犯罪人交代

---

〔1〕"如实"的判断标准，有主观说和客观说之分。客观说认为，如实供述重点是指犯罪人对自己犯罪事实的供述与客观存在的犯罪事实基本上一致，但不需要与所有的犯罪细节完全吻合。主观说认为，如实供述重点是指犯罪人对自己犯罪事实的供述与自己的记忆相一致，与客观存在的犯罪事实可以有出入。参见张明楷等：《刑法新问题探究》，清华大学出版 2003 年版，第 119 页。本书赞同主观说，因为其更符合刑法设立自首制度的宗旨。

了主要犯罪事实，即便对一些无关紧要的细节有所隐瞒或者疏漏，也不影响自首的成立。有的犯罪分子对部分犯罪事实供述不实，或没有供述，但是供述了主要的、基本的犯罪事实，犯罪的性质和主要情节已经清楚，就应当认为是如实供述了自己的罪行。如实供述自己的罪行，除供述自己的主要犯罪事实外，还应包括姓名、年龄、职业、住址、前科等情况。犯罪分子供述的身份等情况与真实情况虽有差别，但不影响定罪量刑的，应认定为如实供述自己的罪行。犯罪分子自动投案后隐瞒自己的真实身份等情况，影响对其定罪量刑的，不能认定为如实供述自己的罪行。

（二）特别自首

特别自首，亦称"准自首"，是指被采取强制措施的犯罪嫌疑人、被告人和正在服刑的罪犯，如实供述司法机关还未掌握的本人其他罪行的行为。特别自首成立的条件如下：

第一，特别自首的主体是已被采取强制措施的犯罪嫌疑人、被告人和正在服刑的罪犯。所谓强制措施，是指公检法机关为了防止犯罪嫌疑人、被告人逃避侦查和审判，依照法定程序，对其人身自由加以一定限制或剥夺的强制方法，包括拘传、取保候审、监视居住、拘留、逮捕等强制措施。只有上述三种人才能成为特别自首的主体。

第二，如实供述了自己的其他罪行。所谓其他罪行，亦称"余罪"，是相对于已被查获的罪行而言的，指的是犯罪嫌疑人、被告人和正在服刑的罪犯被指控、处理的罪行以外的罪行。根据有关司法解释，被采取强制措施的犯罪嫌疑人、被告人和已宣判的罪犯，如实供述司法机关尚未掌握的罪行，与司法机关已掌握的或者判决确定的罪行属不同种罪行的，以自首论，如果供述自己同种罪行的，只能算是坦白，不能认定为自首。[1]

犯罪嫌疑人、被告人被采取强制措施期间，向司法机关主动如实供述本人的其他罪行，该罪行能否认定为已被司法机关掌握，应根据不同情形区别对待。如果该罪行已被通缉，一般应以该司法机关是否在通缉令发布范围内作出判断，不在通缉令发布范围内的，应认定为还未被掌握，在通缉令发布范围内的，应视为已被掌握。如果该罪行已被录入全国公安信息网络在逃人员信息数据库，应视为已被掌握。如果该罪行未被通缉、也未被录入全国公安信息网络在逃人员信息数据库，应以该司法机关是否实际掌握该罪行为标准。

犯罪嫌疑人、被告人在被采取强制措施期间如实供述本人其他罪行，该罪行与司法机关已掌握的罪行属同种罪行还是不同种罪行，一般应以罪名区分。虽然如实供述的其他罪行的罪名与司法机关已掌握犯罪的罪名不同，但如实供述的其他犯罪与司法机关已掌握的犯罪属选择性罪名或者在法律、事实上存在密切关联，如因受贿被采取强制措施后，又交代因受贿为他人谋取利益行为，构成滥用职权罪的，应认定为同种罪行。

第三，所供述的罪行必须尚未被司法机关发觉。这是由特殊自首的犯罪分子已因某罪归案待审或正在服刑的特殊情况决定的。[2]

---

〔1〕 根据我国刑法规定，自首从宽处罚的力度一般大于坦白从宽处罚的力度。因此，被采取强制措施的犯罪嫌疑人、被告人和已宣判的罪犯，如实供述司法机关尚未掌握的罪行，如果供述自己同种罪行的，只能算是坦白，意味着相对于自首而言，从宽处罚力度要小些；如果与司法机关已掌握的或者判决确定的罪行属不同种罪行的，以自首论，意味着相对于坦白而言，从宽处罚力度要大些。

〔2〕 2018年3月20日通过的《中华人民共和国监察法》明确了监察委员会职责权限、管辖范围和处理程序等问题，其中第11条第2项规定，监察委员会依法对涉嫌贪污贿赂、滥用职权、玩忽职守、权力寻租、利益输送、徇私舞弊以及浪费国家资财等职务违法和职务犯罪进行调查，就是将原有检察机关查处的贪污贿赂、失职渎职等职务犯罪职能整合而由监察委统一行使。因此，对相关法律的理解与适用应当有所调整，有时对司法机关的解释需要将监察委员会包括在内，有时对司法机关职能的解释需要将监察委员会的职能包括在内。比如，已经被监察委员会立案留置调查的被调查人，应当属于特殊自首中"被采取强制措施的人"。

（三）单位犯罪自首的认定

2009 年 3 月 12 日最高人民法院、最高人民检察院发布的《关于办理职务犯罪案件认定自首、立功等量刑情节若干问题的意见》对单位自首作出规定，即在单位犯罪案件中，单位集体决定或者单位负责人决定而自动投案，如实交代单位犯罪事实的，或者单位直接负责的主管人员自动投案，如实交代单位犯罪事实的，应当认定为单位自首。单位自首的，直接负责的主管人员和直接责任人员未自动投案，但如实交代自己知道的犯罪事实的，可以视为自首；拒不交代自己知道的犯罪事实或者逃避法律追究的，不应当认定为自首。单位没有自首，直接责任人员自动投案并如实交代自己知道的犯罪事实的，对该直接责任人员应当认定为自首。

（四）自首的法律后果

《刑法》第 67 条第 1 款中规定，"对于自首的犯罪分子，可以从轻或者减轻处罚。其中，犯罪较轻的，可以免除处罚"。对于自首的量刑有以下两种情况：

第一，通常情况下，对于自首的犯罪分子，可以从轻或者减轻处罚。法律规定是"可以"从轻处罚或者减轻处罚，是指在通常情况下要从轻处罚或者减轻处罚，但不是对所有的自首犯罪人都一律从宽处罚，而是要根据犯罪的事实、性质、情节等多种因素全面考虑。对那些罪行特别严重、情节特别恶劣的犯罪人，即使有自首情节，也可以不从宽处罚，否则有违罪刑相适应原则，也给一些罪行极其严重的犯罪人逃避法律制裁提供了渠道。在适用从宽处罚的情况下，具体是适用从轻处罚还是减轻处罚，要考虑犯罪人主观恶性的大小、自首的具体情节，如投案早晚、投案动机、交代罪行的程度等。对于人身危险性较小、悔罪表现明显的犯罪人，可以减轻处罚。

第二，对于犯罪较轻的，可以免除处罚。这就是说，犯罪人犯有较轻之罪而自首的，不仅可以从轻处罚或者减轻处罚，而且可以免除处罚。犯罪较轻是可以免除处罚的前提。

2021 年 7 月 1 日起施行的《量刑指导意见》规定，对于自首情节，综合考虑自首的动机、时间、方式、罪行轻重、如实供述罪行的程度以及悔罪表现等情况，可以减少基准刑的 40% 以下；犯罪较轻的，可以减少基准刑的 40% 以上或者依法免除刑罚。恶意利用自首规避法律制裁等不足以从宽处理的除外。

三、坦白

根据《刑法》第 67 条第 3 款的规定，坦白是指犯罪嫌疑人被动归案后，如实交代自己已被指控的犯罪事实的行为。

（一）坦白的成立条件

第一，坦白的主体是被动归案的犯罪嫌疑人。被动归案的表现形式主要有：被司法机关采取强制措施归案，被司法机关传唤到案，被群众扭送归案等。

第二，在交代的罪行上，坦白如实交代的是被指控的罪行，通常是指司法机关已经掌握的罪行。根据 1998 年 4 月 6 日最高人民法院发布的《关于处理自首和立功具体应用法律若干问题的解释》第 4 条，被采取强制措施的犯罪嫌疑人、被告人和已宣判的罪犯，如实供述司法机关尚未掌握的罪行，与司法机关已掌握的或者判决确定的罪行属同种罪行的，以坦白论。例如，犯罪人犯故意伤害罪被判处 5 年有期徒刑，在服刑期间，主动交代还曾经犯有一起故意伤害的罪行、一起故意杀人的罪行，对故意杀人罪应以自首论，对交代的另一起故意伤害罪，则认定为坦白。

（二）坦白与自首的区别

坦白与自首有相同之处：都以自己实施了犯罪行为为前提，都在归案后如实供述了自己的罪行，都可以得到从宽处罚。两者的区别主要是：

第一，坦白是犯罪人被动归案，自首是犯罪人主动投案（一般自首）。

第二，坦白是如实交代被指控的罪行，通常是指司法机关已经掌握的罪行；自首供述的既可以是被司法机关发觉的罪行，也可以是司法机关尚未发觉的罪行。

第三，在交代的态度上，坦白较多的是被动供述自己的罪行；而自首一般是主动供述自己的罪行。

从坦白与自首上述的区别来看，自首者比坦白者悔罪的程度更深、人身危险性减弱程度更大，自首比坦白从宽处罚的幅度也应当要大。

（三）坦白的法律后果

根据《刑法》第 67 条第 3 款的规定，对于坦白的犯罪分子依照两种不同情况予以不同的从宽处罚：一般坦白的，可以从轻处罚；因坦白避免特别严重后果发生的，可以减轻处罚。

此外，《刑法修正案（八）》颁布之前，2009 年 3 月 12 日最高人民法院、最高人民检察院发布的《关于办理职务犯罪案件认定自首、立功等量刑情节若干问题的意见》规定，犯罪分子依法不成立自首，但如实交代犯罪事实，有下列情形之一的，可以酌情从轻处罚：办案机关掌握部分犯罪事实，犯罪分子交代了同种其他犯罪事实的；办案机关掌握的证据不充分，犯罪分子如实交代有助于收集定案证据的。犯罪分子如实交代犯罪事实，有下列情形之一的，一般应当从轻处罚：办案机关仅掌握小部分犯罪事实，犯罪分子交代了大部分未被掌握的同种犯罪事实的；如实交代对于定案证据的收集有重要作用的。

2021 年 7 月 1 日起施行的《量刑指导意见》规定，对于坦白情节，综合考虑如实供述罪行的阶段、程度、罪行轻重以及悔罪表现等情况，确定从宽的幅度。如实供述自己罪行的，可以减少基准刑的 20% 以下；如实供述司法机关尚未掌握的同种较重罪行的，可以减少基准刑的 10%～30%；因如实供述自己罪行，避免特别严重后果发生的，可以减少基准刑的 30%~50%。

四、立功

（一）立功成立的条件

《刑法》第 68 条规定，犯罪分子有揭发他人犯罪行为，查证属实的，或者提供重要线索，从而得以侦破其他案件等情形的，属于立功。依据这一规定以及 1998 年 4 月 6 日最高人民法院发布的《关于处理自首和立功具体应用法律若干问题的解释》、2010 年 12 月 22 日最高人民法院发布的《关于处理自首和立功若干具体问题的意见》等司法解释，立功包括以下几种情况：

第一，检举、揭发他人犯罪行为，经查证属实。首先是有揭发他人犯罪行为的行为，而不是供述自己的犯罪行为，可以是同案犯共同犯罪以外的其他犯罪，也可以是其他人的犯罪行为。其次是揭发他人的犯罪行为，必须经查证属实。犯罪分子通过贿买、暴力、胁迫等非法手段，或者被羁押后与律师、亲友会见过程中违反监管规定，获取他人犯罪线索并"检举揭发"的，不能被认定为有立功表现。犯罪分子将本人以往查办犯罪职务活动中掌握的，或者从负有查办犯罪、监管职责的国家工作人员处获取的他人犯罪线索予以检举揭发的，不能被认定为有立功表现。

第二，提供侦破其他案件的重要线索，经查证属实。首先是犯罪人向司法机关提供了侦破其他案件的重要线索。所谓重要线索，是指对侦破案件具有决定意义的线索。其次是依据该线索，司法机关侦破了其他案件。犯罪人提供的线索是否重要，主要应当以司法机关能否依据该线索侦破其他案件为准。犯罪分子亲友为使犯罪分子"立功"，向司法机关提供他人犯罪线索、协助抓捕犯罪嫌疑人的，不能认定为犯罪分子有立功表现。

第三，阻止他人犯罪活动。

第四，协助司法机关抓捕其他犯罪嫌疑人（包括同案犯）。根据司法解释，下列行为属于"协助司法机关抓捕其他犯罪嫌疑人"：按照司法机关的安排，以打电话、发信息等方式将其他犯罪嫌疑人（包括同案犯）约至指定地点的；按照司法机关的安排，当场指认、辨认其他犯罪嫌疑人（包括同案犯）的；带领侦查人员抓获其他犯罪嫌疑人（包括同案犯）的；提供司法机关尚未掌握的其他案件犯罪嫌疑人的联络方式、藏匿地址的；等等。犯罪分子提供同案犯姓名、住址、体貌特征等基本情况，或者提供犯罪前、犯罪中掌握、使用的同案犯联络方式、藏匿地址，司法机关据此抓捕同案犯的，不能认定为协助司法机关抓捕犯罪嫌疑人。

第五，具有其他有利于国家和社会的突出表现。

刑法及有关司法解释将立功分为一般立功和重大立功两种类型，上述五种情况属于一般立功表现。相对应的重大立功表现是：犯罪分子检举、揭发他人重大犯罪行为，经查证属实的；提供侦破其他重大案件的重要线索，经查证属实的；阻止他人重大犯罪活动的；协助司法机关抓捕其他重大犯罪嫌疑人的；对国家和社会有其他重大贡献等表现的。

这里所称的"重大犯罪""重大案件""重大犯罪嫌疑人"的标准，根据相关司法解释，一般是指犯罪嫌疑人、被告人可能被判处无期徒刑以上刑罚或者案件在本省、自治区、直辖市或者全国范围内有较大影响等情形。"可能被判处无期徒刑以上刑罚"，是指根据犯罪行为的事实、情节可能被判处无期徒刑以上刑罚。案件已经判决的，以实际判处的刑罚为准。但是，根据犯罪行为的事实、情节应当判处无期徒刑以上刑罚，因被判刑人有从宽量刑情节经依法从轻、减轻处罚后判处有期徒刑的，应当认定为重大立功。

（二）立功的法律后果

《刑法》第68条规定，对于有立功表现的犯罪分子应当依照两种不同情况予以不同的从宽处罚：①对于有一般立功表现的，可以从轻或者减轻处罚。这既是可以型情节，又是多功能情节。对犯罪人是否从宽、从宽的幅度有多大、是从轻处罚还是减轻处罚，要根据犯罪人罪行轻重、立功大小及其他情况综合判断。②有重大立功表现的，可以减轻或者免除处罚。

在司法实践中，对于具有立功情节的犯罪分子，应当根据犯罪的事实、性质、情节和对于社会的危害程度，结合立功表现所起作用的大小、所破获案件的罪行轻重、所抓获犯罪嫌疑人可能判处的法定刑以及立功的时机等具体情节，依法决定是否从轻、减轻或者免除处罚以及从轻、减轻处罚的幅度。

2021年7月1日起施行的《量刑指导意见》规定，对于立功情节，综合考虑立功的大小、次数、内容、来源、效果以及罪行轻重等情况，确定从宽的幅度。一般立功的，可以减少基准刑的20%以下；重大立功的，可以减少基准刑的20%~50%；犯罪较轻的，减少基准刑的50%以上或者依法免除处罚。

五、认罪认罚从宽制度

为贯彻落实2018年修改后的《刑事诉讼法》，2019年10月11日，最高人民法院、最高人民检察院、公安部、国家安全部、司法部印发了《关于适用认罪认罚从宽制度的指导意见》。该《指导意见》的颁布实施，对于确保认罪认罚从宽制度正确有效实施，准确及时惩罚犯罪，强化人权司法保障，推动刑事案件繁简分流，节约司法资源，化解社会矛盾，推动国家治理体系和治理能力现代化，具有重要意义。该《指导意见》规定的内容涉及实体法、程序法、证据法等刑事法律领域的诸多方面，有学者将其特点概括为五个"没有限制"和一个"一般应当采纳"。五个"没有限制"是指：①对适用的罪名没有限制。我国现行刑法中规定的大多数罪名，都可以适用，或者说只要被追诉人认罪的案件都可以适用。②对办案机关没有限制。公检法三机关都可以开展认罪认罚从宽工作。③对参与主体没有限制。犯罪嫌疑人、被告人、被害人等案件当事人，以及他们的法定代理人及其辩护律师、值班律师等，都可以参与。④诉讼阶段没有限制。刑事诉讼的侦查、起诉和审判阶段，以及审判阶段的一审、二审等，都可以进行。⑤对诉讼程序没有限制。不论速裁程序、简易程序，还是普通程序，都可以适用。所谓"一般应当采纳"是指，人民法院对于人民检察院指控的罪名和提出的量刑建议一般应当采纳。[1]因此，有人认为认罪认罚从宽制度可以适用于所有罪名、所有案件、所有机关、所有主体和所有程序。可见该《指导意见》涉及范围十分广泛，规定的内容十分丰富。[2]其中关于认罪认罚后从宽处罚幅度的把握，该《指导意见》作出如下规定：

第一，办理认罪认罚案件，应当区别认罪认罚的不同诉讼阶段、对查明案件事实的价值和意义、是否确有悔罪表现，以及罪行严重程度等，综合考量确定从宽的限度和幅度。在刑罚评价上，主动认罪优于被动认罪，早认罪优于晚认罪，彻底认罪优于不彻底认罪，稳定认罪优于不稳定认罪。

第二，认罪认罚的从宽幅度一般应当大于仅有坦白，或者虽认罪但不认罚的从宽幅度。对犯罪嫌疑人、被告人具有自首、坦白情节，同时认罪认罚的，应当在法定刑幅度内给予相对更大的从宽幅度。认罪认罚与自首、坦白不作重复评价。

第三，对罪行较轻、人身危险性较小的，特别是初犯、偶犯，从宽幅度可以大一些；罪行较重、人身危险性较大的，以及累犯、再犯，从宽幅度应当从严把握。

---

〔1〕　要做到"一般应当采纳"，检察机关就要提出精准的量刑建议，否则就难以做到"一般应当采纳"。当然也因此出现新的难题，即"精准量刑建议"是否可能、何以可能的问题。

〔2〕　参见胡云腾：《完善认罪认罚从宽制度改革的几个问题》，载《中国法律评论》2020年第3期。

第五节　数罪并罚

一、数罪并罚的概念与特征

数罪并罚，是指对一人犯数罪的合并处罚。我国刑法中的数罪并罚，是指人民法院对犯罪分子在法定期限内所犯数罪分别定罪量刑，然后按照法定的原则和方法，决定应当执行的刑罚。我国刑法中的数罪并罚具有以下三个特征：

第一，一人犯数罪。这是适用数罪并罚的前提条件，没有犯数个罪，也就谈不上并罚问题。数罪必须是一人所为。一人犯一罪或非共犯的数人犯数罪，不适用数罪并罚。一人所犯数罪，既可以是故意犯罪，也可以是过失犯罪；既可以是单独犯罪的形式，也可以是共犯形式，即共犯的数人共同犯有数罪；既可以是犯罪的完成形态，也可以是犯罪的未完成形态。

第二，数罪必须发生在法定期限内。这是适用数罪并罚的时间条件。各国刑法对此有三种不同的规定：有的以判决宣告前所犯数罪为限，有的以判决确定前所犯数罪为限，有的以刑罚执行完毕或赦免前所犯数罪为限。我国刑法规定对刑罚执行完毕以前所犯数罪均实行并罚，并根据数罪之间关系的不同采用不同的并罚方法。

第三，按照数罪并罚原则，决定应当执行的刑罚。对犯罪分子所犯的数罪，先依照刑法的规定分别定罪量刑，然后按照数罪并罚原则，决定应当执行的刑罚。即对所犯数罪依照刑法典分则的规定，先对每一个罪分别定罪量刑，然后按照刑法典总则规定的数罪并罚原则，决定应当执行的刑罚。这种适用数罪并罚的顺序，可以使人清晰地看出数罪并罚的全过程，既保证了法律适用的科学性与准确性，又有利于犯罪人对具体犯罪的定罪量刑进行辩护，保障了被告人的诉讼权利。

数罪并罚与罪数问题有紧密的联系：如果没有罪数标准，数罪并罚就没有了根据；如果脱离数罪并罚的原则规定，罪数研究就失去方向。两者的区别主要在于：①着眼点不同。罪数作为犯罪论问题，着眼于解决犯罪成立的个数；而数罪并罚则是在此基础上解决数罪是否需要并罚及如何并罚的问题。②依据罪数理论认为是数罪的，不一定要数罪并罚；不实行数罪并罚的，并非只有一罪。如处断的一罪（连续犯、吸收犯、牵连犯），罪数理论通常认为是实质的数罪，在一般情况下法律也没有将其作为一罪加以规定（法律有特别规定的除外），但中国的罪数理论和审判实践通常认为无需实行数罪并罚；又如法定的一罪（结合犯、惯犯、转化犯），罪数理论认为也是实质的数罪，但法律规定作为一罪处理，不实行数罪并罚；再如判决宣告前发现的同种数罪，我国审判实践通常也是按照一罪处理，不实行数罪并罚。[1]

二、数罪并罚的原则

数罪并罚的原则，是指对一人所犯数罪合并处罚所依据的准则。

（一）各国刑法中数罪并罚原则的规定

目前世界各国立法例中所采取的数罪并罚原则，主要有以下四种：

1. 并科原则

并科原则，亦称"相加原则"，即根据"有罪必罚"和"一罪一罚"的原则，认为数罪合并的刑罚，就是各罪刑罚的总和。也即对数罪分别宣告刑罚，然后数刑相加，合并执行。实行该原则，有的犯罪人可能被判处有期徒刑几十年乃至几百年，往往超过人的生命极限，实际上难以真正执行到位。特别是数罪中有宣告死刑或无

---

〔1〕　这主要是就中国刑法理论的通说和中国刑事审判实践而言，在世界范围内，各国的刑法理论和刑事审判实践实际上差异很大。

期徒刑的，受刑种性质的限制，更无法合并执行。因此，目前世界上单纯采用并科原则的国家很少。

2. 吸收原则

吸收原则，即"重刑吸收轻刑"的原则，是指在所犯数罪分别宣告的刑罚中，选择其中最重的一种刑罚作为执行的刑罚，其余较轻的刑罚，均被最重的刑罚吸收，不予执行。吸收原则对某些刑种，如死刑、无期徒刑比较适宜。但普遍适用却有明显的弊病：犯数罪与犯一罪受到的处罚相同，有重罪轻判之嫌，所以单纯采用吸收原则的国家也很少。

3. 限制加重原则

限制加重原则，这是针对并科原则和吸收原则存在的上述缺陷提出的原则，是指对数罪分别判刑后，在数刑中最重一刑期以上，数罪总和刑期以下，确定应当执行的刑罚，并规定刑期最高不得超过一定的限度。限制加重原则采用较灵活的计算方法，在一定的幅度内，由审判人员根据实际情况和相应的规则确定应执行的刑期，克服了吸收原则和并科原则的缺陷，对犯有数罪的罪犯，既不失之过严，又不失之过宽，比较合理。但它也有一定的局限性，即只适用于有期徒刑、拘役和管制等有期限的自由刑的合并处罚，而无法适用于无期徒刑和死刑的合并处罚。

4. 综合原则

综合原则，亦称"折中原则"，是指对数罪的合并处罚，不是单纯采用上述某一种原则，而是兼采并科原则、吸收原则和限制加重原则，以分别适用于不同刑种的合并处罚。由于综合原则能够使上述各种原则扬长避短，互为补充，便于适用，所以目前世界上除少数国家外，大多数国家都采用该原则。

（二）我国刑法中的数罪并罚原则

我国《刑法》第69条规定，判决宣告以前一人犯数罪的，除判处死刑和无期徒刑的以外，应当在总和刑期以下、数刑中最高刑期以上，酌情决定执行的刑期，但是管制最高不能超过 3 年，拘役最高不能超过 1 年，有期徒刑总和刑期不满 35 年的，最高不能超过 20 年，总和刑期在 35 年以上的，最高不能超过 25 年。数罪中有判处有期徒刑和拘役的，执行有期徒刑。数罪中有判处有期徒刑和管制，或者拘役和管制的，有期徒刑、拘役执行完毕后，管制仍须执行。数罪中有判处附加刑的，附加刑仍须执行，其中附加刑种类相同的，合并执行，种类不同的，分别执行。

可见，我国刑法对数罪并罚实行的是综合原则，即以限制加重为主，以吸收和并科为补充的原则。

1. 吸收原则的适用

数罪中有被判处死刑或无期徒刑的，采取吸收原则，只执行一个死刑或无期徒刑，其他主刑被吸收。这是由死刑和无期徒刑的性质决定的。因为死刑是剥夺生命的刑罚，只能执行一次，而且死刑执行后其他刑罚如徒刑、拘役、管制等事实上已不可能执行。也不能在其他主刑执行完毕后，再来执行死刑，这样做既违背刑罚的目的，也违背人道主义的精神。数罪中有宣告几个无期徒刑或最重刑为无期徒刑的，只执行一个无期徒刑，不执行其他主刑，因为无期徒刑是剥夺终身自由的刑罚。一人所犯数罪判处了两个或两个以上无期徒刑，只能决定执行一个无期徒刑，不能将两个无期徒刑合并起来升格为死刑，因为无期徒刑是剥夺自由的刑罚，死刑是剥夺生命的刑罚，这是性质截然不同的两种刑罚，一般理解上不能换算，尤其是不能将剥夺自由的刑罚叠加后换算成死刑。

2. 限制加重原则的适用

数罪分别被判处有期徒刑、拘役或管制的，采取限制加重原则，即在总和刑期以下，数刑中最高刑期以上，酌情决定执行的刑期，但是管制最高不能超过 3 年，拘役最高不能超过 1 年。有期徒刑总和刑期不满 35 年的，最高不能超过 20 年。总和刑期在 35 年以上的，最高不能超过 25 年。对这种情况之所以采取限制加重原则，是因为有期徒刑、拘役和管制本身都有一定的期限，在总和刑期以下，数刑中最高刑期以上决定刑期，是比较适当的。但是，如果总和刑期过高，确定执行的刑期就可能过长，因而对最高刑期又必须予以限制。这是双重的限制，即总和刑期的限制和最高刑期的限制。当数罪总和刑期未超过法定最高限时，受总和刑期的限制；当数罪总和刑期超过法定最高限时，还要受法定并罚最高刑期的限制。其最终结果是要做到既不失之过宽，也不失之过严，中和适当。

3. 并科原则的适用

如果数罪所判处的是不同的自由刑，如分别是有期徒刑、拘役和管制，则分别采取吸收原则和并科原则。数罪中有判处有期徒刑和拘役的，采取吸收原则，只执行有期徒刑，拘役被吸收。数罪中有判处有期徒刑和管制，或者拘役和管制的，采取并科原则，有期徒刑、拘役执行完毕后，管制仍须执行。这一并罚原则导致出现这样一种悖论：当行为人犯有数罪，而其中一罪被判处有期徒刑之后，若余罪较重，应被判处拘役，则并罚之后仅需执行有期徒刑；若余罪较轻，应被判处管制，则并罚之后反而既需要执行有期徒刑，又需要执行管制。因此，有学者将这一并罚原则称为《刑法修正案（九）》中最草率的规定。[1]

我国刑法对附加刑的并罚基本上采取的是并科原则。数罪中有被判处附加刑的，附加刑仍需执行，不能被主刑吸收，也不能折抵，其中附加刑种类相同的，合并执行，种类不同的，分别执行。

根据 2000 年 12 月 13 日最高人民法院发布的《关于适用财产刑若干问题的规定》，依法对犯罪分子所犯数罪分别判处罚金的，应当实行并罚，将所判处的罚金数额相加，执行总和数额。一人犯数罪同时并处罚金和没收财产的，应当合并执行（并科原则）。但

---

〔1〕 参见张明楷：《数罪并罚的新问题——〈刑法修正案（九）〉第 4 条的适用》，载《法学评论》2016 年第 2 期。

并处没收全部财产的，只执行没收财产刑（吸收原则）。例如，某甲因抢劫罪被判处有期徒刑 10 年；犯诈骗罪被判处有期徒刑 5 年，罚金 1 万元；犯盗窃罪被判处有期徒刑 6 年，罚金 2 万元。对主刑按限制加重原则在有期徒刑 20 年以下 10 年以上决定执行的刑罚，对罚金刑采取相加原则共计 3 万元。

从上述规定可以看出，我国刑法规定的综合原则具有以下特征：

（1）所采取的各种原则均无普遍的适用效力，每一个原则仅适用于特定的刑罚方法和刑罚种类。

（2）我国几乎所有刑法典分则罪刑式条文均把有期徒刑作为法定刑或供选择的法定刑之一，审判实践中适用最多的也是有期徒刑。可以说，有期徒刑是我国刑罚体系的核心和主干。这就决定了限制加重原则适用居于主导地位，吸收原则和并科原则居于辅助或次要地位。

（3）吸收原则和限制加重原则的适用效力相互排斥，两种原则不能同时适用。就是说，在判决宣告的数个刑罚中含有死刑或无期徒刑的情况下，不论罪犯是否被判处其他主刑（有期徒刑、拘役、管制），只能适用吸收原则；而在判决宣告的数个刑罚均为有期自由刑的情况下（有期徒刑、拘役、管制），一般采用限制加重原则。并科原则一般只适用于附加刑，不论主刑采用何种并罚原则，均不影响附加刑并科原则的适用。[1]

三、我国刑法关于数罪并罚适用的几种特别情形

《刑法》第 69 条规定的数罪并罚原则，是以判决宣告以前一人犯数罪的情况为标准而确立的。因此，对一人所犯数罪在判决宣告以前均已被发现的，应当根据《刑法》第 69 条的规定实行并罚。

---

［1］　如前文所述，例外的情形有：数罪中有判处有期徒刑和拘役的，采取吸收原则。数罪中有判处有期徒刑和管制，或者拘役和管制的并罚，采取并科原则。

这里的"数罪",仅指异种数罪,不包括同种数罪。根据我国《刑法》第69~71条的规定,数罪并罚适用大致有以下几种特别情形:

（一）判决宣告以后,刑罚执行完毕以前,发现有漏罪的并罚

《刑法》第70条规定:"判决宣告以后,刑罚执行完毕以前,发现被判刑的犯罪分子在判决宣告以前还有其他罪没有判决的,应当对新发现的罪作出判决,把前后两个判决所判处的刑罚,依照本法第69条的规定,决定执行的刑罚。已经执行的刑期,应当计算在新判决决定的刑期以内。"

这类情形数罪并罚的特点是:①一个人所犯数罪都发生在判决宣告以前;②判决宣告以前,一些犯罪已经被发现,并已经被定罪量刑;另外一些罪在判决以前未被发现,在刑罚执行期间才被发现;③对判决宣告以后发现的漏罪作出判决;④把前后两个判决所判处的刑罚,依照《刑法》第69条的规定,决定应当执行的刑罚;⑤已经执行的刑期,应当计算在新判决决定执行的刑期以内。例如,甲犯了一个强奸罪和抢劫罪,强奸罪先被起诉,法院依法判处甲6年有期徒刑。在甲服刑3年时,发现他原来还犯有抢劫罪没有处理,法院就抢劫罪判处甲10年有期徒刑,依照《刑法》第70条的规定,应当在16年以下10年以上对甲决定执行的刑罚。如果对他决定执行14年有期徒刑,应将已经执行的3年计算在14年之内,即甲尚需再执行11年有期徒刑。这种数罪并罚的计算方法称作"先并后减"。发现漏罪并罚的范围不仅包括异种数罪,还包括同种数罪。其结果是合并处罚（主要是指在同种数罪并罚的情况下）的结果既可能重于前者,也可能轻于前者。[1]

（二）判决宣告以后,刑罚执行完毕以前,又犯新罪的并罚

《刑法》第71条规定:"判决宣告以后,刑罚执行完毕以前,被判刑的犯罪分子又犯罪的,应当对新犯的罪作出判决,把前罪没

---

〔1〕 与同种数罪作为一罪处罚相比,在同种数罪作为数罪并罚的情况下,其结果可能重于前者,也可能轻于前者,这主要取决于相应罪名的加重法定刑如何设计。

有执行的刑罚和后罪所判处的刑罚，依照本法第 69 条的规定，决定执行的刑罚。"

这种数罪并罚的特点是：①犯罪分子在判决宣告以后，刑罚执行完毕以前又犯新罪；②对新犯的罪作出判决；③把前罪没有执行的刑罚（即减去已经执行的刑罚）和新罪所判处的刑罚，依照《刑法》第 69 条的规定，决定应当执行的刑罚。例如，甲犯故意杀人罪，判处 15 年有期徒刑，在服刑 10 年时，又犯放火罪被判处 10 年有期徒刑，甲原判 15 年有期徒刑，已执行 10 年，尚余 5 年有期徒刑。依照《刑法》第 71 条的规定，应当把还没有执行的 5 年（即 15 年减去 10 年）和对新罪所判的 10 年，依照《刑法》第 69 条的规定并罚，即在 15 年以下 10 年以上，决定执行的刑罚。如果对甲决定执行 12 年有期徒刑，由于他已服刑 10 年，实际上对他总共要执行 22 年有期徒刑。这种数罪并罚的计算方法称作"先减后并"。又犯新罪并罚的范围包括同种数罪在内。

"先并后减"是处理漏罪，而"先减后并"是惩罚新罪。一般认为，犯罪分子在后一种情况下的人身危险性和社会危害性比在第一种情况下的要大，因此，处罚也应当更严厉，就是说，"先减后并"的计算方法较之"先并后减"的计算方法，后果要更严厉。主要表现为：

第一，其实际执行的最低刑期较高。例如，甲前罪被判处有期徒刑 10 年，执行 4 年时又犯新罪，被判处有期徒刑 8 年。用第二种方法即"先减后并"的方法并罚，应当是在 8 年以上 14 年以下决定执行的刑罚，加上已经执行的刑期 4 年，实际执行的刑期最低为 12 年。若用第一种方法即"先并后减"的方法并罚，则在 10 年以上 18 年以下决定执行的刑罚，实际执行的刑期最低只有 10 年。

第二，其实际执行的刑期可能超过数罪并罚法定的最高刑期的期限。例如，甲前罪被判处有期徒刑 13 年，执行 6 年时又犯新罪，被判处有期徒刑 12 年。按照"先减后并"的方法并罚，应当在 12

年以上 19 年以下决定执行的刑罚，加上已经执行的 6 年，实际执行的刑期最高可达 25 年。若按照"先并后减"的方法并罚，实际执行的刑期不能超过 20 年。

第三，"先减后并"的计算方法还有一个特点，就是在服刑期间又犯罪的人，服刑时间越长而又重新犯罪，其实际执行的最低刑期就越长。例如，甲犯故意杀人罪被判处有期徒刑 7 年，执行 1 年后又犯故意伤害罪被判处有期徒刑 5 年，这时就应当在 6 年以上 11 年以下决定执行的刑期，加上已执行的 1 年，甲实际执行的刑期最低是 7 年有期徒刑，最高是 12 年有期徒刑。如果甲是在执行了 6 年后又犯故意伤害罪被判处有期徒刑 5 年，则要在 5 年以上 6 年以下决定执行的刑期，加上已执行的 6 年，甲实际执行的刑期最低是 11 年有期徒刑，最高是 12 年有期徒刑。就是说，甲服刑期间越长而又重新犯罪的，对他实际执行的最低刑就越长。

（三）判决宣告以后，刑罚执行完毕以前，既发现漏罪（包括数罪），又犯新罪（包括数罪）的并罚

第一，判决宣告以后，刑罚执行完毕以前，发现有数个漏罪的，应当首先对数个漏罪分别定罪量刑，按照数罪并罚的原则作出判决。然后将决定执行的刑罚与前罪所判处的刑罚，再按照相应的数罪并罚原则，决定执行的刑罚。已经执行的刑期应当计算在新判决决定的刑期以内。

第二，判决宣告以后，刑罚执行完毕以前，发现犯有数个新罪的，应当首先对数个新罪分别定罪量刑，按照数罪并罚的原则作出判决。然后将决定执行的刑罚与前罪未执行的刑罚，再按照相应的数罪并罚原则进行合并，决定执行的刑罚。

第三，判决宣告以后，刑罚执行完毕以前，既发现漏罪又犯新罪的，应当按照以下顺序进行处理：首先对漏罪作出判决，将漏罪所判处的刑罚与前一个判决所确定的刑罚，依照"先并后减"的原则决定执行的刑罚；再对新罪作出判决，将新罪判处的刑罚和上述

判决决定的刑罚，依照"先减后并"的原则，最后决定应执行的刑罚。例如，犯罪人因犯抢劫罪被判处 15 年有期徒刑执行 7 年后，犯罪人又犯故意伤害罪被判处 5 年有期徒刑。在对所犯新罪审理期间，发现犯罪人在原抢劫罪判决前，还犯有盗窃罪，又被判处 2 年有期徒刑。数罪并罚的顺序是：先将漏罪盗窃罪的 2 年有期徒刑与抢劫罪的 15 年有期徒刑实行并罚，在 15 年以上 17 年以下决定应当执行的刑罚。如果决定执行 16 年有期徒刑，因犯罪人已经执行 7 年有期徒刑，还有 9 年有期徒刑没有执行。再将没有执行的 9 年有期徒刑与故意伤害罪的 5 年有期徒刑，实行并罚，在 9 年以上 14 年以下决定应当执行的刑罚。如果决定执行 12 年有期徒刑，则犯罪人实际执行的刑期总共是 19 年有期徒刑。

刑罚执行

第一节　刑罚执行概述

一、刑罚执行的概念

刑罚执行，是指刑罚执行机关将人民法院生效的刑事判决和裁定所确定的刑罚付诸实施的刑事司法活动。刑罚执行的特征如下：

（一）刑罚执行是一种刑事司法活动

刑罚执行作为刑事诉讼的最后一道程序，与立案、侦查、起诉、审判活动一起，构成了刑事诉讼的全部内容。没有刑罚执行活动，刑事诉讼活动的绝大部分内容就得不到最终落实，成为无结果、无意义的活动。

（二）刑罚执行的主体是刑罚执行机关

刑罚执行作为一项严肃的执法活动，必须由依法享有刑罚执行权的国家刑罚执行机关行使，除此以外，其他任何机关、团体和个人均无权行使。在我国，刑罚执行机关不是唯一的，不同的刑罚分别由不同的刑罚执行机关执行。根据我国刑法、刑事诉讼法和监狱法的规定，死刑缓期2年执行、无期徒刑、有期徒刑由监狱执行，其中未成年犯由未成年犯管教所执行。未成年犯年满 18 周岁时，剩余刑期不超过 2 年的，仍可以留在未成年犯管教所执行剩余刑期。被判处有期徒刑的罪犯在被交付刑罚执行前，剩余刑期在 3 个月以下的，由看守所代为执行；死刑（立即执行）、没收财产和罚金由人民法院执行；拘役和剥夺政治权利由公安机关执行；对被判处管制、宣告缓刑、假释或者暂予监外执行的罪犯，依法实行社区矫正，由社区矫正机构负责执行。

（三）刑罚执行的依据是人民法院生效的判决和裁定

《刑事诉讼法》第 259 条规定，判决和裁定在发生法律效力后执行。下列判决和裁定是发生法律效力的判决和裁定：①已过法定期限没有上诉、抗诉的判决和裁定；②终审的判决和裁定；③最高人民法院核准的死刑的判决和高级人民法院核准的死刑缓期 2 年执行的判决。

二、刑罚执行的内容

（一）刑罚实现

所谓刑罚实现，是指将刑罚执行的内容付诸实施。如被判处死刑立即执行的犯罪人，刑罚实现意味着生命被剥夺；被判处附加没收全部财产的犯罪人，刑罚实现意味着其全部财产被强制无偿地收归国有。因此刑罚实现是刑罚执行内容的核心。刑罚执行不同于刑事判决的执行，刑事判决有三种结果：①判决无罪。被告人的行为被判定无罪，自然就不会被判处刑罚，当然也就不会有刑罚执行。②判决有罪，但免予刑罚处罚。被告人的行为虽然被判定有罪，但根据法律规定被免除刑罚处罚，也不存在刑罚执行问题。③判决有罪并处以相应的刑罚。上述三种情况均属于刑事判决执行的内容，但只有第三种情况才是刑罚执行。

（二）罪犯矫正

自由刑是现代刑罚的核心和主干，我国也不例外。因此在刑罚执行活动中，占主导地位的是自由刑的执行。现代自由刑的执行并非是单纯地对服刑人实行关押和监管，而是要对其进行教育、矫正和改造，使其假释出狱后或刑期届满后能够顺利回归社会，成为遵纪守法的公民。因此，罪犯矫正是现代刑罚执行的核心内容。[1] 罪犯矫正可以分为监禁矫正和社区矫正两种类型。依据我国《刑法》《刑事诉讼法》及其他有关法律的规定，监禁矫正的对象包括被判处死刑缓期 2 年执行、无期徒刑、有期徒刑和拘役的罪犯。[2] 社区矫正的对象包括以下四种人：①被判处管制的；②被宣告缓刑的；③被暂予监外执行的；④被裁定假释的。

罪犯是否应该矫正、是否需要矫正，国家有没有权力矫正罪犯；是不是所有的罪犯都能够被有效地矫正，有没有不可矫正的罪犯；罪犯在多大程度上能够被矫正，有没有矫正程度上的差别？这些问题长期以来一直存在争议。现在人们较为普遍地认为，为了预防犯罪，也为了罪犯自身的利益，应当对罪犯进行矫正，只要方式方法得当，大多数罪犯也能够被矫正。尽管迄今为止，罪犯矫正的效果还不甚理想，但全球范围内绝大多数国家都在刑事政策和刑事立法上主张对罪犯进行矫正，而且事实上也没有放弃，并在不断探索新的方式方法，力争使矫正效果更为理想。西方国家的反应大致是：一方面在立法上坚持规定监狱教育矫正罪犯的任务，并且在实践中也做出了积极的努力；另一方面发展和扩大各种监禁刑的替代措施，如财产刑、资格刑、社区矫正等，以避免监禁刑的弊端。目

---

〔1〕 自由刑执行具有时间长度和物理空间，便于对罪犯矫正。死刑（立即执行）、财产刑和剥夺政治权利都不是自由刑，矫正罪犯所需的时间和空间条件不足，甚至其必要性也有限。因此所谓对罪犯的矫正一般是指对判处自由刑的服刑罪犯而言。

〔2〕 死刑缓期 2 年执行是死刑的一种执行方式，而不是一个独立的自由刑的刑种，但我国监狱对被判处死刑缓期 2 年执行的罪犯，也要进行教育、矫正和改造。根据刑法的规定，判处死刑缓期执行的，在死刑缓期执行期间，如果没有故意犯罪，2 年期满以后，减为无期徒刑；如果确有重大立功表现，2 年期满以后，减为 25 年有期徒刑。实际上被判死缓的罪犯，2 年考验期满后绝大多数都被减为无期徒刑甚至有期徒刑。

前在西方大多数国家被判处财产刑和社区刑罚的人数已经远远超过被判处监禁的人数，社区刑罚和社区矫正大行其道。[1]

我国监狱一贯坚持对罪犯的教育矫正，总体来说效果较为理想。同时我国目前正在进行刑事执行体制改革，推行社区矫正，其规模发展迅速。从监禁改造单一的矫正模式过渡到监禁改造与社区矫正两种矫正模式并重，从一个侧面反映了我国决策者对刑罚功能有限性的认识日趋成熟，对监禁刑弊端的认识更加明确。这将有利于我国的刑罚结构与刑罚执行朝着轻缓、文明、人道的方向发展，有利于宽严相济刑事政策的贯彻落实，并最终有利于和谐社会的建设。

（三）刑罚变更

所谓刑罚变更，是指在自由刑执行过程中，服刑人员认真遵守监规，确有悔改表现，或者有立功表现，而相应地缩短刑期或者变更刑种，或者改变刑罚实现的方式。我国刑法规定的减刑制度涉及刑期缩短和刑种变更，假释制度和缓刑制度涉及刑罚实现方式的改变，均属于刑罚变更，属于刑罚执行的范畴。[2]刑罚变更是对罪犯的刑事奖惩，对于调动罪犯改造的积极性有极大的促进作用。

三、刑罚执行的原则

刑罚执行的原则，是指在刑罚执行过程中必须遵循的基本准则。主要包括：

（一）惩罚与改造相结合的原则

犯罪是具有严重的社会危害性的行为，国家对犯罪者实施惩罚

---

〔1〕　参见王平：《刑罚执行现代化：观念、制度与技术》，北京大学出版社 2017 年版，第 10~11 页。

〔2〕　我国刑法学教学中所指的刑罚执行主要指"刑罚变更"，即减刑、假释（还有的包括缓刑），因为"刑罚实现"的内容通常在"刑罚的体系和种类"章节中予以论述；"罪犯矫正"的内容非常丰富，非刑罚执行本身所能概括，因而有专门的"监狱学或罪犯矫正"课程。

是刑罚固有的属性，没有惩罚就无所谓刑罚。但现代刑罚又不仅仅是着眼于对犯罪人的惩罚，更强调的是教育改造。因此，惩罚和改造是刑罚执行过程中不可分割的两个方面，必须正确地处理好两者之间的关系，使两者有机结合，共同服务于刑罚的最终目的，即预防和减少犯罪。

（二）教育与劳动相结合的原则

教育和劳动是改造罪犯的两项最基本手段。教育内容主要包括思想教育、文化教育和职业技术教育；劳动主要是通过组织生产劳动来改造罪犯。两者的手段不同，所起的作用也有差别。要将两者有机地结合起来，共同服务于改造罪犯的目的。单纯的劳动或单纯的教育，不仅不能有效地改造罪犯，还会使其自身作用的发挥受到限制。

（三）行刑人道主义原则

在刑罚执行过程中贯彻人道主义原则，是保障人权和刑事法治的应有之义。行刑人道主义原则主要表现为把罪犯当人看，尊重罪犯的人格，严禁体罚虐待罪犯；保障罪犯必要的生活卫生条件；针对罪犯的不同情况，合理安排劳动，不搞超时、超体力劳动；申诉、控告、举报以及其他未被剥夺或限制的权利不受侵犯；罪犯个人合法财产不受侵犯等。

（四）行刑个别化原则

行刑个别化原则，是指在刑罚执行过程中，根据服刑人员的不同情况，采取有针对性的教育改造措施。犯罪人的生活经历、社会背景、犯罪原因、犯罪性质、刑罚种类、刑期长短、主观恶性程度等互有差异，决定了对罪犯教育改造的难易程度亦各不相同。只有采取有针对性的措施，才能取得理想的效果。我国监狱的行刑个别化主要体现为：对罪犯实行分类关押、分别监管，尤其要对男犯和女犯、成年犯和未成年犯实行分别关押；根据罪犯的主观恶性程度、犯罪性质、刑期长短、年龄、性别、文化程度等具体情况，实施分类教育和个别教育，做到因人施教，对症下药；根据罪犯的服刑表现，依法予以奖惩，做到奖优罚劣、赏罚分明，调动罪犯改造的积极性。

（五）行刑社会化原则

行刑社会化原则，是指要尽可能地打破监狱与外部社会之间的隔绝状态，使罪犯在服刑期间有较多的与社会接触的机会，同时调动社会各方面的力量参与对罪犯的教育改造。现代监狱主观上追求的是罪犯的再社会化，而监禁环境客观上容易使罪犯产生一种与一般社会人不同的人格特征，即人格的监狱化，使罪犯的再社会化变得更加艰难。实际上，让一个人脱离正常的社会生活，并将其置于反常的社会环境之中，同时却希望他们将来能够适应正常的社会生活，这是很难做到的。这种目标与手段的矛盾，是现代监狱教育矫正罪犯效能低下的重要原因之一。行刑社会化就是要使罪犯在服刑期间有机会接触外界社会，减轻监狱化的不良影响，使其刑满后能够顺利回归社会。

第二节 缓 刑

一、我国缓刑制度的特点及其适用

缓刑是对原判刑罚附条件不执行的一种刑罚制度。我国刑法中的缓刑是指人民法院对于被判处拘役、3 年以下有期徒刑的犯罪分子，根据其犯罪情节、悔罪表现、再犯罪危险以及对居住社区的影响，规定一定的考验期，暂缓其刑罚执行的制度。

在我国，缓刑不是独立的刑种，而是刑罚具体适用上的一项制度。宣告缓刑必须以判处刑罚为前提，缓刑不能脱离原判刑罚而存在。其基本特点是：判处刑罚，同时宣告暂缓执行，但又在一定期限内保持执行的可能性。如果被判处缓刑的犯罪分子在一定期限内能够遵守一定的条件，原判刑罚就不再执行；如果违反应遵守的条件，原判刑罚仍需执行。

（一）缓刑适用的对象与条件

根据《刑法》第72条、第74条的规定，缓刑适用的对象与条件如下：

第一，被判处的是拘役或者3年以下有期徒刑的刑罚。这是适用缓刑的前提条件，具体包含以下几层意思：

①由于缓刑是附条件不执行原判刑罚，因此一般只适用于罪行较轻的罪犯。而被判处3年以上有期徒刑，相对来说罪行较重，刑法规定不能判处缓刑。这里所说的"3年以下有期徒刑"是指宣告刑而不是法定刑。犯罪分子所犯之罪的法定刑虽然是3年以上有期徒刑，但具有减轻处罚的情节，宣告刑是3年以下有期徒刑的，也可以适用缓刑。比如《刑法》第239条规定，犯绑架罪情节较轻的，处5年以上10年以下有期徒刑，并处罚金。这一规定并没有排除缓刑适用的可能性。如果犯罪人具有自首、立功等法定减轻处罚的情节，被判处3年或3年以下有期徒刑，就可以适用缓刑。②被判处管制或者单处附加刑的，不适用缓刑。适用缓刑的重要价值之一在于避免短期监禁的弊端。管制是对犯罪人不予关押留在社区服刑，仅是限制一定的人身自由，而非剥夺人身自由。单处附加刑也不会导致人身自由被剥夺。两者均没有适用缓刑的必要。③一人犯数罪，数罪并罚后决定执行的刑罚为拘役或者3年以下有期徒刑的，符合适用缓刑条件的，仍可以适用缓刑。有些司法解释或准司法解释针对特定类型的案件，提出数罪并罚时被告人原则上不适用缓刑，如2011年最高人民法院印发的《关于进一步加强危害生产安全刑事案件审判工作的意见》提出，数罪并罚原则上不适用缓刑。对此应当正确理解：数罪并罚表明被告人不符合缓刑适用条件的可能性增大，但并不是说被告人一定不符合缓刑适用条件。最终能否适用缓刑，仍然应当根据刑法规定的缓刑适用条件进行判断。

　　第二，对于一般主体，如果同时符合下述四项条件，则可以适用缓刑：①犯罪情节较轻；②有悔罪表现；③没有再犯罪的危险；④宣告缓刑对所居住社区没有重大不良影响。

　　考虑到不满 18 周岁的人、怀孕的妇女和已满 75 周岁的人三类主体的特殊情况，从加强对未成年人、未出生婴儿保护的角度，基于人道主义对老年人从宽处理的角度，我国《刑法》第 72 条规定，对于符合缓刑条件的上述三类主体，应当宣告缓刑。需要注意的是，刑法对一般主体符合缓刑适用条件规定的是"可以"适用缓刑，而对特殊主体符合缓刑适用条件规定的是"应当"适用缓刑。表面看来，两者的缓刑适用条件完全相同，但从实质上来理解，实际上特殊主体的缓刑适用条件相对于一般主体来说更为宽松。

　　近年来，最高人民法院、最高人民检察院相继出台司法解释，要求在符合法定缓刑条件的前提下，增加对未成年犯罪人缓刑的适用。2006 年 1 月 11 日最高人民法院发布的《关于审理未成年人刑事案件具体应用法律若干问题的解释》第 16 条规定，对未成年罪犯符合刑法规定的，可以宣告缓刑。如果同时具有下列情形之一，对其适用缓刑确实不致再危害社会的，应当适用缓刑：①初次犯罪；②积极退赃或赔偿被害人经济损失；③具备监护、帮教条件。为了贯彻宽严相济的刑事司法政策，2007 年 1 月 9 日最高人民检察院印发的《人民检察院办理未成年人刑事案件的规定》（后于 2013 年修订）中规定，对于具有下列情形之一，依法可能判处拘役、3 年以下有期徒刑，有悔罪表现，宣告缓刑对所居住社区没有重大不良影响，具备有效监护条件或者社会帮教措施、适用缓刑确实不致再危害社会的未成年被告人，人民检察院应当建议人民法院适用缓刑：①犯罪情节较轻，未造成严重后果的；②主观恶性不大的初犯或者胁从犯、从犯；③被害人同意和解或者被害人有明显过错的；④其他可以适用缓刑的情节。

　　第三，犯罪分子不是累犯和犯罪集团的首要分子。我国《刑法》第 74 条规定："对于累犯和犯罪集团的首要分子，不适用缓刑。"因为累犯和犯罪集团的首要分子，主观恶性较深，适用缓刑难以防止其重新犯罪，故将其排除在缓刑适用范围之外。[1] 累犯不适用缓刑，是 1997 年《刑法》的规定，而犯罪集团的首要分子不适用缓刑，则是《刑法修正案（八）》增加规定的内容。这项增加规定有立法浪费的嫌疑，因为犯罪集团的首要分子对犯罪集团所犯全部罪行负责，在司法实践中判处 3 年以下有期徒刑的可能性几乎为零。

（二）缓刑的考验期及其考察

缓刑是暂不执行原判刑罚，最终是否执行原判刑罚，要看犯罪人的现实表现如何，因此，人民法院在宣告缓刑的同时，就应当确定适当的缓刑考验期。《刑法》第 73 条前两款规定："拘役的缓刑考验期限为原判刑期以上 1 年以下，但是不能少于 2 个月。有期徒刑的缓刑考验期为原判刑期以上 5 年以下，但是不能少于 1 年。"根据这一规定，缓刑的考验期限长短是以原判刑期的长短为基础，可以等于或长于原判刑期，但不能少于原判刑期。这一规定，既体现了罪刑相适应原则，又符合区别对待的刑事政策要求，同时给审判机关留下了一定的裁量余地。在确定具体的缓刑考验期限长短时，应根据犯罪情节和犯罪人的悔罪表现等具体情况综合考虑。

《刑法》第 73 条第 3 款规定："缓刑考验期限，从判决确定之日起计算。""判决确定之日"是指判决发生法律效力之日。判决前先行羁押的日期，不予折抵缓刑考验期，因为二者的性质不同。

《刑法》第 75 条规定，被宣告缓刑的犯罪分子，在缓刑考验期内应当遵守下列规定：①遵守法律、行政法规，服从监督；②按照考察机关的规定报告自己的活动情况；③遵守考察机关关于会客的规定；④离开所居住的市、县或者迁居，应当报经考察机关批准。

---

[1] 参见曲新久主编：《刑法学》（第 5 版），中国政法大学出版社 2016 年版，第 256~257 页。

《刑法》第 72 条第 2 款规定，宣告缓刑，可以根据犯罪情况，同时禁止犯罪分子在缓刑考验期限内从事特定活动，进入特定区域、场所，接触特定的人。根据本款规定，法官可以用禁止令的方式，对宣告缓刑的犯罪分子有针对性地在缓刑考验期限内进行一定的约束。这里所规定的"根据犯罪情况"，主要是指根据犯罪分子的犯罪情节、生活环境、是否有不良癖好等确定禁止令的内容；"特定的活动"应是与原犯罪行为相关联的活动；"特定的人"应是原犯罪行为的被害人及其近亲属、特定的证人等；"特定的区域、场所"应是原犯罪的区域、场所以及与原犯罪场所相类似的场所、区域等。

对宣告缓刑的犯罪分子，在缓刑考验期限内，由社区矫正机构依法实行社区矫正。

（三）缓刑的法律后果

《刑法》第 76 条规定，缓刑犯"如果没有本法第 77 条规定的情形，缓刑考验期满，原判的刑罚就不再执行，并公开予以宣告"。《刑法》第 77 条规定："被宣告缓刑的犯罪分子，在缓刑考验期限内犯新罪或者发现判决宣告以前还有其他罪没有判决的，应当撤销缓刑，对新犯的罪或者新发现的罪作出判决，把前罪和后罪所判处的刑罚，依照本法第 69 条的规定，决定执行的刑罚。被宣告缓刑的犯罪分子，在缓刑考验期限内，违反法律、行政法规或者国务院有关部门关于缓刑的监督管理规定，或者违反人民法院判决中的禁止令，情节严重的，应当撤销缓刑，执行原判刑罚。"

根据上述规定，缓刑的法律后果有以下四种情况：

第一，被宣告缓刑的犯罪分子，在缓刑考验期内再犯新罪。适用缓刑的关键条件是犯罪分子没有再犯罪的危险。如果缓刑犯在缓刑考验期内再犯新罪，则说明其对社会仍有危害，当然应撤销缓刑，对前罪和后罪依照《刑法》第 69 条的规定，实行数罪并罚，已经执行的缓刑考验期限不能被计算在新判决确定的刑期以内。再犯的新罪，可以是在缓刑考验期限内被发现，也可以是在缓刑考验期满后被发现。只要没有超过法定的追诉时效，都要撤销缓刑，实行数罪并罚。

第二，在缓刑考验期内，发现被宣告缓刑的犯罪分子，在缓刑宣告以前还有其他罪没有判决的，应当撤销缓刑，对前罪和漏罪依照《刑法》第 69 条的规定，实行数罪并罚，已经执行的缓刑考验期限不能被计算在新判决确定的刑期以内。所发现的漏罪，只有是在缓刑考验期间发现的，才撤销缓刑，实行数罪并罚；如果所发现的漏罪，是在缓刑考验期满后才被发现的，原判缓刑不再撤销，当然也就不会有数罪并罚。

第三，被宣告缓刑的犯罪分子，在缓刑考验期限内，违反法律、行政法规或者国务院有关部门关于缓刑的监督管理规定，或者违反人民法院判决中的禁止令，情节严重的，应当撤销缓刑，执行原判刑罚。缓刑犯在缓刑考验期内违法或者违反缓刑监督管理规定，或者违反人民法院判决中的禁止令，说明其并没有真诚悔过，对社会还有一定的危害，所以应撤销缓刑，收监执行原判刑罚。

根据 2002 年 4 月 10 日最高人民法院公布的《关于撤销缓刑时罪犯在宣告缓刑前羁押的时间能否折抵刑期问题的批复》的相关规定，被宣告缓刑的犯罪分子撤销缓刑执行原判刑罚的，对其在宣告缓刑前羁押的时间应当折抵刑期。

第四，被宣告缓刑的犯罪分子，如果没有《刑法》第 77 条第 2 款规定的两种撤销缓刑的情形，缓刑考验期满，原判的刑罚就不再执行，并公开予以宣告。此外，《刑法》第 72 条第 3 款规定，缓刑的效力不及于附加刑。被宣告缓刑的犯罪分子，如果被判处附加刑的，附加刑仍须执行。[1]

---

[1] 参见曲新久主编：《刑法学》（第 5 版），中国政法大学出版社 2016 年版，第 257~259 页。

二、缓刑人员的身份定性与汉语表达

2019年12月28日，第十三届全国人大常委会第十五次会议表决通过了《中华人民共和国社区矫正法》（以下简称《社区矫正法》）。社区矫正立法过程中有些大是大非问题（法理和法律上的）一直争论不休，其中争论最为激烈的当属如何界定缓刑人员身份的法律性质。笔者在此表达自己的观点并予以论证。

（一）缓刑人员的身份定性

《社区矫正法》第2条规定，对被判处管制、宣告缓刑、裁定假释和决定暂予监外执行的罪犯，依法实行社区矫正。

管制犯、假释犯和暂予监外执行人员属于罪犯、属于社区服刑人员，这个没有争论。争论最大且争论不休的是缓刑人员是不是社区服刑人员。缓刑犯目前已经占到社区矫正对象总数的90%左右，是社区矫正对象的主体。如果缓刑人员不是社区服刑人员，对缓刑犯监督管理就没有刑罚执行性质，社区刑罚执行就失去法理和法律根据，已经出台的《社区矫正法》就不属于刑事执行法，那问题就比较严重了。

认为缓刑人员不是社区服刑人员的观点听起来似乎很有道理：根据我国《刑法》第72条的规定，缓刑是对被判处拘役、3年以下有期徒刑的犯罪人附条件地暂不执行原判刑罚。如果缓刑犯在缓刑考验期内没有违反缓刑的相关规定，没有出现撤销缓刑的情形，缓刑考验期满原判刑罚就不再执行，这说明原判刑罚自始至终没有执行过。既然原判刑罚没有被执行过，缓刑犯就没有被执行过刑罚，缓刑期间的缓刑犯当然就不是服刑人员。

上述观点所依据的理由没有说完，笔者还可以站在他们的立场替他们说几句：我国《刑法》第65条规定，被判处有期徒刑以上刑罚的犯罪分子，刑罚执行完毕或者赦免以后，在5年以内再犯应当判处有期徒刑以上刑罚之罪的，是累犯，应当从重处罚。我国的司法实践是，对一般累犯而言（不包括特殊累犯），被判处过缓刑的人缓刑期满以后重新犯罪的，不构成累犯，理由是：被判处过缓刑的人可能被判处过有期徒刑，但没有被执行过有期徒刑，因此不构成累犯。从不构成累犯这个角度来看，也说明缓刑犯没有被执行过刑罚，缓刑期间的缓刑犯也就不是服刑人员。

支持上述观点的学者较多，论证理由似乎既有法律依据又有法理依据，且十分有力，因而影响很大。2016 年 12 月国务院法制办公布的《社区矫正法（征求意见稿）》就采纳了上述意见，不再称在社区矫正的四种人为"社区服刑人员"，而是改称为"社区矫正人员"，主要就是要回避"缓刑犯是不是服刑人员"这样棘手的问题。

笔者以为，不管是从形式上理解还是实质上理解，上述观点对缓刑犯法律规定的解读均是错误的。根据我国法律规定，缓刑人员是社区服刑人员，对缓刑犯监督管理具有刑罚执行的性质，已经出台的《社区矫正法》在法律性质上属于刑事执行法的范畴。理由如下：

1. 作为短期自由刑替代措施的缓刑属于实体刑罚范畴

基于一般预防的考虑，量刑时要做到罪刑相适应，这也是实现一般公平与正义的要求；基于特殊预防的考虑，在量刑与行刑过程中又要尽量去除多余的刑罚，以实现刑罚适用的个别化。理想的量刑与行刑应当是一般预防与特殊预防的有机结合，从而在总体上实现刑罚适用的公平、公正、有效与人道。我国现行刑法的相关规定体现了现代刑法的上述原则与精神，其中主要方法之一就是各种刑罚替代措施的运用。

第一，保留死刑但严格控制死刑的适用，在量刑时适用死缓作为死刑立即执行的替代措施。我国《刑法》第 48 条规定，死刑只适用于罪行极其严重的犯罪分子。对于应当判处死刑的犯罪分子，如果不是必须立即执行的，可以在判处死刑同时宣告缓期 2 年执行。在我国，被判处死刑缓期 2 年执行的罪犯，在死缓期满后绝大多数都被减为无期徒刑甚至是有期徒刑，从而起到了严格控制死刑适用的作用。

第二，对于被判处有期徒刑和无期徒刑的犯罪分子，在刑罚执行过程中适用假释作为其替代措施（减刑有所不同，具有赦免性质，另当别论）。我国《刑法》第 81 条规定，被判处有期徒刑的犯罪分子，执行原判刑期二分之一以上，被判处无期徒刑的犯罪分子，实际执行 13 年以上，如果认真遵守监规，接受教育改造，确有悔改表现，没有再犯罪的危险的，可以假释。如果有特殊情况，经最高人民法院核准，可以不受上述执行刑期的限制。

第三，由于短期自由刑弊端甚多，除了在刑罚执行过程中适用假释作为其替代措施外（但假释不适用于拘役），还在量刑时直接适用缓刑作为其替代措施。我国《刑法》第 72 条规定，对于被判处拘役、3 年以下有期徒刑的犯罪分子，符合刑法规定条件的，可以宣告缓刑。

在我国，缓刑和假释虽然都是监禁刑的替代措施，但适用对象和条件有差别。假释主要是作为长期监禁刑替代措施，但不是完全替代，罪犯需要在监狱中服刑一段时间。缓刑作为短期监禁刑替代措施，而且是完全替代，法院在量刑可以直接对被告人适用缓刑，罪犯无需在监狱中服刑一段时间。

死缓制度、假释制度和缓刑制度，分别作为死刑、长期监禁刑和短期监禁刑的替代措施，它们与死刑、无期徒刑、有期徒刑、拘役的区别在于：死刑、无期徒刑、有期徒刑、拘役分别作为独立的刑罚种类，规定在刑法典中（《刑法》第 3 章），而死缓制度、假释制度和缓刑制度是作为其相应的替代措施规定在刑法典的刑罚具体适用的相关章节中，包括量刑和刑罚执行相关条文中（主要是《刑法》第 4 章）。死缓制度、假释制度和缓刑制度，具有一定的依附性，依附于前者，但它们本身也是一种刑罚制度，是刑罚具体运用的制度，而不是什么别的制度或措施。他们与刑罚种类一样都是我国刑罚制度的有机组成部分，针对特殊情形的犯罪分子分别适用，或者在刑事诉讼的不同阶段适用。作为死刑和监禁刑的替代措施，其适用要比直接适用前者更为轻缓和人道，两者相互配合共同为实现刑罚的目的服务。我国刑法总则第3章"刑罚"、第4章"刑罚的具体运用"，两者是一个有机的整体，要进行体系性解释，完整准确地理解两者之间的关系，不能顾此失彼，片面理解。[1]

2. 对缓刑裁决的执行属于刑罚执行范畴

刑罚执行是将人民法院生效的刑事判决或裁定所确定的刑罚付诸实施的活动。对死缓犯的执行在监狱中进行，属于刑罚执行，没有异议。对假释犯的监督管理虽然在社区，但因为有明确的法律根据，属于刑罚执行，也没有人提出异议。我国《刑法》第85条规定，被假释的犯罪分子，在假释考验期限内，遵守相关规定，没有出现依法撤销假释的情形，假释考验期满，就认为原判刑罚已经执行完毕。逻辑推理是，既然"假释考验期满，原判刑罚才执行完毕"，那"假释考验期内，原判刑罚就没有执行完毕"。既然原判刑罚没有执行完毕，对假释犯的监督管理当然就属于刑罚执行的范畴。"暂予监外执行"有"执行"二字，而且监外执行期间计入执行刑期，对监外执行犯的监督管理属于刑罚执行，也没有人提出异议。

对缓刑期间缓刑犯的监督管理，是否属于刑罚执行，问题就变得复杂。有人指出，根据我国刑法规定，缓刑考验期满原判刑罚不再执行，这就说明原判刑罚没有被执行过。既然原判刑罚没有被执行过，就说明缓刑期间对缓刑犯的监督管理，不属于刑罚执行活动。听起来似乎既有法律依据，又很有逻辑性，但遗漏了关键的节点。

---

〔1〕 参见王平：《缓刑犯是否是社区服刑人员》，载《法制日报》2017年4月19日，第12版。

对于上述"缓刑考验期满原判刑罚不再执行"的正确解释应当是，缓刑考验期满，缓刑犯经受住了考验，原来判处的"拘役或 3 年以下有期徒刑"这种监禁性刑罚就不再执行。但是作为监禁刑替代措施的缓刑，作为一种非监禁性刑罚措施，却已经执行，而且执行完毕，而不是什么"不再执行"。对缓刑犯的监督管理，也属于对人民法院生效的刑事判决或裁定的执行活动，也属于刑罚执行范畴，只不过是对"缓刑"这一非监禁性刑罚裁决的执行，而不是对"拘役或 3 年以下有期徒刑"这种监禁性刑罚裁决的执行。上述理解错误的关键，是没有厘清两者之间的关系。[1]

（二）社区服刑人员角色的汉语表达

《社区矫正法》规定，管制、缓刑、假释和暂予监外执行的罪犯，都要依法实行社区矫正。从法律规定的实质含义理解，这四类罪犯都是在社区服刑的人员。《社区矫正法》虽然明确了他们的身份是"罪犯"（《社区矫正法》第 2 条），但并没有称其为"社区服刑人员"，而是称其为"社区矫正对象"。立法者这种法律用语的选择，不仅是简单的立法技术问题，更表明了其观念的更新。

对于被判刑正在服刑的人如何称呼，这是一个很有意思的话题。在西方国家早期，在监狱服刑的人通常被称作"囚犯"（prisoner），这与当时监禁机构大多被称作"监狱"（prison）有关。后来随着教育刑理论与实践的发达，人们逐渐使用"矫正机构"（correctional institution）一词代替"监狱"。这种称谓既能淡化监狱的惩罚色彩，体现对服刑人员人格的尊重，也能体现出现代监狱着重对服刑人员进行矫正的价值追求。相应地，"囚犯"一词被"inmate"所代替，"inmate"直译为"在机构内居住者"，意即"在矫正机构中服刑的人"。[2]

---

〔1〕 参见王平：《缓刑犯是否是社区服刑人员》，载《法制日报》2017 年 4 月 19 日，第 12 版。

〔2〕 参见吴宗宪：《当代西方监狱学》，法律出版社 2005 年版，第 24 页。

至于在社区服刑的人员，英文文献主要有"犯人"（offender）、"服务对象"（client）等不同称谓。"犯人"更多强调的是身份定性；"服务对象"侧重于社区矫正工作中角色定位。日本称在社区服刑的人（但不限于"在社区服刑的人"）为"保护观察对象"，与我国《社区矫正法》上的"社区矫正对象"称谓最为相近。我国香港地区以前称之为"释囚"（discharged prisoner），2000 年 2 月以后称其为"更新人士"（rehabilitated person），其负面评价色彩明显减弱。

中国清末以前，在监狱服刑的人通常被称作"囚犯"。清末进行的法制改革，当时制定的《大清监狱律草案》明显地被打上教育刑思想的烙印，其标志之一就是将在监狱服刑的人称作"在监者"，可以说是英文"inmate"的直接翻译，而不再称作"囚犯"或"犯人"。尽管《大清监狱律草案》未能正式颁布施行清朝政府即被推翻，但它却成为民国时期法政学堂监狱专科课程的教材和制定监狱法典的蓝本。[1] 在上述这些监狱法律法规中，1913 年颁布的《中华民国监狱规则》和 1928 年颁布的《监狱规则》仍然将在监狱服刑的人称作"在监人"，1946 年公布的《监狱行刑法》则将在监狱服刑的人称作"受刑人"，与我们现在所称的"服刑人员"在用词上最为接近。现今我国台湾地区的"监狱行刑法"仍沿用"受刑人"的称谓，而香港地区则通常称为"在囚人士"。

中华人民共和国成立以后，中国法律法规中对正在服刑的人有"犯人""罪犯""劳改犯""犯罪分子""服刑人员"等不同的称谓。比如，1954 年政务院通过的《中华人民共和国劳动改造条例》、1982 年公安部通过的《监狱、劳改队管教工作细则》称其为"犯人"；1981 年全国人大常委会通过的《关于处理逃跑或者重新

---

[1] 参见薛梅卿、叶峰：《旧中国第一部监狱法典——〈大清监狱律草案〉的立法意义》，载中华人民共和国司法部编：《中国监狱史料汇编》（上册），群众出版社 1988 年版，第 528 页。

犯罪的劳改犯和劳教人员的决定》称其为"劳改犯"；1990年司法部颁布的《监管改造环境规范》《罪犯改造行为规范》称其为"罪犯"；2004年司法部出台的《监狱服刑人员行为规范》改称其为"服刑人员"。此外还有如1998年司法部监狱管理局、国家教委基础教育司、国家教委成人教育司《关于服刑人员统一使用〈育新教育初中教材〉的通知》、2004年司法部《关于在服刑人员中开展普法教育年活动的通知》、2005年司法部《关于解决服刑人员超时劳动问题的规定》等规范性文件，都是使用"服刑人员"的称谓。现在"服刑人员"的称谓在官方的规范性文件中出现的频率有日益增多的趋势。这些称谓的转变在悄悄地进行着，似乎没有引起媒体足够的关注。

在《社区矫正法》颁布之前，在社区服刑接受教育矫正的人，中国官方文件一般称这些人员为"社区服刑人员"，也有的称其为"社区矫正对象"。此次颁布的《社区矫正法》一方面将其身份界定为"罪犯"，另一方面将其称呼统一规定为"社区矫正对象"。

笔者认为，接受社区矫正的这四种人虽然是罪犯，是服刑人员，但是属于在社区服刑的人员，与监狱服刑人员相比，其人身自由是依法被限制而不是被剥夺，其惩罚性明显减弱，对社区服刑人员的管理监督应当更为宽松。在社区矫正工作中称其为"社区矫正对象"，而不是称其为"社区服刑人员"，不仅是为了在形式上与"监狱服刑人员"的称谓相区别，更是为了突出社区矫正的社会性、帮扶性一面，以寻求更佳的法律实施效果。

总之，根据《社区矫正法》规定，我们可以得出结论：《社区矫正法》属于刑事执行法。被判处管制、宣告缓刑、裁定假释和决定暂予监外执行的人是罪犯，是社区服刑人员。这是这四种人在法律地位上的身份定性。在社区矫正工作中，我们称其为"社区矫正对象"，是为了淡化其负面评价色彩，以取得更好的矫正效果，但并不是要否定其罪犯身份、社区服刑人员身份。在不同的场合，从不同的角度看，对同一对象可以有不同的称谓，这很正常，两者并不矛盾。不同的角度有不同的称谓，只要处理得当，反而是立法科学化、精准化的表现。[1]

三、我国缓刑制度之改革与完善

当前我国正在推广社区矫正工作，缓刑是社区刑罚和社区矫正的重要内容之一。因此，加强对于缓刑制度的研究，对于建立健全我国的社区刑罚和社区矫正制度很有意义。本书试图对我国现行缓刑制度的利弊得失进行全面的考察，在此基础上，提出改革和完善我国缓刑制度的几点建议。[2]

（一）建议增设罚金刑的缓刑

缓刑最初是作为短期自由刑的替代措施出现的，是典型的非监禁刑，其目的是避免短期自由刑的弊端并更好地促使犯罪人重返社会。短期自由刑的弊端历来为学者所诟病，认为其不仅没有改造效果和威慑效果，反而可能使犯罪人变得更坏，不利于其回归社会。[3] 同时，从行刑人道化的角度考虑，缓刑也给犯罪人一个避免刑罚烙印、改过自新的机会。但是，缓刑制度发展到后期，已经不仅仅局限于消极地避免短期自由刑，而转为积极地追求促使犯罪人更好地社会化，因此缓刑的内容与形式都已经不再局限于短期自由刑的替代措施，而成为包括短期自由刑在内的整个刑罚的替代措施，故此缓刑的适用范围日渐加宽。一些国家不仅规定了罚金刑的缓刑，还规定对剥夺或限制权利之资格刑、某些附加刑等适用缓刑，如《法国刑法典》第 132-31 条规定："对自然人判处 5 年以下

---

[1] 参见王平：《社区矫正对象的身份定性与汉语表达》，载《中国司法》2020 年第 2 期。

[2] 本部分内容参见王平主编：《社区矫正制度研究》，中国政法大学出版社 2014 年版，第 71~93 页；王平、何显兵：《我国缓刑制度之改革与完善》，载《犯罪与改造研究》2004 年第 2 期。

[3] 参见林山田：《刑罚学》，台湾商务印书馆 1983 年版，第 198~199 页。

监禁、罚金或日罚金，限制或剥夺第 131-6 条所指之权利，没收刑除外；判处 131-10 条所指之附加刑，没收刑除外；关闭机构及张贴决定，均适用缓刑。"《意大利刑法典》第 166 条规定："缓刑的效力及于附加刑。"笔者认为，随着刑罚理论的发展和行刑人道化、科学化在中国的进展，缓刑的适用范围必然会越来越广，突破作为短期自由刑替代措施的限制。由于我国的资格刑尚不发达，因而此时讨论所谓"资格刑的缓刑"并无实质性意义，故此主要讨论在中国增设罚金刑的缓刑问题。

如前所述，世界许多国家的刑法已经规定了罚金刑的缓刑，对于我国是否应当引入这种制度，反对和支持的意见都存在，分歧的根源仍然在于对缓刑本质的认识，反对罚金刑缓刑的学者几乎都是从"缓刑是短期自由刑的替代措施"这一论断出发，认为缓刑的本质在于避免短期自由刑的弊端；支持罚金刑缓刑的学者几乎都认为，缓刑的本质不仅在于消极避免短期自由刑的弊端，更在于积极促使犯罪人成功的再社会化。笔者认为，随着时代的发展，缓刑不应当仍然局限于消极说，而应当追求积极的行刑目标。在这个基点上，有必要在中国引入罚金刑的缓刑，理由在于：首先，可以避免罚金刑的弊端。罚金刑的适用，可能违背罪责自负、罪刑相适应原则，给受刑人以外的人造成不必要的负担，降低刑罚的道德宣示功能与矫正功能，同时可能引发更多的犯罪。[1] 对于犯罪情节轻微、悔罪表现好的犯罪人适用罚金刑的缓刑，就能够避免上述弊端。其次，给犯罪人改过自新的机会。罚金刑对于处于贫困状态中的犯罪人来说，可能是比自由刑更重的刑罚，对这些犯罪人适用罚金刑丝毫不意味着法律的宽大，反而意味着严厉的惩罚，不仅不利于犯罪人的改造，而且可能促成因贫困造成的新的犯罪。自由刑因为其弊端可以适用缓刑，而比自由刑更轻的罚金刑为什么不能适用缓刑

---

[1] 参见马克昌主编：《刑罚通论》（第 2 版），武汉大学出版社 1999 年版，第 197~200 页。

呢？同时，多数学者建议设立罚金刑易科自由刑的规定，设立罚金刑的缓刑，可以避免因无法缴纳罚金而易科自由刑的情形。再次，更加有利于促进犯罪人再社会化。适用罚金刑的缓刑，让罪犯感受国家给予的宽容，可能促使其反省罪行、悔过自新。同时，罚金刑的缓刑不是立即免除罚金刑的适用，因此罚金刑的缓刑仍然具有较大的威慑效果，可以帮助犯罪人认罪服法、接受改造。缓刑犯如果不认真接受改造，其面临的刑罚是必然而现实的，这与普通情况下犯罪人犯罪时对刑罚的预期不同，那时普遍存在着侥幸心理，刑罚的直接威慑效果不强。最后，罚金刑的缓刑在适用过程中，不存在技术上的困难，适用简便易行。

（二）累犯是否适宜适用缓刑

关于累犯是否适用缓刑，不同的国家有不同的规定。如《瑞士联邦刑法典》第 41 条第 1 款第 2 项规定，如果被判刑人在犯罪前 5 年中因故意犯重罪或轻罪而被科处重惩役或 3 个月以上监禁刑的，不得推迟执行；《法国刑法典》第 132-30 条第 1 款与第 133 条第 1 款规定，对自然人只有当被告在其犯罪行为前 5 年内未因普通法之重罪或轻罪被判处徒刑或监禁刑者，始得适用缓刑。《意大利刑法典》第 164 条、《日本刑法典》第 25 条等也有类似规定。也有些国家没有明确规定，如《德国刑法典》《俄罗斯联邦刑法典》等都没有对此作出明确的限制性规定。有的学者认为，初犯、累犯不可作为绝对根据，而应以犯罪性质轻微、改善较易的机会犯人为对象，主张不需以累犯初犯为限制。[1]

我国刑法规定，累犯不得适用缓刑，这一规定具有妥当性。我国刑法的累犯是故意犯的累犯，累犯不仅表明了其人身危险性较大，而且已经因其行为丧失了国家和公众对其自新之信任。同时，刑罚之目的不能仅仅以改善为目的，而必须告诫犯罪人不得实施犯

---

〔1〕 参见张甘妹：《刑事政策》，三民书局股份有限公司 1979 年版，第 168 页。

罪，以促其形成守法的习惯。累犯不得适用缓刑的规定，体现了刑罚的锋芒所向，而且对于犯罪人来说，也是一个警告。事实上，即使刑法没有对累犯是否可以适用缓刑作出禁止性规定的国家，也认为累犯是决定是否适用缓刑的重要判断依据，只是将这一判断交由法官。如《俄罗斯联邦刑法典》第 73 条规定缓刑时，并没有明确限定累犯不得适用缓刑，但是其第 2 款规定，"在判处缓刑时，法院应当考虑犯罪的性质和社会危害的程度，犯罪人的身份，以及减轻情节和加重情节"，而第 63 条规定的"加重情节"的第 1 项就是"累犯"，显然累犯适用缓刑受到了明显的限制。累犯是否适用缓刑与人们对累犯和缓刑的性质认识有关，适用缓刑的实质条件是确定"没有再犯罪的危险"，而累犯因其再次犯罪表明其具有较强的人身危险性，因此即使累犯不一定具有人身危险性，但是已经使得法官难以确定对其适用缓刑是否"没有再犯罪的危险"，也即"累犯本身的特点与缓刑的适用条件相冲突"[1]。对累犯适用缓刑是否在立法上明确限制，更多取决于各个国家的法习惯。尽管规定累犯一律不得适用缓刑显得有些武断，累犯适用缓刑也可能"没有再犯罪的危险"，但是依据我国目前的司法环境以及面临的犯罪形势，我国刑法的规定是比较符合实际的。此外，累犯不得适用缓刑尽管存在某些弊端，但是辅之以减刑制度，这个弊端可以被降低到最低程度。

有学者讨论数罪并罚的情况下是否适用缓刑。[2] 笔者认为，既然刑法本身对此没有作出禁止性规定，即意味着其存在适用的空间。需要讨论的应当是数罪并罚时如何适用缓刑的问题，一般认为应当在对数罪分别定罪量刑的基础上，依照数罪并罚的原则决定执

---

〔1〕 参见苏彩霞：《累犯制度比较研究》，中国人民公安大学出版社 2002 年版，第 151 页。

〔2〕 参见张文学等编著：《中国缓刑制度理论与实务》，人民法院出版社 1995 年版，第 61～62 页。

行的刑罚，然后针对执行刑宣告缓刑并确定缓刑考验期限。[1]

第三节 假　释

一、我国假释制度的特点及其适用

　　我国刑法中的假释，是指对于被判处剥夺自由刑的罪犯，在服刑一定时间后，按照一定程序附条件提前释放的制度。我国刑法规定的假释，是指对于被判处有期徒刑、无期徒刑的犯罪分子，在执行一定刑期之后，因其认真遵守监规，接受教育改造，确有悔改表现，没有再犯罪的危险，而附条件地提前释放的一种刑罚执行制度。附条件释放，是指可逆的释放，被假释的犯罪分子如果遵守一定的条件，就认为原判刑罚已经执行完毕；而如果违反了相关规定，则收监执行原判剩余刑期或数罪并罚。

　　假释不同于缓刑。两者都是附条件地不执行原判刑罚，都以没有再犯罪危险为适用的前提。其区别在于：①假释适用于被判处有期徒刑、无期徒刑的犯罪分子；而缓刑适用于被判处拘役或 3 年以下有期徒刑的犯罪分子，即只适用于判刑较轻的犯罪分子。②假释是在刑罚执行过程中由人民法院决定的；而缓刑是人民法院在量刑阶段直接决定的。③缓刑是附条件地不执行原判全部刑期；而假释是附条件地不执行原判决尚未执行完毕的刑期。[2]

　　假释与减刑的区别。两者都是刑罚执行制度，都发生在刑罚执行阶段。其区别在于：①假释仅适用于被判处有期徒刑、无期徒刑的犯罪分子；而减刑适用于被判处管制、拘役、有期徒刑、无期徒

---

　　〔1〕　参见翟中东：《缓刑制度》，载赵秉志主编：《刑罚总论问题探索》，法律出版社 2003 年版，第 536～537 页。
　　〔2〕　在西方国家，缓刑和假释是社区矫正最主要的两项制度，通常被称为"社区矫正制度之王"。

刑的犯罪分子。②假释对一个在监狱服刑的犯罪分子只能适用一次；而减刑对同一个正在服刑的犯罪分子可以适用多次。③假释是附条件地不执行剩余刑期，仍存在执行的可能性，具有可逆性；而减刑减去的刑罚不具有可逆性，不能再执行。④假释的直接结果是犯罪人被释放；而减刑的直接结果是减轻原判刑罚，如果犯罪人减刑后仍有剩余刑期没有执行，则需要继续留在监狱服刑。[1]

（一）假释适用的对象与条件

根据《刑法》第 81 条的规定，我国假释适用的对象与条件如下：

1. 假释的对象是被判处有期徒刑、无期徒刑的犯罪分子

假释的性质和特点决定了它只能适用于被判处剥夺自由刑罚的罪犯。我国刑法规定的自由刑有管制、拘役、有期徒刑、无期徒刑四种。管制属于限制人身自由而不是剥夺人身自由，无所谓监禁与假释问题；拘役属于短期剥夺人身自由刑种，适用假释实际意义不大。因此，我国刑法规定适用假释的对象是被判处有期徒刑、无期徒刑的犯罪分子。根据司法解释，死刑缓期二年执行罪犯减为无期徒刑或者有期徒刑后，符合假释条件的，可以假释。

2. 假释的禁止性规定

根据《刑法》第 81 条的规定，对累犯以及因故意杀人、强奸、抢劫、绑架、放火、爆炸、投放危险物质或者有组织的暴力性犯罪被判处 10 年以上有期徒刑、无期徒刑的犯罪分子，不得假释。这是对假释的禁止性规定。

累犯不得假释。累犯是已经执行过较重刑罚又犯较重之罪的

〔1〕　根据我国刑法的规定，减刑和假释共同分享刑罚执行刑期大约 50% 的最大奖励额度，如果减刑适用量过大，必然在一定程度上挤压假释适用的空间。因此，在总体上提倡扩大假释适用的情况下，应当对减刑适用总体规模予以适度压缩，以实现两者适用量的平衡。但减刑制度与假释制度，各有其独特的价值，互相不能完全替代。目前在我国，减刑制度所特有的功能决定其只能适度压缩适用而不应当被取消。

人，屡教不改，主观恶性和人身危险性比较大，如果将其提前释放到社会上，具有相当的危险性。因此，我国刑法特别规定，对于累犯不得适用假释。

因故意杀人、强奸、抢劫、绑架、放火、爆炸、投放危险物质或者有组织的暴力性犯罪被判处 10 年以上有期徒刑、无期徒刑的犯罪分子，不得假释。根据相关司法解释，这里的"10 年以上有期徒刑、无期徒刑"，包含两层含义：①是指原判刑罚，即使被减刑后的刑期低于 10 年有期徒刑，也不得假释；②如果一人犯有数罪，数罪并罚被判处 10 年以上有期徒刑、无期徒刑，但其中没有一罪被判处 10 年以上有期徒刑、无期徒刑的，只要符合假释条件的，仍可以对该犯罪分子适用假释。例如，犯罪人犯抢劫罪被判处 8 年有期徒刑，犯故意伤害罪被判处 9 年有期徒刑，数罪并罚决定执行 15 年有期徒刑。因为没有一罪的刑罚在 10 年以上，不属于禁止假释的对象。因同样情形和犯罪被判处死刑缓期执行的罪犯，被减为无期徒刑、有期徒刑后，当然也不得假释。

根据司法解释，对于生效裁判中有财产性判项，罪犯确有履行能力而不履行或者不全部履行的，不予假释。此处必须强调"罪犯确有履行能力"这一前提，监狱不提请假释或者提请后人民法院裁定不予假释，不能简单以"未支付罚金""未履行附带民事赔偿义务"为由否定假释，而必须对"罪犯确有履行能力"进行实质审查。

根据《刑法》第 383 条、第 386 条的规定，犯贪污罪、受贿罪被判处死刑缓期执行的，人民法院根据犯罪情节等情况可以同时决定在其死刑缓期执行 2 年期满依法减为无期徒刑后，终身监禁，不得减刑，也不得假释。

根据司法解释，对下列罪犯适用假释时可以依法从宽掌握：①过失犯罪的罪犯、中止犯罪的罪犯、被胁迫参加犯罪的罪犯；②因防卫过当或者紧急避险过当而被判处有期徒刑以上刑罚的罪犯；③犯罪时未满 18 周岁的罪犯；④基本丧失劳动能力、生活难以自理，假释后生活确有着落的老年罪犯、患严重疾病罪犯或者身体残疾罪犯；⑤服刑期间改造表现特别突出的罪犯；⑥具有其他可以从宽假释情形的罪犯。

3. 假释只适用于已经执行了部分刑罚的犯罪分子

被判处有期徒刑的犯罪分子，执行原判刑期二分之一以上，被判处无期徒刑的犯罪分子实际执行 13 年以上，如果认真遵守监规，接受教育改造，确有悔改表现，没有再犯罪的危险的，可以假释。如果有特殊情况，经最高人民法院核准，可以不受上述执行刑期的限制。

被判处有期徒刑、无期徒刑的犯罪，是严重的犯罪，具有严重的社会危害性，犯罪分子一般都有较大的人身危险性。因此，必须执行一定的刑期，对犯罪分子进行教育改造，消除其人身危险性，方可予以假释。只有在特殊情况下，才可以不受上述执行刑期的限制，但需经最高人民法院核准。所谓"特殊情况"，是指有国家政治、国防、外交等方面特殊需要的情况。

被判处有期徒刑的罪犯假释时，执行原判刑期二分之一的时间，应当从判决执行之日起计算，判决执行以前先行羁押的，羁押一日折抵刑期一日。被判处无期徒刑的罪犯假释时，刑法中关于实际执行刑期不得少于 13 年的时间，应当从判决生效之日起计算。判决生效以前先行羁押的时间不予折抵。被判处死刑缓期执行的罪犯减为无期徒刑或者有期徒刑后，实际执行 15 年以上，方可假释，该实际执行时间应当从死刑缓期执行期满之日起计算。死刑缓期执行期间不包括在内，判决确定以前先行羁押的时间不予折抵。

罪犯减刑后又假释的，间隔时间不得少于 1 年；对一次减去 1 年以上有期徒刑后，决定假释的，间隔时间不得少于 1 年 6 个月。罪犯减刑后余刑不足 2 年，决定假释的，可以适当缩短间隔时间。

4. 适用假释的实质性条件

根据 2016 年 11 月最高人民法院公布的《关于办理减刑、假释案件具体应用法律的规定》第 3 条的规定，"确有悔改表现"是指同时具备以下条件：①认罪悔罪；②遵守法律法规及监规，接受教育改造；③积极参加思想、文化、职业技术教育；④积极参加劳动，努力完成劳动任务。对职务犯罪、破坏金融管理秩序和金融诈骗犯罪、组织（领导、参加、包庇、纵容）黑社会性质组织犯罪等罪犯，不积极退赃、协助追缴赃款赃物、赔偿损失，或者服刑期间利用个人影响力和社会关系等不正当手段意图获得减刑、假释的，不认定其"确有悔改表现"。但罪犯在刑罚执行期间的申诉权利应当依法保护，对其正当申诉不能不加分析地认为是不认罪悔罪。

判断"没有再犯罪的危险"，除符合《刑法》第 81 条规定的情形外，还应根据犯罪的具体情节、原判刑罚情况，在刑罚执行中的一贯表现，罪犯的年龄、身体状况、性格特征、假释后生活来源以及监管条件等因素综合考虑。

对未成年罪犯的假释，可以比照成年罪犯依法适当从宽。未成年罪犯能认罪悔罪，遵守法律法规及监规，积极参加学习、劳动的，应视为确有悔改表现，符合刑法规定的，可以假释。以相关司法解释的精神为指导，根据体系性解释，这里所称的"未成年罪犯"，应当是指假释时不满 18 周岁的罪犯，而不是指犯罪时或审判时不满 18 周岁的罪犯。

老年、身体残疾（不含自伤致残）、患严重疾病罪犯的假释，应当主要注重悔罪的实际表现。基本丧失劳动能力、生活难以自理的老年、身体残疾、患严重疾病的罪犯，能够认真遵守法律法规及监规，接受教育改造，应视为确有悔改表现。假释后生活确有着落的，除法律和相关司法解释规定不得假释的情形外，可以依法假释。已经年满 80 周岁、身患疾病或者生活难以自理、没有再犯罪危险的罪犯，既符合减刑条件，又符合假释条件的，优先适用假释；不符合假释条件的，参照有关规定从宽处理。

对罪行严重的危害国家安全的罪犯，恐怖活动犯罪、黑社会性质的组织犯罪的犯罪分子、犯罪集团的首要分子、主犯的假释应当严格掌握。对确属应当假释的，主要根据其改造的表现，同时也要考虑原判的情况，作出相应的决定。

《刑法》第 81 条第 3 款规定，对犯罪分子决定假释时，应当考虑其假释后对所居住社区的影响。刑罚执行机关提请假释的，应当附有社区矫正机构关于罪犯假释后对所居住社区影响的调查评估报告。

根据司法解释，罪犯既符合法定减刑条件，又符合法定假释条件的，可以优先适用假释。

（二）假释的考验期及其监督

我国《刑法》第 83 条规定，有期徒刑的假释考验期限，为没有执行完毕的刑期；无期徒刑的假释考验期限为 10 年。假释考验期限，从假释之日起计算。

《刑法》第 84 条规定，被宣告假释的犯罪分子，在假释考验期内应当遵守下列规定：①遵守法律、行政法规，服从监督；②按照监督机关的规定报告自己的活动情况；③遵守监督机关关于会客的规定；④离开所居住的市、县或者迁居，应当报经监督机关批准。

《刑法》第 85 条规定，对假释的犯罪分子，在假释考验期限内，由社区矫正机构依法实行社区矫正。《刑法》第 37 条之一规定，因利用职业便利实施犯罪，或者实施违背职业要求的特定义务的犯罪被判处刑罚的，人民法院可以根据犯罪情况和预防再犯罪的需要，禁止其自刑罚执行完毕之日或者假释之日起从事相关职业，期限为 3 年至 5 年。

（三）假释的撤销

假释是附条件地提前释放，被假释者在假释考验期内违反法律规定的条件，将被撤销假释。我国《刑法》第 86 条规定，撤销假释有以下三种情况：

第一，在假释考验期内犯新罪。被假释的犯罪分子，在假释考验期内犯新罪，应当撤销假释，并依照《刑法》第71条"先减后并"的方法实行数罪并罚。已经过的假释考验期，不能折抵刑期。被假释的犯罪分子，在假释考验期内犯新罪，假释考验期满以后才发现的，只要没有超过追诉时效，也应当撤销假释，并依法实行数罪并罚。所犯新罪，既可以是重罪，也可以是轻罪；既可以是故意犯罪，也可以是过失犯罪。

第二，在假释考验期内发现漏罪。在假释考验期内，发现漏罪，即被假释的犯罪分子在判决宣告以前还有其他罪没有判决。犯罪分子在假释前隐瞒了其他犯罪，表明其悔罪表现并不完全真实可靠，不符合适用假释的条件，在这种情况下，应当撤销假释，依照《刑法》第70条"先并后减"的方法实行数罪并罚。已经过的假释考验期，不能折抵刑期。如果假释考验期满以后，才发现漏罪的，就不再撤销假释，不实行数罪并罚。如果漏罪没有超过追诉时效，可另行追究刑事责任。

第三，行政性假释撤销。假释考验期内，被假释的犯罪分子违反法律、行政法规或者国务院有关部门关于假释监督管理规定的行为，尚未构成新的犯罪的，应依照法定程序撤销假释，收监执行未执行完毕的刑罚。

根据司法解释，对于行政性假释撤销，作出假释裁定的人民法院，应当在收到报请机关或者检察机关撤销假释建议书后及时审查，作出是否撤销假释的裁定，并送达报请机关，同时抄送人民检察院、公安机关和原刑罚执行机关。

罪犯在逃的，撤销假释裁定书可以作为对罪犯进行追捕的依据。

《刑法》第85条规定，对假释的犯罪分子在假释考验期限内，如果没有出现上述撤销假释的情形，假释考验期满，就认为原判刑罚已经执行完毕，并公开予以宣告。

依照《刑法》第86条的规定，被撤销假释的罪犯，一般不得再假释。但依照该条第 2 款被撤销假释的罪犯，如果罪犯对漏罪曾作如实供述但原判未予认定，或者漏罪系其自首，符合假释条件的，可以再假释。

被撤销假释的罪犯，收监后符合减刑条件的，可以减刑，但减刑起始时间自收监之日起计算。

二、我国假释适用标准之改革与完善

《刑法修正案（八）》鲜明地体现了立法者宽严相济的刑事政策：严的一面，是大大提升了重罪犯（重刑犯）的实际执行刑期；宽的一面，是正式规定了社区矫正，监禁刑在整个刑罚结构中的适用比例有望进一步下降。但存在疑问的是：国际社会传统上将缓刑、假释视为社区矫正的两大核心制度，在中国缓刑适用率大幅度上升的情况下，假释适用率却一直在低位徘徊，因此，应当在刑事政策的指导下对我国现行的假释制度及其适用进行反思、改革与完善。[1]

《刑法修正案（八）》之前的刑法条文将假释适用标准确定为"确有悔改表现，假释后不致再危害社会"，《刑法修正案（八）》将假释适用标准修改为"确有悔改表现，没有再犯罪的危险"。学术界有人讨论"不致再危害社会"与"没有再犯罪的危险"之间到底有何差异。在笔者看来，立法者的本意应该是考虑到司法实践中假释适用标准过严，给假释决定机关带来很大的风险从而对假释适用标准作出了修正。

（一）《刑法修正案（八）》之前的假释适用标准的困境

根据我国《刑法修正案（八）》前刑法的规定，假释的实质

---

〔1〕　本部分内容参见王平、何显兵：《我国假释制度之反思与再完善》，载《犯罪与改造研究》2014 年第 11 期；王平、何显兵：《我国假释制度之改革与完善》，载中国监狱学会、中国法学会监狱法学研究会编：《回眸十年读华章：纪念监狱法施行十周年文集》，法律出版社 2005 年版。

条件是服刑人必须"确有悔改表现，假释后不致再危害社会"。根据相关司法解释，同时具备以下四种情况的，应当认定为"确有悔改表现"：认罪服法；认真遵守监规、接受教育改造；积极参加政治、文化、技术学习；积极参加劳动，完成劳动任务。罪犯在服刑期间提出申诉的，不应当不加分析地被认定为不认罪服法。所谓"假释后不致再危害社会"，是指具备上述悔改表现，不致违法、重新犯罪，或者老年、身体残疾（不包括自伤、自残）并丧失作案能力。但是如何科学评价服刑人"假释后不致再危害社会"，至今仍然是一个需要继续研究的问题。因为"确有悔改表现"不一定"假释后不致再危害社会"，前者是相对形式的要求，后者是实质的要求。假释后是否再危害社会，不仅要考虑其悔改表现，还要考虑其家庭、社区、职业等各种因素。"确有悔改表现"，但是其假释后无家可归，或者其是某犯罪集团的核心成员，或者对被害人的复仇愿望非常强烈等，这些都可能影响其是否"假释后不致再危害社会"。

问题的关键是，"假释后不致再危害社会"只能是法官根据案件的实际情况和犯罪人的基本状况作出的一种预测，因为不论使用多么科学的方法，这种预测都存在失败的可能：预测是根据犯罪人在监狱中服刑的表现并结合本人情况来综合认定，但是犯罪人的悔罪表现好并不一定是其真实意志的流露。预测时犯罪人可能不具有人身危险性，但是犯罪人被假释出狱后可能因为某些原因而产生或增加人身危险性，不可能预见到犯罪人出狱后的所有情况。美国学者特别热衷于研究假释犯的危险性评价，以此作为决定假释的重要依据。对假释犯危险性的评价，是决定假释的根本依据。

我国多年来假释适用率比较低，除了减刑制度发挥作用以外，也因为"假释后不致再危害社会"是不切实际的要求，决定机关不敢轻易适用假释。有人认为，"假释后不致再危害社会"不易评价，且预测失败的可能性较大，导致假释决定机关面临较大的风险，进而导致假释适用率低，因此应当对此进行修正。[1]

（二）《刑法修正案（八）》确定的假释适用标准的解读

《刑法修正案（八）》确立的假释适用新标准为"没有再犯罪的危险"。笔者认为，新标准至少在如下两个方面与旧标准相比存在本质差异：

第一，新标准强调的是"危险"。什么是"危险"？汉语大词典的定义为："危险，艰难险恶，不安全。谓有可能导致灾难或失败。"[2] 现代汉语词典的定义为："危险，指有遭到损害或失败的可能。"[3] 以上定义虽然对危险的具体内容存在不同认识，但是都认为"危险"是发生某种损害或者灾难的可能性。简而言之，"危险"是指发生某种损害事实的盖然性和可能性而不是必然性。

由此可知，新标准更加明确了假释适用标准的主观判断性，明确了"没有再犯罪"是在现有条件下做出的主观预测，而这种预测是带有"危险性"的预测，也即这种预测带有失败的可能性。这种修正是合理的。假释犯是否具有再犯可能，主要看两点：①对犯罪人过去的行为、经历、家庭状况、性格等因素的考察，从过去的状况来推断未来是否具有再犯可能；②假释犯是否具有再犯可能，更重要的是看未来其遇到什么样的环境。犯罪是以社会因素为主的犯罪原因系统综合作用产生的，而不仅仅是犯罪人自身意识的原因，甚至有时犯罪人的自身意识仅仅占很小的比例。因此，预测假释犯的危险性固然可以根据过去的情况进行一定的预测，但是这种预测的可靠性不可能很高。假释犯未来会面对什么样的情况谁都很难确定，因此对假释犯人身危险性的预测肯定会有一定的失败率，尤其

---

[1] 参见尉迟玉庆：《假释适用面面观》，载《中国监狱学刊》2002年第3期。

[2] 罗竹风主编：《汉语大词典》（第2卷），汉语大词典出版社1988年版，第526页。

[3] 中国社会科学院语言研究所词典编辑室编：《现代汉语词典》（修订本），商务印书馆1978年版，第1180页。

是我国目前正在向多元化、民主、自由的社会转型，在一定时期内社会矛盾会增多，在这样的社会环境中，假释犯的再犯率可能会更高，对假释犯人身危险性的预测可能更难把握。

第二，新标准强调的是"再犯罪"而不是"再危害社会"，这降低了假释适用的标准。危害社会的内涵与外延比犯罪显然要宽泛得多，例如假释犯在假释考验期间违反假释犯应当遵守的监督管理规定，或者更进一步实施违反《中华人民共和国治安管理处罚法》的行为，都属于"再危害社会"，但这显然不属于"再犯罪"。

新旧标准的这种立法差异，可以解读为立法者的本意是降低假释适用标准，并据此为假释决定机关所承担的法律风险给予一定程度的解套，从而鼓励假释决定机关更积极地作出假释决定，以提高假释适用率。

要真正为假释决定机关所面临的风险解套，还有必要采取如下措施：

第一，成立专门的假释危险性调查与评价机构。由于犯罪形成的原因及其机制的复杂性，假释犯的危险性评价是一项十分复杂的专业性工作，不是一般的机构所能胜任。因此，有关部门应当设立专门的假释犯危险性调查与评价机构，而且假释犯危险性调查机构与评价机构应当分离。理由在于：假释犯的危险性调查机构着重于提供与假释犯危险性评价有关的事实，不预先作出判断；假释犯危险性评价机构着重于根据假释犯危险性调查机构提供的材料和根据与假释犯的接触，评价可能被假释的犯人的危险性。假释犯危险性调查机构与评价机构相分离，是因为调查机构直接接触被调查对象的生活环境、相关亲属、被害人等，容易产生各种可能影响理性判断的情感因素。评价机构可以与具体事实相对超脱，从而作出理性的判断。调查机构需要的专业技能相对较小，而评价机构需要的专业技能相对较高，两者适度分离也有利于假释犯危险性调查与评价机构的专业发展。

第二，假释犯危险性调查与评价工作的进行。假释犯危险性的调查，应当由以下部门负责：首先，监狱行刑部门提供服刑人员在监狱内的服刑表现材料、犯罪前科记录、犯罪行为的具体事实材料；其次，由服刑人员原住所地的地方司法行政机关提供服刑人员的家庭、亲属、工作单位的相关情况，征求被害人对服刑人员假释的意见及其对服刑人员的评价，提供当地派出所的评价意见；最后，由假释犯危险性调查机构汇总并核对材料，报假释犯危险性评价机构审查。假释犯危险性评价机构的工作人员应当具有监狱学、犯罪学、心理学、教育学等专业学习背景，根据假释犯危险性调查机构提供的材料，并在听取服刑人员意见后对服刑人员的危险性做出评价。

（三）《刑法修正案（八）》确定的假释适用标准的反思与调整

从上述对假释适用新旧标准的解读可以看出，《刑法修正案（八）》确定的假释适用标准更为科学合理。然而更进一步的研究发现：《刑法修正案（八）》确定的假释适用标准仍然存在立法、理论与实践相互脱节的问题。

1. 《刑法修正案（八）》确定的假释适用标准存在立法与实践的脱节

长期以来，尽管学者对《刑法修正案（八）》确定的假释适用标准的解读存在一些分歧，但很少有人对此提出明确批判。如果真的认为假释适用标准就是"确有悔改表现，没有再犯罪的危险"，那么很大一部分的职务犯和过失犯都可以在服满一半刑期后得到假释。道理很明显，对于职务犯罪人来说，剥夺其职务就足以排除其再犯罪的危险；过失犯罪本身就属于人身危险性较低的犯罪，即使不予以监禁处罚而给予资格刑就足以排除其中很多人再犯罪的危险。[1] 如果严格遵循立法规定与理论解读，司法实践中的假释适用率就将大幅上升。

这种脱节显然说明司法实务界的假释适用标准绝不仅仅是"确有悔改表现，没有再犯罪的危险"，而另有一套实践智慧凝练出来的操作标准。这种脱节，要么说明立法与理论研究存在问题，要么说明司法实务存在问题。

2. 假释适用标准与刑罚目的可能存在冲突

值得思考的是，无论是"不致再危害社会"还是"没有再犯罪的危险"，真的是假释适用的唯一标准吗？坚持这一标准是否与刑罚目的存在冲突？

2014 年 1 月 21 日，中共中央政法委印发的《关于严格规范减刑、假释、暂予监外执行切实防止司法腐败的意见》中开篇即阐明本意见"为严格规范减刑、假释、暂予监外执行切实防止徇私舞弊、权钱交易等腐败行为，坚决杜绝社会反映强烈的'有权人''有钱人'被判刑后减刑快、假释及暂予监外执行比例高、实际服刑时间偏短等现象，确保司法公正，提高司法公信力"。这说明假释适用标准不能仅仅是"确有悔改表现，没有再犯罪的危险"。该《意见》还指出："从 2014 年 1 月开始，以省、自治区、直辖市和新疆生产建设兵团为单位，各地职务犯罪罪犯减刑、假释、暂予监外执行的比例，不得明显高于其他罪犯的相应比例。中央政法相关单位应当积极指导和督促本系统落实相关比例要求。"

笔者认为，假释适用标准首先应当符合刑罚目的的要求。如果职务犯罪的假释适用比例明显高于其他犯罪，不仅违反刑法面前人

---

〔1〕 由于我国犯罪故意与犯罪过失的构造，规范意义上的过失犯罪比较复杂。例如危险驾驶罪是故意犯罪，但危险驾驶引发交通事故所构成的交通肇事罪则是过失罪，这就很难说过失犯罪的人身危险性一定比故意犯罪的人身危险性低。但即便如此，犯罪学意义上的过失犯罪，一般说来犯罪人的人身危险性明显低于故意犯罪。

人平等原则以及人民群众的正义要求，也有悖于一般预防的刑罚目的。该《意见》的制定，恐怕也是出于上述刑罚的立场来考量的。假释适用标准不能与刑法的基本原则和刑罚目的相冲突，并且最终还要为刑罚目的服务。

为此，假释适用标准应当在国家刑事政策的指导下，遵循以下路径来进行解读与调整：①假释作为社区刑罚的核心内容，其适用标准应当考虑报应论、一般预防论、个别预防论的一般要求，但不同时期的犯罪形势决定了综合论、内部报应论、一般预防论、个别预防论的比例会有相应的调整，以期符合国家的刑事政策。②即使国家某一时期刑事政策有变化，但其变化一般只针对特定类型的犯罪，即使针对特定类型的犯罪有变化，在正常时期也不可能是颠覆性的变化而只是有所调整。因此，笔者有如下观点：

首先，国家刑事政策变化不涉及的犯罪类型，对其假释适用标准应当进行语法解释，即严格按照人身危险性和再犯可能性标准。例如过失犯罪，在服满刑期一半以后，"确有悔改表现，没有再犯罪的危险"，不能因为所谓的政治风险与法律风险，拒绝予以假释。

其次，国家刑事政策变化涉及的犯罪类型，对其假释适用标准既要考虑教育刑论，还要充分考虑一般预防论、报应论，即对其假释适用标准应当进行限制解释，充分考虑特定的刑事政策。例如，当前腐败问题很严重，国家正在严打职务犯罪，在这种形势下，就要从严掌握、严格限制职务犯罪的假释适用标准。为此上述《意见》明确要求："各地职务犯罪罪犯减刑、假释、暂予监外执行的比例，不得明显高于其他罪犯的相应比例。"当前对职务犯罪的减刑、假释、暂予监外执行应当遵循上述《意见》确定的特定刑事政策对其适用比例进行限制。但这里强调的是"不得明显高于"其他罪犯的相应比例，而不是说一定要低于其他罪犯的相应比例。

三、我国假释适用对象之改革与完善

（一）累犯和重罪犯不得假释的不合理性

《刑法修正案（八）》后的《刑法》第 81 条规定，被判处有期徒刑的犯罪分子，执行原判刑期二分之一以上，被判处无期徒刑的犯罪分子，实际执行 13 年以上，如果认真遵守监规，接受教育改造，确有悔改表现，没有再犯罪的危险的，可以假释。如果有特殊情况，经最高人民法院核准，可以不受上述执行刑期的限制。对累犯以及因故意杀人、强奸、抢劫、绑架、放火、爆炸、投放危险物质或者有组织的暴力性犯罪被判处 10 年以上有期徒刑、无期徒刑的犯罪分子，不得假释。对犯罪分子决定假释时，应当考虑其假释后对所居住社区的影响。

目前"对累犯以及因故意杀人、强奸、抢劫、绑架、放火、爆炸、投放危险物质或者有组织的暴力性犯罪被判处 10 年以上有期徒刑、无期徒刑的犯罪分子，不得假释"的规定，存在有待商榷的地方。

1. 关于累犯不得假释

累犯是否不能适用假释，关键是看两者的本质是否相冲突。有学者指出，规定累犯不得适用假释是不科学的，原因在于：①不符合假释的理论。假释的依据是犯罪人在刑罚执行中的表现，只要确有悔改表现的、适用假释不致再危害社会的，就应当适用假释。②规定累犯不得适用假释，剥夺了累犯提前释放的希望，不利于累犯的教育改造。③规定累犯不适用假释，不适当地增加了监狱的负担，不利于提高改造质量。[1]我国立法之所以规定累犯不得适用假释，主要是因为"累犯属于屡教不改的犯罪分子，已经因为犯罪被

---

〔1〕 参见苏彩霞：《累犯制度比较研究》，中国人民公安大学出版社 2002 年版，第 209~211 页。

判过刑，表明累犯的主观恶性和再犯可能性比较大，因而不适用假释"。[1]刑法规定累犯不得适用假释，表明立法者严厉打击犯罪的决心，但是实际上这一规定并不利于打击犯罪。

规定累犯不得适用假释的不合理性还在于：①累犯仅仅表明过去矫正的失败，而不代表第二次矫正就不可能成功。如果认为累犯第二次矫正难以成功，会使监狱行刑机关放弃对累犯的矫正而转为实行"抛弃"的策略，显然不符合行刑目的。②累犯并不一定表明过去矫正的失败，累犯出狱时可能矫正比较成功，但是出狱后却可能遇到许多不能预料的事件，使犯罪人再次犯罪，因此累犯并不能够绝对说明过去矫正的失败，也不能说明第二次矫正只有服完所有刑期才能成功。③累犯并不绝对表明犯罪人的主观恶性和人身危险性更大，犯罪的原因异常复杂，某些被害人具有严重过错的犯罪，就不能说明犯罪人的主观恶性和人身危险性必然很大。某些基于犯罪人认识错误的犯罪，也并不一定说明其主观恶性和人身危险性大。④累犯不得适用假释，使已经矫正成功的犯罪人仍然在监狱中服刑，这种服刑已经成为"多余的刑罚"和"不必要的刑罚"。实际上，犯罪的原因纷繁复杂，累犯再犯罪也不能够一概指责是累犯本身的原因，指望通过加重刑罚来消除累犯也是不切实际的。

但是，在一定程度上讲，累犯确实可能比初犯具有更大的人身危险性，具有更重的可谴责性，其再犯罪也使人们对其能否自新产生了怀疑。因此笔者建议，应当将绝对禁止累犯适用假释修改为限制累犯适用假释，为累犯假释规定更加严格的限制条件。既可以给累犯以自新的动力，又可以避免对累犯适用假释带来的风险，还可以适当满足报应公正和一般预防的需要。

2. 关于重刑犯不得假释

为表述方便，这里使用"重刑犯"一词来特指因故意杀人、强

---

[1] 参见陈兴良：《刑法适用总论》（第3版），中国人民大学出版社2017年版，第616页。

奸、抢劫、绑架、放火、爆炸、投放危险物质或者有组织的暴力性犯罪被判处 10 年以上有期徒刑、无期徒刑的犯罪分子。刑法规定"重刑犯"不得适用假释同样存在可以质疑的理由。

我国 1979 年《刑法》并没有规定"重刑犯"不得假释,但是 1991 年 10 月 10 日最高人民法院印发的《关于办理减刑、假释案件具体应用法律若干问题的规定》指出,"对罪行严重的反革命犯,犯罪集团的首要分子、主犯,累犯,惯犯的减刑、假释,主要是根据他们的改造表现,同时也要考虑原判的情况,应当特别慎重,严格掌握。"这个解释应当说是非常合理的,既对某些罪行严重的犯罪分子适用假释持谨慎态度、又不完全禁止,而且规定是否适用假释"主要是根据他们的改造表现",不仅满足了行刑个别化的目的,而且对报应公正和一般预防的目的都有所兼顾。但是 1997 年《刑法》修订却走得太远,1997 年《刑法》第 81 条第 2 款规定:"对累犯以及因杀人、爆炸、抢劫、强奸、绑架等暴力性犯罪被判处 10 年以上有期徒刑、无期徒刑的犯罪分子,不得假释。"之所以如此规定,是因为"对于维持原判刑罚的严肃性,体现刑法对社会治安及稳定的社会环境所做的特殊保护,对于加强刑罚的威慑功能,强化其预防作用都具有重要意义"。[1] 由此看来,立法者之所以作出这样的规定,可能是指望通过严厉的刑罚提高刑罚的威慑效果,以加强一般预防。《刑法修正案(八)》虽然有细微的调整,但基本的立法思路没有改变。

"重刑犯"的犯罪行为一般社会危害性较大,为了平息公众对犯罪的愤怒和维护罪刑均衡原则,对"重刑犯"适当加大打击力度是合理的。但是如果刑法一律规定"重罪犯"不得适用假释也不符合刑罚理性,理由如下:①适用假释的本质条件是"确有悔改表现,没有再犯罪的危险",而"重刑犯"只说明其原来犯罪性质严

---

[1] 参见陈兴良:《刑法适用总论》(第 3 版),中国人民大学出版社 2017 年版,第 615 页。

重，并不说明其在监狱改造中就不能成功实现矫正的目的。②假释的重要功能之一就是鼓励犯罪分子积极改造，而规定不得假释无疑断绝了犯罪分子早日回归社会的希望，显然不利于这部分犯罪分子的改造，甚至可能使其产生逆反心理，对整个监狱的改造秩序产生不良影响，削弱监狱的矫正功能。③规定"重刑犯"不得适用假释，还违背了行刑经济性原则，不仅加重了政府的财政负担，而且造成对犯罪分子"刑罚过剩"的现象。④"重刑犯"不得适用假释，在刑罚论上是过分追求刑罚的威慑效果和报应公正，忽视刑罚矫正功能的结果，这种偏离违背了刑罚的基本理性，不符合现代行刑人道化和重视矫正的教育刑主义思潮。

为了兼顾刑罚的报应、威慑、矫正目的，正确的做法应当是限制"重刑犯"的假释，对"重刑犯"的假释规定更加严格的限制性条件，但是不能绝对禁止"重刑犯"的假释。[1]

（二）建议对不同类型的假释犯规定不同的最低监狱服刑期限

各国刑法普遍规定假释犯必须服完一定刑期后方能考虑适用假释，这一方面是因为服刑人员的真诚悔改和人身危险性的消失需要一个矫正的过程，另一方面也是因为假释必须顾及刑罚的报应与威慑功能。如果仅仅以悔改表现和人身危险性来判定是否需要服刑，则原来法官之量刑已失去相当意义。

《刑法修正案（八）》之后的《刑法》第81条规定，被判处有期徒刑的犯罪人只有在执行原判刑期二分之一以上、被判处无期徒刑的犯罪人只有在实际执行13年以上的，方可考虑是否适用假释。我国刑法对假释犯实际服刑期限的限制是比较合理的，但是仍然存在一个问题：没有形成限制等级，从而削弱了假释的刑事政策功能。我国刑法规定的有期徒刑的刑期是6个月以上15年以下；

---

〔1〕　我国刑法规定累犯和"重罪犯"不得适用假释的缺陷在一定程度上被减刑制度所消解，因为累犯和"重罪犯"可以通过减刑提前出狱，但减刑和假释的制度性质和功能并不完全相同，两者不能相互取代。

数罪并罚的情况下，有期徒刑最高不超过 25 年。有期徒刑的期限从 6 个月直到 25 年，按照罪刑均衡的原则，罪重刑重、罪轻刑轻，因此有期徒刑包罗了重罪犯和轻罪犯。对所有的重罪犯和轻罪犯的要求都相同，无疑没有体现区别对待的刑事政策原则，削弱了假释的刑事政策功能。为此笔者提出如下建议：

第一，关于"累犯"和"重刑犯"的最低监狱服刑期限。《刑法》第 81 条第 2 款关于"对累犯以及因故意杀人、强奸、抢劫、绑架、放火、爆炸、投放危险物质或者有组织的暴力性犯罪被判处 10 年以上有期徒刑、无期徒刑的犯罪分子，不得假释"的规定应予废除，而修改为"对累犯以及因故意杀人、强奸、抢劫、绑架、放火、爆炸、投放危险物质或者有组织的暴力性犯罪被判处 10 年以上有期徒刑、无期徒刑的犯罪分子，执行原判刑期三分之二以上，方得假释"。

第二，关于未成年犯及老年犯的最低监狱服刑期限。青少年犯，由于其身心发育尚未成熟，易受外界不良因素诱惑，同时，青少年犯的身心发育尚未成熟，故其反社会心理结构相对容易经过矫正机关的矫正工作而消解。此外，青少年犯年纪尚轻，如果长期在监狱服刑，受到罪犯标签效应和监狱化弊端的负面影响，更容易走向堕落。因此笔者建议：被判处 10 年以下有期徒刑的未成年犯，在执行原判刑期三分之一以上时，得适用假释。

《刑法修正案（八）》规定了年满 75 周岁以上的老年犯原则上不适用死刑，适用缓刑条件更宽松等，其实质除了考虑"矜老恤幼"的传统中华道德观，还在于老年犯因为身体和心理的的特殊性，其人身危险性相对更低。因此笔者建议：年满 75 周岁以上的老年犯在执行原判刑期三分之一以上时，得适用假释。

第四节　减　刑

一、我国减刑制度的特点及其适用

根据我国《刑法》第 78 条的规定，所谓减刑，是指对于被判处管制、拘役、有期徒刑、无期徒刑的犯罪分子，在刑罚执行期间，如果认真遵守监规，接受教育改造，确有悔改表现，或者有立功表现的，而适当减轻其原判刑罚的制度。所谓减轻原判刑罚，既可以是将较重的刑种减为较轻的刑种，如将无期徒刑减为有期徒刑；也可以是将较长的刑期减为较短的刑期，如将 11 年有期徒刑减为 9 年有期徒刑。

减刑制度是行刑个别化原则的具体运用。罪犯认真遵守监规，接受教育改造，确有悔改表现，或者有立功表现，表明其人身危险性和再犯可能性减小，相应地应当减轻原判刑罚，以鼓励和奖励犯罪分子在服刑过程中的积极表现，促使其改过自新，重新做人，释放后能够顺利回归社会，成为遵纪守法、自食其力的公民。

（一）减刑适用的对象与条件

依据《刑法》第 78 条的规定，减刑适用的对象与条件如下：

第一，减刑适用的对象是被判处管制、拘役、有期徒刑和无期徒刑的犯罪分子。死刑缓期 2 年执行依法减为无期徒刑或者有期徒刑，实质上是减轻了刑罚，可以说是一种特殊减刑，但不是《刑法》第 78 条所规定的减刑。附加刑的减轻，也是特殊的减刑，但也不是《刑法》第 78 条所规定的减刑。被判处拘役、3 年以下有期徒刑而宣告缓刑的犯罪分子，在特定情况下也可以减轻所判刑罚，并相应缩短其缓刑考验期。

第二，在刑罚执行期间，认真遵守监规，接受教育改造，确有悔改表现，或者有立功表现。根据 2016 年 11 月最高人民法院公布的《关于办理减刑、假释案件具体应用法律的规定》第 3 条的规定，"确有悔改表现"是指同时具备以下条件：①认罪悔罪；②遵守法律法规及监规，接受教育改造；③积极参加思想、文化、职业技术教育；④积极参加劳动，努力完成劳动任务。对职务犯罪、破坏金融管理秩序和金融诈骗犯罪、组织（领导、参加、包庇、纵容）黑社会性质组织犯罪等罪犯，不积极退赃、协助追缴赃款赃物、赔偿损失，或者服刑期间利用个人影响力和社会关系等不正当手段意图获得减刑、假释的，不认定其"确有悔改表现"。但罪犯在刑罚执行期间的申诉权利应当依法保护，对其正当申诉不能不加分析地认为是不认罪悔罪。

上述司法解释第 4 条规定，具有下列情形之一的，可以认定为有"立功表现"：①阻止他人实施犯罪活动的；②检举、揭发监狱内外犯罪活动，或者提供重要的破案线索，经查证属实的；③协助司法机关抓捕其他犯罪嫌疑人的；④在生产、科研中进行技术革新，成绩突出的；⑤在抗御自然灾害或者排除重大事故中，表现积极的；⑥对国家和社会有其他较大贡献的。第 4 项、第 6 项中的技术革新或者其他较大贡献应当由罪犯在刑罚执行期间独立或者为主完成，并经省级主管部门确认。

我国刑法将减刑分为可以减刑和应当减刑两种情况。所谓"可以减刑"，是指是否对罪犯减刑由人民法院自由裁量；所谓"应当减刑"，是指人民法院必须予以减刑。

根据《刑法》第 78 条的规定，犯罪分子认真遵守监规，接受教育改造，确有悔改表现的，或者有立功表现的，可以减刑。有重大立功表现的，应当减刑。[1]

---

〔1〕 这里作为减刑条件的立功、重大立功不同于作为量刑情节的立功、重大立功。作为减刑条件的立功、重大立功是发生在刑罚执行期间，作为量刑情节的立功、重大立功是发生在犯罪发生以后判决尚未宣告前的诉讼过程中。前者是减刑的依据，后者是量刑的情节。此外，两者在内容上也有所不同。

对于罪犯符合"可以减刑"条件的案件，在办理时应当综合考察罪犯犯罪的性质和具体情节、社会危害程度、原判刑罚及生效裁判中财产性判项的履行情况、交付执行后的一贯表现等因素。

根据刑法及相关司法解释的规定，具有下列情形之一的，应当认定为有"重大立功表现"：①阻止他人实施重大犯罪活动的；②检举监狱内外重大犯罪活动，经查证属实的；③协助司法机关抓捕其他重大犯罪嫌疑人的；④有发明创造或者重大技术革新的；⑤在日常生产、生活中舍己救人的；⑥在抗御自然灾害或者排除重大事故中，有突出表现的；⑦对国家和社会有其他重大贡献的。

上述第 4 项中的"发明创造或者重大技术革新"，应当是罪犯在刑罚执行期间独立或者为主完成并经国家主管部门确认的发明专利，且不包括实用新型专利和外观设计专利；第 7 项中的"其他重大贡献"，应当由罪犯在刑罚执行期间独立或者为主完成，并经国家主管部门确认。根据有关司法解释，对罪行严重的危害国家安全的罪犯，犯罪集团的首要分子、主犯的减刑和对累犯的减刑，应当严格掌握。对确属应当减刑的，主要根据其改造的表现，同时也要考虑原判的情况，作出相应的决定。

《刑法》第 78 条第 2 款规定，减刑以后实际执行的刑期不能少于下列期限：①判处管制、拘役、有期徒刑的，不能少于原判刑期的二分之一；②判处无期徒刑的，不能少于 13 年；③人民法院依照《刑法》第 50 条第 2 款规定限制减刑的死刑缓期执行的犯罪分子，缓期执行期满后依法减为无期徒刑的，不能少于 25 年，缓期执行期满后依法减为 25 年有期徒刑的，不能少于 20 年。可以看出，我国刑法中的减刑限度受到两方面的制约：一方面，减刑不能过多，否则违背罪刑相当原则，有损于刑罚的公正性，刑罚一般预防的目的不易实现；另一方面，减刑也不能过少，否则刑罚个别化的目标难以达到，罪犯得不到有效的奖励和鼓励，刑罚特殊预防的目的不易实现。为避免减刑滥用，2016 年 11 月最高人民法院公布的《关于办理减刑、假释案件具体应用法律的规定》还对减刑的起始时间、幅度与限度作了具体规定。

（二）减刑裁定的效果

根据 2016 年 11 月最高人民法院公布的《关于办理减刑、假释案件具体应用法律的规定》，减刑裁定的效果分为以下几种情形：

第一，人民法院按照审判监督程序重新审理的案件，裁定维持原判决、裁定的，原减刑、假释裁定继续有效。再审裁判改变原判决、裁定的，原减刑、假释裁定自动失效，执行机关应当及时报请有管辖权的人民法院重新作出是否减刑、假释的裁定。重新作出减刑裁定时，不受本规定有关减刑起始时间、间隔时间和减刑幅度的限制。重新裁定时应综合考虑各方面因素，减刑幅度不得超过原裁定减去的刑期总和。再审改判为死刑缓期执行或者无期徒刑的，在新判决减为有期徒刑之时，原判决已经实际执行的刑期一并扣减。再审裁判宣告无罪的，原减刑、假释裁定自动失效。

第二，罪犯被裁定减刑后，刑罚执行期间因故意犯罪而数罪并罚时，经减刑裁定减去的刑期不计入已经执行的刑期。原判死刑缓期执行减为无期徒刑、有期徒刑，或者无期徒刑减为有期徒刑的裁定继续有效。

第三，罪犯被裁定减刑后，刑罚执行期间因发现漏罪而数罪并罚的，原减刑裁定自动失效。如漏罪系罪犯主动交代的，对其原减去的刑期，由执行机关报请有管辖权的人民法院重新作出减刑裁定，予以确认；如漏罪系有关机关发现或者他人检举揭发的，由执行机关报请有管辖权的人民法院，在原减刑裁定减去的刑期总和之内，酌情重新裁定。

第四，被判处死刑缓期执行的罪犯，在死刑缓期执行期内被发现漏罪，依据《刑法》第 70 条规定数罪并罚，决定执行死刑缓期执行的，死刑缓期执行期间自新判决确定之日起计算，已经执行的死刑缓期执行期间计入新判决的死刑缓期执行期间内，但漏罪被判处死刑缓期执行的除外。

第五，被判处死刑缓期执行的罪犯，在死刑缓期执行期满后被发现漏罪，依据《刑法》第70条规定数罪并罚，决定执行死刑缓期执行的，交付执行时对罪犯实际执行无期徒刑，死缓考验期不再执行，但漏罪被判处死刑缓期执行的除外。

在无期徒刑减为有期徒刑时，前罪死刑缓期执行减为无期徒刑之日起至新判决生效之日止已经实际执行的刑期，应当计算在减刑裁定决定执行的刑期以内。

第六，被判处无期徒刑的罪犯在减为有期徒刑后因发现漏罪，依据《刑法》第70条规定数罪并罚，决定执行无期徒刑的，前罪无期徒刑生效之日起至新判决生效之日止已经实际执行的刑期，应当在新判决的无期徒刑减为有期徒刑时，在减刑裁定决定执行的刑期内扣减。

无期徒刑罪犯减为有期徒刑后因发现漏罪判处3年有期徒刑以下刑罚，数罪并罚决定执行无期徒刑的，在新判决生效后执行1年以上，符合减刑条件的，可以减为有期徒刑，减刑幅度依照本司法解释相关条文规定执行。

二、我国减刑制度之改革与完善

（一）现行减刑标准存在的问题

根据我国刑法和相关司法解释，减刑的标准是确有悔改表现或者立功表现。刑法区分了相对减刑标准和绝对减刑标准，但是这些标准存在如下问题：

1. 没有针对不同种类的罪犯设置不同的减刑标准

刑法只是笼统地规定了相对减刑标准和绝对减刑标准，这些标准都是无例外地适用于所有罪犯。但是，不同种类的罪犯人身危险性大不相同，其在服刑期间的外在积极表现是否真正表明其内心确有悔改意思也很难得到确信。减刑制度设立的主要根据就在于罪犯的积极表现表明其人身危险性得到降低，从而不需要全部执行原判确定刑期，减刑制度设立的主要理论根据也仅仅考虑刑罚的矫正目的，而对于一般预防和报应目的关注不足。笔者认为，减刑制度应当在主要考虑刑罚的矫正目的时，对报应公正和一般预防给予适度考量，并通过对不同罪犯设置不同的减刑标准来保证减刑目的和刑罚其他目的都能够得以实现，以保证各种刑罚价值目标的均衡实现。

2016 年《关于办理减刑、假释案件具体应用法律的规定》对一些特定犯罪（犯罪人），如职务犯罪罪犯，破坏金融管理秩序和金融诈骗犯罪罪犯，组织、领导、参加、包庇、纵容黑社会性质组织犯罪罪犯，危害国家安全犯罪罪犯，恐怖活动犯罪罪犯，毒品犯罪集团的首要分子及毒品再犯，累犯，确有履行能力而不履行或者不全部履行生效裁判中财产性判项的罪犯，规定了减刑服刑期限的最低期限起点限制，对减刑的间隔、幅度等也规定了某些限制。这些限制在一定程度上实现了本书的上述建议，但分类显得杂乱，上述犯罪类型或犯罪人类型的设定，并不完全符合人身危险性和社会危害性的分类标准。另外减刑要求的最低服刑起点期限、减刑幅度并不是减刑标准，两者如何协调尚需明确。

2. 一般减刑标准比较含糊，缺乏明确性

如"确有悔改表现"，由于最高人民法院制定的司法解释较为明确地对其进行了界定，应当说比较明确。但是由于各个监狱在行刑过程中多采用计分制，不同的监狱在界定是否"确有悔改表现"方面并不是从实体上进行把握，而是进行计分，达到计分标准就视为"确有悔改表现"。这种做法当然具有明确性，但是如何计分，标准并不统一。

"确有悔改表现"由于司法解释的明确界定，相对来说，在实践中认定的困难还相对少些。但是"立功表现""重大立功表现"，则由于刑法规定和相关司法解释都用语含糊，导致难以准确界定。

如"立功表现"中的"在生产、科研中进行技术革新，成绩突出的"，什么是"成绩突出"，没有统一标准。再如"重大立功表现"中的"有发明创造或重大技术革新"，什么是"发明创造"？是否只要获得国家专利就是"发明创造"？"重大技术革新"中的"重大"如何界定？这些都有待进一步明确。

（二）减刑适用标准的重构

针对减刑标准存在的上述问题，笔者认为，我国减刑适用标准可以从如下角度考虑进行重构：

1. 针对不同种类的罪犯设置不同的减刑标准

笔者认为，应对累犯和实施有组织犯罪、严重暴力犯罪等犯罪行为的罪犯设置更加严格的减刑标准。当前，学界不少人士都认为减刑标准失之过宽，降低了减刑的功能。[1]

实际上，不能将减刑标准一概斥之为"失之过宽"。对于非暴力的财产犯罪、职务犯罪等不针对人身的犯罪的减刑标准，现行刑法规定并不"失之过宽"，反而有"失之过严"的特点；对于累犯、暴力犯罪尤其是那些有组织犯罪集团实施的暴力犯罪，则减刑标准的确存在"失之过宽"的缺陷。笔者认为，应当规定：对于累犯和因暴力犯罪而被判处10年以上有期徒刑的罪犯，确有悔改表现并确有证据表明其人身危险性得到控制和降低，才能够予以减刑。如果监狱行刑机关采用计分制，则应通过司法部制定统一的全国监狱罪犯服刑表现考核计分标准，上述罪犯必须达到比一般罪犯更高的计分才能够给予减刑。对累犯和重罪犯设置更加严格的减刑标准，也有利于刑罚的报应和一般预防价值的实现。

同时，尽管司法解释规定对未成年罪犯可以设定相对宽松的减刑标准，但是必须对"宽松"严格把握，需要结合罪犯的人身危险性来考虑，而不能无原则地"从宽"。

---

〔1〕 参见但伟等：《论我国减刑、假释制度的立法完善》，载《法律适用》2005年第4期。

2. 明确界定一般减刑标准

有人指出,对罪犯的考核奖励条件规定不统一,监狱管理部门的主观随意性大,导致对犯人的减刑、假释不公平。监狱在监管工作中对罪犯的考核奖惩,是犯人能否获得减刑、假释的主要依据。但是,在对犯人的考核评定中,由于没有统一的法律法规作为尺度,各个监狱对犯人的奖励评审规定的条件并不一样。如在检查中发现,有的监狱规定只要犯人每年中获得 4~6 个月表扬就可以被评为监狱表扬、获 8~9 个月表扬就可被评为年度"劳积"(劳动改造积极分子);而有的监狱则是每年需获得 8~10 个月表扬才能评为监狱表扬、获 10~12 个月表扬才能评为年度"劳积"。这样就会造成在监狱之间犯人获减刑、假释机会的不平等,失去了法律的统一性和公正性。[1] 为此,司法部应当统一制定全国性的减刑标准,在全国性减刑标准的范围内,省、自治区、直辖市的监狱管理部门可制定减刑标准细则,而不能任由各个监狱各行其是,造成全国不同监狱之间罪犯待遇不同。[2]

三、关于减刑制度存废之争

(一) 学界对减刑制度的批评

近年来学界对减刑的批评越来越多,提出要逐步限制甚至取消减刑,而以假释来代替目前的减刑制度。

有学者将我国减刑制度的缺点概括为以下五点:①减刑裁定减少原判刑罚,不利于维护法院生效裁判的稳定性和法律的尊严。②实行"确有悔改表现或者有立功表现、重大立功表现"的奖励制减刑标准,是依据一时性表现获得奖励的低水平减刑标准。以减刑

---

〔1〕 参见朱怀义:《减刑、假释工作中存在的问题及对策》,载《人民检察》2005年第 16 期。

〔2〕 参见王平、何显兵:《减刑制度的价值分析及其改革思路》,载《中国司法》2007 年第 1 期。

为主，导致奖励制减刑的比例每年高达三分之一，实质演变为平均三年一次的轮流减刑制度，因此减刑的整体矫正质量，低于不断努力最后才获得的假释。③一旦获得减刑，所减的刑期成为丧失法律威慑力的"过去完成时态"，心理上对已获得的减刑不珍惜。减刑后重新违法、犯罪不会导致撤销减刑，没有假释特有的对后续行为持久的法律威慑力。④减刑人员刑满释放后，社区矫正组织无权矫正、管理和帮助，突然成为无管束的危险自由人；减刑使原判刑罚缩短，刑满释放后5年内重新犯罪按累犯从重处罚的法律威慑期也提前，在最易重新违法、犯罪的释放初期，缺少国家和社会必要的关注和引导。⑤减刑刑满释放人员没有社区矫正的过渡适应期，刑满释放后顺利融入社会、重新做人的难度大，适应社会的过渡时间长而曲折。减刑制度的五个缺点，决定了减刑刑满释放人员的整体矫正质量低，重新违法、犯罪率高，减刑缺少预防特殊犯罪的功能。[1]

（二）本书的观点

减刑制度与假释制度的价值取向不完全相同。可以认为，减刑制度既有赦免性质，又是教育刑思想的体现。减刑制度的赦免性质在于，有立功表现或者重大立功表现的，可以或者应当减刑。有立功表现或者重大立功表现，并不一定表明罪犯真诚悔罪并降低了人身危险性，这是赦免性质的一面；当然，一般来说，有立功表现或者重大立功表现，通常也可以表明其人身危险性降低，虽然并非绝对。假释制度则强调教育刑思想的一面，有立功表现或者重大立功表现并不足以假释，假释的本质标准是"确有悔改表现，没有再犯罪的危险"。

减刑制度与假释制度各有其独特的价值，互相不能完全替代。因此，妥当的态度不是一律限制减刑甚至废除减刑制度，而是减刑

---

[1] 参见刘京华：《减刑假释制度的发展趋势和利弊》，载《北京政法职业学院学报》2005年第2期。

与假释协调配合，共同发挥"激励罪犯改造，发挥刑罚功能"的价值，实现刑罚目的。根据我国刑法的规定，减刑和假释共同分享刑罚执行刑期大约50%的最大奖励额度，如果减刑适用量过大，必然在一定程度上挤压假释适用的空间。因此，在总体上提倡扩大假释适用的情况下，应当对减刑适用总体规模予以适度压缩，以实现两者适用量的平衡。但目前在我国，减刑制度所特有的功能决定对其只能适度压缩适用而不应当将其取消。

减刑带给犯罪人的希望是明确现实的，假释由于需要服完较长的刑期才可能得到，因此对于犯罪人来说希望显得"遥远"。从激励犯罪人改过自新、遵守监规、认罪服法的角度看，减刑是给犯罪人不断进行"小刺激"；假释是给犯罪人突然而来的"大刺激"。从人性的角度讲，不仅需要以一次性的"大西瓜"来激励犯罪人的改造，也需要多次地给予犯罪人以"小芝麻"来激励犯罪人的改造。减刑与假释各有不同的特点、价值与功能，因此正确的态度不是舍弃谁，而应当是取长补短、相互配合，共同为促进犯罪人改过自新做出贡献。在我国目前假释率普遍偏低的情况下，不可忽视减刑制度的价值及其运用。

本书认为，减刑制度符合罪犯的一般心理特征，符合人的自然本性，对这一中国特色的行刑制度，虽然应当作出一定的限制，但切莫"矫枉过正"，忽视减刑制度对于激励罪犯自新、确保监狱秩序稳定的价值。事实上，2016年最高人民法院的相关司法解释出台后，由于对减刑适用限制更严，监狱服刑人员已经出现心理不稳定因素，对监管秩序造成了一定冲击，也给监狱管理工作带来额外的压力。总的来说，对减刑的限制不能超越司法解释而进行更多的额外限制，同时，对减刑的限制所带来的负面效应，要充分发挥假释制度的功能予以消解。否则，在当前对重罪总体刑事政策趋严的情况下，监狱人口不断上升带来的压力将会越来越大，而且对社会稳定可能造成的冲击也不能掉以轻心。

第十六章

恢复性司法

第一节　恢复性司法概述

一、恢复性司法的概念

近二三十年来，西方国家兴起了一场新的刑事司法改革运动，时至今日，仍方兴未艾，深刻地影响着西方国家的刑事司法走向和犯罪预防模式。这场运动就是恢复性司法（Restorative Justice）运动，我国香港地区将其翻译成"复合公义"，我国台湾地区将其翻译成"修复式正义"，日本称作"修复性司法"。"恢复性司法"是联合国的标准翻译，至于翻译成"恢复性司法"是否最合适则有待商榷。因为所谓的"恢复性司法"有些是在司法程序内的，有些则属于司法程序之外的现象。正因为"Restorative Justice"不完全是"司法"，而英文的"Justice"还有"公平""正义"的意思，所以我国香港地区翻译的"复合公义"，我国台湾地区翻译的"修复式正义"，都是可以的。"恢复性司法"还有其他不同的称谓：有的称为"关系司法"（Relational Justice），有的称为"积极司法"（Positive Justice），还有的称作"重整性司法"（Reintegrative Justice），与"恢复性司法"可以看作是同义词。"恢复性司法"这一术语未见得比其他类似的术语表达得更好，但它使用的时间最长，是国际上普遍接受的术语。[1] 我国山东省烟台市把恢复性司法叫作"平和司法"，用词很精彩，很有特色，笔者很欣赏。

在过去的三十多年里，恢复性司法运动在世界上许多国家已经具有很大的影响力。即使是美国这样一个倾向于使用严厉的刑罚措施的国家，也没有逃过这一影响。1999年，联合国通过了一项决议，鼓励成员在适合的案件中使用恢复性司法。2000年在维也纳召开的第十届联合国犯罪预防与罪犯待遇大会通过了一项宣言，要求各成员扩大恢复性司法的使用。2002年联合国经社理事会通过了《关于在刑事事项中采用恢复性司法方案的基本原则》，这是迄今为止对于恢复性司法作出系统规定的第一个国际文件，系统阐述了联合国经社理事会在恢复性司法问题上的基本立场和基本原则。该基本原则还对恢复性司法相关术语、恢复性司法的方案及其运作作了原则性规定。

"恢复性司法"作为一门课程或是一门研究领域在西方是十分热门的，一些大学法学院、犯罪学系、刑事司法系或社会学系都开设有"恢复性司法"课程。近一二十年来，有不少硕士生、博士生选择"恢复性司法"作为硕士学位或博士学位论文主题，有些研究生招生是专门针对恢复性司法的。可以说，"恢复性司法"作为一门课程或作为一个研究领域在许多大学被看作是前沿的、时髦的，但同时也可能有些剑走偏锋的研究领域。

那么什么是恢复性司法呢？专家学者根据各自的理解给出了众多互有差异的表述。其中英国犯罪学家托尼·马歇尔（Tony Marshall）提出了一个为国际社会广泛接受的恢复性司法定义：

"恢复性司法是一种过程，在这一过程中，所有与特定犯罪有

---

[1] See Tony F. Marshall, *Restorative Justice: An Overview*, the Home Office, Information & Publications Group, Research Development and Statistics Directorate, London, 1999.

关的当事人走到一起，共同商讨如何处理犯罪所造成的后果及其对未来的影响。"[1]

二、恢复性司法的要素

但谁是与犯罪有关的当事人？他们怎样才能达成共同认可的协议？处理犯罪所造成的后果是什么意思？应当考虑什么样的未来影响？为此，加拿大学者苏珊·夏普（Susan Sharpe）提出了恢复性司法的五个要素，以使上述托尼·马歇尔的定义得以明确：

（一）恢复性司法鼓励充分的参与与协商

这有两层含义：首先，是指鼓励犯罪双方当事人的参与。如果没有犯罪双方当事人的亲身参与，犯罪所造成的后果就不能完全得到解决。这主要是指被害人与犯罪人本人的参与，同时那些利益受到犯罪影响的人也可以参与，比如受到犯罪非直接侵害的街坊邻里等。这里，恢复性司法特别强调被害人的参与与协商，如果只有国家公权力介入与犯罪人进行周旋，忽视被害人的参与，犯罪所造成的后果是不可能真正得到圆满解决的。

其次，鼓励犯罪双方当事人参与是为了"协商"，而不是为了"对抗"，那究竟协商什么呢？就是"共同商讨如何处理犯罪所造成的后果及其对未来的影响"。因此，恢复性司法是一种"协商性司法"而不是"对抗性司法"。

（二）恢复性司法寻求愈合因犯罪而造成的创伤

在所有的恢复性司法过程中，需要关注的一个中心问题是："怎样使被害人在被害后创伤得到愈合、痊愈，或者重新获得安全感？"一方面，被害人可能需要向犯罪人表达愤怒的情绪，可能需要经济赔偿。而另一方面，犯罪人也需要从罪过和恐惧中解脱出

---

[1]　See Daniel Van Ness, Allison Morris, Gabrielle Maxwell, "Introducing Restorative Justice", in Allison Morris, Gabrielle Maxwell (eds.), *Restorative Justice for Juveniles—Conferencing*, *Mediation and Circles*, Hart Publishing, Oxford and Portland, 2001.

来，需要对导致犯罪的冲突予以解决。

这里恢复性司法认为，在犯罪发生以后，被害人和犯罪人都受到了伤害。这一点与人们通常的理解不同。我们一般只是说被害人在犯罪发生以后受到的伤害，但恢复性司法认为犯罪人在实施犯罪以后也受到了伤害，比如面临刑事制裁、处于恐惧之中、被所在的社区抛弃，等等。因此，恢复性司法寻求愈合因犯罪而造成的创伤，包括被害人和犯罪人两个方面的创伤的愈合，而不仅仅是愈合被害人因犯罪而形成的创伤，而对犯罪人进行简单的惩罚了事，也要愈合犯罪人因其犯罪行为而对自己造成的创伤。

（三）恢复性司法寻求充分和直接的责任

在恢复性司法中，责任不是简单地指犯罪人必须对其违法犯罪的事实承担一般性的刑事责任；除此之外，他们还必须直接面对他们所伤害的人（即被害人），看看他们的犯罪行为是如何具体伤害别人的，要他们讲述犯罪发生的经过，对其犯罪行为进行解释，以寻取与被害人和社区的沟通，在此基础上要求他们能够采取尽可能的措施弥补这种损害。这就是所谓寻求充分和直接的责任，以区别于一般性的刑事责任承担。[1]

（四）恢复性司法寻求整合已经造成的分裂

犯罪在人群中和社区内造成了分裂。这是犯罪所造成的最深刻的伤害之一。恢复性司法追求被害人与犯罪人的和解，以及被害人与犯罪人双方共同地融入社区。

"追求被害人与犯罪人的和解"，这句话还容易理解，但为什么说要让"被害人与犯罪人双方共同地融入社区"呢？难道被害人还不能融入社区吗？恢复性司法恰恰认为，犯罪发生以后，不仅犯罪人与社区形成了隔阂与分裂，而且被害人与社区也在一定程度上形成了隔阂与分裂。这一解释有些出乎意料，但仔细一想还真是如

---

〔1〕 后文笔者会进一步解释所谓"充分和直接的责任"。这里有几个关键词非常重要："讲述""解释""沟通"。后面笔者论述刑事和解意义时再作详细的解释。

此。比如性犯罪的被害人，家庭暴力的被害人，伤害犯罪的被害人，等等，在犯罪发生以后，他们在社区可能不是受到更多的关照，反而是常常会受到孤立，人们会有意无意地疏远他们而不是亲近他们，甚至是对他们进行指责。这些被害人可能本身有过错，可能的本身没有过错。因此，对许多被害人来说，也有在犯罪发生以后如何被社区接纳、重新融入社区的问题。这一点是人们常常忽视的。恢复性司法的理念坚持，"被害人"与"犯罪人"的角色应当是暂时的，而不应当是永远的。双方都应当从过去解脱出来，面向未来，不应当再生活在犯罪的阴影之中。

（五）恢复性司法寻求强化社区以预防进一步的伤害

恢复性司法认为，犯罪根植于社会条件，与社区有关联。犯罪造成了伤害，同时犯罪也暴露了社区先前存在的弊端。许多犯罪的发生常常是由于"犯罪人"与"被害人"学习、生活、工作的社区存在弊端，这些弊端导致"犯罪人"与"被害人"产生矛盾，这些矛盾最终导致犯罪行为的发生。[1]。因此应当强化社区，使其成为公平和安全的居住区。犯罪预防不仅有赖于政府一般的社会与公共政策，而且有赖于基层社区采取措施共同消除犯罪产生的条件。[2]

三、恢复性司法的目标

基于上述对恢复性司法的定义和要素的理解，可以看出恢复性司法的主要目标是：

第一，全面关注被害人的需要。恢复性司法认为，犯罪发生以

---

〔1〕　See Daniel Van Ness, Allison Morris, Gabrielle Maxwell, "Introducing Restorative Justice", in Allison Morris, Gabrielle Maxwell (eds.), *Restorative Justice for Juveniles—Conferencing*, *Mediation and Circles*, Hart Publishing, Oxford and Portland, 2001.

〔2〕　恢复性司法很少用"社会"（society）这个词来解释犯罪原因，他们认为这个词过于宏大、抽象、空洞，不好把握。而喜欢用"社区"（community）这个词来解释犯罪发生的原因，因为"社区"很具体、很实在，看得见、摸得着，好把握。

后，被害人的需要是多方面的，包括物质的需要、情感的需要、社会认可的需要，等等，应当全面地予以关注，而不仅仅关注某一方面的需要。同时也包括那些与被害人有密切关系、可能因犯罪而受到类似影响的人的需要，这些人可以被称作"广义的被害人"。恢复性司法对这些广义的被害人十分关注，没有对广义的被害人的关注，犯罪问题便不能得到很好的解决。

第二，使犯罪人重新融入社区以预防其再犯。犯罪人不论是否被判刑，最终都是要回到社区的。而只有其被社区所接纳，真正地融入社区，才能预防和控制其进一步实施犯罪行为。

第三，使犯罪人有机会对其犯罪行为承担积极的责任。所谓承担积极的责任，如积极地进行经济赔偿，真诚地忏悔、道歉等，而不仅仅是消极地承担责任，如被判刑入狱服刑。

第四，建设有成效的社区。所谓有成效的社区，是指有助于犯罪人复归和帮助被害人、并有利于预防犯罪的社区。恢复性司法强调社区建设对于预防和控制犯罪的重要性。

第五，为避免现代司法制度的弊端提供新的替代措施。现代司法制度的弊端日渐明显，诸如案件不断升级、代价高昂、行动迟缓等。恢复性司法的目标之一就是为避免现行司法制度的弊端提供新的替代措施。[1]

一般认为，恢复性司法作为一项刑事司法革新运动，发端于20世纪60—70年代的北美，最早的努力可以溯源于20世纪60年代少年司法系统内被害人和犯罪人调解程序。到20世纪90年代，恢复性司法已在西欧、北美以及其他地区的数十个国家得到不同程度的发展和应用。据估计，至20世纪90年代末，欧洲共出现了500多个恢复性司法项目，北美的恢复性司法项目也达300多个，世界

---

[1] See Tony F. Marshall, *Restorative Justice: An Overview*, the Home Office, Information & Publications Group, Research Development and Statistics Directorate, London, 1999. 关于现代刑事司法制度的弊端，笔者将在本书后面部分进行论述。

范围内的恢复性司法项目则达 1000 多个。美国至少有 14 个州的少年法典规定了恢复性司法，并且建立了大量的恢复性司法组织与机构。[1]

恢复性司法已经成为世界刑事司法改革的一股强大推动力。截至目前，大约有 80 多个国家采用了某种形式的恢复性司法实践来解决犯罪问题，而确切数字可能要接近 100。[2]恢复性司法已经成为刑事司法体系中的一个全球现象。中国目前刑事司法系统试行的刑事和解也可以被看作是恢复性司法在中国的实践，国外的恢复性司法研究者们对中国以刑事和解为标志的恢复性司法实践高度关注。

第二节　恢复性司法的基本模式与实施效果

一、恢复性司法的基本模式

恢复性司法在不同的国家以及同一国家的不同地区都有自己的模式。其中有三种模式在西方已经成为恢复性司法的象征，即被害人与犯罪人调解、小组会议以及圆桌会议。[3]

（一）被害人与犯罪人调解模式（Victim-Offender Mediation）

被害人与犯罪人调解模式的基本表现形式是：起着协调和主持会议作用的调解员，首先把被害人与犯罪人召集到一起。在会议进程中，被害人描述遭遇犯罪的过程及对其造成的影响。犯罪人解释

---

〔1〕　参见张建升：《恢复性司法：刑事司法新理念——访中国社会科学院法学所副研究员刘仁文》，载《人民检察》2004 年第 2 期。

〔2〕　参见［美］丹尼尔·范内斯：《世界恢复性司法概论》（中文版），章祺译，载王平主编：《恢复性司法论坛》（2006 年卷），群众出版社 2006 年版。

〔3〕　See Daniel Van Ness, Allison Morris, Gabrielle Maxwell, "Introducing Restorative Justice", in Allison Morris, Gabrielle Maxwell (eds.), *Restorative Justice for Juveniles—Conferencing, Mediation and Circles*, Hart Publishing, Oxford and Portland, 2001.

他们做了什么，以及为什么要这么做，并回答被害人提出的问题。在被害人与犯罪人发言之后，调解员帮助双方考虑弥补损害的方法。在一些欧洲国家，调解不一定是双方当事人之间的直接见面，比如说性犯罪的当事人，而是由调解员在各方当事人之间进行穿梭协商，直到达成一个赔偿协议。这种方式能够满足一些恢复性司法要求，但不如直接见面会议效果好。在其他有些国家，特别是在北美，被害人与犯罪人调解越来越多地包括其他受到犯罪影响的人，以及愿意出面为主要当事人提供帮助的人。

（二）小组会议模式（Conferencing）

小组会议模式起源于新西兰，部分地反映了新西兰土著居民毛利人（Maori）传统的争端处理方式。当被运用于其他国家时，小组会议的具体形式被进一步修正。目前在新西兰、澳大利亚、亚洲、南非、北美和欧洲，小组会议形式有不同的版本。小组会议不仅包括主要的被害人与犯罪人，还包括从属被害人（Secondary Victims，比如被害人的家庭成员和朋友）、犯罪人的帮助者（比如犯罪人的家庭成员和朋友）。这些人员的参与，是因为在某些方面他们也受到犯罪的影响，因为他们关注其中的一位主要当事人。他们的参与也可能是为了更好地执行达成的协议。刑事司法系统的代表也可以参加。典型的会议程序是：犯罪人首先解释发生了什么，他们的行为对别人造成了什么影响。然后被害人叙述遭遇犯罪的经历以及对他们造成的伤害。被害人的家庭和支持者可以接着发言，其后是犯罪人的家庭和支持者发言。最后小组成员共同商定犯罪人应当需要采取什么措施以修补所造成的伤害以及犯罪人为此需要什么样的帮助。协议以书面形式形成，签名后送交适当的刑事司法官员。

（三）圆桌会议（Circles）

圆桌会议与小组会议很相似，他们都扩大参与者的范围，除了被害人与犯罪人之外，还包括他们的家庭和支持者，还有刑事司法系统的人员。所不同的是，在圆桌会议中，任何对案件感兴趣的社区成员都可以参加。所以圆桌会议对"与犯罪有关系的当事人"作最广义的解释。圆桌会议源自加拿大印第安人的实践，并仍然保留其中的一些原始形式，比如所有的参与者坐成一个圆圈。典型的程序是：犯罪人首先解释发生了什么事情，然后圆圈周围的每一个人都可以发言。讨论就这样一个接着一个围着圆圈进行，每个人都可以说他们想说的话。谈话要一直进行到把该说的事情都说完，然后得出结论。圆桌会议中有一个"圆桌管理人"（Keeper of the Circle），相当于被害人与犯罪人调解模式、小组会议模式中的调解员和协调员，其职责是确保会议按既定程序进行。圆桌会议中通常还有一个"谈话牌"（Talking Piece，可以是一根羽毛或别的什么物件）。谈话牌围着圆圈传递，只有拿到谈话牌的人才可以发言。

三种模式具体形式虽有所区别，但其核心内容是基本相同的，所追求的目标是一致的。其中被害人与犯罪人调解是目前国际上最为流行的一种恢复性司法模式，也就是通常所说的刑事和解模式。

来自西方文献的说法认为，现代意义上的第一个刑事和解案例，也是第一个恢复性司法案例发生在 1974 年的加拿大安大略省的基切纳市（Kitchener）。[1] 当时的两个年轻人实施了一系列破坏性的犯罪活动，他们打破窗户、刺破轮胎、损坏教堂、商店和汽车，共侵犯了 22 个被害人的财产。他们在法庭上承认了被指控的罪行，但并没有将法院判决的给被害人的赔偿金交到法院。后来在当地缓刑机构和宗教组织的共同努力下，两名犯罪人与 22 名被害人分别进行了会见。通过会见，两名犯罪人从被害人陈述中切实了

---

〔1〕 笔者把它说成是"现代意义上的"，意指针对现代刑事司法制度的弊端而设计的被害人与犯罪人调解制度即刑事和解制度，而不是一般意义上的"刑事和解"制度。因为恢复性司法的倡导者认为，一般意义上的"刑事和解"制度自古以来，在不同的国家和地区以不同的形式一直就存在，有些地方因为现代的刑事司法制度的建立而使传统的"刑事和解"方式丢失，而在有些地方却从未中止过。所以，对恢复性司法来说，是如何复兴的问题，是寻找丢失的传统，而不是在做什么前所未有的事情。

解到自己的行为给被害人造成的损害和伤害，意识到赔偿金不是对自己行为的罚金，而是对于被害人的补偿。6个月后，两人交清了全部赔偿金。由此，基切纳市建立了第一个被害人与犯罪人和解计划（Victim-Offender Reconciliation Program，VORP），意在通过专门机构的工作，促使受害人和犯罪者建立对话关系，使加害者承担应有的责任，修复双方乃至各方受损的社会关系。[1]

二、恢复性司法的内在价值

从恢复性司法的视角看，被害人与犯罪人调解即刑事和解绝不是简单的"以钱买刑"或"以钱买命"的问题。刑事和解的最本质内容乃是通过被害人与犯罪人双方充分的对话与协商，达到相互的沟通和理解，最终使犯罪造成的后果得到圆满的解决。

一方面，许多犯罪人在犯罪之后，很少去考虑被害人的损失和痛苦。犯罪造成的后果在犯罪人的想象中常常被虚化、淡化，甚至被无害化。同时犯罪人还会给自己的犯罪行为寻找正当的理由，以安慰自己的良心，即所谓"盗亦有道"。但是在刑事和解过程中，犯罪人听完被害人描述遭遇犯罪的过程及对其造成的损失和痛苦，有时感到十分震惊，这与他们原来的想象反差巨大，其犯罪行为的合理性被否定，从而会使其良心受到谴责。这会促使犯罪人真诚地认罪悔罪，向被害人道歉，并且在可能的情况下积极地赔偿被害人的经济损失。恢复性司法认为，被害人的当面讲述对犯罪人认罪悔罪、真诚忏悔极其重要。

另一方面，犯罪发生以后，在许多被害人的想象中，犯罪人都被妖魔化，可恶、可怕但绝不可怜。在刑事和解当中，犯罪人解释犯罪发生的原因，并回答被害人提出的问题，会使被害人了解一个

---

[1] See Jennifer Gerarda Brown, "The Use of Mediation to Resolve Criminal Cases: A Procedural Critique", *Emory Law Journal*, Fall, 1994. 转引自张庆方：《恢复性司法研究》，载王平主编：《恢复性司法论坛》（2005 年卷），群众出版社 2005 年版。

真实的犯罪人，可恶可恨但却也有可怜之处，因为天生是犯罪的人毕竟是极少数，犯罪是个人因素与社会因素综合作用的结果，从而在一定程度上消除对犯罪人的恐惧感，并原谅犯罪人。

这种意义上的刑事和解对被害人和犯罪人双方都是极其重要的。被害人不仅能够得到犯罪人经济上的赔偿、情感上的道歉，还有非常重要的一点就是在一定程度上消除对犯罪人的恐惧感，并在一定程度上原谅犯罪人，甚至对犯罪人给予同情。只有被害人最终消除恐惧感和原谅他人，才能较为彻底地消除犯罪对被害人所造成的后果。因为安全感不仅是身体上的，更主要的是心理上的，没有心理上的安全感，他就会一直生活在恐惧之中，犯罪所造成的后果就没有全部消失。对犯罪人的原谅、宽恕，对被害人来说也是极其重要的。因为一个心里充满仇恨、怨恨的人，晚上睡觉是不会香甜的，生活是没有质量的。而一个心里充满仇恨、怨恨的人还容易滋生对他人、对社会的敌对情绪，"迁怒"大概有这个意思。所以宽恕不仅对别人重要，对自己可能更重要，对社会的和解稳定也很重要。宽恕了别人，自己就释然了。有句名言，叫"没有宽恕就没有未来"，[1] 这句话适用于一个民族、一个国家，也适用于个人。

对犯罪人来说，真诚地忏悔、认罪悔罪非常重要，能够得到被害人的原谅、宽恕也是非常重要的，这是他们在刑事和解之后，包括在接受刑罚惩罚之后顺利回归社会的重要条件。只有真诚地认罪悔罪，犯罪人才有重新融入社会的可能，这是犯罪人顺利回归社会的主观条件，没有这种主观条件，犯罪人不可能顺利回归社会。但

---

〔1〕 此句名言出自 1984 年诺贝尔和平奖得主德斯蒙德·图图 (Desmond Mpilo Tu-tu) 主教之口。1994 年 4 月 27 日南非民主选举之后，图图担任南非真相与和解委员会主席。图图对此句名言的理解极为深刻：一方面，宽恕不等于遗忘，铭记过去才能避免暴行的重演；而另一方面，宽恕也不能取决于犯罪人的坦白和悔过，因为如果犯罪人不坦白和悔过，被害者就不予宽恕，那被害者就永远受制于犯罪人，就会永远处在被害者身份的枷锁之中而不能自拔。在当下的中国社会，这种观念很多人恐怕还难以接受，但没有宽恕观念的倡导，恢复性司法的推行很难有理想的效果。

是在被害人和社区怨恨、仇恨的眼光里，犯罪人是很难回归社区、回归社会的。只有原谅他、宽恕他，真诚地接纳他，他才能回去，这是犯罪人顺利回归社会的客观外在条件。

可见，恢复性司法是智慧而又善良的，它强调理解、宽恕、羞耻、仁爱；同时恢复性司法也是温馨的，强调心灵的沟通。既有现实的社会关切，又有浓浓的人文关怀，因而使人感动。

三、恢复性司法实施的效果

从现有的一些文献资料看，恢复性司法的实施，确实也在很大程度上实现了上述的理想，其主要表现在：

（一）提升了被害人的满意度

根据美国一项调查，79%的被害人对这种处理犯罪的模式表示很满意，认为该种程序为他们提供了向犯罪人、社区倾诉自己受到的伤害并接受来自犯罪人道歉和赔偿以及来自社区慰藉的机会；83%的被害人认为调解程序很公平，他们在调解过程中可以充分发表意见并拥有最后发言权；一些被害人认为他们在调解过程中受到的良好待遇，使自己甚至感觉不再有作为被害人的委屈感；参加调解程序前，25%的被害人害怕犯罪人会再次伤害自己，而参加完调解程序后只有10%的被害人害怕再次被害，大部分被害人通过与犯罪人的会面与对话，转变了将犯罪人视为凶神恶煞的看法；有过参加传统刑事审判体验的被害人大都认为调解程序比审判程序对被害人更公正。[1]

（二）提升了犯罪人的满意度

有关文献资料显示，许多参加面谈的犯罪人觉得面谈没有让人感觉自己是个坏人，而是感觉参与了一个下决心的会议，完成了一个经自己同意的任务，为自己做过的事情后悔从而真诚地向被害人

---

〔1〕 参见张建升：《恢复性司法：刑事司法新理念——访中国社会科学院法学所副研究员刘仁文》，载《人民检察》2004 年第 2 期。

道歉并积极赔偿损失。在美国有调查显示，87%的犯罪人认为在恢复性司法中受到了更为人道的对待，89%的犯罪人认为自己没有受到歧视和羞辱，还得到了关爱。[1]

（三）犯罪人承担责任的意识增强

通过调解而达成赔偿协议或向被害人、社区提供服务，犯罪人一般都能较好地履行义务，其原因在于被害人及其家庭成员讲述犯罪给他们带来的伤害，能够使犯罪人更好地理解自己的行为所造成的后果，从而使他认识到承担赔偿义务不是对自己的有意惩罚，而是弥补被害人因自己的行为所受到的物质和精神损失。同时作为传统刑事司法的补充程序，在恢复性司法程序中达不成协议或者达成协议后不履行协议的后果，是将案件移交正式司法系统进行追诉和审判，这种结果一般也不是犯罪人愿意看到的。[2]

（四）再犯率降低

美国的一份随机抽样调查表明，参加恢复性司法程序的青少年犯再犯率为18%，而通过传统刑事司法系统处理的青少年犯的再犯率为27%。英国一项对成年犯的调查也显示，通过恢复性司法程序处理的犯罪人再犯率比传统司法系统处理的犯罪人再犯率要低10%。英国牛津郡采取恢复性司法的政策后，零售商店的被盗率是4%，而别的地区的零售商店被盗率一般高达35%。在澳大利亚等地的一些调查中，恢复性司法对降低再犯率的作用更为明显。[3]

---

〔1〕　参见张建升:《恢复性司法：刑事司法新理念——访中国社会科学院法学所副研究员刘仁文》，载《人民检察》2004年第2期。

〔2〕　参见张建升:《恢复性司法：刑事司法新理念——访中国社会科学院法学所副研究员刘仁文》，载《人民检察》2004年第2期。

〔3〕　参见张建升:《恢复性司法：刑事司法新理念——访中国社会科学院法学所副研究员刘仁文》，载《人民检察》2004年第2期。

第三节 恢复性司法兴起的背景及其启示

一、恢复性司法兴起的背景

现代西方刑事司法制度是西方资产阶级革命的产物。在革命过程中，资产阶级高举民主、自由、平等、人道、人权的旗帜，对封建社会野蛮、残酷、黑暗、专制的刑事司法制度进行无情的揭露和批判，坚决反对封建社会刑事司法领域的刑讯逼供、罪刑擅断、任意出入人罪的恶劣行径。资产阶级革命胜利后，出于对国家公权力肆意践踏民权的恐惧和警惕，人权在一些西方国家被推到至高无上的地位。在某种意义上，人权成为资产阶级革命后特别是在二战后，西方国家官方话语中最大的政治和最高的意识形态（至于他们实际做得如何则另当别论），这就是所谓的"人权至上"，并且在各国的宪法和法律规定当中得到充分的体现。"人权至上"在刑事政策上的表现就是，在刑事立法和刑事司法领域，在打击犯罪与保障人权关系的处理当中，当两者发生冲突的时候，在价值选择上以保障人权优先。现代刑事司法制度中一系列的原则、规则和制度都是"人权至上""保障人权优先"原则在刑事立法和刑事司法领域的体现，如罪刑法定原则、罪刑相适应原则、刑法人道主义原则，正当程序、米兰达规则、无罪推定、疑罪从无、非法证据排除、禁止双重危险，等等。上述这一系列的原则、规则、制度都是围绕保障犯罪嫌疑人、被告人、罪犯的人权展开的，因此，在某种意义上可以说，现代刑事司法制度是"被告人中心主义"。不了解西方国家这种"保障人权优先"的政策导向及其产生的背景，对这些原则、规则、制度的法律条文就是背得再熟，也未必能够真正地理解其精髓。你似乎懂了，但实际上你没有真正地理解。你可以讲得头头是道，但你很难挠到痒处。遇到疑难问题你会不知所措，会左摇右摆，因为你没有一个明确的刑事政策立场。

这些原则、规则和制度是"人权至上"观念指导下政策选择的结果，它让人很感动，但它很难做到两全其美，左右逢源。比如前些年轰动一时的佘祥林案，回到当初，由于证据不足，法院如果认定佘祥林有罪可能冤枉了佘祥林，如果认定佘祥林无罪则可能放走了真正的犯罪人。出于两难境地，那该怎么办呢，根据"保障人权优先"的原则，根据法律规定，应当是疑罪从无，宣告无罪，放了佘祥林，即使有可能放走真正的犯罪人也只能如此。因为根据"保障人权优先"价值取向，冤枉一个无辜的人要比放走一个真正的犯罪人，其危害性要大得多。

这是一种无奈的选择，但却是明智的选择，在某种意义上是一种"必要的丧失"。以前我们不理解这些原则、规则和制度时，鄙视它、批判它，以为这是在替"坏人"说话；现在理解了它关乎我们每一个人的安全与尊严，我们虚心学习、欣然接受。它是"以人为本、尊重与保障人权"的法治观念在刑事司法领域的体现，我们没有理由拒绝它，而是要好好地学习它、运用它。

但是这些所谓文明而又人道的现代刑事司法制度，本来就不是完美无缺、天衣无缝的，时间长了，它的一些缺陷就逐步暴露出来。在一些西方国家这种"必要的丧失"已经流失得过多，以至于他们难以继续承受。

现代西方刑事司法制度的弊端主要表现在以下几个方面：

（一）行动迟缓

现代刑事司法制度出于保障人权的需要，即保障刑事司法领域犯罪嫌疑人、被告人和罪犯权利的需要，强调各种正当程序，非经正当程序，不得判处任何人有罪并处以刑罚。但这种让我们津津乐道的正当程序使司法机关处理一起案件走完全部程序，常常要花费很长时间。这种迟缓的行动使许多案件得不到及时的处理，积案太多成为司法机关沉重的包袱。"迟到的正义"是"非正义"，所以现在我国司法机关一再强调不仅要追求公正处理案件，还要追求效率，要在法律规定的期限内结案。

（二）代价昂贵

为了对犯罪进行有效的处理，政府需要投入大量的司法成本，包括警察、检察、辩护律师、法院、看守所、监狱的相关费用。特别是随着正当程序的确立，诉讼程序日趋烦琐，证明规则也日益紧密，处理案件不仅旷日持久，而且耗资巨大。监狱人满为患，监狱管理费用昂贵，已经成为当今世界许多国家难以克服的难题。从1995 年起，美国各州用于监狱的费用就已经超过对大学的投入。2000 年全年美国用于监狱和看守所的费用已经超过 400 亿美元，平均每个在押犯所花费用超过 2 万美元。[1] 在我国，由于强调对服刑人员权利的保护，我国监狱设施逐步改善，监狱管理费用也很惊人。2003 年在北京关押一名罪犯年成本就已经达到 3 万元人民币[2]，而目前我国对一个部属院校的本科大学生一年的补贴也就在 8000 元左右，两者费用相差巨大。

（三）效能低下

在教育刑理论诞生以后，刑事司法特别是刑罚执行追求对罪犯的教育矫正，希望罪犯刑满释放后能够顺利回归社会，但这在很大程度上有一厢情愿的成分。大多数西方国家多年来教育矫正罪犯的效果一直不理想，有的甚至很不理想，出狱人重新犯罪率居高不下，且在许多国家长期以来呈上升趋势。有人指出，如果严厉的惩罚和监禁有效的话，美国应该是西方发达国家中最安全的社会，因为美国的刑罚非常严厉，是世界上监禁率最高的国家。2003 年，美国监狱在押犯人数是 210 万，这意味着每 10 万人中就有 730 个

---

〔1〕 参见张庆方：《恢复性司法研究》，载王平主编：《恢复性司法论坛》（2005 年卷），群众出版社 2005 年版。

〔2〕 详见《社区矫正：让罪犯回"家"服刑》，载《人民日报》2003 年 9 月 5 日，第 5 版。

因犯，监禁率超过 0.7%。[1]但实践证明，监禁对于预防和控制犯罪收效甚微。据统计，美国有一半以上的人在 3 年内因重新犯罪又被判刑入狱，犯人的重新犯罪率极高，[2]这就导致，尽管有如此高的监禁率，美国仍然是西方发达国家中社会治安状况最差的国家之一。因此，监狱到底能否教育矫正罪犯，在多大程度上可以教育矫正罪犯，都是在理论与实践上均颇具争议的话题。

（四）被害人的利益被忽视

在刑事司法过程中，由于犯罪嫌疑人、被告人、罪犯的相对方是代表了整个国家力量的司法机关，犯罪嫌疑人、被告人、罪犯的弱势地位显而易见。在"保障人权优先"观念的指引下，现代刑事司法制度往往将人权保护的关注重点集中到相对弱势地位的犯罪嫌疑人、被告人、罪犯身上，规定着疑罪从无、上诉不加刑、禁止刑讯逼供等原则、方式、方法，保护他们的权益，以寻求刑事司法过程中各方利益的平衡。但不幸的是，刑事诉讼中的另一方当事人即被害人的利益却被长期忽视，无法得到全面的保障，有的甚至因刑事诉讼而再度受到伤害。

二、恢复性司法兴起的启示

从上述西方刑事司法制度面临的困境可以看出，恢复性司法在西方国家的兴起绝不是偶然的，它是西方国家对现代刑事司法困境和危机乃至社会危机的反应和改革。一些西方人曾自信地认为，只要完成了物质的现代化、制度的法治化，就是既有物质文明，又有精神文明，再加上制度文明，他们就可以过上幸福的生活，但现实粉碎了他们的梦。他们发现在现代化完成后，并没有过上想象的那种幸福生活。他们在得到许多的同时，也失去了许多。他们发现原

---

〔1〕　参见陈晓明：《修复性司法的理论与实践》，法律出版社 2006 年版，第 3 页。

〔2〕　参见国务院新闻办公室：《2008 年美国的人权纪录》，2009 年 2 月 26 日新华社发表。

先设计的制度实际上有许多弊端，而并非完美无缺，他们当中的一些人不再像以前那样自信。因此一些西方国家的有识之士在现代化完成以后开始反思现代化，在法治化完成以后对法治化进行反思，以寻求新的出路。恢复性司法正是西方这种后现代主义思潮在刑事司法领域的反映。它对人们现在津津乐道的所谓文明而人道的现代刑事司法制度提出怀疑、批评甚至是否定。

恢复性司法的支持者们尖锐地指出，现代刑事司法制度主要还是报应刑传统，只是一味地惩罚和打击犯罪人，没有关注被害人和社区的利益。除了惩罚犯罪人之外，其他所得甚少，并且所谓以被告人为中心的"人权保障"，也有许多虚假的成分，其实际作用也相当有限。如果说这也是一种公平、正义的话，那也是一种有害的公平、正义。因为通过刑事司法活动，犯罪人、被害人和社区都受到了损失。"有害的正义"是恢复性司法对现代刑事司法制度的一个简明概括。有人探讨"正义"的真正含义，认为"有害的正义"不是真正的正义。古希腊、古罗马当时的思想家们所说的正义是指"无害的正义"。如果按照这个标准，现在流行的所谓正义的概念内涵毒素太多、副作用太大，那就不是正义，而是"非正义"。

因此，恢复性司法试图对现代刑事司法理论和制度进行全面的更新和改造，其主要任务不是惩罚犯罪人，而是要全面弥补犯罪人、被害人和社区因犯罪而遭受的损失，以试图达到一种"无害的正义"。"无害的正义"是恢复性司法追求的核心价值。

恢复性司法对西方的主流文化提出挑战，对各种本土文化持一种宽容乃至欣赏的态度，主张文化多元，反对西方文化霸权，特别认可非主流文化在预防和控制犯罪方面的独特作用。目前恢复性司法的许多做法就是西方非主流文化的产物。比如在西方已经成为恢复性司法象征的三种模式，即被害人与犯罪人调解模式，小组会议模式，以及圆桌会议模式：小组会议模式起源于新西兰，部分地反映了新西兰土著居民毛利人传统的处理争端的方式；圆桌会议模式源自加拿大印第安人的实践，至今仍然保留一些原始的处理犯罪问题的形式；被害人与犯罪人调解模式则是更广泛、更传统的处理争端的方式，世界大多数民族都或多或少地具有这种处理犯罪问题的传统。

目前西方恢复性司法的许多理念与中华传统文化有契合之处。和谐是中国传统文化的重要命题与核心精神，儒、道、墨等主要思想学派对和谐思想都有深刻的阐发。儒家提倡"中和"，强调"礼之用，和为贵"，注重人与人之间的和睦相处，人与社会的和谐发展。道家追求人与自然的和谐统一，提倡遵道以行，率理而动，因势利导，合乎自然，虚静处下，海涵宽容，从而建立起自然和谐的治国秩序。墨家倡导"兼相爱，交相利"，主张实现个体与社会的有序一体，道德与功利的和谐一致。[1] 这表明，和谐是中国传统文化的本质属性，而这恰恰与恢复性司法之"关系恢复理念"相契合。从更深的层次考察，中国传统"和谐"的文化具有包容性、差异性、互补性、平衡性这几个鲜明的特征，这为恢复性司法的发展和运用提供了广阔的空间。[2]

恢复性司法提醒我们，西方文化和现有的制度（包括刑事司法制度）并非完美无缺，我们应当学习西方成功的经验，但不应当盲目照搬照抄。恢复性司法提醒我们应当自信，中华民族的优良传统不应当被丢弃，对于适合中国本土的具有中国特色的预防和控制犯罪的措施应当继续坚持，并不断予以完善。

恢复性司法未必是无懈可击的，更不是万能的，但却是智慧的，它击中了现代刑事司法制度的要害，它向社会提出了如何对犯罪做出反应的新问题并寻求回答，是一种崭新的范式或者说是一种

---

〔1〕　参见黄朴民:《传统文化的和谐本质及其价值》，载《光明日报》2006 年 7 月 26 日，第 6 版。

〔2〕　参见黄朴民:《传统文化的和谐本质及其价值》，载《光明日报》2006 年 7 月 26 日，第 6 版。

崭新的思维模式，是对古典主义刑事法学理论和实证主义刑事法学理论的双重超越，可谓之"第三只眼睛"看司法。[1] 北京大学法学院陈兴良教授在其著作《刑法的启蒙》一书的代跋中写道："自从刑事古典学派、刑事人类学派与刑事社会学派的深刻片面以后，在刑法领域中不再有片面，因而也就没有了深刻。我们看到的现代刑法学派，无非是新古典学派、新人类学派、新社会防卫论。这里虽然标榜'新'，实则是一种'旧'：因为已经不能再突破古典学派、人类学派、社会学派的樊篱。……因此，现代刑法理论，无不以一种折中与调和的形式出现：吸取古典学派和实证学派之所长，形成所谓综合理论。"[2] 对此陈兴良教授感叹道："我们只能做到这一些，我们不能不承认平庸；但我们又不甘于平庸，因此我们追求片面，当然是一种深刻的片面。"[3] 实际上，陈兴良教授缅怀的不是片面，而是深刻。恢复性司法也许就是陈兴良教授苦苦追寻的那种深刻。诚如有学者所言："恢复性司法代表一种传统的、根深蒂固的、但却被现代西方文化遮蔽了的司法理念的复归。它在当代的再度出现，及其所显示的广泛而深刻的影响，给刑事司法的未来带来了希望。"[4]

目前，恢复性司法理论研究在中国得到了广泛的关注，相关研究成果较多，质量也比较高。恢复性司法在中国也有了广泛的实践，2012 年修订的《刑事诉讼法》也已经将中国的恢复性司法实践纳入法律规定，其中的第 5 编第 2 章第 277 条、第 278 条、第 279 条（该法后于 2018 年修正，变更为第 288 条、第 289 条、第

---

〔1〕 注意，这里指的是对刑事法学两大学派的超越，而不是折中，因而恢复性司法不同于现在流行的所谓折中主义刑事法理论。

〔2〕 陈兴良：《刑法的启蒙》，法律出版社 1998 年版，第 260 页。

〔3〕 陈兴良：《刑法的启蒙》，法律出版社 1998 年版，第 260 页。

〔4〕 See Daniel Van Ness, Allison Morris, Gabrielle Maxwell, "Introducing Restorative Justice", in Allison Morris, Gabrielle Maxwell (eds.), *Restorative Justice for Juveniles—Conferencing, Mediation and Circles*, Hart Publishing, Oxford and Portland, 2001.

290 条）明确规定了当事人和解的公诉案件条件和程序。但目前中国的恢复性司法实践尚有许多困境。中国在经济社会快速发展的同时，部分社会矛盾凸显，部分民众中存在不满心理。这种怨恨心理不仅表现在"仇官""仇富"，也表现为对一般犯罪人的刻薄和仇视。犯罪发生以后，社会公众特别是被害人通常要求严惩罪犯，而不是原谅罪犯。因此，目前社会矛盾以及公众存在的不满心理，给恢复性司法和刑事和解在中国大陆的适用带来一定的障碍。但由于中国政府和中国人民致力于建立一个和谐文明的法治社会，而且中国的传统文化就是追求和谐宽容的文化，因此从长远来看，恢复性司法在中国有着广泛而深刻的社会文化基础，不仅会得到官方持续有力的支持，而且最终也会得到社会公众的广泛认可。

恢复性司法在中国监狱的实践，效果良好，值得充分肯定，但2012 年修订的《刑事诉讼法》没有对刑罚执行阶段的恢复性司法或者刑事和解作出规定。笔者建议：今后的刑事执行法律的制定或修改应当将恢复性司法的相关内容融入其中，使恢复性司法在罪犯矫正领域得到相应的法律保障。在此之前，监狱行政管理部门可以在现行宪法和法律的框架内，根据宽严相济的刑事政策，先行制定一些行政规章或规范性文件，试行、推广恢复性司法。

图书在版编目（ＣＩＰ）数据

刑法总论前沿问题研究/王平主编. —北京：中国政法大学出版社，2021. 11
ISBN 978-7-5620-9914-7

Ⅰ.①刑⋯　Ⅱ.①王⋯　Ⅲ.①刑法－研究－中国　Ⅳ.①D924.04

中国版本图书馆CIP数据核字(2021)第068445号

出　版　者　　中国政法大学出版社

地　　　址　　北京市海淀区西土城路 25 号

邮寄地址　　北京 100088 信箱 8034 分箱　邮编 100088

网　　　址　　http://www.cuplpress.com (网络实名：中国政法大学出版社)

电　　　话　　010-58908289(编辑部) 58908334(邮购部)

承　　　印　　北京中科印刷有限公司

开　　　本　　880mm×1230mm　1/32

印　　　张　　18.125

字　　　数　　480 千字

版　　　次　　2021 年 11 月第 1 版

印　　　次　　2021 年 11 月第 1 次印刷

定　　　价　　79.00 元